問古集

郑州市文物考古研究院
60周年纪念文集

顾万发 | 主编
郑州市文物考古研究院 | 编著

文物出版社

图书在版编目（CIP）数据

问古集 ：郑州市文物考古研究院60周年纪念文集 / 顾万发主编 ；郑州市文物考古研究院编著. -- 北京 ：文物出版社，2024.8

ISBN 978-7-5010-8282-7

Ⅰ. ①问… Ⅱ. ①顾… ②郑… Ⅲ. ①考古学－中国－文集 Ⅳ. ①K870.4-53

中国国家版本馆CIP数据核字（2023）第231278号

问古集——郑州市文物考古研究院60周年纪念文集

主　　编：顾万发

编　　著：郑州市文物考古研究院

责任编辑：张晓雯

责任印制：王　芳

出版发行：文物出版社

社　　址：北京市东城区东直门内北小街2号楼

邮政编码：100007

网　　址：http://www.wenwu.com

邮　　箱：wenwu1957@126.com

经　　销：新华书店

制版印刷：天津裕同印刷有限公司

开　　本：889mm×1194mm　1/16

印　　张：22

版　　次：2024年8月第1版

印　　次：2024年8月第1次印刷

书　　号：ISBN 978-7-5010-8282-7

定　　价：450.00元

编辑委员会

前言

20世纪60年代初期，受当时社会条件的限制，当初的郑州市文物考古研究院还只是一个郑州市博物馆的考古组，仅有几个人，机构简单，部门简陋，实力极其薄弱。1985年12月成立郑州市文物工作队，编制15人；1995年更名为郑州市文物考古研究所，2006年更名为郑州市文物考古研究院，扩编为40人，后又增加到50人。成立60年以来，郑州市文物考古研究院为保护祖国文化遗产不断开拓奋进，砥砺前行，业务范围逐步扩大，学术科研能力日渐提升。1999年，单位获得国家考古发掘团体领队资质，这是郑州市文物考古研究院成长历史的重要基础，至今形成包括考古发掘与研究、专业测绘、航空摄影、科技保护、遗产评估、文物修复、古建筑保护、遗产规划、公众考古学传播、文博创意等业务的综合型考古科研机构。

60年来，郑州市文物考古研究院在国家省市各级机构和领导的关心支持下，经过一代代郑州考古人脚踏实地的辛苦努力，郑州考古在区域考古调查、重点遗址发掘保护、基本建设考古模式、多学科科技考古、公众考古学传播、国际国内合作等方面，取得了一定的收获。

对各个时期的遗址进行系统的、大面积的、持续多年的主动考古调查、保护性质勘探，取得了诸多基础性的应用和成效，对于郑州各个历史时期文化遗产的基本情况，真正做到了心中有数，尤其为学术储备奠定了坚实的基础，同时为遗产保护、历史文化名城保护、城市经济建设提供了更为科学的依据。

郑州考古取得的成绩，与在郑州这一考古圣地工作过的一代代考古人的辛勤工作是密切相关的。多年来，我们独立或者积极与中国社会科学院考古研究所、北京大学考古文博学院等单位和学者合作，对郑州市域内的一系列重要遗址开展了考古工作，取得了一系列重要考古发现和学术成果。织机洞、九天玄女庙、东施、西施、黄帝口等旧石器时代晚期遗址群的发现、发掘和研究，对于论证中国以至东亚现代人的起源这一国际重要人类学难题提供了不可或缺的新材料和新视野，证实了东亚地区的现代人是在此之前即生活在这一区域的更古老人群，也就是以周口店北京猿人为代表的中国古人类的直接后代。李家沟遗址的发现被学术界称之为“一个期待已久的发现”，由此诞生了代表中原新石器时代早期的一支新文化——李家沟文化。裴李岗遗址的重启发掘，让我们对中原地区8000年前这支代表性考古学文化的礼仪精神组织等诸多关键问题有了更新的认知。以双槐树、大河村、西山、青台、汪沟、点军台、黄岗寺、楚湾等为代表的郑州仰韶文化遗址群的发现、发掘和研究，证明郑州在仰韶文化中期偏晚和晚期阶段已形成明确城市群，在当时的文化空间中，可谓独树一帜！中原地区首次发现并确认了一个以古国文明形态屹立的“河洛古国”。这彻底改变了学术界一直以来关于中华文明起源和形成阶段“周边灿烂，中原暗淡”的学术认识，有力地支撑了中华文明多元一体和重瓣花朵论。发现的丝绸、家蚕牙雕、北斗九星—圜丘、土砖城墙等都堪称中华民族难得一见的瑰宝，从科技角度更利于证明中华文明起源之早，层次之高。双槐树遗址的瓮城造型、三重环壕、宫殿、祭坛、北斗九星及其聚落结构等成为中国古代宇宙观、宫室制度、都邑结构、王朝礼仪等文明特质的重要源头。郑州新密新砦遗址诸多发现表明，其龙山文化阶段应该是“启居黄台”，至于新砦期阶段，应呼应早期夏文化中的“太康失国”“羿、浞代夏”阶段。同时我们还在郑州商城、小双桥商代遗址、郑州东赵遗址、荥阳大师姑遗址等取得了一系列重要发现。至今有多项考古成果多年度先后入选中国社会科学院主办的“六大考古新发现”、中国文物报社和中国考古学会主办的“全国十大考古新发现”以及“中央电视台年度十大考古新闻”奖项。

郑州地处我国中心地区，是东西南北各区域相互交流的枢纽，对研究中国史前时期，乃至历史时期各个区域之间的文化交流与互动也具有不可替代的作用。正因如此，郑州地区考古工作的意义和价值绝不仅限于郑州本身，其对中国历史文化的研究都具有关键意义。所以近年来，我们与兄弟单位合作，启动了数十个关联国内其他区域的考古科研课题，像“国际视野下郑州地区龙山—商代文明要素综合研究”“夏文化综合研究项目”“商代墓葬地理环境三维建模研究”“中原腹心地区龙山至二里岗时期碳十四年代研究（2018～2020年）”“中华文明腹心地带的青铜文化与东北地区夏家店下层文化的比较研究（2018～2020年）”“中国新石器时代出土彩陶整理与研究（2018～2021年）”“早期中国文化圈的形成研究——裴李岗文化与中华文明起源（2018～2022年）”等，各项成果陆续呈现。此外，随着中国考古学国际化步伐，郑州市文物考古研究院也顺应形势，在国际合作方面不断迈出新步伐。2019年，与中国社会科学院考古研究所合作，共同开展对古埃及新王国首都卢克索孟图神庙的发掘，2020年，启动了对罗马尼亚多布若瓦茨遗址的联合考古，探寻欧亚大陆新石器时代古文明的往来，探索丝绸之路之前的彩陶之路。这是中国人首次在古欧洲地区进行考古工作。

多年来郑州市文物考古研究院始终牢记两条腿走路，一方面服务经济建设，一方面致力于学术科研。在城市建设中紧紧围绕单位业务管理工作实际，注重考古发掘质量，突出学术课题意识，加强规范化管理，逐步形成了刻苦钻研、团结协作、求真务实、风清气正、积极进取的新风气。在完成大量基本建设考古工作的同时，积极开展主动性科研工作。平时注重学术性团队的培养、注重学术性的勘探、注重科技考古和多学科联合、注重公众考古学传播等，在上级行政改革和基层制度化变迁过程中，各方努力，逐步探索出中国考古的“郑州模式”。

60年来，郑州的考古工作其实也还有很多不足。一些历史遗留的考古界存在的旧形式等，对于我们工作时的发挥还有明显影响；学术领军人才的培养还需进一步优化措施；适应新形势的人才梯队必须储备，还需要更好地未雨绸缪；在考古学经济管理方面缺乏专业人才；在公众传播、文旅文创融合方面还缺乏有效转化；等等。

60年来，考古院的每一步发展、每一个成就，都得益于国家的政策、政府的关怀、人民的支持、同行的关心和全体人员的努力。在这一重要时刻，我院组织业务人员撰写文章，以志纪念。论文内容覆盖了从新石器考古到唐宋田野考古，还有动物考古、艺术考古等方面的专题研究，虽然很不全面，也基本代表了我院的学术面貌。

过了60年，又是一个新甲子的开始。在新时代，相信郑州市文物考古研究院，会同考古界的同仁一道，更加砥砺前行顽强拼搏，在实现中华民族伟大复兴征程中，发挥出考古学的独特价值，做出考古人的独特贡献！

顾万发

2022年7月

目录

关于仰韶文化的起源和流向研究

李昌韬

一　仰韶文化的起源

1921年安特生发掘仰韶村遗址期间，在渑池县作考古调查时发现了不招寨、杨河村和西庄村三处史前遗址[1]。安特生等对不招寨进行了试掘。安特生在渑池县发掘结束后，他安排助手姚某到郑州附近的河阴县（今荥阳市）进行考古调查。发现了秦王寨、池沟寨、牛口峪三处史前遗址，还采集了一些陶片和石器。1922年安氏又派白万玉到河南复查这三处遗址。安特生在整理资料时，将这些遗址的文化遗存命名为“仰韶文化”，其年代为新石器时代晚期。仰韶文化是中国近代考古学史上第一个被命名的考古学文化。多处仰韶文化遗址的发现，且文化内涵十分丰富，使中国无石器时代的谬论彻底破产。

安特生在中国几年的考古调查和工作，收获相当丰富，获得了一批石器、骨器和大量的陶器，其中还有一些彩陶及完整器物。他在研究所获的资料时，由于中国无其他资料可对比参考，到地质调查所的图书馆查资料，发现了美国中亚考察团的安诺遗址发掘报告，报告中就有石器和彩陶共存情况。于是他将仰韶文化彩陶和安诺、特里波列的彩陶进行比较，安氏感到，河南彩陶与安诺彩陶等有相似之处。这时安氏产生了“中国文化西来说”的观点，并于1923～1924年和他的助手们一起到甘肃、青海一带进行考古调查和发掘工作[2]。

安特生一行在甘青地区进行考古调查时，发现了西宁东的十里堡村遗址，并征得地方政府的同意，对十里堡遗址进行试掘，出土了不少石器、骨器和彩陶片。故此，安氏判断这是一处仰韶文化遗存，并认为仰韶文化的分布向西已到了青海高原的边缘。此后安特生一行到青海湖沿岸调查，在贵德县发现了罗汉堂遗址，并进行了发掘。之后又在西宁以西发现了朱家寨遗址，也进行了发掘，清理了43座保存尚好的墓葬，出土了大量的随葬品。这是一处除仰韶村遗址外的又一次重要发现[3]。此外，在朱家寨以北约7千米处发现并发掘了卡约遗址，后被称为卡约文化。1924年4月下旬，安氏一行由兰州出发，沿洮河南下，一路考察，在临洮县城附近的洮河阶地上发现了灰嘴遗址和辛店遗址，对辛店遗址进行发掘。后在洮河西岸的广河县发现并发掘了齐家坪遗址。以后又在临洮县发现发掘马家窑遗址。同年6月安特生和他的助手庄某于洮河西岸的和政县发现半山墓地，并发掘一座未经扰乱的墓葬，有随葬品彩陶8件。后来安特生和助手等发现了马厂塬、柳胡村、三角城及沙井村等遗址，并对沙井村遗址作了较大规模的发掘，发现墓葬40多座。至此，安特生在两年时间的野外工作中，跋山涉水，不辞劳苦，共发现50处新石器时代和青铜时代的遗址。身为一名受聘来到中国的外国学者，其敬业精神值得称赞。

安特生的田野考古工作主要是在1921、1923和1924年，通过对多处古遗址的调查和发掘，获得了大批实物资料。他对这些资料进行认真细致的研究分析，遇到问题就向考古专家、学者请教。将在中国考古发掘和研究成果《甘肃考古记》发表在《地质专报》甲种第五号上。

安特生将甘青地区的调查和发掘资料经过研究后分为六期，依次是齐家期、仰韶期、马厂期、辛店期、寺洼期和沙井期。前三期为“新石器时代末期与新石器时代及铜器时代之过渡期”，后三期为“紫铜器时代及青铜时代之初期”。并将甘青史前文化的绝对年代推定在公元前3500~前1700年。各期的具体年代为：

齐家期　公元前3500~前3200年

仰韶期　公元前3200~前2900年

马厂期　公元前2900~前2600年

辛店期　公元前2600~前2300年

寺洼期　公元前2300~前2000年

沙井期　公元前2000~前1700年

安特生将齐家期年代放在仰韶期以前的做法，引起学者的怀疑。夏鼐先生对此特别重视，在发掘齐家墓时就特别认真，结果在发掘一座没有被扰乱的墓葬时，于下层填土中发现了两片带黑色花纹的陶片。这一重要发现第一次纠正了安特生关于齐家期早于仰韶期的错误观点，进而也否定了安特生关于仰韶文化起源的观点。

安特生曾认为齐家期早于仰韶期错误观点已被学术界所纠正[4]，徐炳昶等在宝鸡斗鸡台戴家湾沟东区发掘时，发现了一种与仰韶文化相似的红色陶片，被认为这里含有比仰韶早的“真正新石器时代文化”[5]。这批遗存后来被证实属于龙山遗存。1958~1961年，北京大学考古专业、中国科学院考古研究所及陕西省考古研究所分别发掘了华县老官台、元君庙、宝鸡北首岭、彬县下孟村及西乡李家村等遗址，都发现了一种不同于仰韶文化和龙山文化的遗存。在元君庙、北首岭和下孟村，它们都被叠压在仰韶文化半坡类型遗存下，在老官台和李家村乃是单一的文化遗存。这类文化遗存的典型陶器有假圈足或圈足钵、碗，细绳纹加划纹的夹砂罐，以及带三足的钵、罐等[6]。这一新的发现很快引起了学术界的关注。夏鼐指出：“它和典型的仰韶文化有密切的关系，而它代表的文化可能要较早。”又说：“这次李家沟的发现，才是探索仰韶文化前身的一个较可靠的新线索。”[7]苏秉琦也指出：“这类文化遗存无疑同半坡类型的仰韶文化具有一定的渊源关系。”这一发现及夏、苏二位先生的重要论述，拉开了探索仰韶文化渊源的序幕。

关于仰韶文化的起源问题，从20世纪50年代末60年代初在陕西发现的老官台、李家村一类的文化遗存，到1976年在河北武安磁山遗址[8]、1977年在河南新郑裴李岗遗址[9]和密县莪沟北岗遗址[10]的发掘中都发现了一种新文化遗存。从这些遗址的地层中采集的碳素标本，经^{14}C测定年代数据都远远早于仰韶文化，首次从年代学上证实了在黄河流域确实有一种早于仰韶文化的新石器时代遗存。1977年对宝鸡北首岭遗址的再次发掘时，在遗址的下层发现了与仰韶文化不同的文化遗存。并发现了它与仰韶文化半坡类型的地层叠压关系，这就从地层上证实了该类遗存早于仰韶文化。从相应的地层中采集的碳素标本得出的^{14}C绝对年代数据与地层关系相对应，从而验证了地层关系的可靠性[11]。但北首岭遗址的情况较为复杂，有些遗存在具体分析归位时，未认识清楚，讨论至今尚未结束[12]。1979年在秦安大地湾遗址的发掘中，发现比北首岭下层年代略早、文化面貌相近的文化遗存，而且直接叠压在仰韶文化半坡类型之下[13]。1980年北京大学发表了20世纪50年代末对老官台等遗址的调查试掘资料[14]。同年在渭南北刘遗址[15]、1982年在临潼白家遗址的发掘[16]以及在整个关中和陕南的调查发掘中都发现了和老官台文化相同或相似的文化遗存，并测定了一批^{14}C年代数据，与磁山、裴李岗的年代基本相当。这些遗址的发现和发掘，从地层学和年代学上都证实了这类遗存早于仰韶文化，并与仰韶文化有密切的关系。但直到20世纪90年代初，研究仍然受到考古资料的限制，无法准确地将已有的资料直接与仰韶文化接茬，换句话说这些已经发现的磁山、裴李岗、老官台文化遗存与仰韶文化最早的半坡类型、后冈类型之间的关系不能直接对接，中间仍有缺环。

1991年山西省考古研究所在翼城发现了枣园遗址，并清理了一个被破坏的灰坑，获得了一批相当有价值的考古资料，即双唇口桥形双耳小平底壶、口腹形制不一的小平底钵、假圈足钵、折沿盆、三足盂，以及折沿沿面带凹槽的夹砂罐和器座等一些成组器物群。这批遗存晚于磁山、裴李岗、老官台文化，而早于后冈和半坡类型，发掘者将它暂时命名为"枣园H1遗存"[17]。这一发现为探索仰韶文化起源带来了新的信息。其实，在枣园遗址发现以前，1985年中国历史博物馆在垣曲古城东关遗址的发掘中，已发现了这类文化遗存。只是资料到20世纪90年代中期才发表，而且在认识文化性质的年代时，被认为"年代大致与西安半坡遗址早期相当"，是当时晋南地区已发掘的最早仰韶文化遗存[18]。本应较为清楚的问题，反而又糊涂了。1994年陕西省考古研究所在发掘临潼零口遗址时，发现了一批与枣园、古城东关等类似的遗存，还发现了这类遗存分别与老官台文化、仰韶文化半坡类型遗存的地层叠压关系。枣园、古城东关、零口等遗址发现的这类文化，从地层关系和陶器特征来看，正处于老官台文化与已知的仰韶文化半坡类型之间的缺环部分，在关中地区它可能是半坡类型的前身，在晋南地区可能是史家类型的直接前身，其间可能还有一段小的缺环。

在豫西南地区，早在20世纪70年代初发掘下王岗遗址时，就发现了早于仰韶文化的遗存。它直接压在仰韶文化下王岗类型之下，主要陶器有锥状足罐形鼎、假圈足碗（报告称"缶口"）、弦纹罐、细颈壶（报告称"瓶"）、直口圜底钵等[19]。当时因无可对比的同类资料，发掘者谨慎地将其划归仰韶文化早期。在豫中地区，1978～1990年为了寻找裴李岗文化与仰韶文化的关系，河南省文物研究所发掘了长葛石固遗址，发现八期文化遗存，一至四期为裴李岗文化、五至八期为仰韶文化。其中第五期出土的部分陶器与下王岗一期相同。石固五期地层关系为其下叠压有裴李岗文化，其上为大河村第一、二期文化遗存（属庙底沟类型）[20]。1982～1985年，郑州市文物考古研究所为弥补此前发掘大河村遗址时因地下水位高均未挖到底的遗憾，而采取边抽水边发掘的方法，向下一直挖12.5米到生土。12.5米厚的文化层共分26层，包含商代、二里头、龙山及仰韶四种文化遗存[21]。其中仰韶文化分七期，从早到晚分别为前三期、前二期、前一期、第一期、第二期、第三期、第四期，都有直接的地层叠压关系。前三期出土器物与石固五期相同。1992年郑州大学考古系等对尉氏县椅圈马遗址进行发掘，发现的仰韶文化共分四期，其中第一期的文化面貌与石固第五期相同，第二期与后冈类型相近[22]。

从上述四处遗址来看，均发现了早于已知仰韶文化早期类型的一类文化遗存，这类文化遗存在豫西南地区，可能是下王岗类型（指下王岗二期）的直接前身，其间还可能有一段小的缺环；在豫中地区可能是大河村前二期、前一期、椅圈马二期类型的直接前身。

在冀中地区由吉林大学与河北省文物研究所于1985年在易县、涞水调查时并试掘了北福地和炭山遗址。在北福地发现了第一期甲类遗存，出土陶器有圆锥形足陶鼎、红顶碗、钵、釜、小口壶、盆等。文化面貌介于磁山文化与仰韶文化后冈类型之间。在炭山遗址也发现了同类遗存[23]。这类文化遗存可能是这一地区后冈类型的直接前身。

枣园H1、古城东关Ⅳ区、零口二期、大河村前三期、石固五期、椅圈马一期、下王岗一期、北福地第一期甲类及炭山等一类文化遗存的发现，为研究陕、晋、豫、冀新石器时代文化增加了新的内容，从地层情况来看，其介于磁山、裴李岗、老官台文化和已知仰韶文化之间。我们认为这类遗存是已知仰韶文化各区系早期类型的前身，使解决

仰韶文化的起源，又向前推进了一步。不过，要彻底解决仰韶文化的起源问题，还需要做很多工作。

综上所述，关于仰韶文化的起源问题，因区域有不同，故来源也各不相同。中原地区的仰韶文化起源于裴李岗文化，裴李岗文化分布向西已至陕县（今属三门峡市）[24]；陕、晋及以西的仰韶文化起源于老官台文化；河北地区的仰韶文化起源于磁山文化；豫西南地区的仰韶文化起源地很可能与中原地区相同，即起源于裴李岗文化。如果，这一说法能成立的话，那么仰韶文化的起源有三，即裴李岗文化、磁山文化和老官台文化。

二　仰韶文化的流向

仰韶文化产生于黄河流域的黄土塬自然环境和距今7000年的历史背景之中。仰韶文化是我国新石器时代最发达的一种考古学文化，内涵十分丰富，分布区域辽阔，延续时间长达2000多年。在其发生、发展和演变的过程中，各地域的文化面貌有很大差别，因多种不同因素形成了诸多类型。

豫中地区：仰韶文化从早到晚依次有石固Ⅴ期遗存[25]、后冈类型[26]、庙底沟类型[27]、秦王寨类型、大河村类型[28]。并由大河村类型或王湾二期发展演变为龙山文化遗存王湾类型[29]、煤山类型[30]。

豫东地区：截至目前仅有龙山文化遗存。其中在豫东分布范围较大又有代表性的，就是王油坊类型[31]。因未发现仰韶文化遗存，所以该地区龙山文化的起源也不清楚。

豫西地区：仰韶文化从早到晚依次有三里桥类型、庙底沟类型、庙底沟二期类型。并通过庙底沟二期类型而发展成龙山文化的三里桥类型[32]。

豫北地区：仰韶文化从早到晚依次有后冈类型[33]、大司空村类型[34]，并通过邻近的罗丝潭类型[35]演变成后冈二期类型[36]。

豫西南地区：仰韶文化从早到晚依次是大张遗存[37]、下王岗类型[38]、八里岗类型[39]、赵湾类型[40]、屈家岭文化[41]。最后通过屈家岭文化发展成下王岗龙山文化[42]。

三　结语

仰韶文化的起源有三：一是陕东、豫西、晋南地区及豫中地区的仰韶文化起源于裴李岗文化[43]；二是豫北、冀中南地区的仰韶文化起源于磁山文化[44]；三是陕西西部、甘青地区的仰韶文化起源于老官台文化[45]。

裴李岗文化、磁山文化和老官台文化分布范围都比较小，到了各自发展成仰韶文化之时，分布范围扩大数倍，而且交错分布。仰韶文化因区域的不同，时间的差异，而发展形成二十多个类型。到了仰韶文化向龙山文化的过渡期，各地的过渡期文化遗存演变出了不同的龙山文化类型。

参考文献

[1] 〔瑞典〕安特生著，袁复礼译：《中华远古之文化》，《地质汇报》第五号第一册，农商部地质调查所印行，1923年，11～21页。

[2] 〔瑞典〕安特生：《甘肃考古记》，《地质专报》甲种第五号，农商部地质调查所印行，1925年，1～3页。

[3] 〔瑞典〕安特生著，刘竞文译：《西宁朱家寨遗址》，青海人民出版社，1992年。

[4] 夏鼐：《齐家期墓葬的新发现及其年代改订》，《中国考古学报》1948年第3期。

[5] 徐炳昶：《陕西最近发现之新石器时代遗址》，《北平研究院院务汇报》1936年第7卷第6期。

[6] 中国社会科学院考古研究所：《宝鸡北首岭》，文物出版社，1983年；陕西分院考古研究所：《陕西西乡李家村新石器时代遗址》，《考古》1961年第7期；陕西省社会科学院考古研究所汉水队：《陕西西乡李家村新石器时代遗址一九六一年发掘简报》，《考古》1962年第6期。

[7] 夏鼐：《我国近五年来的考古新收获》，《考古》1964年第10期。

[8] 邯郸市文物保管所、邯郸地区磁山考古队短训班：《河北磁山新石器遗址试掘》，《考古》1977年第6期。

[9] 开封地区文管会、新郑县文管会：《河南新郑裴李岗新石器时代遗址》，《考古》1978年第2期。

[10] 河南省博物馆、密县文化馆：《河南密县莪沟北岗新石器时代遗址发掘简报》，《文物》1979年第5期。

[11] 中国社会科学院考古研究所：《宝鸡北首岭》，文物出版社，1983年。

[12] 梁星彭：《关中仰韶文化的几个问题》，《考古》1979年第3期；安志敏：《略论华北的早期新石器文化》，《考古》1984年第10期；严文明：《北首岭史前遗存剖析》，《仰韶文化研究》，文物出版社，1989年。

[13] 甘肃省博物馆、秦安县文化馆大地湾发掘小组：《甘肃秦安大地湾新石器时代早期遗存》，《文物》1981年第4期；甘肃省博物馆、秦安县文化馆：《一九八零年秦安大地湾一期文化遗存发掘简报》，《考古与文物》1982年第2期。

[14] 北京大学考古教研室华县报告编写组：《华县、渭南古代遗址调查与试掘》，《考古学报》1980年第3期。

[15] 西安半坡博物馆、渭南县文管会、渭南地区文管会：《渭南北刘新石器时代早期遗址调查与试掘简报》，《考古与文物》1982年第4期；西安半坡博物馆、渭南市博物馆、陕西省考古研究所：《渭南北刘遗址第二、三次发掘简报》，《史前研究》1986年第1～2期。

[16] 中国社会科学院考古研究所陕西六队：《陕西临潼白家村新石器时代遗址发掘简报》，《考古》1984年第11期。

[17] 山西省考古研究所：《山西翼城枣园新石器时代早期遗址调查报告》，《文物季刊》1992年第2期。

[18] 中国历史博物馆考古部、山西省考古研究所、山西省垣曲县博物馆：《山西省垣曲县古城东关遗址Ⅳ区仰韶早期遗存的新发现》，《文物》1995年第7期。

[19] 河南省文物研究所、长江流域规划办公室考古队河南分队：《淅川下王岗》，文物出版社，1989年，53～164页。

[20] 河南省文物研究所：《长葛石固遗址发掘报告》，《华夏考古》1987年第1期。

[21] 郑州市文物考古研究所：《郑州大河村》，科学出版社，2001年，7～8页。

[22] 郑州大学考古系、开封市文物工作队、尉氏县文物保管所：《河南尉氏县椅圈马遗址发掘简报》，《华夏考古》1997年第3期。

[23] 拒马河考古队：《河北易县涞水古遗址试掘报告》，《考古学报》1988年第4期。

[24] 郏县文化馆：《河南郏县水泉发现的新石器时代遗址》，《考古》1979年第6期。

[25] 河南省文物研究所：《长葛石固遗址发掘报告》，《华夏考古》1987年第1期。

[26] 中国科学院考古研究所安阳发掘队：《1971年安阳后岗发掘简报》，《考古》1972年第3期；中国科学院考古研究所安阳工作队：《1972年春安阳后岗发掘简报》，《考古》1972年第5期。

[27] 中国科学院考古研究所：《庙底沟与三里桥》，科学出版社，1959年。

[28] 李昌韬：《试论“秦王寨类型”和“大河村类型”》，《史前研究》1985年第3期。

[29] 北京大学考古实习队：《洛阳王湾遗址发掘简报》，《考古》1961年第4期。

[30] 洛阳博物馆：《河南临汝煤山遗址调查与试掘》，《考古》1975年第5期；中国社会科学院考古研究所河南二队：《河南临汝煤山遗址发掘报告》，《考古学报》1982年第4期。

[31] 商丘地区文物管理委员会、中国社会科学院考古研究所洛阳工作队：《1977年河南永城王油坊遗址发掘概况》，《考古》1978年第1期；中国社会科学院考古研究所河南二队、河南商丘地区文物管理委员会：《河南永城王油坊遗址发掘报告》，《考古学集刊》（第5集），中国社会科学出版社，1987年；李景聃：《豫东商丘永城调查及造律台、黑孤堆、曹桥三处小发掘》，《中国考古学报》1947年第2期。

[32] 中国科学院考古研究所：《庙底沟与三里桥》，科学出版社，1959年。

[33] 中国科学院考古研究所安阳发掘队：《1971年安阳后岗发掘简报》，《考古》1972年第3期；中国科学院考古研究所安阳工作队：《1972年春安阳后岗发掘简报》，《考古》1972年第5期。

[34] 中国科学院考古研究所安阳发掘队：《1958～1959年殷墟发掘简报》，《考古》1961年第2期；中国科学院考古研究所安阳发掘队：《安阳洹河流域几个遗址的试掘》，《考古》1965年第7期。

[35] 新乡地区文管会、新乡县文化馆：《河南新乡县洛丝潭遗址试掘简报》，《考古》1985年第2期。

[36] 中国科学院考古研究所安阳发掘队：《1971年安阳后岗发掘简报》，《考古》1972年第3期；中国科学院考古研究所安阳工作队：《1972年春安阳后岗发掘简报》，《考古》1972年第5期。

[37] 南阳地区文物工作队、方城县文化馆：《河南方城县大张庄新石器时代遗址》，《考古》1983年第5期。

[38] 河南省文物研究所、长江流域规划办公室考古队河南分队：《淅川下王岗》，文物出版社，1989年，230～263页。

[39] 北京大学考古学系、南阳地区文物研究所：《河南邓州八里岗遗址的调查与试掘》，《华夏考古》

1994年第2期；北京大学考古学系、南阳地区文物研究所：《河南邓州八里岗遗址1992年的发掘与收获》，《考古》1997年第12期。

[40] 河南省文化局文物工作队：《河南镇平赵湾新石器遗址的发掘》，《考古》1962年第1期。

[41] 中国科学院考古研究所：《京山屈家岭》，科学出版社，1965年。

[42] 河南省文物研究所、长江流域规划办公室考古队河南分队：《淅川下王岗》，文物出版社，1989年，230～263页。

[43] 开封地区文管会、新郑县文管会：《河南新郑裴李岗新石器时代遗址》，《考古》1978年第2期。

[44] 李友谋：《试论豫北冀南地区的仰韶文化》，《中原文物》1998年第2期。

[45] 北京大学考古教研室华县报告编写组：《华县、渭南古代遗址调查与试掘》，《考古学报》1980年第3期。

天地之中　历法图治

——大河村文化彩陶中华文化解析

索全星

郑州地处中岳嵩山与黄河中下游交汇处的华夏腹地，号称“天地之中”。这里新石器仰韶文化遗址众多，文化内涵深厚，是中华农业文明的典范。郑州大河村遗址、西山遗址、荥阳点军台遗址、青台遗址、巩义双槐树遗址、新郑唐户遗址的考古学研究成果展现了中华文化源远流长的深厚内涵和博大精深的文化魅力。以大河村遗址为代表的嵩山区域仰韶时期遗址，被称为“大河村文化”，独特的彩陶文化内涵是探源中华文明的核心地区。其中大河村遗址的文化遗存分为七期，根据遗迹的相互关系 、器物特征和^{14}C测年数据，年代处在公元前4800年至前2800年之间，延续2000年之久，恰好处在中国新石器时代的晚期，是中原地区仰韶文化发展演变序列的典型代表和分期研究的标尺。大河村文化遗址的彩陶是中华远古图文的实物载体，我们称之为“彩陶图文”。彩陶记载的历法内容、历法元素，称为彩陶历法通过考古方知中华文明之源远流长，感悟中华文化之博大精深。彩陶历法是现存已知最早的历法实物，中华历法的祖源，是中华文明的重要标志。

一　历法源流概述

我国历法源远流长，是古代历法专家通过综合天文学、数学等自然科学知识创制的具有中华特色的纪时法则。古人认为，太阳、月亮的循环运行周期深刻地影响着世间万物和人类生存环境，相互之间存在着密切关联和规律（道）守衡，历法阐发天道，规范人们的生活和生产，成为远古国家治国理政的重要法典。历法以地球绕太阳公转周期（年）、月亮绕地球运行周期（月）、地球自转周期（日）及其时段划分（12时辰）为主题构架，并以四季、气候、闰月等制度进行调节，确保历法的稳定性和实用价值。

我国传统历法（包括现行的紫金本农历），依据现代历法理念划分，属于阴阳合历。彩陶历法取月相变化周期，即朔望月为月时长度，以太阳视运动周期为年时，通过设置四季气候以及闰月，使平均历年（岁）与太阳视运动周期（年）相适应。《尚书・尧典》“协时月正日，同律度量衡”。彩陶历法的合月纹、季时、大月与小月、平年与闰月、重复图式（节制）、循环图式等都是古易思想的体现。彩陶历法是以天文科学成就为基础，数理表述为形态，历以理成，以古易思想为理论内核而形成的年月日时及物候变化的科学历法，属于阴阳合历，奠定了中华传统历法的一代规制。

彩陶历法源于古人对日月星辰和自然世界的认识和思辨，是一种天文纪时方法，用以指导农业生产和日常生活。陶器是彩陶历法的载体，以图文表述历法内涵，是远古礼制的产物。每件彩陶都承载历史的温度和文化的底蕴，斑驳的彩陶历经5000多年的时空变迁，却仍能与今天传统历法（紫金版农历）印证契合，链接起一条传承有序的历法脉络，表明彩陶历法是属于中华文明的固有基因。时远代隔，彩陶历法是没有记载的文献事件，但却发散着浓郁的中华文化的本色气息，属于珍贵的彩陶图文文献，极具历史文化价值。彩陶历法的形成和传播，引发了农业经济的繁荣发展和社会体制的深度变革，奠定了原初“中国”的国家规模和雏形，产生了中华文明。彩陶图文作为最久远、成系统的中华元典文献，记载的古易思想、天文历法、数学知识和文字表述的中华文明信息，是我们探源中华文明起源的一把锁钥。

二　四季图式

中华传统历法是一种阴阳合历，参照太阳视运动周期（阳历）为历年规则，月亮朔望月为月制的纪时体系，从而形成节气变化、自然物候为特征的历法。这种历法闪烁着中华古易思想的光芒，展现了中华古人天文学系列研究的世界观、价值观和方法论。中华先人创立天文历法是有长期天文知识积淀和深厚天文学基础的，许多天文星象图文的彩陶出土，为中华历法本土起源提供了实物佐证。早在裴李岗文化贾湖遗址，三十余支骨笛制造及其音阶的精确计算，陶器上的太阳纹以及“目”“日”等龟甲刻符，这些高质量的文化成果不能不让我们对贾湖人的天文、历法、音律等方面的认知赞叹有加。仰韶时期大河村遗址T11第3层、第4层出土的陶钵残片，经过研究复原出2件肩部绘有十二个太阳纹的彩绘陶钵，被称为“日历图”[1]（图一）。陶钵肩部绘制十二个光芒四

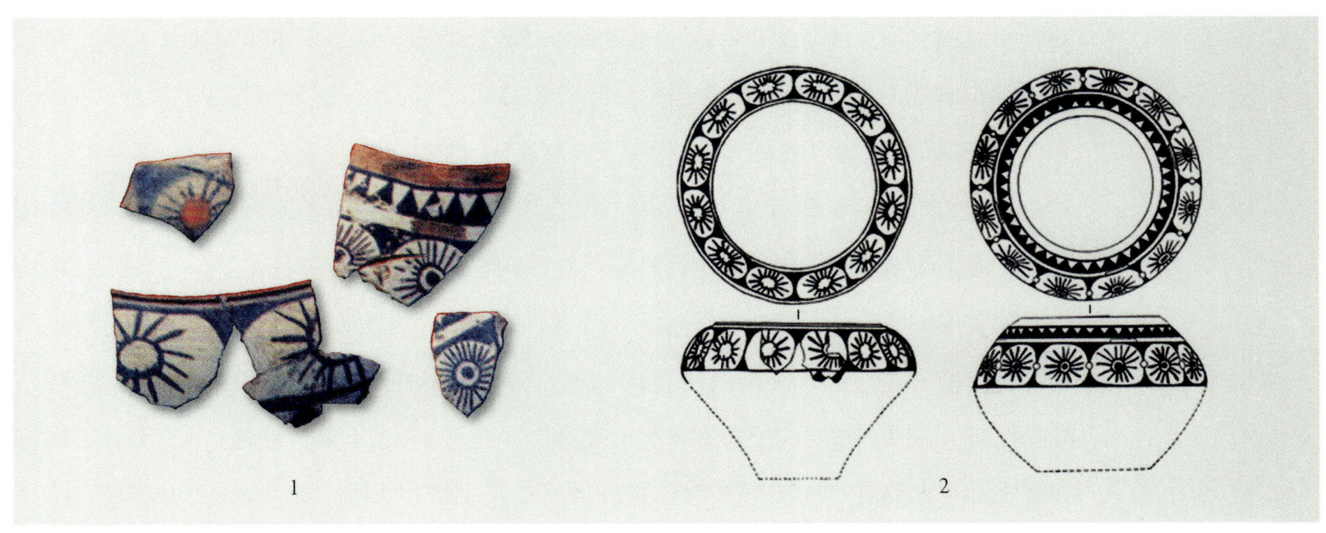

图一 ｜ 大河村遗址太阳纹陶钵残片与复原图

1.太阳纹彩陶片　2.太阳纹陶片复原图

射的太阳，代指一年十二个月的历法概念。这是我们在北半球可观察的太阳冷暖一次而有12个朔望月的时间周期。有的太阳纹之间的交午纹上画有圆点，表示连续循环。

大河村遗址的前三期至前一期遗存的彩陶，盛行在钵、碗、盆、豆等陶器口沿绘一周红彩或黑彩的纹带，这是古人"一画开天"，周天历度的天文认识，认为万物有秩，天行有道，人们应遵循自然法则、趋吉避不祥，祈愿天道有常，安乐延年（图二，1、2）。前一期的陶钵出现了日时法则的彩陶图文（图二，3），细泥灰陶的上腹部绘一周红彩组合的单元图文，单元图文为漏地菱形、中间竖线和圆点。

中间竖线"丨"则有"中"的意涵，"中"为远古测日影、定方位、验风向的多功能天文仪器。"丨"的上端为夏至，下端为冬至，两侧圆点指示历法的二分。菱形外为子午图文，两点则为白昼并指示日中，对午中分则为日时的子时。这是"昼夜为日时"的历法基础。这个定时法则也适用于月时、岁时的制定。及至第一期彩陶钵，在白彩陶衣上绘黑色对立的弧边三角图式，椭圆内心，上下两点指示夏至、冬至的节点（图二，4）。《墨子·天志》"天有四时（季），春夏秋冬。"因此可知单元图是一个简易的四季图式，循环一周是为历法。

尚岗杨遗址2014年出土一件彩绘陶盆，红陶，内折沿，上腹陡直，下腹斜收，小平底，折腹处塑出附加堆纹，口径18.2、底径8、高11.6厘米。直腹部位先上白色地彩，再贴片刷印褐彩，最后手绘间隔竖道和红点花心，彩绘图文六组一周[2]（图三，1）。此图文单元由椭圆形轮廓内的四季图式构成，应是一幅极简的四季历法图式，用"丨"强调二至（夏至、冬至），红圆点居于交午之处、春分、秋分共用，表示四季交替，年复一年，周流循环。基于这样的理念，大河村遗址彩陶器座（T11⑥B：72），以赭色画椭形圆圈表示黄道的意涵，红点注出夏至、冬至，也是一幅极简的历法图式（图三，2）。荥阳点军台遗址彩陶盆图文也是典型的四季图式，增加了三条斜丝线为隔断（会意时节），在丝线上以圆点表述时节（节气点）（图三，3）。

中华文明的世界观和方法论形成，始于对天文与自然世界的观察和认识，以历法为基础，逐渐形成礼仪制度和社会变革。这在彩陶上自然就有许多表述。在大河村遗址除比较明确的太阳纹外，还有圆点环纹、圆点重环纹（也称同心圆）等，这都是表述与太阳有关的义项，显示了从贾湖遗址"日"字刻符和甲骨文之间文字演变轨迹（图四）。需要指出，大河村文化"立杆测影"出现了圭（圭表）图文，即"日晷"，说明天文观测的精度已大大提高（图四，2～5）

古人对黄道的科学认识，是有丰富的彩陶记载依据的。彩陶的黄道表述大多为椭圆形（图三，1右），这与现今我们所认识黄道轨迹是一样的。一般为漏地的椭圆形，

1
3
夏至
图点指示太阳
春分、秋分
“｜”形中文
子正
2
4
夏至
冬至

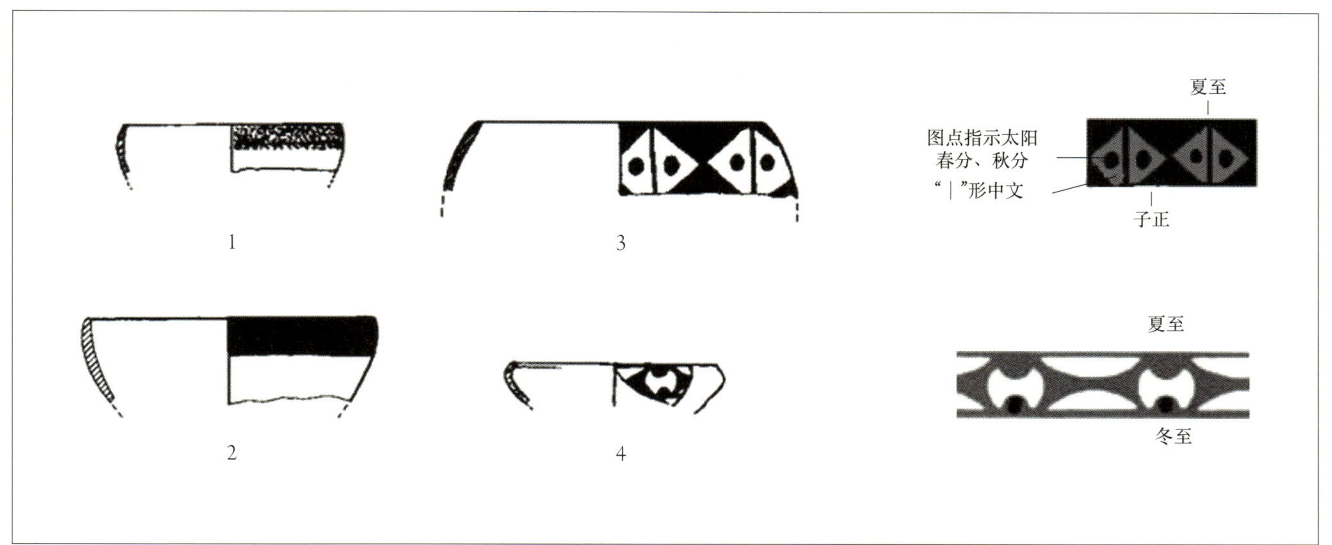

图二 ｜ 大河村遗址宽带纹彩陶钵与彩陶四季图式

1～4.彩陶钵（T38㉑B：66、T56⑲：21、T40⑰：25、T11⑥B：111）

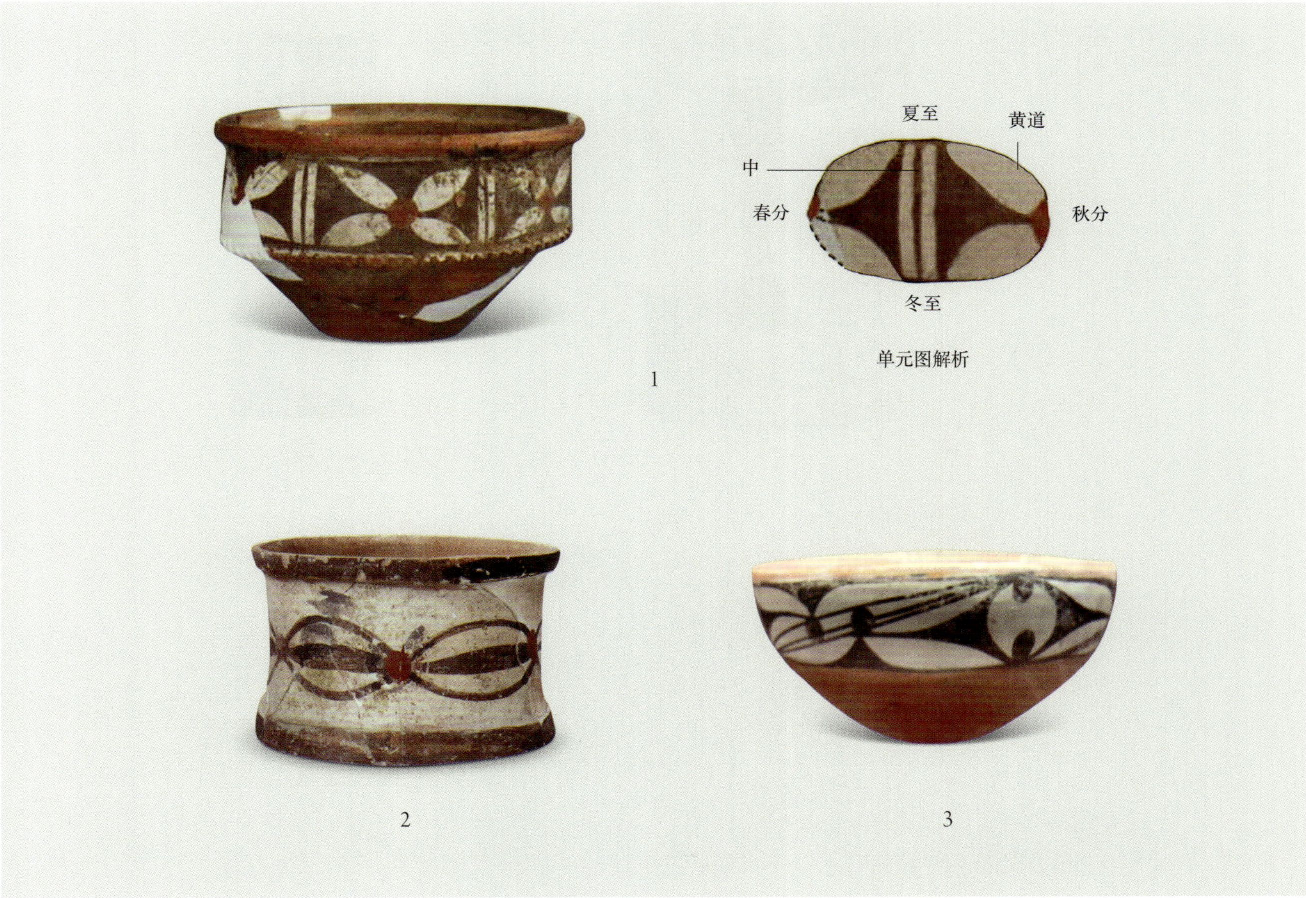

夏至
黄道
中
春分
秋分
冬至
单元图解析
1
2
3

图三 ｜ 历法图文彩陶器

1.尚岗杨四季图式彩陶盆　2.大河村彩陶器座　3.荥阳点军台四季图式彩陶盆

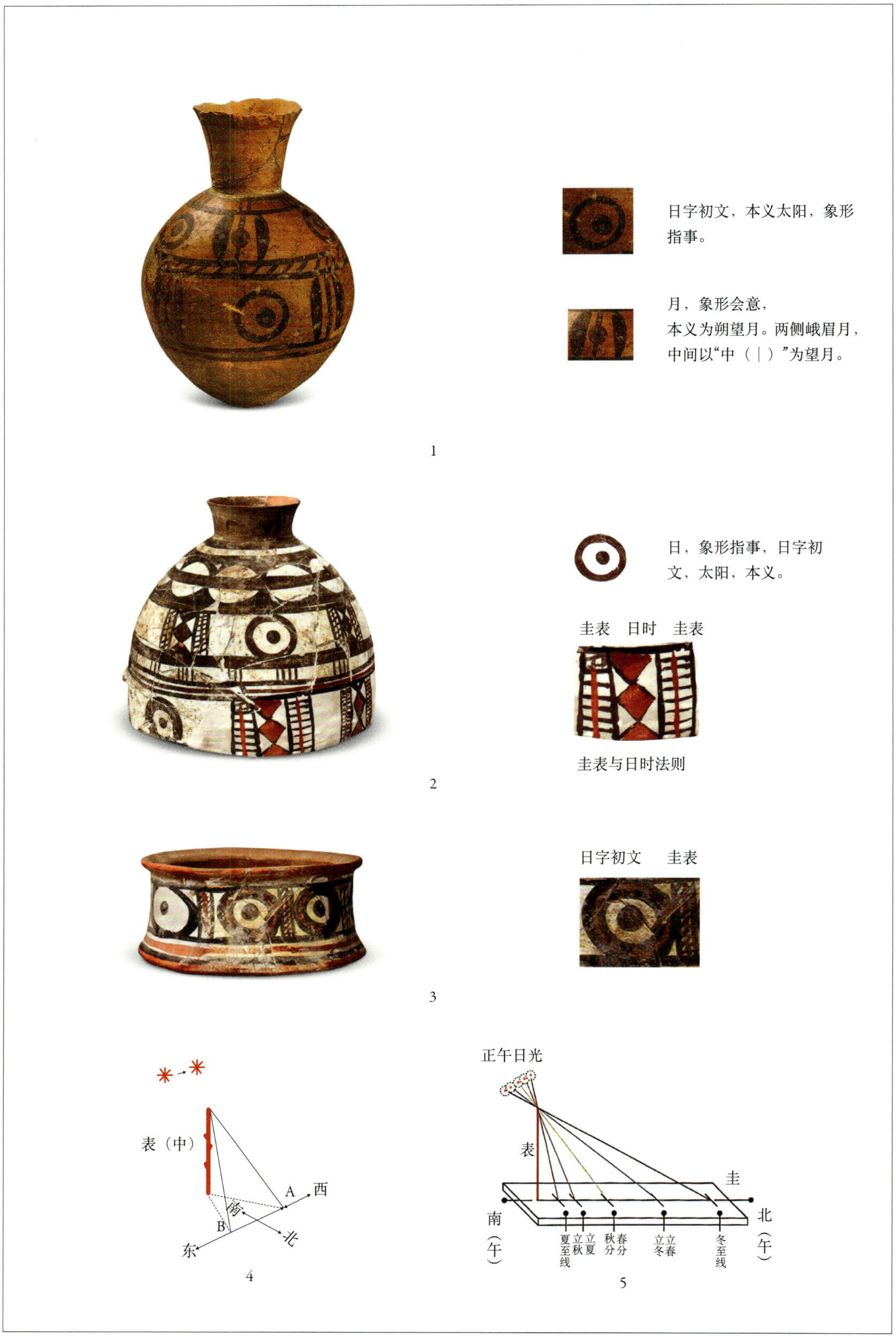

日字初文，本义太阳，象形指事。

月，象形会意，
本义为朔望月。两侧峨眉月，
中间以“中（丨）”为望月。

1

日，象形指事，日字初文、太阳，本义。

圭表　日时　圭表

圭表与日时法则

2

日字初文　圭表

3

表（中）
A　西
南
B
东
北

4

正午日光
表
圭
南
（午）
夏至线
立秋
立夏
秋分
春分
立冬
立春
冬至线
北
（午）

5

图四 | 大河村遗址“日”字与圭表图文

1.彩陶壶（F1：30）　2.彩陶背壶（F32：8）　3.器座（T35⑥：11）

4.立杆测影定向测时示意　5.圭表（日晷）测影定时示意

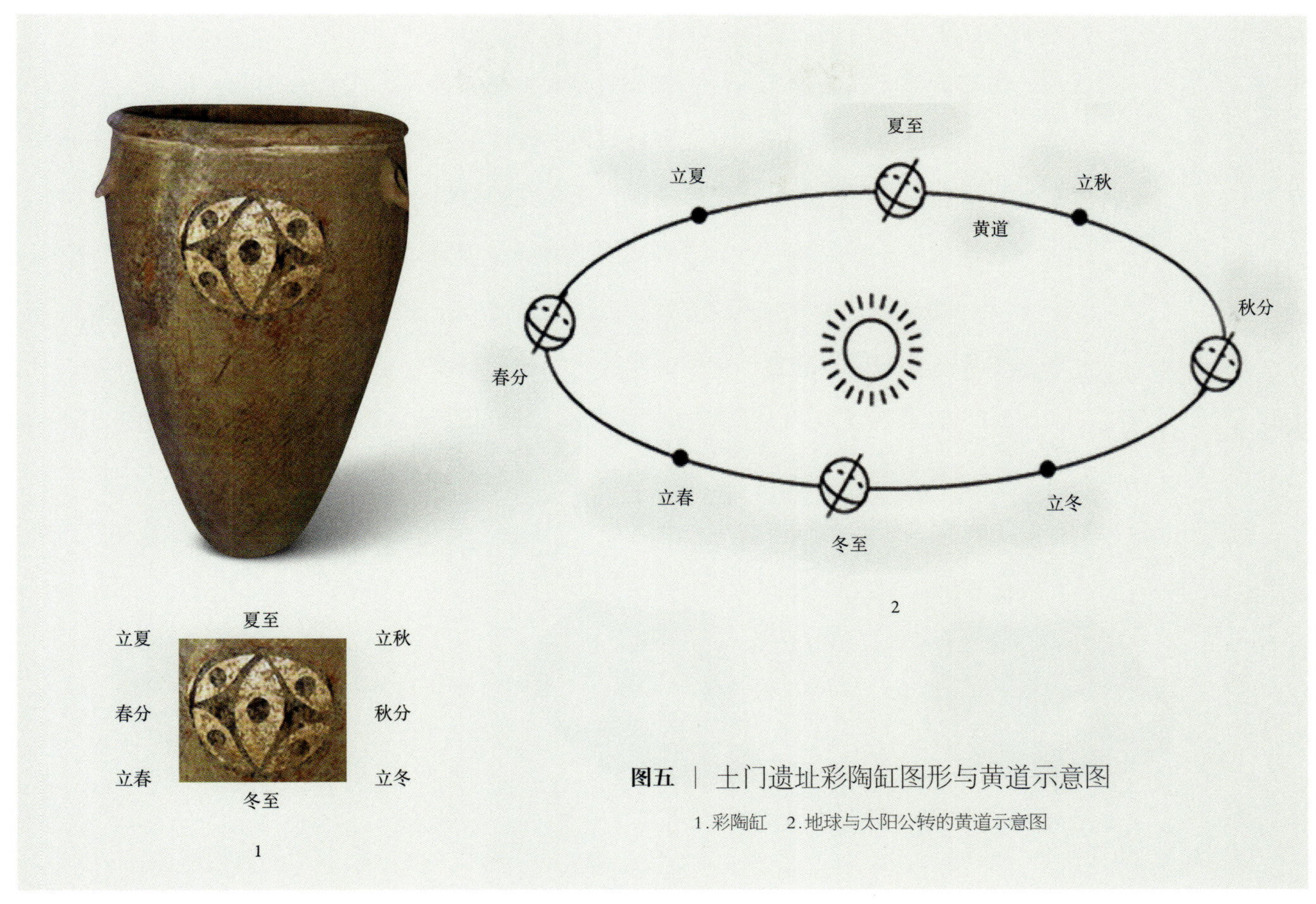

图五 | 土门遗址彩陶缸图形与黄道示意图

1.彩陶缸　2.地球与太阳公转的黄道示意图

然后四分或八分，表示四季或二至二分四立的义项。土门彩陶缸口径23、底径16、高49.5厘米，上腹部磨光处彩绘三组对称的椭圆形图案，先后以红、白彩作底纹，再用红褐色在椭圆形内绘两个相对的弧边三角形，构成巨型叶纹居中与周边布列四个叶纹的“四向八方”单元图式[3]（图五，1）。椭圆形轮廓为“黄道”，椭圆长径与三角顶相交处分别为春分和秋分，是昼夜等长时间，椭圆短径与两个三角相交处则是冬至和夏至，是一年白昼最短和最长的时候，中间大圆点表示太阳，其余四点则提示四立（立春、立夏、立秋、立冬）节气。椭圆图形是表述黄道的义项，同时也以圆点或指针标识二至二分，具体的彩陶图案可能会有差别，但主题思想却是相同的。这样的四季图式，应是彩陶表述的基本定式。我们再看现代用精密仪器测出的地球围绕太阳公转的黄道轨迹（图五，2），是划分四季气候、昼夜长短等历法原理的依据，这和土门遗址四季彩陶缸图文几乎相同，两相比较，古今相通，可见彩陶历法对后世影响至深。陶寺遗址考古发现的大型“观象台”遗迹，证实了“历象日月星辰，敬授人时”的真实历史背景[4]。依据彩陶实物、历史文献和现代历法，证明远古时期的彩陶历法是存在的、真实的，并且是一个中华特色的天文历法系统。中华古人尊奉天道，是有深厚思想根源的，这可能是中

华文化、中华文明灿烂辉煌、连绵不断的根本原因。

表述黄道、四季的彩陶历法图文在遗址中发现很多，虽然许多为残缺不全的陶片，但却给我们历法研究提供了丰富资料。除少数彩陶减省特定的黄道背景的表述，一般多以黑彩露白彩陶手法形成椭圆形黄道，而在椭圆内描述历法四季等相关的内容（图六）。大河村遗址四季纹彩陶片，四季纹叶片内画出一根中线，表示等分和周流循环（图六，2）。青台遗址的四季变化利用图形共用和变形手法，使整体图案产生波浪起伏的动感，表达季节冷热的周期变化，中间的叶片内填绘叶脉纹，是对季节变化的进一步比喻（图六，7）。有的四季纹内分别填绘竖线和横线，显示其数理逻辑、阴阳变化和冷热气候

1　2　3

4　5

6　7

图六 | 大河村遗址、青台遗址出土的四季图文的彩陶钵残片

1～4. 大河村遗址第二期出土　5～7. 青台遗址 1988 年出土

交替的义含（图六，5）。

上述彩陶历法都与黄道相关，椭圆形是黄道的本相，除此之外还有圆形、菱形的变体，也有根据需要减省了黄道轮廓的。这些彩陶图式蕴含了“道、理、象、数”的文化内涵，“道”“理”属于古易思想和方法论指导，“象”“数”则侧重于天文学、数学、历法学、文字学等方面的研究和表述。

三　历以月量

《礼记·礼运》“圣人作则，必以天地为本，以阴阳为端，以四时（季）为柄，以日星为纪，月以为量”[5]，可见月时是表述历法的重要元素。太阳的视运动周期为历法的年，一般为365.24日；月时指的是朔望月周期，实为29.53日，十二月称为岁（图七，1）。月时的彩陶表述以合月纹为主，表达朔望月的周期变化。除省略中间圆点的合月纹外（图七，2），还有背月、覆月（眉月）、侧月等多种形式。这种图式受古易思想影响，将望月（满月）变为对立弦月中间的一个圆点，节省了画面又显得美观，具有哲理。大河村遗址、青台遗址出土合月纹较多，是古人观测研究月相的记录概括。合月

1

2

图七 | 月亮朔望月月相与彩陶合月（朔望月）图文范式

1.朔望周期月相变化　2.合月（朔望月）图文、四季图式

图八 | 合月图文彩陶器

1～4.彩陶钵（大河村T11⑤A：83、大河村采：56、青台88T15③W227：1、青台T22③） 5.彩陶罐（大河村F1：27）

纹与四季图式相间布列，形成月时、季时的简历图式，包含了三月为季的义项（图八，1～4）。大河村遗址彩陶罐（F1:27）的“S”纹应是合月图文的变体（图八，5）。要注意合月图文的异同和彩陶语境，合月图文在特定语境中有不同的表述义项，除本义之外，还有引申、指代、借代等意义。彩陶研究中，有些学者误读“合月纹”为“旋纹”、把趣味盎然的四季图式释读为“花瓣纹”，失去了中华文化的原真性和底蕴，低估了中华文明的优良品质，这是要特别注意的事情。

依据历制历数取整原则，故大月30日、小月29日，彩陶表述以合月图文与侧月的并联为主要图式。大河村遗址彩陶盆（2014W189:2），泥质红陶，侈口仰折沿，圆唇，上腹微鼓，下腹急收，底部缺失。器身施白衣，口沿、其外腹绘黑彩、红彩，器物端庄华美，灵气天成[6]（图九，1）。口沿绘八组阴阳鱼以一组4条、七组3条红线段为隔断的纹饰带（图九，2～4），表示空间四向八方的宇宙概念。七组3与一组4的数字，其和为25，是勾股定理的内涵，阴阳鱼则是立杆测影的定向理念。腹部绘四组斜向的大月、小月并以3条红线段为隔断并相呼应的纹饰带（图九，5）。口沿图文提示历法的方法原理，腹

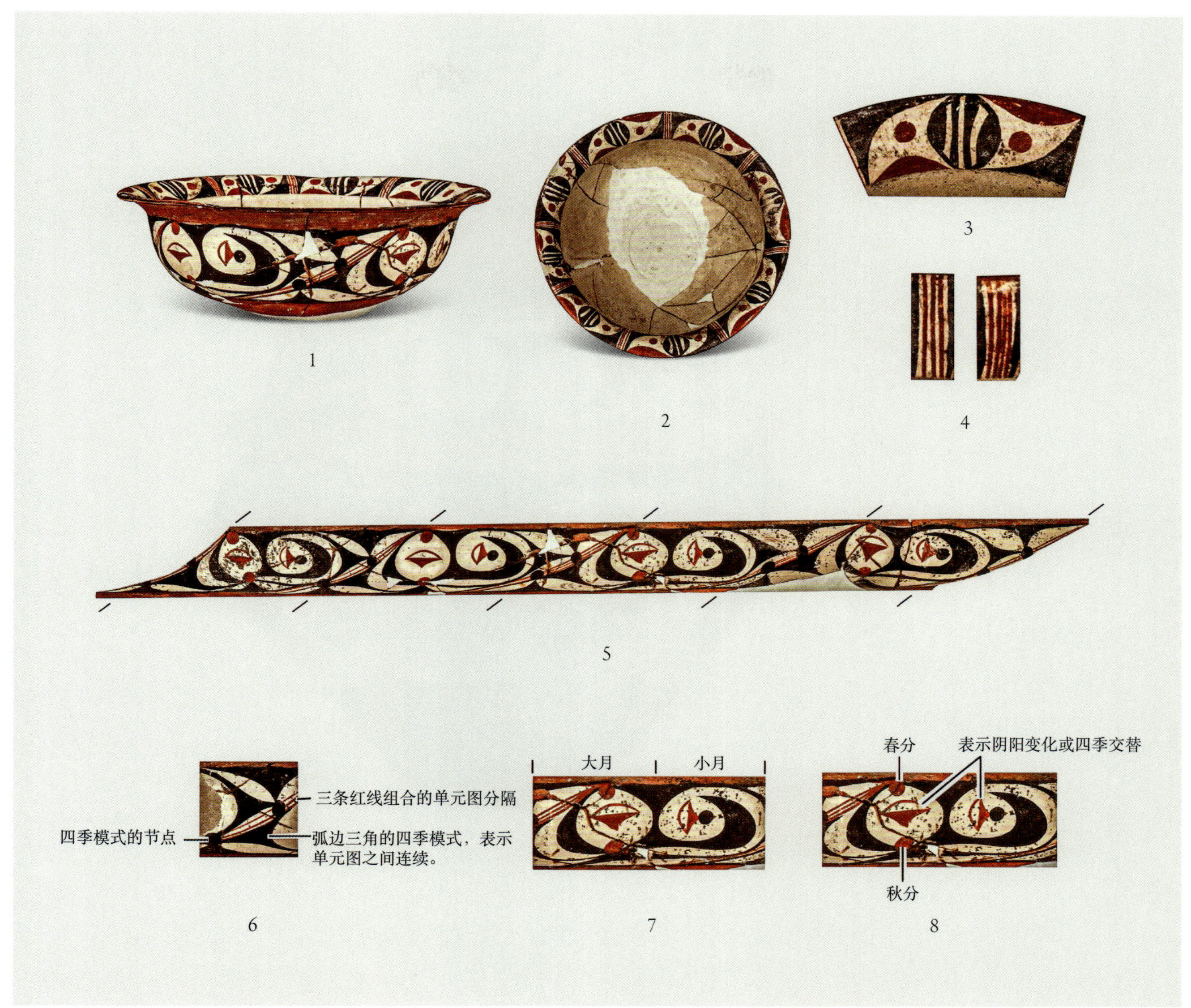

图九 ｜ 大河村遗址历法彩陶盆

1.彩陶盆（2014W189：2） 2.口沿图案 3、4.口沿单元图与分隔 5.腹部图案 6～8.腹部图案解析

部图文是天文历法的内容和相关元素，如阴阳合历、大月、小月、夏至、冬至、地轴倾斜（约23°）、四季交替等（图九，6～8）。大月、小月的图式是中华历法的基本历制，这里以此指代年复一年的“历法”，应是历法的概称。日、月和星辰是不停运动的宇宙天体，古易思想为认识这些宇宙天体提供了最佳的方法论指导，决定了以太阳回归年纪年、以月亮朔望纪月的阴阳合历的性质，使我国远古历法一开始就成为高层次大格局的历法。

仰韶时期，瓮棺葬盛行，它其实是古人祭祀天神的一种高规格礼仪。远古祭祀是人们极为重要的礼仪活动，虔诚恭敬程度不是我们现在的人能够想象的。古人认为婴童神灵，贯通天地，以陶瓮（罐、缸）盛敛夭折的孩童覆盆盖钵（鼎），以行祭天典礼，

图一〇 | 大河村遗址瓮棺

祈愿天道如常。大河村彩陶盆是2014年出土的一套瓮棺葬的组件，瓮棺完整，是先人认识世界的宇宙思维模型的实物体现（图一〇）。大河村遗址的这套瓮棺葬体现了远古时期古老“盖天”说的宇宙观念，源于“天人合一”思想，虽然天文历法是中华先人的一项伟大的天文发现和科学创造，为中华文明和世界文明发展作出了卓越的贡献，却认为天文历法（时间）是上天特别恩赐于中华民族的至高至上的思想和真理，坚信是民族强盛、赓续不断的法宝，自然产生对天道的礼敬和膜拜。在典礼应用时彩陶盆底部是特意作破的，表示与上天灵应相通，覆钵比喻天极。瓮棺内人居其中，彩陶盆腹部的天文历法图文则表示时间的周而复始，彩陶盆口沿的八组阴阳鱼图案则有四向八方的意涵，形成古人认识自然世界的宇宙观物化模型。天极、地下与大地的“四向”为“宇”，即空间；覆盆腹部历法图文为“宙”，即为时间；空间、时间共同构成时空，也就是“宇宙”。对“宇宙”概念的阐释，先秦文献《尸子》“天地四方曰宇，往古来今曰宙”[7]比《道德经》的“道”更为确切，一直被认为是宇宙观念的经典。还有“天圆地方”的彩陶表述应是盖天说的组成部分，这涉及古代哲学的相关问题，因不是本篇文章的重点，这里不再讨论。彩陶图文为何一般都绘制在器物的腹部以上，并且以分节、分层、重复等艺术手法加以表现？我们或许能在瓮棺的形式上受到启发，祭祀礼仪的需要应是一个重要方面。作为祭天礼器的彩陶图文十分重要，有祈愿天道恒常、人民安祥，所以供奉的天文历法岂可敷衍了事，那是要慎之再慎，不能有丝毫差错。三代之时“国之大事，在祀与戎”，国家祭祀和对外战争是王国极为重视的国政，而历法的制定、修订由国家组织，颁发历法也由国王完成，历法成为王权的象征。

彩陶历法将月亮朔望月、太阳四季和节气的变化规律容纳于一体，萃集了阴历、阳历的优点，方便日常生活、适合农业生产，具有广泛的普适性。《千字文》“天地玄黄，宇宙洪荒。日月盈昃，辰宿列张。寒来暑往，秋收冬藏。闰余成岁，律吕调阳。”彩陶历法体现了中华历法的内涵和文化价值，是一部中华文明的宣言书，标识了中华文明在洪荒宇宙中的自我坐标，为辉煌灿烂、赓续不断的中华文明奠定了磐石之基，决定了中华文明的历史方位。

四　时节与气候

时节、气候是中华传统历法的重要特征之一，彩陶历法也有明确的时节、气候的划分和表述。这种划分主要依据黄道的天文学成果为基础，还参考了气候、物候等自然现象，是中华先人长期观察天象的知识积累和生产生活经验的总结，更适用为生活和农业生产服务。在大河村文化遗址，许多彩陶历法的节气均包含于四季图案，单独出现的情况不多。虽然彩陶历法以图形表述为主，但还是用明确的数目字表述历法的气候法则，基本反映了农历的基本情况。

大河村遗址彩陶钵（F1：26），泥质红陶，敛口，小圆唇，弧形广肩，曲腹，小平底，口径22、底径11.5、高21厘米。肩腹部下层图案是一周历法节气图式，其中有三、四的竖道表述相应的数目，是《黄帝内经》“五日谓之候，三候谓之气，六气谓之时（季），四时谓之岁”[8]气候法则的象数体现。依据彩陶记载，那么彩陶历法一年是有二十四节气、七十二候的。这件彩陶钵属于大河村遗址第三期，距今大约5200年（图一一，1）。

荥阳青台遗址彩陶钵，泥质红陶，敛口，圆唇，圆肩，弧腹下部内收，小平底。高17.3、口径23.4厘米[9]。肩部及腹上部施白色陶衣，其上用褐色、熟红绘出图案一周。

图案分为上、下两层，以平行线、短熟红带作为分隔。上层图案绘两方连续的十四个弧边三角形和圆点纹；下层图案为一周历法节气图文，其中有四、五的竖道表述相应的数目，记载的应是“五日为候，三候为气，六气为时，四时为岁”的气候制度，应是当时人尽皆知的历法谚语（图一一，2）。

五　闰月制度

闰月制度是中华传统历法的核心，极大地保证了历法的精确稳定和实用，“以闰月定四时成岁”为中华历法传承的法宝。彩陶历法属于阴阳合历，黄道年周期365.24日与阴历年“岁”相差近11日，古代历法学家就使用“闰月法”拟合岁差。彩陶历法以三年一闰，大致十九年七闰形成“年、岁”相等的历法周期。《尚书·尧典》“期三百有六旬有六日，以闰月定四时成岁”[10]，是记载闰月制度最早的历史文献，但彩陶历法是比《尧历》更早的历法实物，进一步佐证了中华历法闰月制度的创造和实践。《尚书·尧典》是一篇政论性的文献，“期三百有六旬有六日”的一年周期，与365.24日略有出入，人们一般称年为365日或366日，这是取整的历法常识，可见“期三百有六旬有六日”的年历周期并不错误，属于正常的文献记载。在历年常数的前提下，“以闰月定四时成岁”，这是阴阳合历的本质所在。闰月制度说明彩陶历法是目前最早的集天文科学研究、历法学研究、精确历算等于一体的

图一一　|　彩陶钵上的气候图文

1.大河村F1：26　2.青台1988年出土　3.节气、节点取象原理

天文历法成果，体现了中华历法的本质和特色，是中华传统文化的重要代表[11]。

从天文历法意义方面讲，“年”与“岁”是有严格区别的，但在实际历法中，人们并没有太严格，把没有闰月的年份称为“平年”，而有闰月的年份称为“闰年”，彩陶历法也是这样。青台遗址1988年发掘时出土的一件彩陶钵残片，残存部分应是历法的平年、

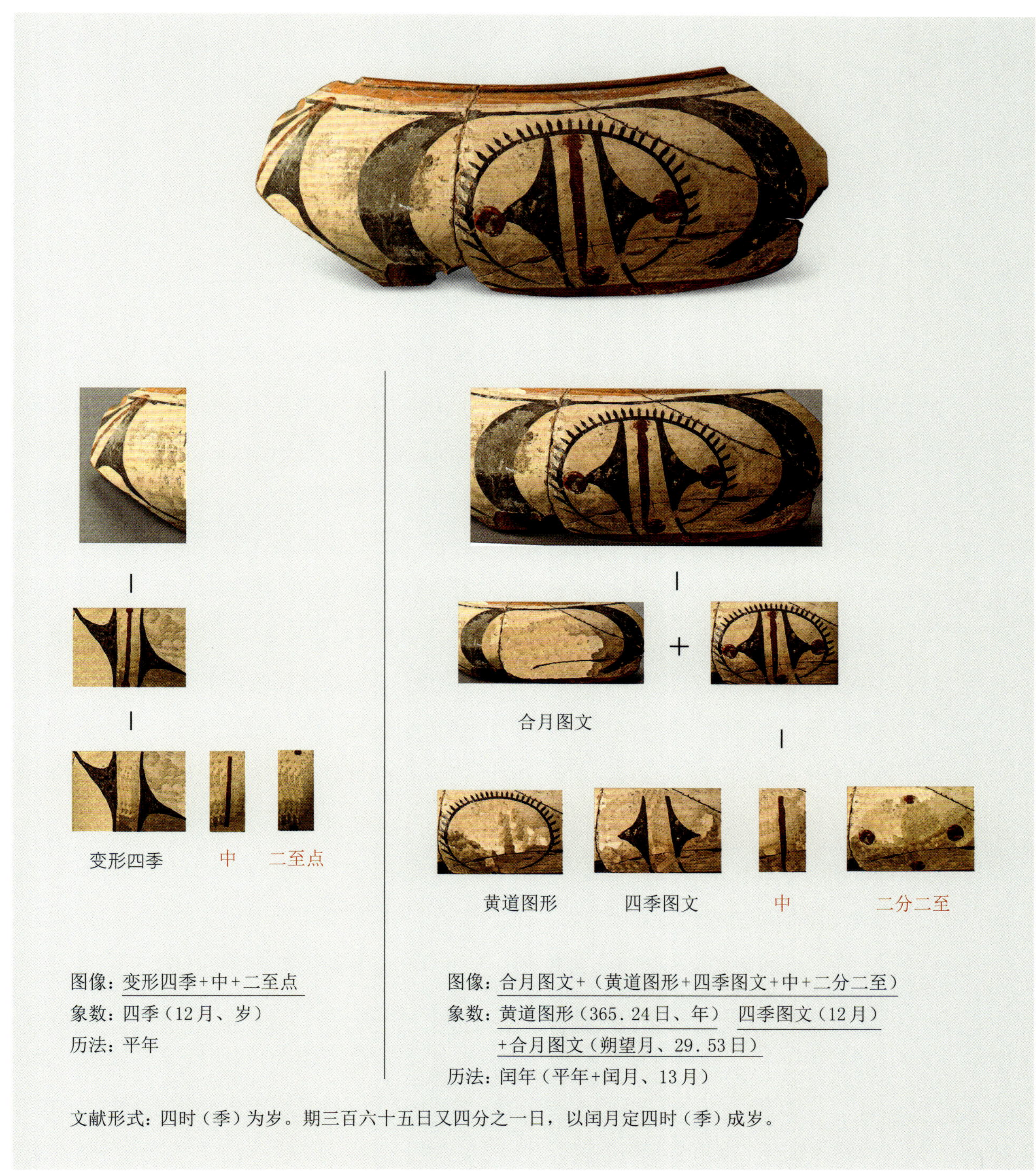

图一二 | 青台遗址彩陶钵上的平年、闰年历法图文

图一三 | 双槐树遗址彩陶罐图文展示与分解

1.彩陶罐（T4608H330：1） 2.“中”字图文 3.六角星图文 4.合月图文 5.交午点图文

闰年的图文组合（图一二）。平年图文是简略变形的四季图式，其中包含有杆形的“中”纹和夏至、冬至的“二至”点，并用红彩特别标出。闰年图式较为复杂，包含的历法元素比较多，主要由四季图式和闰月两部分组成，即13个月成“岁”的历法现象。闰年的四季图式处在合月纹之内，用椭圆形的黄道和红彩的“中”“二分二至”圆点特别标出。椭圆形黄道表示历年之常数，四季图式的“中”与“二分二至”与合月图文（闰月），恰恰符合《尧典》“期三百有六旬有六日，以闰月定四时成岁”的历法表述。说明彩陶历法是真实的，《尧典》是可信的，我国远古天文学和历法成就处于当时世界的先进地位。尽管这件历法图文的彩陶载体（陶钵）是个残品，但它表述阴阳历法的内容和许多历法元素无疑是清楚的，几近完美，把它视作中华历法珍品也不为过。参照大河村遗址、青台遗址出土的同类历法图文的制图法则，这件彩陶钵残片可以复原三组一周的“平年+闰年”彩陶图文，虽然残缺亦能见其全豹之美。

巩义双槐树遗址的彩陶罐（T4608H330：1），泥质红陶，口径24、底径12、高20厘米。鼓肩部位绘白地黑彩纹饰一周，由三组六角星图文、一组合月图文，分别以两组交午点图文（其中一个下半部脱彩）、叶片“中”字图文为间隔[12]（图一三，1）。六角星图文则是一个主题单元图文（图一三，3），两侧为眉月相合居中的圆圈、圆点为太阳（日字初文），六角形则为其光芒，这光芒与黑色背景齿合，则寓意阴阳抱合一体的满月，会意朔望月。东汉天文学家张衡《灵宪》记载“月光生于日光所照，魄生于日之所蔽”，是说月球本身并不会发光，月光是日光的反射。历法“十五”因受日光而圆满，满月为阴阳六合之气，天文称为望月，中国文化谓之“华”，又指中气、中华。六角

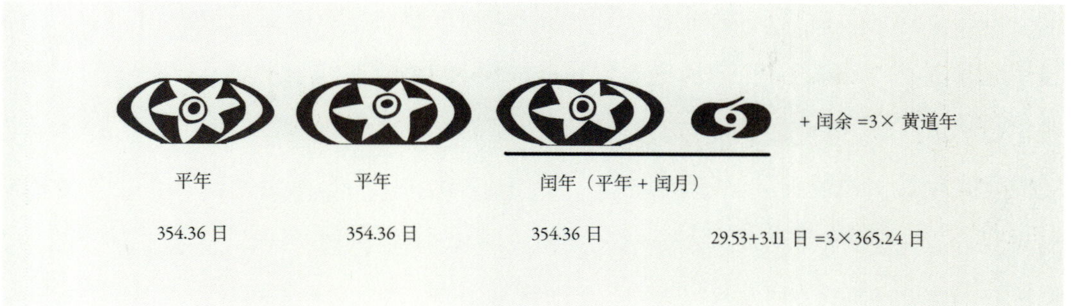

图一四 | 双槐树遗址彩陶罐象数解析

星图文本义望月，借为“中华”名称。合月图文就象数而言则表示朔望月（平均29.53日），在此图文语境下则是代表闰月（图一三，4）。交午点图文则是气候时序连续、交替之意（图一三，5）。叶片“中”字图文应是变体四季图式，在图中的位置是以四季交替的形式连接六角星图文。但叶片“中”字图文是个内核，是测量太阳影长仪器“中”的标识，是权威、品牌的标识（图一三，2）。审视整幅图文，三个六角星和合月图文主题，符合阴阳合历的象数法式，应是一幅“三年一闰”的历法图文记载（图一四）。通过分解，双槐树彩陶罐图文概括了月时、气候、四季、闰月等历法制度，应是一幅纯正中国特色的阴阳合历，即农历。应该说，这是中国历法比较完美的实物见证。

六 结语

历法是文明社会的产物。彩陶历法的出现，首先由社会生产力发展的客观需求所决定，同时还应具备成熟的思想理念与数学、天文学知识为科学前提，是一项集大成的应用型社科成果。从彩陶历法看，在仰韶时期中原地区就逐渐形成系统的天文历法制度，在公元前5000年有了初步的历法制度，公元前3500年进入历法的成熟阶段，成为推动社会发展重要动力。荥阳青台遗址、汪沟遗址的丝绸纺织品遗迹，郑州西山遗址的城墙聚落的崛起，大河村遗址第四期、后庄王遗址都出土较多的禾苗纹，有的还用细线标出籽实（图一五），佐证了嵩山地区仰韶时期呈现的经济繁荣和社会文明景象。对农业种植和粮食作物的文献记载，大河村文化的彩陶记载比较具体详细，这是我国最早的。掌握先进的历法事关国计民生，农业经济就能得到保障，社会秩序就会保持基本稳定。历法在初级文明社会里，是社会法治的宪章性制度，具有浓厚的政治特色。

嵩山古称“华山”。《周礼·夏官司马》记载“河南曰豫州，其山镇曰华山”[13]；《国语·郑语》记载，“前华后河，右洛左济，主芣騩而食溱洧”[14]。嵩山区域特有的彩陶图文有六角星纹、禾苗纹、“鹳鱼石斧图”以及伊川水寨遗址彩陶豆的“中”字纹[15]，印证了中岳嵩山“天地之中”的历史方位和“中华”“中国”的文化内涵①，说明仰韶时期这里已形成了“中华”“中国”的文化核心，代表先进文化的彩陶历法对深度整合和团结周边文化做出积极贡献。“天地之中”为中国文化和文明起源研究设立了可以参考的时空原点，这是“中华”“中国”立基的根本。只有确立原初“中国”这把“天”尺，才能打开中华文明探源的“华豫”之门。伊川水寨遗址“中”字纹彩陶豆是最早“中国”的彩陶记载（图一五，1）。从历史文化意义来讲，要比何尊铭的“中国”记载更为重要，应引起考古和社科学界的重视。陶豆的每组陶文由网格纹和“中”字纹构成，方框（四方）与“中”字表述“中国”意涵的合体图文，整个图案应是“中国长年安泰”的吉祥语，正是尊行天道，历法图治的农耕文明社会的反映。出土陶豆的水寨遗址处在伊河的东岸，是古称“伊川原”的地方，伊河是洛河支流，向北汇入洛河。伊河之“伊”，乃由 [甲骨文]（尹）→ [甲骨文]（伊）演变，甲骨文的本意为手执“中”的人，指懂得天道、有威望的智者，是“中国人”的形象特征。后来引申为官员、治理、开始等义项，从伊河的地理位置与文化内涵可佐证“中”字纹彩陶豆应是一件符合时代特征的彩陶瑰宝。以往已发掘的彩陶我们用中华文化思考和认识，就会收获新发现，例如彩陶历法，说明排除疑古思想、提高彩陶研究质量是一件特别重要的社会科学工作。嵩山区域特别是郑州、洛阳地区构成了远古中国的文化核心，这正处在繁荣强盛的大河村文化中晚期。在此，仅以大河村文化的彩陶六角星纹、禾苗纹以及彩陶豆“中国”字纹的分布，勾勒出原初“中国”的轮廓，为远古中华的样貌提供考古依据（图一六）。《说文》“夏，中国人也”的记载，点明了登封王城岗遗址、新密新砦遗址、偃师二里头遗址的夏文化性质，也说明“中华”“中国”独特而久远的历史渊源。

中华先人尊信天道（古易），崇尚公德，历法图治，积极变革，促进了农业经济繁荣，实现了社会稳定和谐，在今黄河中下游交界和嵩山区域形成了旷古未有的中华“大同”盛世[16]。在中国范围，原始社会向初级文明社会转变时期，发展是极不平衡的，特别是意识形态的差异，形成了两大不同的社会形态，即以彩陶为特色的大同社会（以大河村文化为代表）和以礼玉为特色的神权专制社会（以良渚文化为代表）。基于社会生产力发展需要、及对中华“大同”盛世的景仰，彩陶历法得以风靡大半中国，并影响及中亚、东欧的异域他乡。西方宗教文化与中华传统古易是有极大差别的，私有制前提下的社会文明更适合西方，以此来衡量中华文明或许并不妥当。中华文明探源工作是关乎中华文明和中华民族形成发展的大事，是必须要慎重的。仰韶时期，彩陶记载古易思想、远古历法及记事述功的历史特性，塑造了中华文明的世界观和社会价值观，初步实

① 笔者2021年10月2日参观洛阳博物馆，展览的白元遗址出土的一件彩陶罐与水寨彩陶豆极似。另外，高润民著《中国史前陶器》204页第603号图的彩陶豆也与水寨彩陶豆类似，标注为偃师灰嘴遗址出土。这类图形为“中国长年安泰”之意，应是原初“中国”的彩陶表述，是对中岳嵩山崇拜的物证。

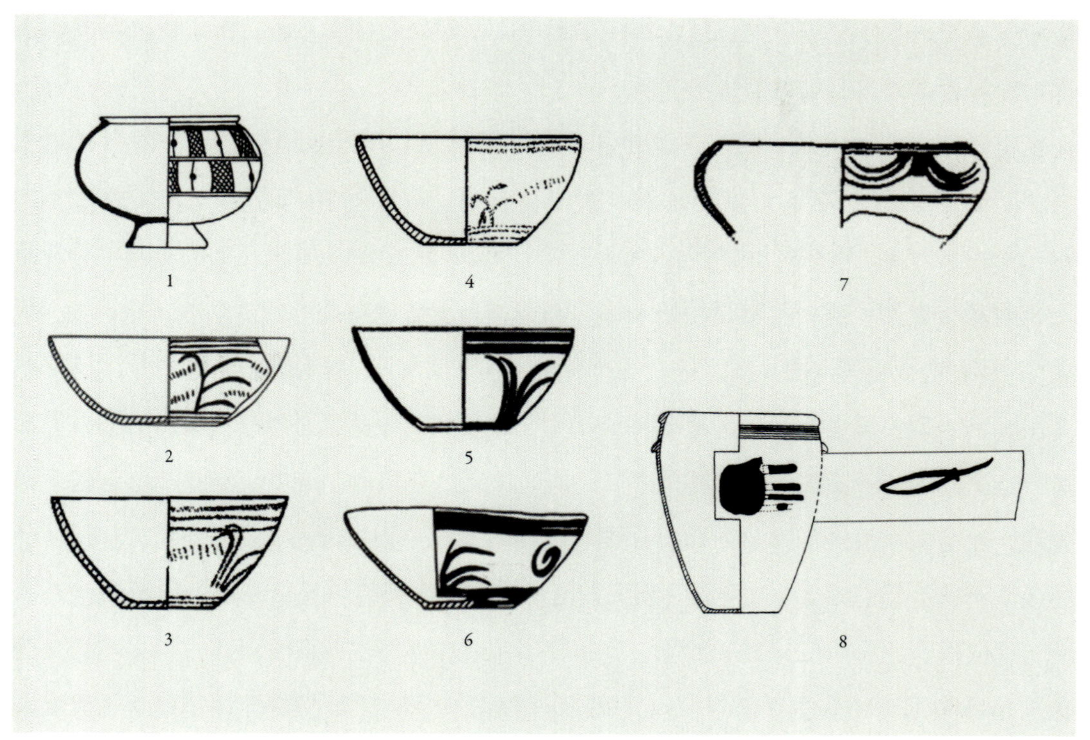

图一五 | 禾苗纹彩陶

1.伊川水寨“中国”字纹陶豆 2～5.大河村第四期禾苗纹陶碗 6.后庄王禾苗纹陶碗 7.大河村第四期禾苗纹陶钵

8.洪山庙“手耜”字纹陶缸（W104：1）

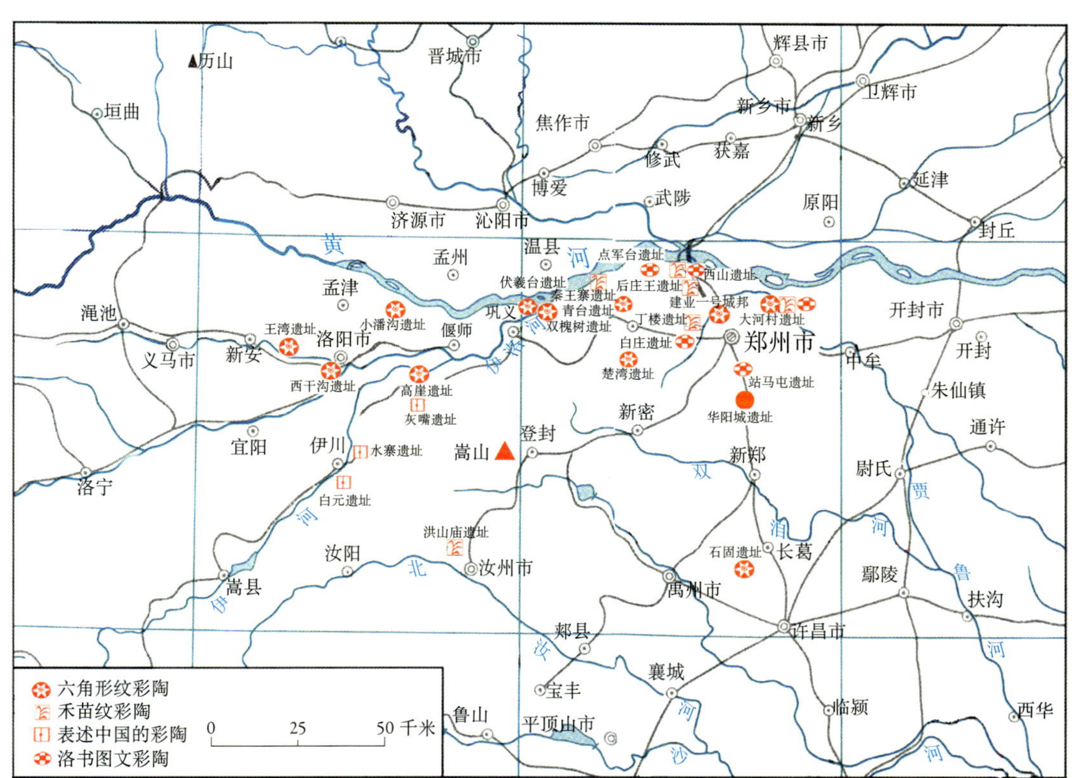

图一六 | 原初中国的核心区域

现对中华文化和华夏民族的认同，对中华思想文明和社会文明实践、中华历法制度和文字起源形成都具有开创性的历史贡献。

中国文字源远流长，汉代许慎将其分为“文”“字”两个发展阶段，彩陶图文属于“文”，许多记载是中华文化的元典，如古易思想、历法等等，是中华文明早期“文”化、“文”明的辉煌时期。相传远古有《三坟》典籍，为伏羲、神农、黄帝文献，彩陶的文化内涵应为其大概。彩陶是使用毛笔绘画和书写而展现图文形式的书体，可称为“图文”；因为陶器是图文的主要载体，又可称为“彩陶图文”。彩陶图文是比甲骨文还早的文字，是初期中国文字发展的重要环节。文字演变大致为：贾湖刻符→彩陶图文→甲骨文→金文→篆书→隶书→楷书和草书等，彩陶图文已有象形、指事、会意和语言叙事的表述，应是文字发展的重要阶段。许多学者谈甲骨文滔滔如河海，论《周易》《道德经》缕缕而不绝，却忽略了“文”化的源头和传承。我们今天能够凭借精确的历法去生产生活，这应得益于彩陶的记载和传承，中华文明萌发和形成也得益于彩陶古易文明思想的奠基与彩陶图文的历史文献意义。如果没有彩陶，甲骨文和《周易》《道德经》就没有了祖源。反观中国新石器时代晚期的诸多考古学文化，嵩山区域的大河村文化拥有更为坚实的“本源”文化色彩，是代表中国文化（文明）的精神内涵和社会历史的发展方向，这对我们现在蓬勃发展、蒸蒸日上的社会主义现代化建设也具有现实的社会意义。所谓的“中原文化凹地”，不知从何谈起，实在是荒谬至极。

文以载道，史以历明。彩陶历法“法于阴阳，和于术数”，不仅是中华思想文明和社会文明实践的概括，也是中华文明产生和形成的重要标志，成为“中华”“中国”名称的核心内涵。

参考文献

[1] 郑州市文物考古研究所：《郑州大河村》，科学出版社，2001年；廖永民：《大河村新石器时代的彩陶艺术》，《中原文物》1984年第4期。

[2] 郑州市文物考古研究院：《华美灵动——院藏文物精品三维动态鉴赏》，科学出版社，2016年，15页。

[3] 洛阳市第二文物工作队、伊川县文化馆：《伊川土门、水寨新石器时代遗址调查简报》，《中原文物》1987年第3期。

[4] 慕平译注：《尚书·尧典》，中华书局，2009年，8页。

[5] 陈戍国点校：《周礼·仪礼·礼记》，岳麓书社，1989年，371页。

[6] 郑州大河村遗址博物馆：《郑州大河村遗址2014～2015年考古发掘简报》，《华夏考古》2016年第3期。

[7] （周）尸佼：《尸子·卷下》，《二十二子》，上海古籍出版社，1986年，373页。

[8] （唐）启玄子（王冰）注：《黄帝内经·素问·六节藏象论》，《二十二子》，上海古籍出版社，1986年，886页。

[9] 荥阳文物志编纂委员会：《荥阳市文物志》，中州古籍出版社，2011年，211页。

[10] 慕平译注：《尚书·尧典》，中华书局，2009年，8页。

[11] 索全星：《彩陶历法闰月制度的象数研究》，《河南博物院院刊》（第五辑），大象出版社，2021年。

[12] 王炜林：《彩陶·中华——中国五千年前的统一与融合》，陕西师范大学出版社，2020年，232页。

[13] 陈戍国点校：《周礼·仪礼·礼记》，岳麓书社，1989年，91页。

[14] 徐元浩：《国语集解·郑语第十六》，中华书局，2002年，462～464页。

[15] 洛阳市第二文物工作队、伊川县文化馆：《伊川土门、水寨新石器时代遗址调查简报》，《中原文物》1987年第3期。

[16] 陈戍国点校：《周礼·仪礼·礼记》，岳麓书社，1989年，368页。

黄帝时代是前轴心时代的上限

吴倩

考古学界泰斗苏秉琦先生曾经提出："我们这一代考古工作者必须正确回答：中国文化起源；中华民族的形成；统一（的）多民族国家的形成和发展等问题。"[1]这一说法其实正是考古人的历史使命。中华民族的早期形成是在整合庞杂的部落和部落联盟的形势下完成的，由此奠定了中华民族多元一体格局的基础。而民族文化的生成与发展，则与民族的形成与发展如影随形。在中华民族历史上最早完成这一伟业的民族始祖就是黄帝。文化无可替代地成了中华民族传统文化的核心基因——尽管黄帝时代还没有产生文字，但先民通过神话以及众多的历史记忆、文化记忆保留了它的主要内容，熔铸于我们民族的传统文化中。以黄帝文化为核心的民族文化基因至今仍在潜移默化地决定着我们民族的精神走向。

雅斯贝尔斯提出了"轴心时代"的著名论断，越来越得到学术界的广泛认同。本文所说的"前轴心时代"，是在雅斯贝尔斯理论基础上，向前延伸，以讨论中华传统文化形成源头范围。

一　从轴心时代谈起

1949年，德国思想家卡尔·雅斯贝尔斯在《历史的起源与目标》一书中第一次把公元前8世纪至公元前2世纪同时出现在中国、西方和印度等地区的人类文化突破现象称之为"轴心时代"。其主要内容是："公元前800年到公元前200年产生的精神过程，那里是历史最为深刻的转折点。那时出现了我们今天依然与之生活的人们。这一时代，我们可以简称其为'轴心时代'。""非凡的事件都集中在这一时代发生了。在中国生活着孔子和老子，产生了中国哲学的所有流派，墨翟、庄子、列子以及不可胜数的其他哲学家都在思考着；在印度出现了《奥义书》，生活着佛陀，所有的哲学可能性，甚至于像怀疑论和唯物论，诡辩术以及虚无主义都产生了，其情形与中国别无二致；在伊朗，查拉图斯特拉在传授他那富于挑战性的世界观，即认为这是善与恶之间的一场斗争；在巴勒斯坦，从以利亚经由以赛亚及耶利米到以赛亚第二，出现了先知；在希腊则有荷马，哲学家巴门尼德、赫拉克利特、柏拉图，许多悲剧作家，修昔底德，以及阿基米德。在这短短的几个世纪内，这些名字所勾勒出的一切，几乎同时在中国、印度和西方，这三个相互间并不了解的地方发生了。"[2]

雅斯贝尔斯在阐述轴心时代的文化成果时，郑重地说道："轴心时代将成为引领人类进入世界历史背景的酵素。对我们来讲，轴心时代是明确衡量各个民族对于人类整体的历史意义的尺度。""轴心民族。这些民族在延续自己的过去中完成了飞跃，这次飞跃对他们来说，仿佛是第二次重生，通过这次飞跃，奠定了人的精神本质及其真正的人类历史的基础，他们是：中国人、印度人、伊朗人、犹太人、希腊人。”[3]

雅斯贝尔斯盛赞中国在轴心时代出现的哲学重大突破，以及以孔子、老子为代表的早期思想家、哲学家。但他却没有列举或者没有高度认识到中国在轴心时代所产生的具有深远影响的“文化元典”。冯天瑜先生出版了《中华元典精神》一书，他在书中将《诗》《书》《礼》《易》《春秋》，以及《论语》《孟子》《老子》《庄子》《荀子》《孙子》等先秦典籍赋予中华民族“元精神”的意义[4]。重要的是，我们能从冯天瑜先生列举的这些“元典”中很容易地看出黄帝文化直接或间接的要素。

我们由此寻根而上，不难找到黄帝的文化踪迹。这充分说明，中华轴心时代的文化成就与黄帝时代有着难以割舍的关系，由此我们可以将研究的触角深入到“前轴心时代”。

二　观澜索源：前轴心时代

雅斯贝尔斯曾提出一个设问：轴心时代的本质是什么，它是如何产生的？它是突然来到这个世界上的吗？显然不是。雅斯贝尔斯说道：“人类看起来好像从新的基础出发了四次：首先从史前时代，从我们根本不可理解的普罗米修斯时代（语言、工具的形成和火的使用）出发，正是经由了这一时代，人才变成了人。第二次是从古代高度文化的建立出发。第三次是从轴心时代出发，经由这一时代人在精神上成为了真正的人，并具有了完全的开放性。第四次是从科学技术时代出发……。”[5]他说的“第一次（工具和火）”和“第四次（科技时代）”不在我们讨论的范围，姑不论。我们所关注的是卡尔·雅斯贝尔斯所称的人类出发的“第二次”，这个时代已经被近一个时期以来的中国学者们称为“前轴心时代”，这个时代对于中华民族来说更具有研究价值。这应该是一个“特色”发展最重要的一个时代。按雅斯贝尔斯的说法：“凡是没有参与到轴心时代的展开的民族，他们就依然几万年甚至几十万年地保持着‘自然民族’的非历史生活。”[6]一句话，缺了历史这一环节的民族，其落后是不言而喻的。有幸的是，我们中华民族在这一历史时期是走在世界最前列的，在这一环节中表现最为突出的人就是黄帝——一位开创了未来最伟大时代的伟大人物。

历史学者们熟知孔子的一句话：“殷因于夏礼，所损益可知也；周因于殷礼，所损益可知也，其或继周者，虽百世，可知也。”[7]谓孔子参透了三代关于礼法的“相因”相成的道理，并且非常肯定地预言：后世继承周代的历朝历代，即使“百世”亦如此。

孔子此话实在是一个“神预言”，随后不久的“汉承秦制”以及更后来的历代莫不如此，就是给孔子的神预言做了绝佳的注脚。

但我们在孔子这里却要沿此思路逆向推进：“夏礼”又因于何？难道是大禹或启的“自创”？显然不是，也不可能。中国历史上，能查到的最早“治国者”，能“草创”治国的“礼法”者，非黄帝莫属。由此我们可以推理孔子此话的前半段：可能必然是“夏因于尧舜，所损益可知也；尧舜因于黄帝，所损益可知也”。由此我们明白了一个显而易见的道理：三代治国理念无非是直接或间接地来自于黄帝。

三　中国学者关于轴心时代、前轴心时代的认知

轴心时代这一历史现象虽然很早就进入了学者们的视野，但在雅斯贝尔斯之前，并没有专门的、系统的研究；如今，轴心时代已成东西方史学、人类学和哲学等学科的一个无法绕过的课题。事实表明，“轴心时代”既是一个复杂的历史文化现象，也是一个思维的“建构”[8]。

雅斯贝尔斯的著作在20世纪60年代传入中国以后，引起了学界的广泛关注，很多学者对这一问题深感兴趣，进行了不同程度的研究，而且很多有见地的学者不满足于“轴心时代”的限制，根据中国历史的发展路向，提出了“前轴心时代”的课题。李泽厚、陈来、姜广辉、余敦康等学者都曾不同程度地提出过“前轴心时代”概念。他们认为，仅通过“轴心时代”这个概念本身去找轴心时代根源，是不能找到答案的——自然引出一个“前轴心时代”问题[9]。笔者还要在提倡“前轴心时代”的学者行列中增加范毓周、王志轩等学者。范毓周、王志轩指出，学界诸多“比较研究尚局限于‘轴心时代’。对于‘前轴心时代’的问题，大多作为‘轴心时代’产生的背景条件略有论及，迄今仍然少有专文探讨。实际上，前轴心时代是了解‘轴心时代’的渊源和背景的基础。“轴心时代的到来，有其历史条件和时代背景，而这些历史条件和时代背景的形成，也有较长时间的积累过程。”强调：“不理清‘前轴心时代’的相关问题，就很难认识‘轴心时代’的突破与飞跃。”[10]可惜的是，此文未对前轴心时代划定具体时间界限。

姜广辉先生对前轴心时代有系统的研究，他的一篇文章题目为：“从黄帝到孔子——前轴心时代的文化传统”，这几乎是指出了前轴心时代的时间框架，但也略显模糊。姜广辉说：“司马迁作《史记》从黄帝开始。据《史记·五帝本纪》记载，以黄帝为代表的中心氏族所管理的地区，幅员相当广大。‘黄帝’可能是一个时代的开创者，从而成为一个时代的象征和标志，而这一时代的一切进步和成就都归结为‘黄帝’。经历

一个神化的过程，黄帝也就成了一个半神半人、亦神亦人的人物。”[11]

行文至此，我们似乎应该给前轴心时代一个不一定准确的定义：5000年前，人类文明程度积累达到新高度，一位被后代尊称为民族始祖的伟大人物——黄帝，作出了杰出的思想贡献，自此开创了一个延续2000余年的文明时代，为人类“轴心时代”的文化突破（或称超越）奠定了基础，轴心时代的思想与其结晶成的元典，源头皆出于此，这就是中国的前轴心时代。

四　黄帝时代是中国上古史最为辉煌的时代，是前轴心时代的上限

前面说过，轴心时代的一切文化成就，皆可上溯至黄帝，那里才是轴心时代密切相关的源头。由此，我们可以确定轴心时代的成就是由“前轴心时代”奠基的，而“前轴心时代”则是经过了两千年的漫长发展时期，但我们可以肯定的是：“前轴心时代”的上限应该就是黄帝时代，或者可以说是黄帝开创了“前轴心时代”。是黄帝创建并巩固了类似于国家规模的政体、号令了大中原区域（即大部分黄河中下游地区的部落与部落联盟，《史记》称为“诸侯”）的局面。因此，我们可以称那是一个名副其实的黄帝时代，是前轴心时代无可替代的源头之处。黄帝时代是中国上古史上最为辉煌的时代，他的文治武功是名副其实的“前无古人”，他的个人美德成就了他那个时代的文化厚度。

下面根据司马迁《史记》中关于黄帝的记载，试对黄帝进行粗略的分析。

（1）武力一统，建立共同体：“而蚩尤最为暴，莫能伐。炎帝欲侵陵诸侯，诸侯咸归轩辕。轩辕乃修德振兵，治五气，艺五种，抚万民，度四方，教熊罴貔貅貙虎，以与炎帝战于阪泉之野。三战，然后得其志。蚩尤作乱，不用帝命。于是黄帝乃征师诸侯，与蚩尤战于涿鹿之野，遂禽杀蚩尤。”“合符釜山，而邑于涿鹿之阿。”上古时代的特征就是“国之大事在祀与戎”，但黄帝与众不同之处则是：战争之外，他更重视和平契约的作用，使共同体得到巩固。

（2）拨乱反正，勤劳治理，建立并巩固共同体：“轩辕之时，神农氏世衰。诸侯相侵伐，暴虐百姓，而神农氏弗能征。于是轩辕乃习用干戈，以征不享，诸侯咸来宾从。……而诸侯咸尊轩辕为天子，代神农氏，是为黄帝。天下有不顺者，黄帝从而征之”，黄帝在“诸侯相侵伐，暴虐百姓”的乱世中，不辞辛劳，东征西讨，为百姓辟出安居的环境，得到了天下的拥戴，“诸侯咸尊轩辕为天子”。

（3）奔波巡视，从不懈怠，逐步培育联盟的文化共识：“东至于海，登丸山，及

岱宗。西至于空桐，登鸡头。南至于江，登熊、湘。”“平者去之，披山通道，未尝宁居。”“万国和，而鬼神山川封禅与为多焉。”黄帝永不自满，不断勤奋地为民造福，甚至于到了“未尝宁居”的地步，他以牺牲个人的利益换取部族联盟“百姓”的利益，使诸侯和百姓的文化共识达到一定的高度。这理所当然地彰显了黄帝“利他”的个人美德，使他的个人形象几乎达到完美的地步，他的思想具有了无可比拟的影响力。

前面说到雅斯贝尔斯在提出“轴心时代”的概念时，特别重视个人的思想贡献。我们不妨在前轴心时代也要特别重视一个至关重要的个人——黄帝，应特别重视他的思想贡献，可以说，没有他的思想贡献，就没有前轴心时代，也可能影响轴心时代文化成就的高度。本杰明·史华兹说：“在祖先崇拜中发现的社会秩序，其强有力的典范作用也许深刻地影响了整个‘精英文化圈中的’社会政治秩序和宇宙秩序。”[12]我们现在还有“榜样的力量是无穷的”说法，可以顺理成章地推断：上古以后的历代统治者几乎都曾或多或少地以黄帝为自己的榜样。

除了《史记》之外，先秦诸子的著作对黄帝也多有记载，可相互印证。

《管子·揆度》：“至于黄帝之王……烧山林，破增薮，焚沛季，逐禽兽，实以益人，……万人得受其流。”其中追述黄帝“烧山林，逐禽兽”的行为是“实以益人”，“万人得受其流”，管仲从经济惠民的角度诠释了黄帝。

《庄子·在宥》：“昔者黄帝始以仁义撄人之心，尧、舜，于是乎股元胈，胫无毛，以养天下之形，愁其五藏以为仁义，矜其血气以规法度。”这段记载形象地表明了黄帝以仁义治理百姓，尧、舜效法黄帝，“股无胈，腔无毛”，困苦艰辛，为治理天下而操劳，这就体现了黄帝及其后代继承者的“利他主义”精神。

《商君书·更法》：“黄帝、尧、舜，诛而不怒，及至文式，各当时而立法，因事而制礼。礼法以时而定，制令各顺其宜，兵甲器备，各使其用。”这段文字记载黄帝等君主没有因循守旧，而是“当时立法，因时制礼”，于是就给了后世以“损益”的样板，我们是不是隐约地感到了孔子名言前后“损益”的真谛？

《淮南子·览冥训》：“昔者黄帝治天下，而力牧、太山稽辅之，以治日月之行律，治阴阳之气，节四时之度，正律历之数，别男女，异雌雄，明上下，等贵贱，使强不掩弱，众不暴寡，人民保命而不夭，岁时孰而不凶，百官正而无私，上下调而无尤，法令明而不暗，辅佐公而不阿，田者不侵畔，渔者不争隈。道不拾遗，市不豫贾，城郭不关，邑无盗贼，鄙旅之人相让以财，狗彘吐菽粟于路，而无仇争之心。于是日月精明，星辰不失其行，风雨时节，五谷登孰，虎狼不妄噬，鸷鸟不鷙搏，凤皇翔于庭，麒麟游于郊，青龙进驾，飞黄伏皁，诸北、儋耳之国，莫不献其贡职，然犹未及虑戏氏之道也。”这一大段描述，虽然过于美化与粉饰黄帝时期的治理状态，但有作者对黄帝文化的理想追述：人类社会的制度、礼仪第一次达到了最佳的“效果”。黄帝遵循日月、阴阳、四时的变化，分别男女界限，区分等级贵贱，使得上下和谐，相安无事。这是为当时的社会伦理形成创造了条件，可以将其看成是黄帝文化的理想构成部分。

1973年在长沙马王堆3号汉墓出土的《黄帝帛书》，全书由《经法》《十六经》《称》《道原》四篇组成。书中有黄帝政治思想的后人阐释（该书由汉代人撰写），当然是后人沿“黄帝的思路”发挥而成。该书所表达的意思是黄帝主张“刑德兼用”的治国方针。主张文武、德刑、刚柔兼用的治国策略。《黄帝帛书》的“德”包含三个层面的含义，其一是仁德，即主张“亲民”“爱民”；其二是德泽，主张通过实行德政，使人民有所“得”，以达到“民富”“治安”的政治目的；其三是德行，主张加强统治者的德行修养，以减少民怨。徐文武说：“《黄帝帛书》吸收儒家的仁义思想和墨家的兼爱思想，并以此发展和充实道家的‘德’的学说。儒家倡导以血缘关系为基础的‘仁爱’，墨家倡导无等级差别的‘兼爱’，这些内容都在《黄帝帛书》中有所表现。如《十六经·顺道》论‘仁’、‘慈’：‘体正信以仁，慈惠以爱人，端正勇，弗敢以先人。’”[13]至此，黄帝文化已经完全“整合”了“轴心时代”的各派学术，已经“内涵”了先秦元典的所有精华，当然这是一种“反向整合”——各派归附于黄帝文化的大旗之下。

结语

虽说后世文献关于黄帝治国事迹与思想的记载，多是受文献作者政治理想影响的产物；或者说，这些著作的作者出于论述自己政治主张的正确性，强化自己学说权威性的需要，将其本人思想中的某些理想化“事迹”附会、假托到黄帝的身上。但完全空穴来的“记载”应该不会存在，而且这些记载多是根据上古时期丰富的神话传说和历史记忆（或称文化记忆）而来，即使有“失真”成分，也还存在真实的成分，它们为黄帝文治武功传说和黄帝思想提供了素材，极大地丰富了黄帝文化的内容，使黄帝文化对后世产生了不可估量的历史影响。

参考文献

[1] 朱乃诚：《略谈苏秉琦晚年的学术研究主线》，《中原文物》2004年第1期。

[2]〔德〕卡尔·雅斯贝尔斯著，李雪涛译：《历史的起源与目标》，华东师范大学出版社，2018年，8页。

[3]〔德〕卡尔·雅斯贝尔斯著，李雪涛译：《历史的起源与目标》，华东师范大学出版社，2018年，62页。

[4] 冯天瑜：《中华元典精神》，武汉大学出版社，2006年。

[5]〔德〕卡尔·雅斯贝尔斯著，李雪涛译：《历史的起源与目标》，华东师范大学出版社，2018年，32页。

[6]〔德〕卡尔·雅斯贝尔斯著，李雪涛译：《历史的起源与目标》，华东师范大学出版社，2018年，32、33页。

[7]《论语·为政》。

[8] 朱鲁子：《轴心时代的一个历史唯物主义阐释框架》，《理论与现代化》2009年第2期。

[9] 姜广辉：《论中国文化基因的形成——前轴心时代的史影与传统》，《国际儒学研究》（第6辑），中国社会科学出版社，1999年。

[10] 范毓周、王志轩：《前轴心时代的中国与希腊》，《东方论坛》2004年第6期。

[11] 姜广辉：《从黄帝到孔子——前轴心时代的文化传统》，《中华文化论坛》1999年第3期。

[12]〔美〕本杰明·史华兹著，程钢译：《古代中国的思想世界》，江苏人民出版社，2004年，30页。

[13] 徐文武：《论〈黄帝帛书〉的刑德思想》，《河南社会科学》2005年第4期。

中原腹地仰韶文化的融合策略与路径选择

刘青彬

已有的考古资料表明，以中原为中心的历史发展趋势肇始于中国新石器时代晚期，在中原地区的强烈影响和带动下，中国大部分地区形成了文化意义上的“早期中国”[1]。仰韶时代的中原，与周边地区存在着广泛的交流互通，并不断吸纳外来优秀文化因素，造就了文化面貌上的多样性和复杂性。中原腹地的仰韶文化大致经历了三个发展阶段，不同时段区域间的互动体现着多元融合的策略与路径选择。

一　多元融合策略的期段考察

从文化因素的分析来看，文化的融合方式多种多样，包括并不限于“渗透、借用、融合、同化和考古学文化的分化”[2]，即以中原腹地仰韶文化的多元融合而言，直接交流与间接传播并存，主动吸收与被动涵化交替。

仰韶文化形成之初和早期阶段，中原地区的仰韶文化分布范围和文化面貌都承袭了本地裴李岗文化的特点，与周边文化的发展水平大致相当，在影响力对比上并不具备优势地位。同样，外来文化的影响也较小，只有零星和个体的文化因素渗入。这些个别因素一般以完全照搬或模仿为主，少量融入自身特征并加以发展，如釜形鼎、小口尖底瓶等都在中期阶段完成了谱系的本地化过程（图一）。这些融合因素促进了仰韶文化的逐步壮大，为庙底沟期的繁荣奠定了基础。

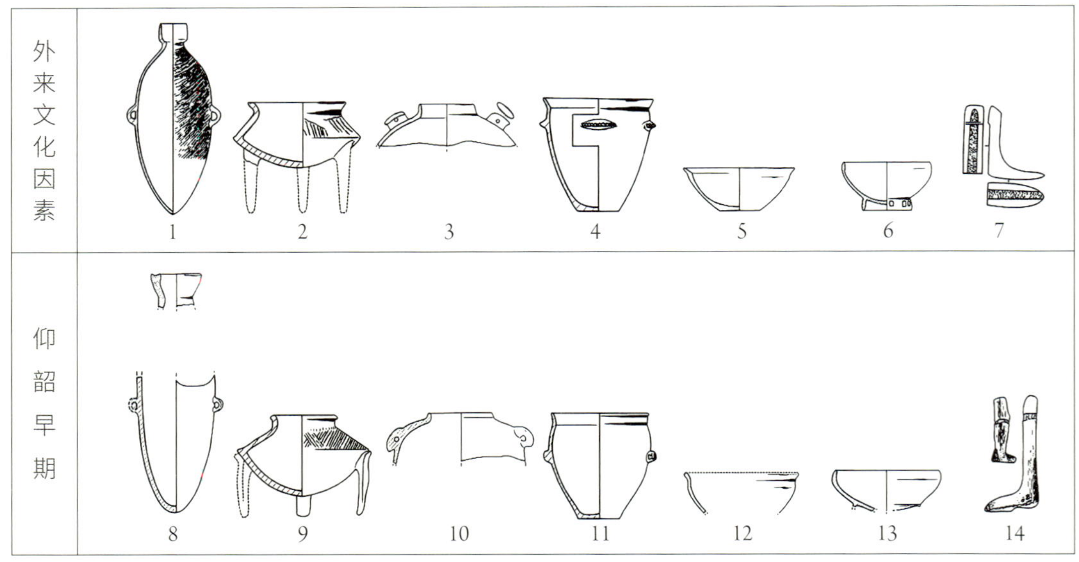

图一 | 中原腹地仰韶早期外来文化因素

1.南交口H55：1　2.大汶口ⅠT316⑤A：3　3.双墩92T0523⑥：182　4.双墩91T0719⑬：61　5.双墩91T0719⑱：14　6.朱家台CIT5③：1　7.双墩91T0621⑧：53　8.大河村T38⑰：54、T56⑯：28　9.大河村T40⑯：3　10.大河村T37⑳：5　11.大河村T56⑱：6　12.石固H225：15　13.大河村T57⑯：36　14.大河村T38⑱：5

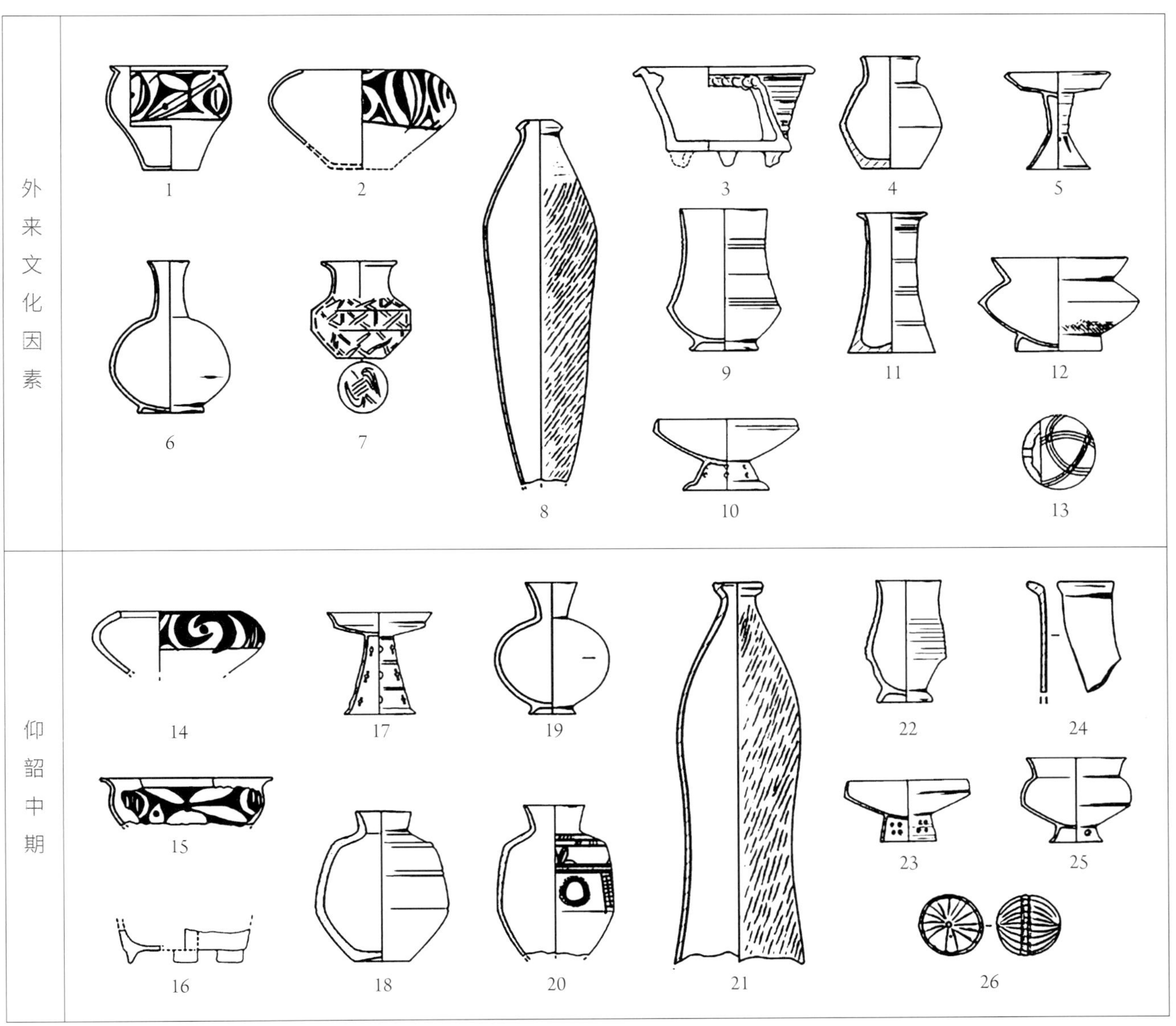

图二 | 中原腹地仰韶中期外来文化因素

1.西阴H30：63 2.庙底沟H203：47 3.庙底沟H47：34 4.崧泽M65：12 5.崧泽M41：5 6.划城岗M139：7 7.崧泽M92：7 8.西阴G1：28 9.塞墩M20：20 10.崧泽M22：4 11.关庙山T3④H1：1 12.阴湘城H78 13.薛家岗M72：8 14.土门H24：12 15.大河村T11⑤A：83 16.大河村T57⑭：14 17.大河村F20：5 18.大河村F19：9 19.大河村F20：16 20.大河村T47⑥：11 21.站马屯西M69：2 22.大河村T21③：22 23.大河村F1：32 24.滩小关H19：7 25.大河村F20：25 26.大河村T44⑫：4

随着庙底沟类型的崛起，仰韶文化开始强势扩张，对整个黄河中下游地区都产生了强烈影响。盛行的彩陶文化在不同地域类型之间互通和借鉴，使内部文化面貌趋于统一。中原地区出现了建筑技术较为先进的连间式建筑，在晚段甚至出现了最早的版筑夯土城垣，表明其发展水平比其他文化略胜一筹。相对于仰韶文化的强势，其他地区的文化传播更像是锦上添花的集结。海岱地区、环太湖地区、江淮地区和长江中游地区的地方文化各以不同的途径与嵩山地区保持交流，各具特色的文化因素汇聚，体现出中原文明兼蓄并包的主动吸收，多元文化结构初步形成（图二）。总体来看，仰韶文化中期以前的交流多以小规模的和平互通为限，对本地文化的壮大起到了有益的推动作用。

仰韶文化晚期，内部区域性分化趋势加剧，加之地震、洪水等自然灾害的侵袭，致使中原腹地的大河村类型迅速由盛转衰。随着文化态势均衡发生变化，平等交流的格局被打破，大汶口文化和屈家岭文化强势入侵，大量不同风格的外来文化因素随之涌入，冲击着原生的文化主体，在洛阳盆地甚至晋南地区都有屈家岭文化陶器出土，表明外来文化的影响已经深入河洛文化的核心区域。晚段出现的规模性和组织性的族群征讨和文化征服，不仅体现在外来文化因素数量的增加，更是一种文化格局意义上的性质改变。有人认为大汶口文化在中原地区的传播主要是通过和平的人口迁徙方式进行的，理由就是在中原地区发现了许多座典型的大汶口文化墓葬[3]；也有人认为此时的文化冲击伴随着摩擦和暴力，西山城址的兴建即代表着强烈的防御职能[4]。综合来看，仰韶文化晚期的中原腹地，早段的和平交流与晚段的冲突征讨兼而有之，并在相当长的时间内存在着持续和反复的过程。从成批的外来器物组合来看，被动涵化与抵御成为这一时期文化融合的主要方式（图三）。

中原地区仰韶时代考古学文化既有同代文化间的渗透、吸收、涵化与抵御，又有序列文化间的传承、创新、融合与裂变，表明多元文化结构在交融互动中逐渐形成，并向着一体化文明方向演进。

二　多元融合的路径选择

考古学文化的交流和传播离不开一定的路径与通道，但区域之间文化的扩张绝不是简单的一条线，而是一种空间上的散播与习俗上的影响。在各文化群体之间沿着习惯性的地理通道碰撞、交流的时候，也一定受着自然地理的构成形态诸如山脉、河流、森林等因素的影响和限制。在长期的交流中，势必会形成最为快捷、方便的途径，从而成为实际意义上的考古学文化分布范围。受环境、气候以及文化群体变化等因素的影响，文化传播的通道也并非一成不变。在仰韶时代多元融合的整体态势下，周边地区与中原腹地的交流路径选择也具有复杂性和多样性，并在一定条件下进行着调整与转换。

1.海岱地区的西进通道

早在裴李岗时代，中原地区就与海岱地区的后李文化有着交流[5]。仰韶文化早期，山东、苏北地区是北辛文化的分布范围，向中原地区的传播主要有两条途径，第一条是豫东涡、浍河流域的淮北平原，第二条是豫北冀南地区的河北平原。

豫东地区邻接北辛文化分布区，但在仰韶文化早期发现遗存较少，文化面貌尚不清楚，第一条通道发挥的连接作用较弱。第二条通道则是早期传播的主要线路。北辛文化

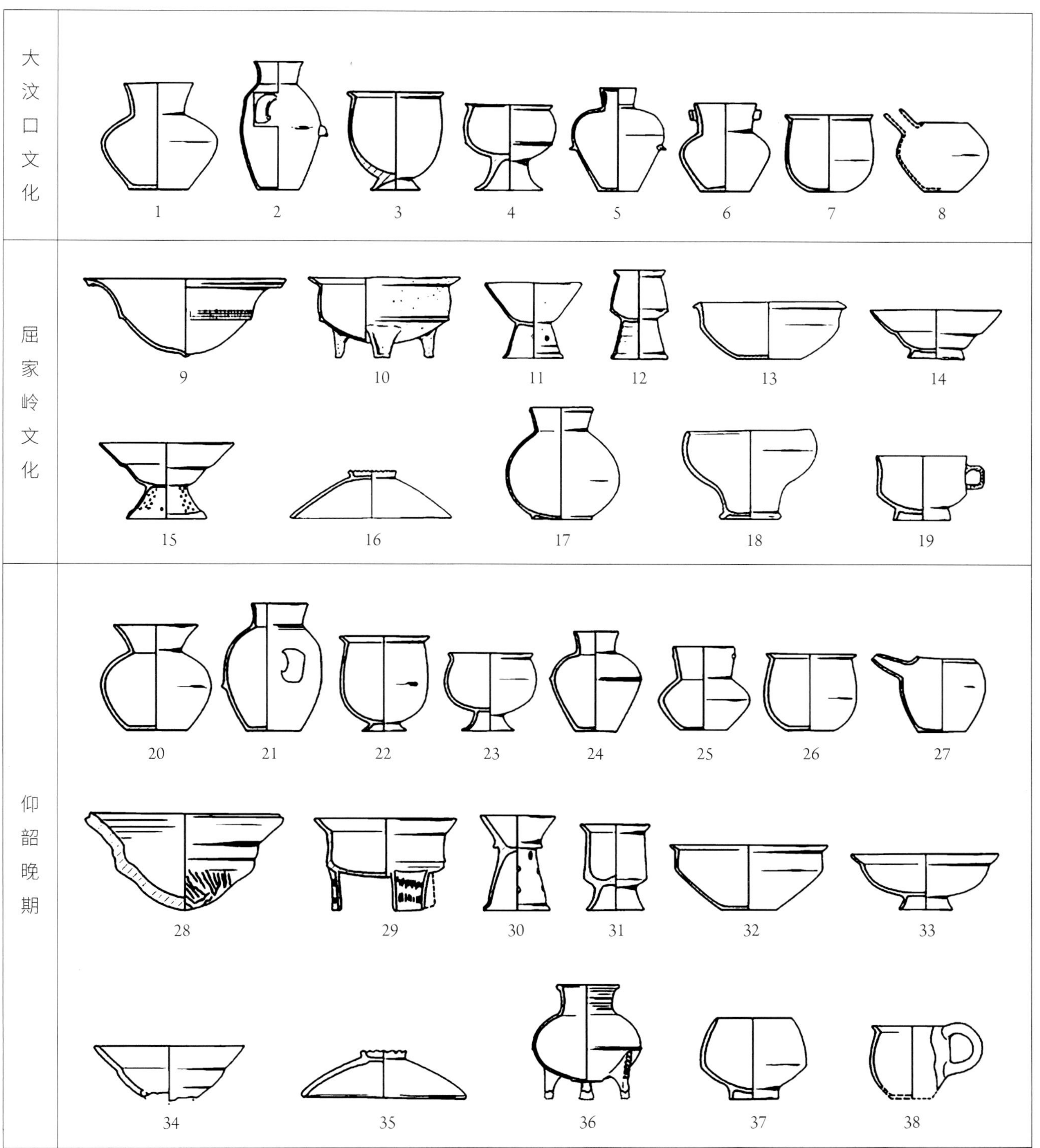

图三 | 中原腹地仰韶晚期外来文化因素

1.大汶口M122：5　2.花厅M19：11　3.大汶口M13：13　4.花厅M16：32　5.大汶口M125：11　6.大汶口M2：3　7.大汶口M63：1　8.大汶口M111：20　9.屈家岭T104：2（10）　10.屈家岭T173③：5　11.屈家岭T129：2D（6）　12.屈家岭T138：2（77）　13.中堡岛T4⑤：105　14.屈家岭T159：2（3）　15.屈家岭T177：2F（15）　16.八里岗W26：2　17.王家岗M66：8　18.白狮湾M4：9　19.丁家岗M24：10　20.大河村H229：2　21.椅圈马H6：2　22.西山H1452：3　23.谷水河采集：36　24.西山H1452：4　25.大河村H196：10　26.大河村H66：2　27.汤泉沟H6：7　28.大河村T1④：34　29.大河村H65：4　30.大河村T42④：12　31.北刘庄H18：4　32.王湾H215：197　33.大河村H154：25　34.中山寨H43：11　35.中山寨H53：1　36.石固T42②：12　37.椅圈马M2：2　38.王湾H487：26

流行的釜类器逐渐传播到豫北冀南地区，在后冈、西水坡等遗址中发现的小口双耳壶、釜形鼎等文化因素，可以肯定是受到了北辛文化的影响。豫北安阳和冀南邯郸是早期下潘汪类型的分布范围，地接山东西北部，早期北辛文化的传播途径，应当是通过西北向扩张，走了一条最短捷的通道，进而对中原地区产生影响。在后冈类型的形成过程中，北辛文化的传播起到了连接性的作用，为豫北冀南地区和嵩山地区连成一片的相同文化面貌打下了基础。

仰韶文化中晚期阶段，主要的传播途径发生了变化。仰韶文化中期，豫北地区是庙底沟文化的分布范围，发现遗址数量较少，大汶口文化的因素基本不见。晚期的大司空类型，则受到豫中地区影响较大，基本不见前者对后者的文化输出，豫北冀南的传播通道地位明显下降。而涡河、浍河流域则在仰韶晚期阶段出现了大量的大汶口文化因素，杜金鹏先生甚而将颍水和伊洛地区的遗存称为大汶口文化颍水类型[6]。有学者对中原地区大汶口文化遗存的分布做过分析，发现分布最密集的地区就是豫东的颍水、涡河流域，其次是豫中的颍水和贾鲁河流域，进而得出大汶口人沿河而行，首先由颍水、涡河到达豫东，而后沿颍水及贾鲁河影响到豫中地区，继而又迁徙到豫西地区[7]。依文化因素分析来看，这种看法很有见地，对比豫北地区通道的衰落也更加可信。

在仰韶文化中期，典型的大汶口早期文化除了直接传播外，还有一部分间接传播的情况出现。分布于环太湖地区的崧泽文化以陶豆和折腹器类为代表，下腹带凸棱的折敛口豆、折肩折腹壶等器物不仅出现在大汶口文化中，在中原腹地的阎村类型也有发现，应当都是受到了崧泽文化的影响。崧泽文化向北方黄淮下游扩散的趋势十分明显，在向中原腹地的传播过程中，大汶口文化无疑是中转站，起到了“二道手”的作用。

海岱地区向西传播的两条通道，在不同时期均发挥了主要作用，但此盛则彼衰，没有共存并行出现，这应当与所处地理环境和气候等因素有关。仰韶文化早期曾有寒冷期出现，气温的显著下降和降雨量的减少，可能导致黄河流量减小，沼泽干涸，从而为豫北冀南的通道提供了便利条件[8]。进入全新世以来，黄河曾多次改道入海[9]，在仰韶文化中晚期，黄河下游河道不从淮北平原入海，而在河北平原中部泛滥，从而造成了豫北冀南地区仰韶文化与大汶口文化交流的空白地带，这可能也是豫东地区在仰韶文化中晚期成为主要通道的根本原因。

2.长江中游地区的北渐通道

长江中游地区与仰韶文化约略同时的是大溪文化和屈家岭文化。大溪文化的存续时间大体相当于仰韶文化的第二期至第四期早段。仰韶文化早期，豫中地区见有少量大溪文化因素，自中期之后逐渐增多，主要有圈足壶、筒形瓶、单把杯、曲腹杯等。豫西南、鄂西北地区的下王岗类型、朱家台类型，都受到了大溪文化及油子岭类型的强烈影响，可见大溪文化的传播通道，主要是通过豫西南鄂西北地区来实现的。豫西南地区南面与江汉平原连成一片，特别是唐白河流域的南阳盆地，是伏牛山、桐柏山和大别山之间的南北通道。大溪文化的主要传播途径，就是由鄂北地区的南襄通道，经南阳盆地向北到达中原腹心伊洛地区。

屈家岭文化的崛起，不仅取代了大溪文化，更扩大了文化北上的影响范围，通过南阳盆地影响到嵩山地区，甚至在豫东南桐柏山、淮河上游地区也可以广泛存在着屈家岭文化因素。屈家岭文化的北渐路线，与大溪文化有所区别。屈家岭文化自江汉平原，通过随枣走廊，到达宜城平原一带的鄂北地区，再经南阳盆地北上豫中地区[10]。对于屈家岭文化改走随枣走廊的原因，有人推测可能与汉水流向改变和气温变化有关，南襄通道不再便利，转而改走随枣走廊[11]。河流的改道及气候的变化往往会改变文化交流的通道，这与前述海岱地区的传播通道改变原因一致。

3.淮河流域的沿河通道

东南方的淮河中游地区，仰韶文化早期存在着双墩文化，中晚期有薛家岗文化。这些文化对中原腹地的影响，应该主要是沿着淮河及其支流来完成的。淮河是古代豫东、鲁西南和皖西北地区的主要河流，其北侧的大多数支流如颍河、涡河、浍河、沱河等基本上都呈西北—东南流向，干流和支流纵横交错，构成了十分便利的交通网络。早期双墩文化的附鸟首形耳小口罐、带鋬大口罐等器类通过豫东南淮河上游地区和豫东涡河、浍河流域的石山子类型传播至豫中地区，在鹿邑武庄、罗山王台子、方湾等遗址都发现有同类器，其传播方式应该也是沿河而行，由涡河、浍河抵至颍水及贾鲁河，从而影响到中原腹地。

4.关中地区的东传通道

中原地区与关中地区的文化交流始于裴李岗时代，彼时中原地区在文化态势中占优，老官台文化中的平底碗、三足钵、长颈壶等器类应该是受到了裴李岗文化的影响，而老官台文化中率先出现的彩陶及绳纹等文化因素也同样对中原地区产生了影响。有学者认为，裴李岗文化的一支沿着汉水先迁入汉中，再到达关中西部的宝鸡地区，并与当地的老官台文化一起创造了仰韶文化半坡类型[12]。从现有材料来看，在半坡类型形成之前还存在着仰韶初期遗存，这种说法有待商榷，但至少存在一条由汉水至汉中再到关中地区的传播路线是毋庸置疑的。除此之外，中原地区与关中地区还存在着另外一条交流通道，即经豫西向西到达关中的途径。有学者指出，“裴李岗文化很可能还经过豫西向西传播，到达关中地区。在关中东部的老官台遗址有年代很早的仰韶初期遗存，表明崤山和秦岭北麓的崤函古道应是裴李岗文化西传的主要通道。”[13]

到了仰韶时代，关中与中原地区同为仰韶文化的分布区，崤函古道仍是两地交流的主要通道，豫西地区则承担着文化桥梁的作用。早期在关中渭河中游及陕南汉中地区分布的北首岭类型及相继的半坡类型，对中原腹地的影响较为有限，少量器类如蒜头壶、小口尖底瓶等，主要是通过豫西地区的间接影响来实现。随着庙底沟类型的强势崛起，向东扩张影响到豫中地区阎村类型的形成，以各类彩陶纹饰和典型器物最具代表性。到仰韶晚期，关中地区对中原的影响明显减弱，体现出仰韶文化的整体衰落。这一时期两地的交流通道，与裴李岗时代已有所不同，渭河流域有较多的仰韶遗址，其传播应是沿渭河—黄河流域向东到达豫西地区，再沿洛河—伊洛河流域到达嵩山地区。两种通道的选择，可能仍与气候的变化有关。

5.豫北冀南地区的南下通道

新石器时代中期，环嵩山地区分布的裴李岗文化与豫北冀南地区的磁山文化就有许多共性因素。如石磨盘、小口双耳壶、三足钵、筒腹罐等器物都有发现，表明二者存在一定的交流。仰韶文化早期，豫北冀南地区的下潘汪类型与石固类型所见的鼓腹弦纹罐、蒜头壶、小口双耳壶等较为相近，豫北卫沁河流域成为二者之间连接的通道，两地的遗址中包含有相互的文化因素。如豫北西水坡遗址出土的罐形鼎、盆形鼎与石固类型同类器近似，而蒜头壶更是广泛分布。海岱地区的北辛文化此时也通过这一通道与中原地区进行交流。这些相似的文化因素都表明，在仰韶文化早期，豫北地区和郑洛地区的联系非常紧密。中期庙底沟类型的扩张，对中原以北地区也产生了强烈影响。与庙底沟类型同时期的，有分布在冀中滹沱河和唐河上游的钓鱼台类型，和分布在冀中北、晋中北、陕北以及内蒙古河套地区的三关类型，这两个类型中都包含有许多庙底沟类型的文化因素，如彩陶纹样中的圆点纹、弧边三角纹、花瓣纹、半月形纹等，而中原地区基本见不到来自北方的文化因素。到了晚期阶段，分布于晋中地区的义井类型，与豫北大司空类型、豫西西王村类型、豫中大河村类型大体处于同一时期，并受到豫北地区和豫西地区的较强影响。其所包含的喇叭口尖底瓶、敛口钵、花边平底圈足碗等文化因素与中原地区相近似，而中原腹地基本不见来自北方的文化因素，豫北地区的南下通道地位明显衰落。

三　结论

中原腹地在仰韶时代的多元融合，既有不同的融合策略，也形成了复杂的融合途径。学界惯以社会复杂化来描述早期文明进程，文化播迁与融合既是促成社会复杂化的因素之一，也是受其影响的结果。

得益于独特的地理区位优势，中原腹地的融合途径选择也形成了独有特征。首先，传播通道多沿河而行。这种特点既与早期先民选择居址便利用水的偏好有关，也利用了水路迁徙比陆路迁徙更为便利的优势，从而成为文化传播通道的首选。如与海岱地区联系的涡河—颍河—贾鲁河一线、与关中地区联系的渭水—黄河—伊洛河一线等，都利用了水路的便捷性。其次，文化传播的通道既有稳定性的一方面，也有选择性的改变。在较为平衡的条件下，通道会持续稳定地发挥作用，成为某种文化的传统交流途径，如关中地区与豫中地区的联系几乎都是由豫西地区的过渡来实现。而选择性的改变，则是在平衡条件被打破的情况下，通道的选择也会相应的发生变化，最明显的例子就是黄河下游入海口的改道，导致海岱地区与中原地区交流途径的更换。最后，引起文化交流通道改变的原因，最主要的是气候与地理环境的影响，尤其是冷暖期的气候波动与河流的改道。除此之外，考古学文化的扩张、兴衰和迁移等因素，也会影响传播通道的选择。

参考文献

[1] 韩建业：《略论文化上“早期中国”的起源、形成和发展》，《江汉考古》2015年第3期。

[2] 张忠培：《研究考古学文化需要探索的几个问题》，《文物与考古论集》，文物出版社，1986年，184页。

[3] 张翔宇：《中原地区大汶口文化因素浅析》，《华夏考古》2003年第4期。

[4] 韩建业：《西山古城兴废原由试探》，《中原文物》1996年第3期。

[5] 靳松安：《河洛与海岱地区考古学文化的交流与融合》，科学出版社，2006年。

[6] 杜金鹏：《试论大汶口文化颍水类型》，《考古》1992年第2期。

[7] 杜金鹏：《试论大汶口文化颍水类型》，《考古》1992年第2期。

[8] 靳松安：《河洛与海岱地区考古学文化的交流与融合》，科学出版社，2006年；靳松安：《试论河洛与海岱地区史前文化交流的格局、途径与历史背景》，《中州学刊》2010年第3期。

[9] 王青：《试论史前黄河下游的改道与古文化的发展》，《中原文物》1993年第4期。

[10] 孟原召：《屈家岭文化的北渐》，《华夏考古》2011年第3期。

[11] 马保春、杨雷：《新石器时代晚期鄂豫陕间文化交流通道的初步研究》，《江汉考古》2007年第2期。

[12] 袁广阔：《关于裴李岗文化一支西迁的几个问题》，《华夏考古》1994年第3期。

[13] 魏兴涛：《豫西晋南和关中地区仰韶文化初期遗存研究》，《考古学报》2014年第4期。

开国立都之肇造

——郑州地区早期建都史

刘彦锋

郑州，位居中华民族腹心重地，处“天地之中”。作为华夏文明起源与形成的核心地区和中国统一王朝最早定都之地，郑州，创造了中华文明前三千年的辉煌；从蒙昧氏族社会，到煌煌国家文明，郑州，谱写了中华文明的第一篇章。

一　古国到王国嬗变

关于国家的起源，众多学者都有论述，林沄在《中国考古学中“古国”“方国”“王国”的理论与方法问题》一文中对苏秉琦、严文明、张忠培、李伯谦、王巍等国内著名考古学家在国家起源研究方面的重要理论建树进行了总结[1]。

苏秉琦先生于1993年5月在纪念北京大学考古专业建立四十周年和赛克勒考古与艺术博物馆开馆而举行的国际学术讨论会开幕式上讲话，第一次系统提出了“古国、方国、帝国”的中国古代国家形成三部曲[2]。

严文明先生把二里头文化开始兴起的更成熟的国家，包括像成都平原的三星堆文化和江西新干大洋洲大墓的政治体也都称为“王国”。赞成把公元前3500～前2000年都名之为“古国时代”[3]。

张忠培的《中国古代的文化与文明》概括中国的文明时期为三期五段，即“一曰方国时期，或亦可称为古国时期。此期可分为公元前三千年初期前后和龙山时代或尧舜时代两段。二曰王国时期，夏商和西周存在区别，可分为夏商和西周两段。三曰帝国时期”，指秦汉开始，而把东周大致作为从王国到帝国的过渡时期[4]。

夏商周断代工程首席专家之一李伯谦认为文明经过古国、王国、帝国三阶段[5]。他比较了红山文化、良渚文化和仰韶文化大墓中出土的玉器，认为代表三个不同类型。“如果说他们都属‘古国’，则红山文化古国是以神权为主的神权国家，良渚文化古国是神权、军权、王权相结合的国家，仰韶文化古国是军权、王权相结合的王权国家。”不同的模式导致不同的发展前途，王权国家“因能自觉不自觉地把握社会可持续发展的方向，避免社会财富的浪费，因而要高于、优于神权国家。仰韶文化从进入分层社会开始，社会上层即选择了在军权、王权结合基础上突显王权、发展王权的道路，并为后继者所传承，这应该是由仰韶古国创造的文明模式得以发展，数千年绵延不断的根本原因”[6]。

王巍先生在《中国古代国家形成论纲》一文提出中国古代国家发展的三个阶段：邦国、王国、帝国[7]。他认为“邦国”是从龙山时代开始的，邦国阶段国家的特点是：（1）王的出现；（2）官僚机构已具雏形；（3）神权具有相当的地位；（4）阶层分化严重；

（5）血缘组织仍然基本保留；（6）不同集团之间的战争频发，尚未形成较为稳固的统治和从属关系。所以他所说的“邦国”和苏秉琦原来的“古国”有很大不同。不过，他也并不因此否认“古国”的存在。所以在2015年8月由内蒙古敖汉旗举办的红山文化大讲堂上，还是说在“五千年前进入红山文化晚期……四千年前西辽河流域文明出现挫折，开始慢慢接受中原文明影响，开启了古国文明向王国文明（夏王朝）过渡”，即沿用了红山文化晚期是“古国”的说法。

王巍所说的“王国”则包括了夏、商、周三个王朝。他指出这时的国家有六个特点：（1）王的权力比邦国阶段有了较大的加强，集军权和王权于一身，有很高的权威。但还要受高级官僚和王族长老的影响和牵制，未达到下一阶段的皇帝那种权威。（2）血缘关系仍然较为完整地保存，与地缘组织结合形成聚族而居的村落——邑、聚。（3）等级制度与血缘关系结合形成公墓与邦墓的制度。（4）夏商时期王朝直接控制的地区不很大，周围方国有相对独立性。西周分封制后，王朝控制范围大大扩展，被分封诸侯成为王朝的屏障。（5）出现比邦国阶段更为固定的官僚机构，并在西周日趋完备。（6）神权逐渐沦为王权的附庸。

王巍所说的“帝国”是从公元前221年秦统一全国之时进入的。

郑州地处于环嵩山文化圈的核心地区，这一地区的文化发展具有连续性特征。从旧石器中晚期开始到中原地区目前发现的唯一一处旧石器时代晚期向新石器时代早期过渡时期的文化遗存——李家沟遗址，发展到仰韶文化时期，遗址数量大幅增长，郑州区域的仰韶文化遗址共有190余处，郑州西山遗址发现了5300年前仰韶文化时期的城址和巩义双槐树遗址发现的三重环壕大型遗址[8]，进一步反映了郑州地区在仰韶文化时期即为黄河中下游地区的政治、文化、军事中心之一。

龙山文化时期发现的新密古城寨遗址，位于新密市东南35千米的曲梁乡大樊庄古城寨村，为龙山时代晚期城址，发现了一组龙山时代的大型夯土基址，还出土一大批石、骨、蚌、陶等生产工具及生活用器，是龙山文化晚期考古的重大收获[9]。

公元前21世纪，中国历史进入第一个统一的奴隶制王朝——夏王朝，郑州地区为夏王朝统治的中心区域。据史载，夏禹率民在伊河、洛河、济水和黄河中游一带治水有功，为民爱戴，被推荐为最高君王，定都阳城（今登封市告城镇一带）。同时在郑州地区的巩义、荥阳、新郑、新密、登封等地发现大批夏代时期聚落遗址，均证明郑州地区确系夏王朝中心区[10]。

商汤建国后，郑州地区是商王朝的政治、经济、文化、军事中心区，郑州商城代表商代早期的重要都邑，是目前发现的最大商代城址。继而到商代中期，商朝第十代王仲

丁自亳迁至敖。从荥阳故城南、索须河南岸，小双桥、岳岗村周围发现的大面积祭祀夯土基址和祭祀坑看，仲丁之都敖城应在古荥附近。综合观之，商代前期至中期，郑州一直为商王朝的政治、经济、文化、军事中心。

根据学者关于国家起源阶段的划分，郑州作为中原地区的核心区域，从文明起源到文明形成，经历了从古国到王国的嬗变，是中华文明之源头、国家文明之滥觞。

二　古国时代

郑州地区的新石器时代文化不但有悠久的发展史，而且在中国整个新石器时代文化的发展中占有重要的地位。由此决定了郑州地区在中国文明起源与形成中的地位和作用。

这一时期包含仰韶文化和龙山文化两个阶段，学界认为郑州地区这两个时期已进入古国时代。

（一）河洛古国

古代文明起源与形成归根结底是以物质文化和精神文化的发展为基础的。物质文化和精神文化的发展推动社会的进步，从而使人类社会脱离野蛮时代进入文明时代。

农产品和手工业产品已成为私人财富，经济独立的小家庭代替了母系大家庭，考古发现中墓葬随葬品数量的差异性，显示私有制已经出现，开始破坏原始共产制的秩序。最新科技手段检测食物结构变化的研究成果可以看到不同性别食谱差异从无到有，从有到明显的演进过程，反映了关中及邻近地区仰韶文化群体的社会制度从母系向父系氏族社会转变，父系氏族社会从萌芽到发展的过程[11]。濮阳西水坡45号墓的发现，又有人认为仰韶时期不仅进入父系氏族社会，而且已经发展到军事民主制阶段，产生了文明的因素，出现了文明的曙光[12]。

自然环境是文明发生与发展的基础条件，对环境的研究包括地貌的演变、气候的变迁以及相应的人类响应策略[13]。中原地区自然环境具有多样性特点，既有高原丘陵河谷风光，也有低地泛滥平原景观，造就了中原复杂多样的文化和多种社会发展道路。资源是文明发展的重要动力，包括人类赖以生存的生计资源，如土地、动物、植物等，以及文明和复杂社会得以发展的重要战略资源，如铜矿、玉料、食盐等。在环境、生态和资源的基础上，可进一步开展生态经济的综合研究，如中原稻粟混作农业经济的形成过程、特点和区域性差异，不同生态背景下的土地开发模式、不同动植物资源尤其是从中亚新引入物种小麦和牛羊对人们取食经济中的贡献及利用效率、玉石陶器等手工业生产技术、青铜器的铸造技术、生产分配流通管控体系分析及其在社会复杂化发展中所起作用等。

仰韶文化晚期，农业生产水平有了大幅度的提升，农耕技术有所完善，生产规模扩大，依靠农业生产已经能够满足村落人口的食物和其他生活需求，不再需要通过采集野生植物补充食用，由此完成了由采集狩猎向农业生产的转变，真正进入到了农业社会阶段。

在农业经济发展的基础上，文化艺术也有了很大的发展，高度发达的彩陶，以及彩陶图案反映的天文方面的成就等方面。

在物质和精神文化的基础上，郑州地区在仰韶文化中晚期出现了西山、大河村、点军台、青台、双槐树等一系列大型聚落遗址。聚落形态演变到城址的出现，形成了较为庞大的仰韶文化中晚期聚落群[14]。聚落规模由小到大，聚落群聚的现象随着时间的推移也更加普遍，从而促进了聚落关系的改变与社会组织结构的复杂化。文化的发展和聚落群聚为这一地区社会复杂化提供了最根本的动因，亦为早期城市的起源埋下了伏笔。

西山遗址位于郑州市北郊23千米处的惠济区古荥镇孙庄村西山自然村南。1993~1996年国家文物局组织考古领队培训班时，在此发现古城[15]。城址平面近似圆形，直径约180米，城墙残长约256米，墙体宽3~5、高1.75米，全部掩埋于地表之下。城墙外侧的环壕依城挖制，挖出的黄土就近用于夯筑城墙，宽4~7、深3~4.5米，类似后期的护城河。西山古城应用了当时最先进的造城技术，即版块夯筑法和一套比较科学的城建规划。建城之前经过周密的规划设计和建城过程的精心施工。城内发现有大量奠基遗存和祭祀遗迹。郑州西山古城是目前发现的中原地区最早的版筑城址，已不是一般的聚落遗址，应该是一个聚落群的中心，具有中心聚落的性质，是一个氏族集团的核心之所在。这种围以城墙的中心聚落的出现，标志着最早的“国”的产生，是真正的国家诞生的基础[16]。

巩义双槐树遗址位于黄河南岸高台地上、伊洛汇流入黄河处的河南巩义河洛镇，经过郑州市文物考古研究院联合中国社会科学院考古研究所连续多年的考古发掘，确认其是距今5300年前后的仰韶文化中晚期巨型聚落遗址，遗址东西长1500、南北宽780米，残存面积117万平方米（图一）。发现有仰韶文化中、晚期三道环壕，四处经过规划的墓地共1700余座墓葬、院落式夯土基址、大型夯土建筑群基址、瓮城结构围墙、大型版筑遗迹等，另有数量众多的房址、灰坑、人祭坑及兽骨坑等，出土了丰富的新石器时代遗物。以双槐树遗址为代表的郑洛地区聚落遗址群的发现，为此地中华文明的起源研究提供了重要资料，为探讨文明起源的中原模式奠定了基础。遗址发现的大型建筑群，具有中国早期宫室建筑的特征，为探索三代宫室制度及中国古代高台建筑的源头提供了

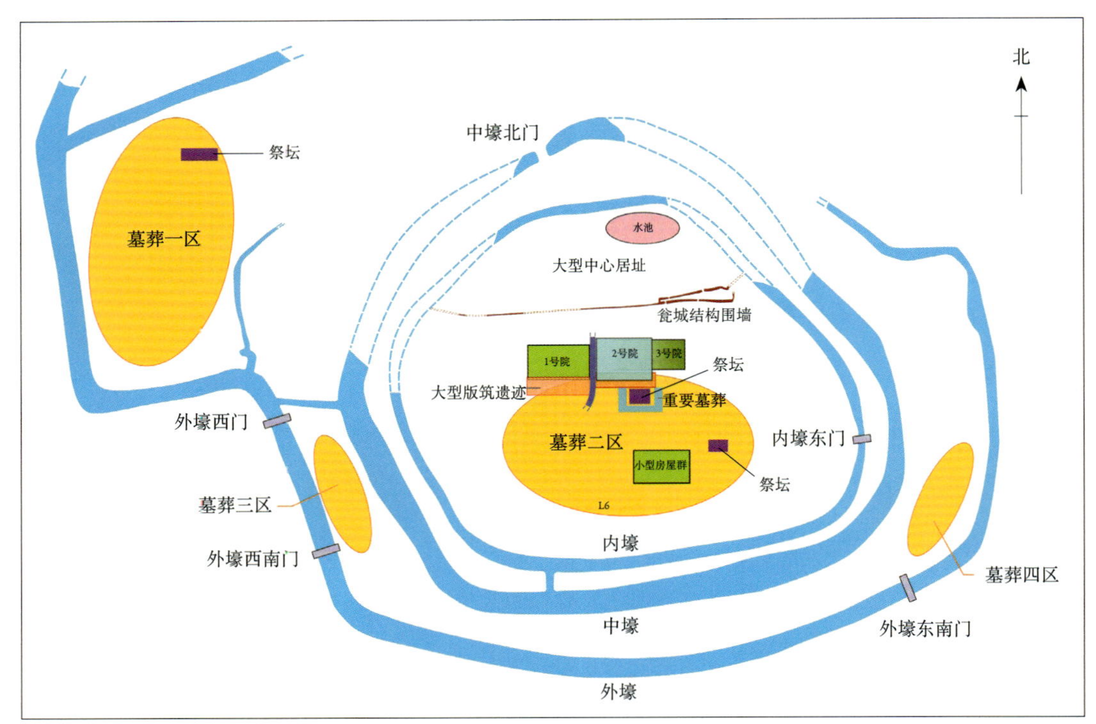

图一 | 巩义双槐树遗址布局平面图

重要资料[17]。

仰韶文化社会复杂化的特点、发展模式，符合中原地区的生存条件、文化传统、社会背景，其分布区域正是中原龙山文化和夏商周三代的地域舞台。因此，仰韶文化开启了中国早期文明化进程，其文化特质被继承和发展[18]。

在中国古代文明演进历程中，距今5500～4500年这个阶段，无论是北方的红山文化、东南的良渚文化，还是中原的仰韶文化，都已发展到苏秉琦先生所说的“古国”阶段[19]，它们所走的道路、表现的形式并不相同，如果说它们都属“古国”，则红山文化古国是以神权为主的神权国家，良渚文化古国是神权、军权、王权相结合的以神权为主的神权国家，仰韶文化古国是军权、王权相结合的王权国家[20]。

（二）祝融之墟

新密古城寨遗址，位于新密市东南35千米的曲梁乡大樊庄古城寨村，经考古发掘确认该城现存城垣为龙山时代晚期城址，发现了一组龙山时代的大型夯土基址[21]。

古城寨龙山时代城址位于溱水东岸的河旁台地上，城址规模宏大，呈东西长方形，城的南、北、东三面都有护城河，至今仍较好地保存着三面城墙和南北相对两个城门缺口，墙高沟深（图二）。

图二 | 新密古城寨全景

发掘者在城址内清理出一座大型夯土房基（F1）及其同时的大型廊庑式建筑（F4）和其他建筑的部分墙基、柱础石和柱洞等。F1的体量十分庞大，现有遗迹可见其室内空间相当空旷，且并无堂室分割现象，基本具备了主体殿堂的要素，应该是一座以举行重要集体活动为目的修建的公共建筑。更进一步说，可能是该城最高统治者的施政场所，是龙山时代的原始宫殿[22]。古城寨的大型建筑基址应为宫庙之类的建筑，它为二里头文化宫殿基址开了先河，也为商代二里岗文化宫殿区坐落于城东北部的布局给予了启示[23]。

发掘者认为古城寨城址上限不会早于龙山文化早期，下限不会晚于龙山文化晚期。该城从始建、使用到废弃历时一百年左右[24]。从始建到废弃时间较短，说明当时的社会正处于变革动荡时期。修筑这种工程巨大的城址，只有社会发展和出现了权力集中的统治集团才能够完成。城址中生产工具较为罕见，说明城中居住的可能不是一般劳动者，城址该是有别的用途。

古城寨出土遗物，尤其是龙山文化遗物，给我们带来了古代文明形成阶段极为难得的重要信息[25]。龙山时代陶器有深腹罐、高领瓮、斝、鼎、折腹盆、浅腹盆、甗、澄滤器、壶、缸、钵、碗、杯、豆和器盖等。这些陶器按用途可分为炊器、食器、盛器、酒器等。制作方法多为轮制，且大多形制规整，做工精细，特别是施釉陶器的出

现，更是世所罕见。毫无疑问，此时制陶业已经从农业中独立分离出来，成为专门化的手工业了。

在陶器中斝、盉、觚、壶、鬶、杯等专用酒器的出现，特别是斝在各期遗物中所占比例较大，说明这时期已有酿酒业的出现，可窥视当时农业生产已有较大程度的发展。还发现有纺轮和骨针，证明了纺织、缝纫业的存在。

出土的卜骨都是利用羊肩胛骨进行占卜，未见有钻，都是直接用火施灼。这说明龙山时代，尤其是龙山晚期，人们的宗教意识加强，并出现了专职的神职人员。宗教是为现实社会服务的，这时的宗教祭祀活动应该已成为人们日常生活和政治生活的一部分。

马世之先生认为古城寨城址与祝融部族关系密切，可能就是祝融都邑[26]。曹桂岑认为是黄帝轩辕丘[27]。周书灿认为古城寨一带为传说中的祝融之墟，亦黄帝所居轩辕之丘。传说中的黄帝集团中的大隗氏极有可能曾在此地筑城，故当地有一夜“鬼”修城的传说。该传说正反映了黄帝集团与祝融集团在相互通婚的基础上逐步走向融合的历史事实[28]。

总之，郑州地区的龙山文化时期，农业已有较大的发展，建筑技术高超，各种手工业分工精细，金属冶铸业已经存在。古城寨城址考古资料反映的龙山晚期社会的政治和经济状况，以及上层建筑、意识形态等方面的情况，显示了它所具有的政治、军事色彩，初步建立了社会公共强制权力系统，属于古国时期的文明社会。

三　王国时期

夏商时期，郑州是建都最早的地区。公元前21世纪，中国历史进入第一个统一的奴隶制王朝——夏王朝，禹和启相继在此建都，郑州地区为夏王朝统治的中心区域。

商汤建国后，郑州地区是商王朝的政治、经济、文化、军事中心区，郑州商城代表商代早期的重要都邑，是目前发现的最大商代城址。到商代中期，商朝第十代王仲丁自亳迁至敖，即小双桥遗址。

（一）禹都阳城

以考古学方法研究夏文化肇始于20世纪20年代中国考古学诞生以后。20世纪20年代，李济先生在晋西南的考古调查与西阴村的发掘就带有探索夏文化的目的。1959年4月，徐旭生先生开始新中国考古史上著名的“夏墟”探索之旅。调查了登封八方村周围几个重要遗址，有登封的石羊关、禹县（今禹州市）的阎砦、谷水河、偃师的二里头等，写成《1959年夏豫西调查“夏墟”的初步报告》[29]。古代文献中有不少关于夏代的记载，徐旭生先生曾统计出在先秦文献中有关于夏代并包含地名的史料大约80条。徐旭生还特别说明鲧、禹、启、太康四世，均在洛阳附近活动，进而指出夏氏族或部落早期活动的中心当在河南中部。

夏文化研究的第一次热潮，是1977年发现登封王城岗龙山小城掀起的。当年11月，国家文物局在河南登封县召开“河南登封告成遗址发掘现场会”，会议围绕王城岗遗址的发掘，探讨夏文化问题。一些学者将王城岗遗址视为禹都阳城，因其所属的河南龙山文化晚期而被推定为早期夏文化。但也有一些学者认为该城址长、宽不足百米，作为夏禹之都确实小了。

2002～2005年北京大学考古文博学院和河南省文物考古研究所承担的“中华文明探源工程预研究——登封王城岗城址及周围地区遗址聚落形态研究”专题组在王城岗遗址开展大规模的考古工作获得重大收获。搞清了王城岗遗址的面积，新发现一座河南龙山文化晚期的大型城址，该城址位于王城岗遗址中部，北城墙夯土残长370米，残高0.5～1.2米；北城壕长约630、宽约10、残深3～4米，北城壕向东通往五渡河；西城壕残长130、宽约10、残深1.5～2米，西城壕向南拟通往颍河。其南面和东面的城墙与城壕，从所处地势较低和钻探数据等情况看已被破坏。这座大城址的面积据现有资料推算约30万平方米。

关于王城岗小城的性质，以安金槐先生为代表的发掘者提出：“登封告成镇的王城岗龙山文化中晚期城址，可能是‘禹都阳城’或‘禹居阳城’的夏代阳城遗址。”[30]许宏先生认为王城岗“种种迹象表明，城内居民的成分已较为复杂，有了较大的阶层分化，已形成多层次的社会结构。其实，城垣的本身就很说明问题。修筑数百米乃至上千米长的夯土城垣这样庞大的工程，绝不是该聚落自身所能完成得了的。这些城邑的统治者必然要凭借权势来调动其属邑的人们为其筑城，筑城者不是该城邑的使用和受益者，正反映了这类城邑作为统治权力象征的实质。方正的城圈等显出较强的规划性，说明中国的初期城市不是随着经济发展自然形成的，而是政治行为、军事设防的结果”[31]。

结合文献记载与有关历史传说，王城岗龙山文化晚期小城与大城均称“阳城”，小城大约是鲸作之城和禹所避居的阳城，大城则应为夏建国后禹所都的阳城[32]。

作为文明形成的要素，王城岗龙山文化出土的遗物证明了王城岗已经处于文明阶段，王城岗龙山文化四期灰坑（H617）内出土一件铜鬶的腹与袋状足的部分残片残宽6.5、残高5.7、壁厚0.2厘米，器表锈蚀严重。能铸造鬶这种复杂的青铜容器，说明当时已有比较高超的冶铸技术[33]。在大城内还发现河南龙山文化晚期的祭祀坑和玉石琮、白陶器等。于同年的钻探中，在王城岗遗址中部偏北还发现几处大面积的夯土基址，更说明它的重要性。

王城岗遗址小城的西城的发掘中出土了一件陶器残片，陶片底部的陶文尤为引人注目，可能成为王城岗遗址文化性质判定的重要依据。标本WT195H473：3，为杯的残底部，泥质黑陶，薄胎，磨光，直壁，平底。底外部有烧前刻划上的一个文字，形似“共”字[34]。这样一个成熟的会意字的发现，既说明了王城岗遗址已经步入中华文明的形成期，为“禹都阳城”文化性质判定提供依据，也提示我国古文字肇始的时代还有向前追溯的空间[35]。

（二）启居黄台

新砦遗址位于河南省新密市东南18.6千米的刘寨镇新砦村，地处双洎河（古洧河）之滨，三面环水，南临双洎河，西有武定河，东有圣寿溪河，地势略高于四周地面。新砦遗址是一处有着外壕、城壕和内壕三重防御设施，中心区建有大型建筑的城址（图三）。

新砦城址掩埋在地表以下，平面形状基本呈圆角长方形，南以双洎河为自然屏障，现存东、北、西三面城墙及靠近城墙下部的壕沟[36]。东墙南半部已被双洎河故河道冲毁，现存南北长160、高4米，未到底部；北墙东西长924、高5～6米；西墙及其护城河的南端抵达双洎河的北岸，现存南北长470、高2.5米。残存城墙墙体宽度通常在9米以上，城壕宽十至数十米不等。

城墙以北220米，有一条人工与自然冲沟相结合而成的外壕，东西长1500、南北宽6～14、深约3～4米。自西向东有3处缺口，可能是供行人出入的通道。外壕仅见于遗址北部，这是由于遗址三面环河、北部与陆地相连的地貌条件造成的，故设置外壕作为古城北面的第一道防线。

遗址的西南部地势较高，设有内壕，从而形成内壕圈占的小城（内城）。小城迄今尚未发现城垣，仅存西、北、东三面内壕，其中北内壕东西长约300米，西内壕中部有缺口，应为出入的门道。东、西内壕的南部均遭破坏，长度不明。保守估计内壕所圈占的面积当在6万平方米以上。

2002年发现的位于遗址中心区的“大型建筑”，经2003～2004年连续发掘和2005年春季的解剖，基本可以肯定这是一处新砦期晚段的多次使用的大型浅穴式露天活动场所（图四）。其规模宏大，居同时期同类建筑之首。它的发现对于探索新砦城址中心区的建筑布局、判定新砦遗址的性质、研究华夏文明的起源均具有重要的意义[37]。

这一大型建筑位置重要，规模宏大，建造得颇为讲究，并非普通建筑。关于这一大

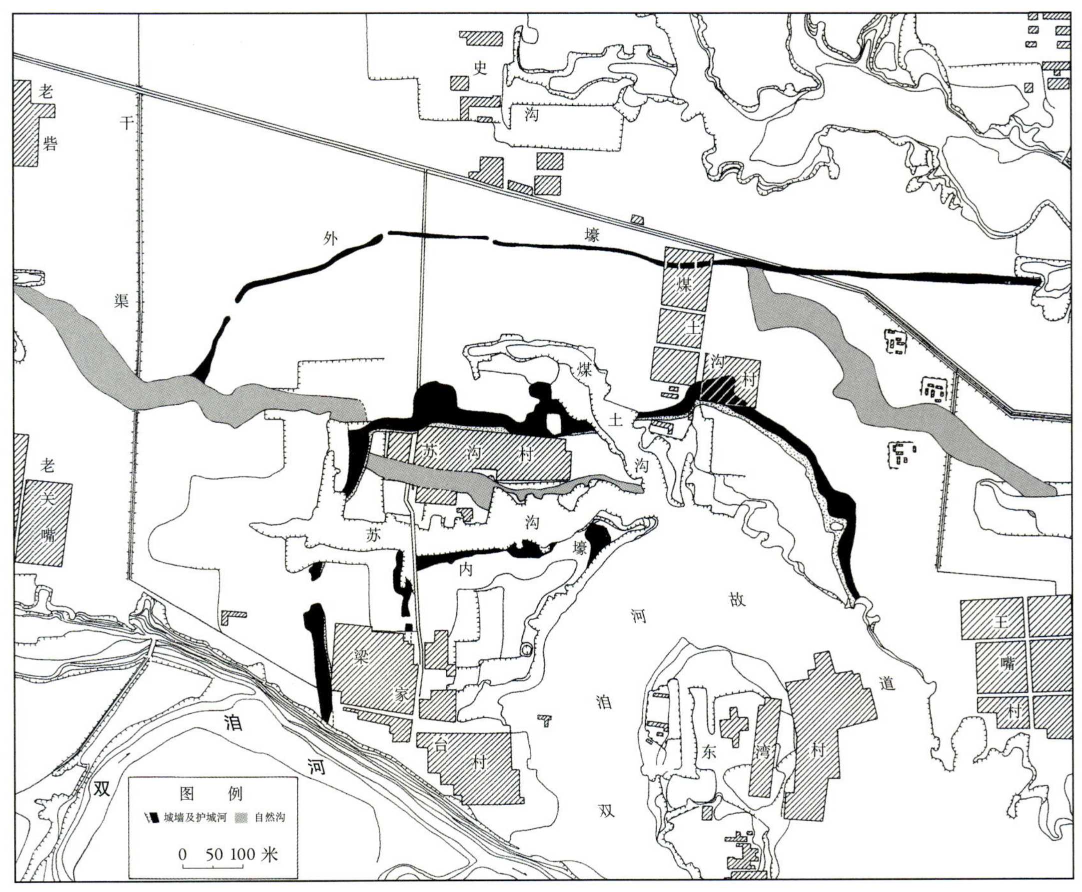

图三 ｜ 新砦遗址平面图

图四 ｜ 新砦遗址大型建筑基址

型建筑的性质，或可联系古籍中关于“坎”和“墠”的记载。高出地面的用土堆筑起来的为“坛”，低于地面的开掘出来的为“墠”，均为祭祀性建筑。联系到在这一大型建筑附近发现有同时期的整猪骨架和盛放较多兽骨的小灰坑，或许说明这一大型建筑遗迹的确与“坎”“墠”之类的祭祀遗迹有关。

新砦文化时期农业生产有了较大的发展，为社会组织结构的发展奠定了物质基础，新砦遗址的手工业生产也有更大的发展，分工更细。遗物有陶器、石器、骨器、蚌器、玉器和青铜器。这些不同类别的器物应是在专门的手工业作坊或专人生产的，石器的钻孔、玉器的磨制，显然需要专业技术人员和专门的生产工具来完成。另外，青铜容器残片的发现，表明青铜铸造业的出现，而青铜铸造是古代文明形成的重要因素之一。此外，还有子母口瓮、簋形豆、双腹豆、猪首形器盖等制作精美的陶器，玉凿、铜容器等高规格器物，及与二里头遗址出土的铜牌饰纹相类似的兽面纹、雕刻精细的夔龙纹等纹饰。城垣、城壕、大型建筑基址及高规格遗物，反映出新砦古城绝非普通意义上的一般聚落。

对于新砦城址的性质，发掘者赵春青、顾万发都认为是“夏启之居”[38]。马世之认为比较恰当的称呼应为“启都夏邑”。新砦遗址考古发现的古代城垣，应为启都夏邑的遗存。至于外壕、城壕和内壕等防御设施的开凿，似与夏代初年的政治形势有关。为了防止敌对势力对夏都的侵袭，有必要筑城挖壕以自卫[39]。

有学者根据新砦文化遗址发现的彩绘陶鸟具有一定的东方文化因素，认为新砦城址可能是夏启之居，后经历了少康时代。新砦文化彩绘陶鸟或是文献中的后羿、寒浞代夏时期新砦居民用于祭祀的遗物[40]。

（三）商汤都亳

1.发现商城

20世纪二三十年代，考古工作者发掘安阳“殷墟”遗址，证明了中国历史上商王朝的存在，但这只是商代盘庚迁殷以后的文化面貌。直至1949年之前，人们对于盘庚迁殷之前的商代前期历史只能凭借文献和甲骨文的有关记载。

1950年秋，郑州市南学街小学教师韩维周首先发现了二里岗和南关外一带的商文化遗存。是年冬，河南省文物保管委员会闻讯后派安金槐、裴明相等到郑州复查。20世纪50年代初期，郑州进行大规模建设。为了配合基建工作，考古工作者进行了广泛的调查和发掘，找到了早于殷墟的商代前期文化遗存，尤以南郊二里岗一带遗存最为丰富和具有代表性。

2.商城布局

郑州商城遗址总面积25平方千米。文化层堆积厚度一般1～4米。遗址区内各种遗迹与遗物甚为丰富。1955年发现的规模巨大的郑州商代二里岗期夯土城垣遗址就位于郑州商代遗址的中部。郑州商城夯土城垣的形制除北城墙东段略呈东南至西北向的倾斜状外，其他各部分城墙的方向，基本都是近东西或近南北。整个商城夯土城垣略呈南北纵长方形，其中东墙长约1700、南墙长约1700、西墙长约1820、北墙长约1690米，总周长约6960米。在四面城墙上共发现大小不同的缺口11处。这些缺口有的是商城墙废弃后被挖土损毁的，有的缺口可能与商城城门有关。郑州商城城垣的修建，形似依靠当时这一带的自然地形略加取直，并采用分段和内外侧使用横木板或横木棍夹堵成槽，在槽内分层

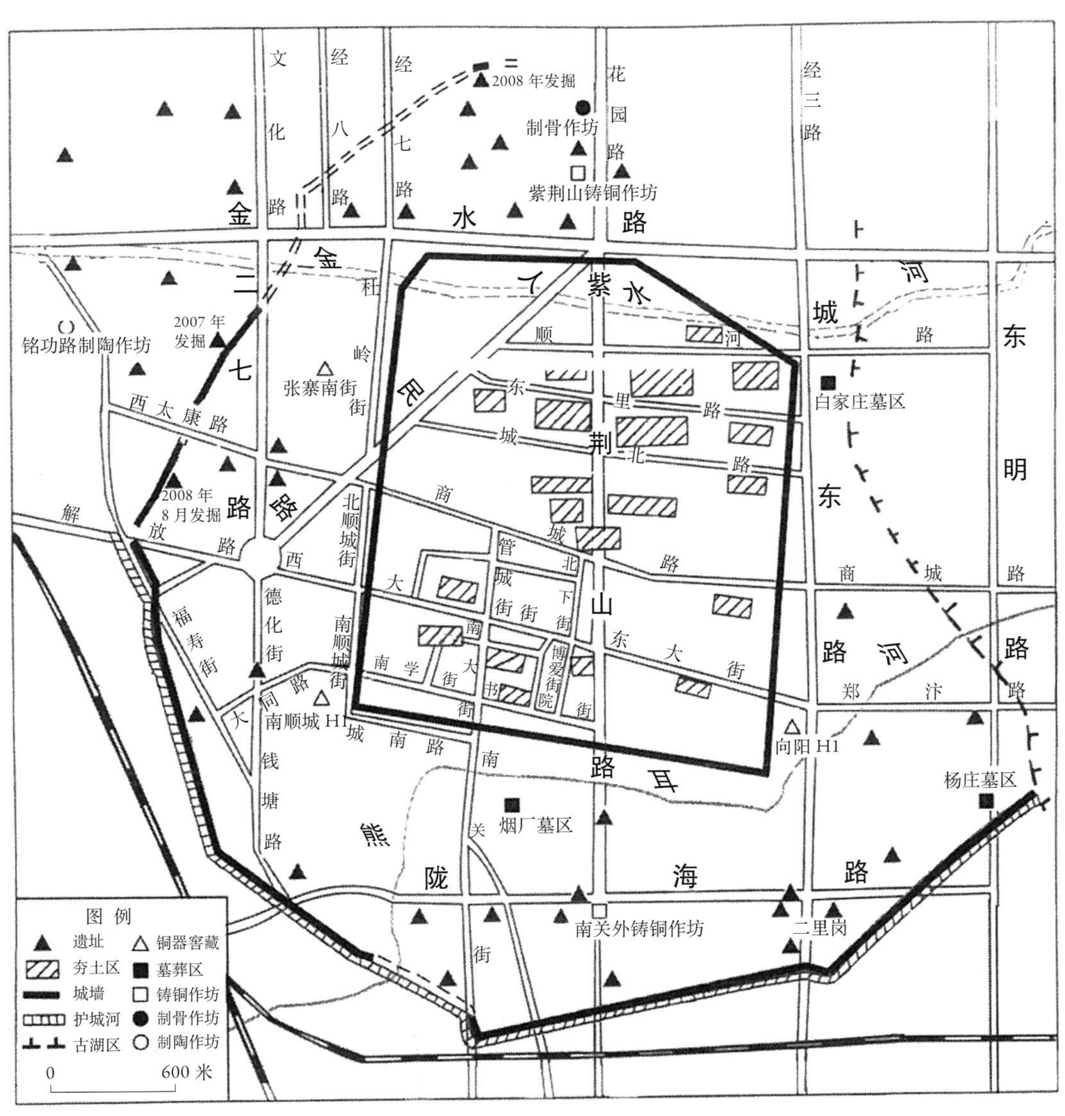

图五 | 郑州商城及外廓城布局

填土夯筑而成。不仅在商城内东北部一带发现有商代二里岗期的宫殿区遗址，还在城外发掘出有商代二里岗期的铸造青铜器、烧制陶器、制作骨器等手工业作坊遗址（图五）。

商代宫殿区遗址（简称“商代宫殿区”，或可称为“商代宫城区”），位于郑州商城内的东北部一带。其范围以郑州市现今规划的道路和保留的古城墙为界线，大体是:东靠郑州商城的东城墙北段内侧，西至工人第一新村的工一街东侧，北临顺河路，南到郑县旧城（即汉代及其以后的管城县和郑县旧城）北城墙东段北侧（外侧）。商代宫殿区遗址的范围略呈东西长方形，东西长约800、南北宽约500米。宫殿区面积总计约40万平方米。

在商代宫殿区的发掘中，除出土大量商代二里岗下层二期与商代二里岗上层一期的陶器、石器、骨器与蚌器外，还出土了数量较多的青铜簪、玉簪及锯制的人头骨等。如在商代宫殿区中部（现今商城工作站院内偏东部）的考古发掘中，就出土有商代二里岗上层一期的较完整的十余件青铜簪，二十余件玉簪，并有一些残玉石块。特别是在一条商代二里岗上层一期的壕沟内，出土近百个被锯制的奴隶头骨。这些遗物都应是商代二里岗期的珍贵遗物。而这些遗物除在商代宫殿区遗址中有些发现外，在宫殿区遗址之外的商城内其他部分和商城外的商代二里岗期遗址中都没有发现过。这些青铜簪、玉簪和锯制的奴隶头盖骨，是由居住在商代宫殿区的奴隶主阶级使用的，充分反映出奴隶主与奴隶之间的阶级区别。

3.外廓城

郑州商城外的外廓城墙遗址（简称“商城外廓城墙”），位于郑州商城南城墙与西城墙之外侧600～1100米处，是一道围绕着郑州商城约半个圈的商代夯土城墙遗址。从商城外廓城墙的筑法、夯土层结构、夯杵窝印痕形状和夯土层内包含的碎陶片来看，其时代应和郑州商城的夯土城墙相同。

根据多次发掘结果，各段商城外廓城墙的墙基走向，基本可以连接成由郑州商城东南角外700余米处的凤凰台村一带起，向西南延伸经二里岗与商城南墙外的南关外，再围绕郑州商城西南角外600余米的布厂街，又折向西北沿郑州商城西城墙南段外侧的略向西北方向延伸[41]。

2002年，河南省文物考古研究所又对城西、东、北三面进行了考古钻探和发掘，结论是郑州商城是由城墙、城河以及东部大面积的湖水包围商城内城一周的廓城[42]。但是西北城墙的走向与郑州市文物考古研究院发掘的结果不太一致。郑州市文物考古研究院结合发掘资料及勘探材料，对西北外廓城的走向进行了补充[43]。

根据目前的考古发掘和钻探资料，外城形制基本清楚，东起凤凰台，南部穿过货栈街、新郑路、陇海路，向西折向福寿街、解放路、太康路、北二七路。北部从南城的布局情况看，手工业作坊在内外城之间，北部的制骨作坊、铸铜作坊也应在内城之外，外城之内。在经五路与纬三路交叉口内发掘出夯土建筑基址，所以判断外城北部在纬五路与经三路一带向东，东部与古湖泊、沼泽地相接，大致呈圆形。

郑州商城的城郭之制体现着“外圆内方”的建造理念。这一建造理念的出现应是中原地区早期城址的发展趋势：由仰韶时期的圆形发展至龙山时期的方形再到多道城垣的“外圆内方”。或与古人“天圆地方”的思想观念联系密切。中国传统文化提倡“天人合一”，讲究效法自然，风水术中推崇“天圆地方”原则，就是对这种宇宙观的一种特殊注解。中国历史上包含此理念的东西很多，比如玉琮、铜钱。中国传统的建筑，更是讲究天圆地方，而郑州商城是目前发现的最早体现这一理念的城址。

同时，郑州商城的选址注重生态环境的选择[44]。任何历史时期，人们的生存都与其所处的生态环境息息相关，社会的发展越是处于早期阶段，人们对于生态环境的依赖越是明显。由于生存和发展的需要，郑州商城的选址也十分注意其地理位置和周围的生态环境。郑州商城处于由豫西延伸而来的嵩山余脉丘陵高地东端，黄河沿邙山北侧峡谷东流与黄淮大平原衔接处。地势既不低但又不太高，呈西北向东南的走势，这既利于防洪，又有较为充足的水源。就整体而言，郑州商城有较为优越的生态环境，依山傍水，气候温润，植被茂盛，动物资源丰富，既有利于农业的沃土，也有便利的水、陆交通，是宜于人们生存、建都的好地方。

4.文化内涵

在郑州商城城墙内外的商代二里岗下层二期与商代二里岗上层一期的文化堆积层中，曾发现掷埋一些零散的人骨架与猪、狗、牛等兽骨架的现象。在有些商代二里岗下层二期和上层一期的所谓“灰坑”中，也发现掷埋一些较完整的人骨架与猪、狗、牛等兽骨架的现象，甚至一个坑内就掷埋有多具人骨架与兽骨架，并且这些“灰坑”分布比较集中。在有些“灰坑”附近，还发掘出有一些仅能容下人身而又无任何随葬器物的“小墓”。因而我们认为这些掷埋有人骨架或（和）兽骨架的“灰坑”，应与一般的灰坑有所不同，这种现象不是偶然的，它很可能与当时某种祭祀后杀殉填埋的活动有关。

在商城内外，发掘出了许多商代二里岗期的灰坑、水井、房基、墓葬和祭祀窖藏坑等遗迹，出土了数万件商代二里岗期的陶器、石器、骨器、蚌器、青铜器、玉器、硬陶器、原始瓷器、象牙器、金器与卜骨、卜甲等遗物，还有3片刻字骨。青铜器包括容器、生产工具、兵器等。容器主要有圆鼎、方鼎、鬲、斝、爵、觚、尊、罍、簋、甗、盉、盘等，其中青铜方鼎的出土尤为引人注目。目前共出土大型方鼎8件。张寨南街1

图六 | 郑州商城顺城街青铜器窖藏坑

号方鼎通高1米，重约86.4千克，造型浑厚，气势磅礴，实为商代前期青铜工艺之杰作，其性质应属王室重器。出土玉器包括簪、璜、玑、戈、铲、璋、柄形器、玉饰等，光泽晶莹，是商代艺术的珍品。此外，这里还出土了较多的原始瓷尊和罍、象牙觚和梳，以及罕见的夔龙纹金叶片等遗物。由此证明，郑州商城遗址是一处具有重要历史价值的商代大型遗址，是我国考古学上的重大发现之一。

1974年9月~1996年2月，在郑州商城东西城墙外侧，即张寨南街、向阳回族食品厂、南顺城街等处，先后共发现3个青铜器窖藏坑，发掘出土了数量较多商代前期的青铜礼器，种类齐全，是郑州商城考古中出土青铜礼器较集中的三次（图六）。这不仅为研究商前期青铜铸造业的发展水平提供了实物资料，而且对探讨商前期的青铜器分期也具有重要的参考价值。

郑州商城范围广阔，遗存丰富，不仅有高大多重的城墙设施，而且还发现多处宏伟壮观的宫殿建筑和各种各样的手工业作坊，以及出土有大型方鼎、圆鼎、精美玉器和原始瓷器等珍贵遗物，这些无不说明这里决不是一般的城邑遗址，而应为商代前期的都城性质。

5.社会经济

从郑州商城的各种遗存可知，郑州商代早期的社会经济较之前有了突飞猛进的发展。

农业生产已经发展到很高水平。石、骨、蚌等质料的农业生产工具较前有了很大的改进，青铜农业生产工具已经有了较多的使用。农业与各种手工业的进一步分工，也促进了商代二里岗期农业生产较前有了更大的发展。根据郑州商城遗址的发掘资料，可以看出当时的铸铜、烧陶、制骨等等手工业不仅已从农业中分化出来，而且各手工业的内部又进行了再分工。从郑州商城遗址出土的大量陶酒器与青铜酒器，说明当时的农业生产较前有了很大的发展。

手工业生产部门不仅已从农业部门中分化出来，成为独立的生产部门，而且在手工业生产部门之内又进行了再分工。如在郑州商城遗址的城外附近就曾发掘出了铸造青铜器、烧制陶器和制作骨器的各种手工业作坊遗址。值得注意的是，从这些手工业作坊遗址中，还可看出各作坊内部又有再分工的迹象。

另外，在郑州商城内的商代宫殿区中，发掘出一条相当于商代二里岗上层一期的壕沟，出土了近百个被锯开的人头盖骨，都是从人头的眉部与耳部锯开的。既然这里是锯制奴隶们头骨的地方，当然可以称是商代二里岗期加工人头骨的手工业作坊遗址。这说明商代二里岗期的制骨手工业内部也有再分工。

郑州商城遗址还出土了大量的石器、玉器、蚌器和少量的硬陶器、原始瓷器、象牙器和纺织品等。这些显然都是由不同手工业作坊生产制造的。但目前在郑州商城遗址范围内的发掘中，还没有发现这些手工业作坊的遗迹。

随着私有制的出现，在进入奴隶制时代之后，由于手工业从农业中分化出来，手工产品与农产品之间的互相交易关系也逐渐增多，并形成了一个主要从事商业的独立部门。在郑州商城遗址的商代墓葬内，曾有玉璜、玉柄形器、玉璧、玉铲等玉器出土，并有一些玉簪、残玉片等，但至今也未发现制作玉器的手工业作坊遗址。郑州商城遗址出土的玉器应该是由郑州之外制造而运来郑州作商品交换与出售的。在郑州商城遗址的一座随葬有青铜器的墓内，还随葬有许多海贝；在商代二里岗期遗址中，曾有海贝与骨贝出土。这些海贝与骨贝很可能是作为货币使用的。

以上发掘资料充分说明当时的农业、手工业、商业已经有较大的繁荣发展，郑州已成为商代前期的一座规模巨大的城市。

6.郑州商城的历史地位及影响

始建于公元前1600年左右的郑州商城的发现，不仅揭开了商代早期历史的新篇章，而且在古代文明的发展研究中也是一个重大突破。郑州商城是商代前期的政治、经济中心，不只在中国古代历史发展的长河中有重要的作用，在世界文明史上也占有重要的历史地位[45]。

首先，郑州商城继承了早期城市的特点，是我国迄今发现的第一座具有一定规划布局的都城遗址，体现了城郭之制及“外圆内方”的建造理念[46]。其次，郑州商城的规划布局制度已基本成熟，对后世诸王朝产生了较大影响，几乎所有有关都城规划的制度都被后世王朝继承下来。在都城基本设施建设方面，后世王朝与郑州商城相似，都城皆建有宗庙、宫室、手工业作坊等，有的在宫殿区附近还建有池苑。周人在其先祖死后立庙对其进行祭祀，秦国都城雍城有宗庙建筑，汉代以后诸王朝都城皆有各种宗庙。汉长安城礼制建筑名目繁多。后世王朝宫室建筑规模宏大，有的分设数处宫室建筑，如西汉长安城有长乐宫、未央宫、北宫、明宫等宫室，唐长安城有太极宫、大明宫、兴庆宫等诸多宫室。

关于郑州商城的性质，李伯谦最近结合其他学者对于夏、商分界及郑州商城、偃师商城始建年代讨论、探索的研究成果，依据有关文献记载认为郑州商城为商汤所建亳都[47]。

（四）仲丁都隞

1.遗址概况

小双桥遗址位于河南省郑州市西北约20千米的石佛镇小双桥村西南，因邻近小双桥村而得名。小双桥遗址处于邙山以南的平原地带，地势高亢开阔，交通便利，又有索须河从遗址北侧流过，这里水源充足，土地肥沃，是适宜人类聚居或举行某些重大活动的良好场所。1995年的调查资料可知，遗址北部已经到达小双桥村北200米处；东部边缘应该达到岗岭的边缘，以小双桥村东边道路为界；向西到达于庄村以西300米左右，向南一直到岳岗村西南，葛寨村西一带，目前能认定的遗址范围呈西北—东南向窄长方形，基本沿索须河转弯处东南侧的岗地分布，南北长1800米以上，东西平均宽度约为800米，遗址面积不少于144万平方米[48]。

通过多次对小双桥遗址的调查，对推定遗址文化内涵的年代提供了重要的实物资料:从目前掌握的资料看，小双桥遗址最早的文化堆积大致接近河南龙山文化的晚期，其分布范围较小，仅局限于小双桥村西北的索须河东岸，遗址面积约4万平方米。分布于庄村西果园一带的文化遗存时代较早，约相当于郑州二里岗下层二期前后，遗址占地面积约3万平方米，文化内涵并不是十分丰富。遗址核心区一带的文化内涵与岳岗村西、村南高岗地带分布的商代文化堆积年代一致，这些文化遗存才是构成小双桥遗址的主体，其年代相当于郑州二里岗文化上层晚段，即郑州白家庄期商文化。

2.遗址布局

小双桥遗址的主要发现为宫城墙基、夯土建筑基址和祭祀遗迹等。宫城墙基槽位于遗址中心区域偏北部，发掘区的中部，平面形状为窄长条形，剖面略呈倒梯形，夯土墙基槽方向80°，略呈东北—西南向。目前暴露部分东西长约53、南北宽2.6米左右，基槽内夯土呈褐色，质地坚硬，结构紧密，夯窝、夯层均较清晰。夯窝直径3～5厘米，夯层厚8～10厘米。从打破夯土的晚期墓葬剖面看，该带状夯土在基槽内保留最厚处约35厘米。综合其位置和形状结构分析，应为夯土墙类遗存的基础槽底部，地面部分无存，从其层位关系看，该夯土时代为商代。发掘者认为夯土墙是小双桥遗址某一时期的宫城墙基，在宫城墙的内侧分布有宫殿类建筑基址及大量的祭祀坑，这里是当时奴隶主贵族进行大规模祭祀活动的场所。其中发现的多具身首分离的尸骨和人祭坑，很可能就与“献捷”“献俘”、奠基等礼仪活动有关，周围的夯土建筑基址很可能就是商王室的宗庙建筑。

小双桥遗址中心区的发掘中共发现8座夯土建筑基址，但由于晚期破坏，多数保存较差，从建筑物的布局特点、规模、建筑形式与结构，结合周围相关遗迹分析，这些建筑应为遗址核心部位的宫殿建筑或宗庙类建筑遗存。除大型夯土建筑基址外，在小双桥遗址中心区的发掘中还清理出三座商代房址，和上述夯土建筑基址一样，这几处居住址也遭到了后期的破坏。

Ⅳ区的祭祀场内发现了一批与青铜器冶炼或铸造相关的遗迹，数量比较丰富，共计约40个。这类遗迹的特点是：坑口以圆形或近圆形为主，直径较小，坑壁较规整，坑内包含物多与青铜器的冶炼和铸造有关。如坑中出土有大量的铜矿石（孔雀石）、铜颗粒、炼渣、炭屑、烧土颗粒等。

遗址中心区的发掘揭示了宫庙区布局设计上的理念和文化内涵中蕴含的秘密，在中心区的四个区内，都发现有夯土建筑基址，说明这一区域总体上应当属于遗址的宫庙区，但在具体文化遗存的堆积形式和平面分布上却有一定的区别。当时在小双桥建设之初应当经过了精心的规划和设计，典型祭祀类遗物在出土地点的分布上也显示一定规律，宫庙区平面设计上也有特定的分区布局。

3.文化遗存

商代泥皮铜熔炉的发现是小双桥遗址发掘的重要收获之一。发现有橘红色的炉壁残块，炉壁块的一面往往呈青灰色，这应是铜熔炉的内壁——冶铜时铜汁液黏附在炉壁内侧形成铜汁残液层，有的竟达4层之多，可见当时的泥皮炉是实用的铜熔炉。在H29发现了一个铜熔炉，保存相对比较完好，因未清理，无法复原该炉的全貌，初步推测该熔炉口部直径30厘米左右，深度应在20厘米以上。

孔雀石的数量十分丰富，表面呈青绿色。据有关专家初步分析，这种孔雀石属于富铜矿，含铜量在30%以上。长、宽、厚在3厘米左右的较多，个别较大，形状多不规则，断面有十分清晰且细密的自然纹理。在商代遗址的祭祀区内一次出土5千克以上孔

图七 | 小双桥遗址朱书文字

雀石的情况并不多见，这一区域可能不是该遗址的冶铜作坊所在，这些青铜冶铸遗存很可能与某种祭祀仪式有关。

还发现与铸铜有关的泥料堆积坑和冶铜废弃堆积坑。前者主要用于堆放制作大型陶缸的泥料，也可用于堆放废弃泥料。后者的坑内出有红烧土颗粒和烧土块、炭粒、炼渣、炼炉壁、铜矿石、铜片、铜器及陶缸片等。

小双桥遗址的另一重要发现是朱书文字（图七）。从目前考古资料来看，真正作为记录语言的文字，还只能以河南安阳殷墟遗址出土的商代后期的甲骨文为最早。这是目前能够确认的中国最早的，而且是相当成熟的文字，但它却不是最原始的文字。在郑州小双桥遗址发现的书写于陶质礼器表面的朱书文字与甲骨文属于同一系统，从其书写技法，字体结构及笔画特点看，已相当成熟。这些朱书文字的发现，至少将中国文字的使用时间向前推了100年左右的历史，从商代后期推到了商代中期早段。这批文字资料的发现，具有珍贵的资料价值和学术意义。

小双桥遗址出土的其他遗物也相当丰富，材质主要有陶器、石器、原始瓷器、印纹硬陶器、青铜器、骨器、玉器、蚌器、牙器、角器、金箔、铅饰、贝币、卜骨等；如果按照器物的不同功能又可将其分为容器、礼器、乐器、兵器、工具、装饰品等。

1985在夯土台基西侧被村民发现青铜构件2件，现存于河南博物院，经火烧略有变形。金箔共发现2片，均出土于祭祀坑内，其中一片有一定厚度，折叠时略有弹性，在一定程度上反映了当时加工贵金属的工艺水平。所出土的青铜器有铜镞、簪、圆形铜泡等，还有铜斝、爵流、鼎及其他铜容器残片。玉器数量较少，以装饰品为主，器类有不规则玉片、穿孔玉管等。绿松石制品数量较多，也多发现于祭祀坑中，色彩鲜艳，制作精美，形式多样，估计与金属或有机物表面的嵌片有关。原始瓷尊残片发现较多，釉色、纹饰多有不同，有的瓷尊内壁涂有朱砂。石器中出土了一定数量的长方形穿孔石质礼器，这批器物造型独特，加工讲究，除在山东岳石文化遗址外，其他遗址基本不见，这在一定程度上也反映了小双桥商文化与山东岳石文化之间的特殊关系。另外，陶器中也发现一定数量的陶质礼器，如大量的龟形陶塑、羊形陶尊、小陶羊、大型饕餮纹陶罍、鼓形器等器物造型别致、别具匠心，加上陶缸、陶簋等陶容器，共同构成了该遗址的陶质礼器组合。另外也发现有少量卜骨，其特点是出土位置相对比较集中，多用牛或羊的肩胛骨，不见龟甲，与安阳殷墟大量发现龟甲的做法有所不同。这些与祭祀活动有关的遗物均为小双桥遗址商代遗物中具有特殊意义的祭品，从遗物的出土位置、造型及组合关系分析，对了解和复原当时的祭祀礼仪有重要意义。

4.仲丁都隞

小双桥遗址的重要收获就是发掘证实了小双桥遗址是一处具有神秘宗教色彩的宗庙祭祀遗址，是商代中期——郑州小双桥期的宗教政治中心。遗址不仅发现了高台型夯土建筑基址、宗庙建筑基址、人祭坑、牛头坑、牛角坑等遗迹，而且出土了种类齐全、数量丰富的祭祀用器，如制作讲究的原始瓷尊，内外壁遍涂朱砂的陶簋、陶盆，表面有朱书文字的陶缸，长方形穿孔石器，青铜建筑饰件等。从事祭祀活动的应是当时的最高统治者商王或由高级贵族构成的巫师阶层，祭祀对象则可能是祖先或其他神灵。整个小双桥遗址宏大的规模、重要且高规格的文化内涵等，都是除郑州商城、偃师商城、安阳洹北商城和安阳殷墟以外的其他商代前期遗址所无法比拟的。商代前期后段与东夷关系恶化并发动了一系列战争，《后汉书・东夷传》云："至于仲丁，蓝夷作寇，或畔或服。"《竹书纪年》曰："仲丁即位，征于蓝夷"。而后对东方的扩张和经营始终采取军事政策，结合其独特的地理位置和征伐蓝夷这种特定历史事件在遗址中的体现等，小双桥遗址即商王仲丁所迁之隞都[49]。

四　小结

郑州地区从旧石器时代文化到李家沟文化—裴李岗文化—仰韶文化—龙山文化—夏商文化，文化演化序列绵延不断，是华夏文明起源与形成的核心地区。王震中结合中国历史发展事实分析后，将国家定义为"拥有一定领土范围和独立主权存在阶级、阶层和等级之类的社会分层，具有合法的、带有垄断特征的凌驾于全社会

之上的强制性权力的政权组织与社会体系”，国家形成的标志是阶级的存在和凌驾于社会之上的公共权力的设立。“阶级的出现是国家得以建立的社会基站，凌驾于全社会之上的公共权力的设立则是国家的社会职能，是国家机器的本质特征。”[50]

双槐树遗址是一处经过精心规划和布局的聚落，各功能区结构清晰、主次分明，反映出强烈的组织协调性。中心居址、大型夯土院落式基址、夯土祭坛和墓地大致分布于同一直线，反映出双槐树聚落已经初具中国早期宫室建筑的特征。基于此，北京大学教授、夏商周断代工程首席科学家李伯谦认为：“双槐树遗址一系列重要考古发现，尤其是其社会发展模式和承载的思想观念，给我们呈现出古国时代的王都气象。北斗九星及诸多凸显礼制和文明遗迹的特点，也为后世夏、商、周等王朝文明所承袭和发扬，五千多年的中华文明主根脉有望追溯于此。”双槐树这一距今5300年前后的仰韶文化中晚期巨型聚落遗址，是迄今为止黄河流域在中华文明起源的黄金阶段发现的规格最高、具有都邑性质的中心聚落。这一阶段，在河图洛书的居中之地，聚落转为都邑，祭祀渐成礼轨。河洛地区成为当时最具代表性和影响力的文明中心，孕育了华夏文明，见证了文化蝶变。从古文化到古城再到古国，中华文明的脉络逐渐清晰，河洛古国的一系列考古成果，为探讨华夏文明起源的“中原模式”提供了可能[51]。

郑州地区文明起源与形成的历史时期，文化遗址传承有序，展示了中华文明肇始、形成、发展的完整过程。郑州大河村遗址、荥阳青台遗址、郑州西山仰韶文化址、新密古城寨龙山文化遗址等展示了6000～4000年前中国王朝诞生前的绚烂历程；登封王城岗遗址、新密新砦遗址展示了4000～3700年前夏王朝诞生、发展、强盛、消亡的历史；郑州商城遗址、郑州小双桥遗址等展示了3600～3200年前商王朝的青铜文明。

参考文献

[1] 林沄:《中国考古学中“古国”“方国”“王国”的理论与方法问题》,《中原文化研究》2016年第4期。

[2] 苏秉琦:《华人·龙的传人·中国人——考古寻根记》，辽宁大学出版社，1994年。

[3] 严文明:《重建早期中国的历史》,《早期中国——中华文明起源》，文物出版社，2009年。

[4] 张忠培:《中国古代的文化与文明》,《考古与文物》2001年第1期。

[5] 李伯谦:《中国古代文明化历程的启示》,《决策探索》2015年第3期。

[6] 李伯谦:《中国古代文明演进的两种模式——红山、良渚、仰韶大墓随葬玉器观察随想》,《文物》2009年第3期。

[7] 王巍:《中国古代国家形成论纲》,《中原地区文明化进程学术研讨会文集》,科学出版社,2006年。

[8] 郑州市文物考古研究院:《河南巩义市双槐树新石器时代遗址》,《考古》2021年第7期。

[9] 河南省文物考古研究所、新密市炎黄历史文化研究会:《河南新密市古城寨龙山文化城址发掘简报》,《华夏考古》2002年第2期。

[10] 河南省文物研究所、中国历史博物馆考古部:《登封王城岗与阳城》,文物出版社,1992年。

[11] 郭怡、俞博雅、夏阳等:《史前时期社会性质初探——以北刘遗址先民食物结构稳定同位素分析为例》,《华夏考古》2017年第1期。

[12] 丁清贤、孙德萱、赵连生等:《从濮阳蚌壳龙虎墓的发现谈仰韶文化的社会性质》,《中原文物》1988年第1期。

[13] 魏兴涛:《中原地区文明化进程的基本特征及研究路径》,《河南日报》2020年6月12日。

[14] 靳松安、张建:《从郑州地区仰韶文化聚落看中国早期城市起源》,《郑州大学学报》(哲学社会科学版)第48卷第2期,2015年。

[15] 国家文物局考古领队培训班:《郑州西山仰韶时代城址的发掘》,《文物》1999年第7期。

[16] 韩香花:《论炎黄时代河洛地区的社会发展状况》,《洛阳师范学院学报》2004年第3期。

[17] 郑州市文物考古研究院:《河南巩义市双槐树新石器时代遗址》,《考古》2021年第7期。

[18] 魏兴涛:《充分认识仰韶文化的丰富内涵》,《人民日报》(文化遗产版)2020年7月28日。

[19] 苏秉琦:《中国文明起源新探》,香港商务印书馆,1997年。

[20] 李伯谦:《中国古代文明演进的两种模式》,《文物》2009年第3期。

[21] 河南省文物考古研究所、新密市炎黄历史文化研究会:《河南新密市古城寨龙山文化城址发掘简报》,《华夏考古》2002年第2期。

[22] 杜金鹏:《新密古城寨龙山文化大型建筑基址研究》,《华夏考古》2010年第1期。

[23] 蔡全法:《古城寨龙山城址与中原文明的形成》,《中原文物》2002年第6期。

[24] 蔡全法、马俊才、郭木森:《河南省新密市发现龙山时代重要城址》,《中原文物》2000年第5期。

[25] 蔡全法:《古城寨龙山城址与中原文明的形成》,《中原文物》2002年第6期。

[26] 马世之:《新密古城寨城址与祝融之墟问题探索》,《中原文物》2002年第6期。

[27] 曹桂岑:《新密市古城寨龙山古城始建年代与黄帝轩辕丘的探讨》,《中国古都研究(第二十一辑)——郑州商都3600年学术研讨会暨中国古都学会2004年年会论文集》,中州古籍出版社,2004年,110~119页。

[28] 周书灿:《新密市古城寨龙山古城的族属及相关地理问题》,《中原文物》2006年第1期。

[29] 徐旭生:《1959年夏豫西调查"夏墟"的初步报告》,《考古》1959年第11期。

[30] 安金槐:《试论登封王城岗龙山文化城址与夏代阳城》,《中国考古学会第四次年会论文集》,文物出版社,1985年。

[31] 许宏:《先秦城市考古学研究》,北京燕山出版社,2000年。

[32] 马世之:《登封王城岗城址与禹都阳城》,《中原文物》2008年第2期。

[33] 河南省文物研究所、中国历史博物馆考古部:《登封王城岗与阳城》,文物出版社,1992年。

[34] 河南省文物研究所、中国历史博物馆考古部:《登封王城岗与阳城》,文物出版社,1992年.

[35] 王朝辉:《从古文字"析形释义"谈王城岗遗址"共"字陶文之考释》,《洛阳考古》2018年第2期。

[36] 中国社会科学院考古研究所河南新砦队、郑州文物考古研究院:《河南新密市新砦遗址东城墙发

掘简报》，《考古》2009年第2期。

[37] 中国社会科学院考古研究所河南新砦队、郑州文物考古研究院：《河南新密市新砦遗址浅穴式大型建筑基址的发掘》，《考古》2009年第2期。

[38] 赵春青：《新密新砦城址与夏启之居》，《中原文物》2004年第3期；顾万发：《“启居黄台之丘”及相关问题考证》，《东南文化》2004年第6期。

[39] 马世之：《新砦遗址与夏代早期都城》，《中原文物》2004年第4期。

[40] 耿广响：《试论新砦遗址出土的彩绘陶鸟》，《华夏文明》2019年第2期。

[41] 河南省文物考古研究所：《郑州商城外夯土墙基的调查与试掘》，《中原文物》1991年第1期；河南省文物研究所：《郑州三德里、花园新村考古发掘简报》，《郑州商城考古新发现与研究》，中州古籍出版社，1993年；郑州市文物考古研究所：《郑州市银基商贸城商代外夯土墙基发掘简报》，《华夏考古》2000年第4期。

[42] 河南省文物考古研究所：《郑州商城外郭城的调查与试掘》，《考古》2004年第3期。

[43] 刘彦锋、吴倩、薛冰：《郑州商城布局及外廓城墙走向新探》，《郑州大学学报》（哲学社会科学版）第43卷第3期，2010年。

[44] 李民：《郑州商城在古代文明史上的历史地位》，《江汉论坛》2004年第8期。

[45] 李民：《郑州商城在古代文明史上的历史地位》，《江汉论坛》2004年第8期。

[46] 刘彦锋、吴倩、薛冰：《郑州商城布局及外廓城墙走向新探》，《郑州大学学报》（哲学社会科学版）第43卷第3期，2010年。

[47] 李伯谦：《再谈郑州商城的始建年代——赵海涛、侯卫东、袁广阔论文读后》，《华夏文明》2017年第12期。

[48] 河南省文物考古研究所：《郑州小双桥遗址（1990～2000年考古发掘报告》，科学出版社，2012年。

[49] 河南省文物考古研究所：《郑州小双桥遗址（1990～2000年考古发掘报告》，科学出版社，2012年。

[50] 王震中：《关于古代国家的概念定义与标志》，《考古学研究》（九），文物出版社，2012年。

[51] 袁广阔：《定鼎河洛：郑州双槐树考古新发现》，《中国社会科学报》2022年8月4日。

郑州商代二里岗文化陶斝浅识

姜楠

陶斝在郑州商城遗址出土的陶器中，辨识度比较高，发掘出土的数量虽在出土陶器中占比不大，但出土概率频繁，可以称之为代表性的器物。此种器物从形态上推测可能是酒器或者是饮器。郑州商城中出土的陶器种类可达几十种，斝这种陶器，在其中却有着其独特性，可以称得上是二里岗商文化区别于同时代他种文化或前后时代的代表性器物。

鉴于这种器物的特征性与辨识性，我们在这里对这种器物的形态与来源略作追溯与讨论，使我们对这种器物的发展演变有一粗浅认识，并以此可看出商代二里岗文化某些组成因素的来源，进而对二里岗文化形成的探讨有所助益。不当之处，尚祈方家指正。

一　郑州二里岗文化陶斝的形态和型式

郑州二里岗期文化中的陶斝，形态上可以分为两型，一般分别称之为敞口斝和敛口斝。敞口斝总的形态特征为敞口，直筒腰，腰一侧有鋬，分裆，下附三空心袋足，极少量的为圜底或联裆，均有高实足根。敛口斝一般为方唇，敛口，下部与敞口斝相同。敞口斝以腹部的形态不同区分为两种，一种圜底或裆部比较平，鼓腹，可以称之为敞口联裆斝，这种斝发现数量很少，见于发表材料的仅在郑州南关外遗址中发现1件；另一种分裆，可以称之为敞口分裆斝，这种斝发掘中最常见。敛口斝也可以分为两种，一种联裆或圜底，鼓腹，器形稍小，可以称之为敛口联裆斝。这种陶斝在郑州商城中数量不多，偶然可以在发掘中见到。另一种为分裆，此种陶斝，是二里岗期的常见器形，绝大多数出于二里岗上层的遗迹单位中。敞口和敛口这两种陶斝在郑州商城的二里岗期中，形态非常稳定，某种程度上可以认为是一种标准化出产的陶器。

敞口斝与敛口斝这两种陶斝，各有自身的演变轨迹，可以以式别来表示。其中，联裆斝无论是敞口或者敛口，均出于二里岗下层的单位中，出土数量少，还不能划出式别，至二里岗上层时期，已经不再出现。分裆斝则不同，敞口分裆斝主要存在二里岗下层时期，但在二里岗上层时期也有使用；敛口分裆斝在二里岗下层最晚期开始出现，数量比较少，盛行于二里岗上层。这两种分裆斝在延续中间有式别的变化。这种式别的变化，很细微，只能从大的时代特征来辨认。如二里岗上层的陶斝，敛口斝中陶胎厚一些，胎质含碎粒多，显得发脆，绳纹偏粗，敛口的宽度稍宽，近唇部一周下凹，发展到晚期在唇部起榫；二里岗下层的陶斝敛口的宽度稍窄，近唇部不下凹。敞口斝在二里岗下层的胎质稍薄，绳纹细，陶胎淘洗干净，上层的敞口斝在胎质和纹饰上同于敛口斝。在二里岗下层早期，陶斝存在有多种型式，而下层的分裆敞口斝，尤其在偏早阶段，形态有多种变化，不过每种型式的数量都很少，其后逐渐趋向统一。总体上，二里岗上下两层陶斝均多以分裆的敞口、敛口斝为主，分裆敞口斝更多使用于二里岗下层时期，分裆敛口斝更多使用于二里岗上层时期。

郑州地区的敛口斝见于发表材料的以铭功路发现的圜底敛口斝为最早[1]。从铭功路所出敛口斝的共存器看，其时代早于二里岗下层以H17为代表的阶段，稍晚于以H9为代表的二里岗下层早期阶段。敞口斝在郑州商城出现得更早一些。根据在郑州市二七路发掘的材料[2]，大致在H9阶段。其形态腰部向外倾斜，袋足饰线纹，形态上大致同于二里岗的H9：362[3]。敞口联裆斝在南关外出土1件[4]，郑州市文物考古研究院在郑州商城的发掘中也曾发现与其相同的1件[5]，南关外出土的这件敞口弧裆斝，从与其共存的捏口罐形态判断，应该为二里岗下层的H17阶段。这两种弧裆陶斝从目前的发掘材料看，两者的出现大致同时或微有先后，但均晚于敞口分裆斝的出现。

一般认为，陶斝的演变轨迹在商代二里岗下层为敞口斝，发展到二里岗上层已经变为敛口斝，但综合发掘材料的分析以及梳理，这两型陶斝应该同时从二里岗下层延续到二里岗上层，两型斝各有自身的演变轨迹[6]。

郑州商城发现的陶斝，绝大部分都可以归入这两种类型中去。但是，也还存在一些不能归入以上两型的陶斝，姑且称之为异形斝。这类陶斝数量很少，在郑州商城仅发现数件，可以分为两种形态，一种是仿青铜器，应该与同类青铜器的演变轨迹一致，我们在这里暂不作讨论。另一种是郑州商城南关外遗址出土两件陶斝，敞口、细腰、分裆。此两种陶斝从胎质和形态上与上述的陶斝不是同一谱系的器物。这种陶斝我们将另文讨论。

二　商代二里岗文化陶斝的起源

陶斝这种器物，最早出现于龙山文化早期，作为龙山文化早期的庙底沟二期文化发现于晋、豫、陕三省交界，主要分布区域为关中、豫西和晋中南地区，陶斝作为庙底沟二期文化中新出现的器形，有着特殊的意义。张忠培先生曾就龙山文化和空三足器诞生的关系做过精辟论述[7]。庙底沟二期的陶斝出土数量比较丰富。虽然根据区域的不同，在器物的形态上有各自的一些独有特点，但总体上还是有共性，上腹依形态的差别可以区分为釜形斝、盆形斝、罐形斝和筒形斝等数型，下附空三袋足，也有敞口和微敛口两种，陶胎比较厚，器形也比较大。这种陶斝，虽然看上去与二里岗文化的陶斝差别很大，似乎与后期商代的二里岗期陶斝没有直接的演变关系，不过，从两者的形态比较中

也可观察出一些演变轨迹的端倪。比如，两者的口沿均有敞口和敛口两种型式，腹部有圆腹，底为圜底，下有空袋足，只是二里岗文化的袋足下面又附加了尖锥状足。圜底的特点为二里岗期的圜底敛口斝提供了最初的祖型。当然，两者在功用上也有不同，庙底沟二期的陶斝，器形较大，应是一种炊器，与釜灶一起成为庙底沟二期的独富特征的器物。而商代二里岗文化的陶斝，器形适中，更可能是一种饮器。

至龙山文化晚期的时代，从庙底沟二期文化发展而来的晚期龙山文化，在黄河流域中部形成了不同的文化和类型。这些不同类型对陶斝这种器物的接受程度不同，改造使用的方法也不同，因而，在不同的文化类型中陶斝这种器物也表现出了有无以及形态的差异。而在空三足器中，作为炊器的，除了斝以外，也产生了鬲、甗这两种器物。空袋足器主要盛行于黄河流域和北方地区。江汉地区同时代的屈家岭文化晚期和石家河文化以圈足器为主，不使用空袋足器，此地区向上追溯也无使用空袋足器的传统。黄河下游的山东龙山文化的空袋足器中，仅使用鬶、甗，陶鬶这种器物，最早出现在大汶口文化中，在大汶口文化中已经是一种代表性的器物，一直延续至山东龙山文化，成为海岱文化区的一种标识性的器物，呈现了这种器物在海岱文化有悠久的传统。但从两者形态比较，虽共为空袋足，却和二里岗文化的陶斝没有谱系上的联系。所以，能够追溯和对比的只能是陕西的客省庄二期文化、豫西及晋南的三里桥类型以及陶寺类型中的同类器。很显然，在这些文化类型分布的区域内，空袋足器向前可追溯至庙底沟二期文化。因此，有着传承的文化传统。

陕西客省庄二期文化中的陶斝，基本可以分为两种型式，一种为束腰深腹筒形，另一种为罐形[8]，这两种陶斝与三里桥类型和陶寺类型的陶斝区别较大，其后也不再延续。陶寺类型陶斝在中期主要存在三种型式，一种为折沿深腹盆形；一种为侈口、长颈、折腹钵形；同时出现一种敛口盆形。在晚期则主要为敛口盆形[9]。而这种敛口盆形陶斝则为东下冯类型的陶斝所继承[10]。

同时，在客省庄二期文化和三里桥类型、陶寺类型中，陶鬲替代釜灶成为一种主要炊器，随着时间推移和地域不同，各个文化类型的陶鬲也可以区分为不同的形式，基本的形态都可以归纳为敞口、束颈、分裆、下附三袋足，袋足直接着地。其中存在着许多一侧有鋬的单把鬲。客省庄二期文化的陶鬲以圆腹罐形居多，颈稍长，带把鬲数量比较丰富。陶寺类型的以耸肩，器身带泥鋬的居多，单把鬲稍少，但这种单把鬲其中的一些型式，在形态上已经接近二里岗文化中的敞口分裆斝，只是袋足直接着地，没有附尖锥状足。

带把鬲在山西龙山文化时代的各类型中是一种普遍存在的器物。带把鬲的形制多样，有多种型式，有学者曾进行过详尽的分析[11]。通过与郑州二里岗陶斝进行对比，最接近其形态的主要来自于晋南和晋中的三里桥类型和陶寺类型。因此，可以看出二里岗文化的敞口分裆斝是从龙山文化时代的陶寺类型和三里桥类型的单把鬲发展而来或者说两者之间极有渊源。

与商代二里岗文化时间上最为接近的是二里头文化和河北的下七垣文化、山西的东下冯类型夏文化遗存以及晋中地区相当于夏时期的文化遗存。二里头文化中基本不见陶斝出土，二里头遗址第三期仅在灰坑中出土一件陶斝，这件陶斝与本地的王湾三期文化的陶斝有相似，但器形变小，应该是从本地河南龙山文化演变而来；二里头遗址第四期仅出一件陶斝残件[12]。说明陶斝不是二里头文化的代表性器物，二里岗文化中的陶斝与二里头文化无传承关系。

而在东下冯类型的夏文化遗存中，陶斝是一种常见的器物，大致有两种型式的陶斝，一种是敞口盆形圜底斝，一种是敛口分裆斝，多数是分裆敛口斝，明显继承了当地龙山文化晚期的敛口斝型式[13]。陶胎与商代二里岗文化的陶斝相比，陶胎较厚，器形稍大，与陶鬲一样应该是炊器，这与本地一直以来对陶斝的功能性安排的传统是相通的。虽然，这种敛口分裆斝从形态上与二里岗文化的敛口分裆斝轮廓相同，但两者之间在演变关系上还是有明显的缺环。与龙山文化晚期的陶斝相比，已经更接近二里岗文化的敛口分裆斝。同时，在襄汾大柴遗址出土1件敞口分裆斝，形态已与二里岗文化的敞口分裆斝区别不大，只是此件陶斝一侧没有鋬，足跟没有尖锥状足[14]。

在一般认为的先商文化分布区域内，如河北下七垣文化，辉卫型先商文化，以及豫东地区的鹿台岗遗址，大多都没有发现与郑州商城陶斝有渊源关系的同类器。仅在个别遗址中发现有接近二里岗文化的陶斝。

如鹤壁刘庄先商墓地仅在M227中出土1件敛口分裆斝，与此件敛口斝共出的有敞口深腹盆和高柄盘形豆[15]。此件敛口斝与郑州二里岗文化的陶斝形态已经很接近，但与东下冯类型的陶斝形态尚有缺环。豫北地区的辉县孟庄[16]和焦作府城遗址[17]在先商文化遗存中，各出土1件陶斝，辉县孟庄出于墓葬中，为敞口联裆斝，焦作府城出土则为分裆敞口斝，正与二里岗文化的同形器相对应，演变脉络清楚，中间不会有缺环。

三　商代二里岗文化陶斝的分布与流绪

二里岗文化的陶斝在郑州商城及其周边地区出土频度最高，这些区域也是二里岗文化存在最为丰富的地区。其他笼罩在二里岗文化下的地区，在早商文化遗存丰富的遗址中，很少发现陶斝出土。

东下冯遗址第五期的时代和文化内涵对应早商二里岗文化下层，出土的陶斝为敞口盆形。其与本地的陶斝有紧密的传承关系，不仅和二里岗期的陶斝在形态上区别很大，且在功用上也有不同的区别，应该还是作为一种炊器存在，在东下冯遗址的第六期即相当于二里岗文化上层阶段，仅发现1件敛口分裆斝[18]。

垣曲商城也是一个典型的商代二里岗期的遗址。遗址中有二里头晚期和商代二里岗上、下层的遗存，在二里岗期的遗存中没有发现陶斝，但在二里头晚期的遗存中却发现2件陶斝，均为敞口斝[19]。二者与二里岗期的陶斝形态上比较接近，其中1件陶斝H250：42与二里头遗址三期的陶斝有较为明显的承袭关系。

在豫北的两个有二里岗文化的遗址中，辉县孟庄的早商文化遗存中，出土了比较丰富的二里岗文化陶器，有多种型式的陶鬲出土，但没有发现陶斝出土。焦作府城的早商文化遗存中也无陶斝出土。而该两处遗址如前所述在先商文化时期，均出土了陶斝。

湖北以盘龙城遗址为代表和湖南以岳阳的铜鼓山遗址为代表的早商文化，学界一般将其划为早商文化的盘龙城类型。在郑州商城周围以外各地的早商文化中，以湖北盘龙城遗址出土的二里岗文化的陶斝最为丰富[20]，与郑州商城的关联也最为紧密。盘龙城的陶斝与郑州商城的陶斝有同样的型式之分，盘龙城遗址的敞口斝出土数量很少，以敛口斝最为丰富，而在敛口斝中则又以联裆斝为主，仅在个别期别出土有分裆斝。与其同一类型的湖南的岳阳铜鼓山遗址中也发现与郑州商城相同的两种陶斝[21]，与盘龙城遗址的大致相同。从陶斝的形态与数量比较，盘龙城类型与郑州商城的陶斝在相同的型式与不同的型式上，发展演变与数量的变化互有起伏。陶斝在以上各遗址的隐现，表现了商代二里岗文化在向外扩张和控制的过程中，不同地域的商文化与郑州商城的不同联系，也反映了当地土著人群对商文化的吸收与影响，同时，这种隐现也隐含着一些我们目前尚未破解的一些密码。

在晚于二里岗文化的商代遗址中，陶斝已经是仅有零星发现，无论是直接接受商文化传承的地区，如山西平陆前庄，陕西耀县（今耀州区）北村，山东大辛庄以及河北藁城台西诸遗址，还是受商文化影响的地区，如，湖南的石门皂市遗址，江西清江的吴城遗址。这些遗址或者没有陶斝发现，或者仅有零星出土。在洹北商城仅发表过1件敛口斝的口沿残片[22]。湖南的石门皂市遗址中，出有陶斝，这种陶斝为分裆敛口斝，多数出于第二期中，报告中将该期定为相当于二里岗上层[23]。石门皂市的第二期中，出土的陶豆和藁城台西出土的陶豆近似，为假腹豆，时代应该是晚于郑州二里岗文化，接近郑州商城的白家庄期或稍晚于白家庄期。

陶斝这种器物，伴随着郑州商城二里岗文化的始终，并随着商文化的扩张而向外影响和传播，中商时期已经在商文化的核心区很少使用，在殷墟时期基本消亡。殷墟文化的陶器中，陶斝基本绝迹。仅个别在仿铜陶礼器中尚见有陶斝[24]。但此种陶斝和青铜斝在形态上并无太大区别，晚商时期斝仅作为青铜礼器使用。所以，可以说，陶斝在晚商已经淡出了人们日常使用的器皿。

四　结语

陶斝是伴随着龙山时代的来临而出现的一种器物，主要分布在黄河中游地区，它在早期与釜、甗一起作为炊器使用，中期作为炊器伴随陶鬲，通过二里头文化东下冯类型的桥梁，在商代二里岗期单独发展为另一种独立器型。陶斝在商代前期的器物群类中，有着特殊的意义，它可能不仅仅是作为一种饮器使用，也有可能已提高到礼器的位置，这可以从陶斝脱胎而来，在二里岗期即出现作为青铜礼器的铜斝而得到证明。陶斝伴随着商代二里岗期文化的产生、繁荣与消退，成为了一种具标识性的商代早期器物。

通过以上的讨论，我们可以认为，敞口斝最直接的来源是从龙山文化陶寺类型、三里桥类型的单把鬲演变而来；敛口斝最早的祖型也起源于这两种文化类型。这两型陶斝其后均衍变出一些型式。因此，从陶斝可以看出郑州地区二里岗文化中一些重要文化因素的来源及其与上述地域的联系，邹衡先生曾推测过，“先商文化与山西境内的古代文化的确是有着密切关系的”[25]。通过对陶斝这一器型的分析，或可说明邹衡先生的这一推断是有着预见性和事实基础的。

参考文献

[1] 郑州市文物考古研究所：《郑州铭功路东商代遗址发掘简报》，《考古》2002年第9期。

[2] 郑州市文物考古研究院发掘材料。

[3] 河南省文化局文物工作队：《郑州二里冈》，科学出版社，1959年。

[4] 河南省文物工作队：《郑州南关外商代遗址的发掘》，《考古学报》1973年第1期。

[5] 郑州市文物考古研究院发掘材料。

[6] 安金槐：《关于郑州商代二里岗期陶器分期问题的再研究》，《华夏考古》1988年第4期。

[7] 张忠培：《黄河流域空三足器的兴起》，《华夏考古》1997年第1期。

[8] 中国社会科学院考古研究所：《武功发掘报告》，文物出版社，1988年；中国科学院考古研究所：《沣西发掘报告》，文物出版社，1962年。

[9] 中国社会科学院考古研究所山西队、山西临汾行署文化局:《山西襄汾县陶寺遗址Ⅱ区居住址1999～2000年发掘简报》,《考古》2003年第3期;山西大学历史系考古专业:《山西襄汾县丁村曲舌头新石器时代遗址发掘简报》,《考古》2002年第4期;中国社会科学院考古研究所:《偃师商城》,科学出版社,2013年。

[10] 中国社会科学院考古研究所、中国历史博物馆、山西省考古研究所:《夏县东下冯》,文物出版社,1988年。

[11] 高天麟:《黄河流域龙山时代陶鬲研究》,《考古学报》1996年第4期。

[12] 中国社会科学院考古研究所:《偃师二里头1959～1978年考古发掘报告》,中国大百科全书出版社,1999年。

[13] 中国社会科学院考古研究所、中国历史博物馆、山西省考古研究所:《夏县东下冯》,文物出版社,1988年。

[14] 中国社会科学院考古研究所山西工作队:《山西襄汾县大柴遗址发掘简报》,《考古》1987年第7期。

[15] 河南省文物局:《鹤壁刘庄——下七垣文化墓地发掘报告》,科学出版社,2012年。

[16] 河南省文物考古研究所:《辉县孟庄》,中州古籍出版社,2003年。

[17] 袁广阔、秦小丽、杨贵金:《河南焦作市府城遗址发掘简报》,《华夏考古》2000年第2期。

[18] 中国社会科学院考古研究所、中国历史博物馆、山西省考古研究所:《夏县东下冯》,文物出版社,1988年。

[19] 中国历史博物馆考古部、山西省考古研究所、垣曲县博物馆:《垣曲商城——1985～1986年度勘察报告》,科学出版社,1996年。

[20] 湖北省文物考古研究所:《盘龙城——1963～1994年考古发掘报告》,文物出版社,2001年。

[21] 湖南省文物考古研究所、岳阳市文物工作队:《岳阳市郊铜鼓山商代遗址与东周墓发掘报告》,《湖南考古辑刊》(第5集),岳麓书社,1989年。

[22] 中国社会科学院考古研究所安阳工作队:《1998～1999年安阳垣北商城花园庄东地发掘报告》,《考古学集刊》(第15集),文物出版社,2004年。

[23] 湖南省文物考古研究所:《湖南石门皂市商代遗存》,《考古学报》1992年第2期。

[24] 中国社会科学院考古研究所安阳工作队:《1969～1977年殷墟西区墓葬发掘报告》,《考古学报》1979年第1期。

[25] 邹衡:《试论夏文化》,《夏商周考古学论文集》,文物出版社,1980年。

敖地 敖都 敖仓与敖山

——敖都考古的新发现与研究新收获

张松林

经中华文明探源工程长时间努力攻关，目前已证明中国有5000多年的文明史，然而商王朝就占据其中的十分之一，商王朝在中华民族史上的地位可见一斑。自河南殷墟发现甲骨文以来，商代考古一直是世界考古学关注和研究的热点。商代作为早期中国第二个大统一王朝也是中国考古界关注和研究的重点。然而由于历史久远，历史文献记载过于简单，尤其是地形地貌不断改变，历史地名不断变更，再加上历史记载中的一些人为因素和历史变故，又演化出以讹传讹现象，更加剧历史记载中的混乱。所以自中国考古学诞生近百年来，经数代考古学家和历史学家刻苦努力、苦苦探索，至今虽对商汤立国到殷纣王失国500年间六迁之都研究有一定收获，但是除了殷都之外，目前尚未毫无争议地确认其中任何一个。

从中国改革开放始，国家一再加大对考古事业支持的力度，尤其是国家相继开展的夏商周断代工程、中华文明探源工程预研究、中华文明探源研究工程一期等国家组织的科研攻关项目，促使中国考古学突飞猛进式大发展。近30年来重大考古发现层出不穷，不断颠覆旧有的文献记载和传统观念，新的认识和研究成果更像雨后春笋般涌现，郑州商城和小双桥嚣都就是近年来重大考古发现的典型代表。几十年来，考古学界曾经长期围绕汤居郑亳和商代中期前段仲丁迁嚣（敖）的研究进行过不懈努力，已取得了可喜的成就。作为中国培养的考古工作者，作为小双桥遗址的发现人，几十年来作者也一直关注着小双桥遗址的研究进展和在中国历史发展中的作用等研究。尤其是近几年来因一系列新的考古发现，使作者对小双桥遗址为中心的二里岗文化白家庄期遗址群又有新的认识，为此，本文结合考古新发现对中国历史上有关仲丁迁嚣（敖）这个重要问题进行观察和探讨，并对小双桥遗址群相关的环境等问题进行简要介绍和初步研究。

一　小双桥遗址发现经过与研究现状

小双桥村是郑州市中原区（原郑州市郊区）石佛乡（现已划归郑州高新技术产业开发区）的一个行政村，小双桥遗址中心区就位于村落的南侧和西部。小双桥村南偏东距郑州市区约10多千米处，遗址北邻古黄河泛道，西南部连接中国黄土高原第二级阶地的槽状洼地[1]，再南即可望见贾鲁河（古称黄水，元代以后改为贾鲁河）；小双桥村北边所紧靠的索须河，再向北3千米处是枯河（古名砾石溪），枯河北又紧靠历史上著名的三皇山（又名三室山，三山。战国时期以后改称广武山，今有许多人误称邙山）南坡[2]，翻过三皇山就是夏禹治水开挖的排洪渠道，亦即历史后来的济水故道。今天的黄河是经历十多万年间无数次决口和改道，在明清以后侵夺夏禹治水排洪道——后济

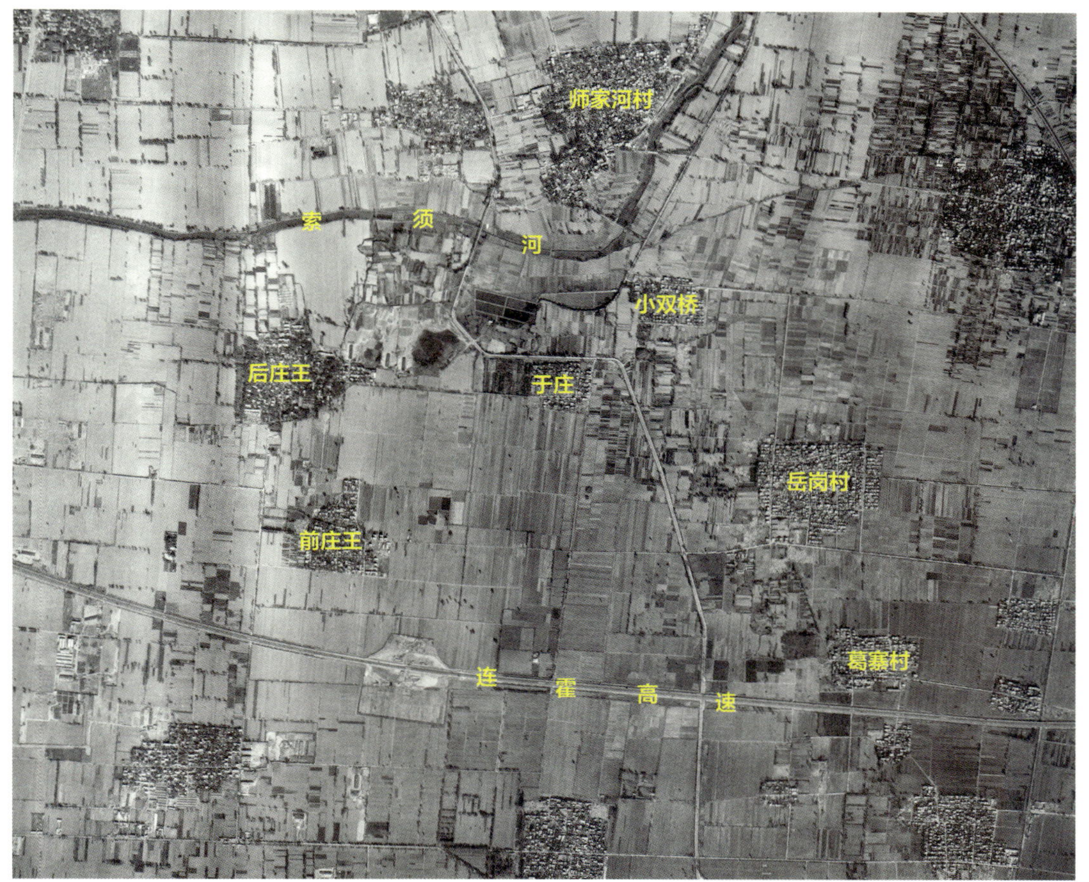

图一 | 小双桥遗址周边环境航拍影像图

水河道形成的黄河河道。小双桥遗址就位于中国黄土高原东部第二级阶地以槽状洼地为主的冲淤积黄土塬东端的良好环境中（图一）。

小双桥遗址的发现，还要从我大学读书时说起。1975年9月5日我进入中山大学历史系考古专业学习，入校门第3天就住进了广州市六榕寺，参加广州市儿童公园内秦汉宫殿基址①考古发掘。这一发掘就是5个月，1976年1月底回到校区后，春节都没有回家，迫不及待地钻进学校图书馆——在远离家乡的学校图书馆借阅图书对于一个渴望知识的学子来说真是一件幸福的事。啥事都讲机遇，首先找到的就是瑞典人T.J.阿尔纳所著的《河南石器时代之着色陶器》，一看到书名与河南有关，便迫不及待认真阅读起来[3]。一读才知道，这本书写的竟是1922年家乡的考古发现，那种心情难以言喻，至今难忘。随后又阅读了瑞典地质学家、考古学家安特生的著作《中华远古之文化》[4]，不知哪里来的精神，竟花费几天时间将这本书抄写下来。不久又借到以夏鼐先生为首组成的豫西考古调查团撰写的《河南成皋广武区考古纪略》，学习阅读之后，郑州西北地区和荥阳北部区域内丰富的文化遗存在我脑海中留下极深的印象，也可以说从此产生了广武考古情结。毕业到单位报到后第3天，我就到郑州大河村遗址参加考古发掘工作，其间通过一位刚刚从部队转业安排进入河南省图书馆工作的胡汉山先生找到《科学通

① 一说是干栏式建筑遗址，现已确定为南越王宫署。

报》，使用河南省图书馆第一部复印机复印了夏鼐等先生在荥阳县广武（旧称成皋）的考古调查报告，这更进一步点燃了我对郑州西北部进行考古的热情[5]。我将想把郑州西北郊作为考古重点的思路告诉时任郑州市博物馆馆长、中共郑州市博物馆支部书记杨翼文②，没想到她不仅完全赞同，而且根据这个思路提出大河村遗址发掘结束后，让我和另一名专业人员负责发掘荥阳点军台遗址，并承诺点军台遗址发掘后由我负责荥阳青台遗址的发掘。

这还得说回到1978年7月，郑州市文化系统在郑州大河村遗址发掘工地举办郑州市首届亦工亦农考古培训班，培训班结束前为使学员认识和了解自己所在地区文物遗存情况，提高学员认识和保护文物的水平，就组织学员以县（区）为单位，分成两个组回当地进行20多天的文物调查。我是荥阳县调查组的带队老师。在考古调查中，当进入荥阳张楼村战国古城址[6]，就在荥阳大索城南部断崖下地面上发现大量战国时期韩国戳印陶文（图二），由此引发对郑州市其他众多战国故城的关注。学习班结束后，我到郑州市古荥阳城进行考古调查，在荥阳故城东北角发现大面积战国时期韩国仓储遗址，并采集到大量战国时期韩国戳印陶文标本。继而调查郑州市西南郊常庙古城，在常庙故城中部引水渠道两侧也发现大量战国戳印陶文（图三）。这些线索引起我对郑州地区战国古城可能都有战国戳印陶文的判断，并利用假日到有关战国古城进行踏查。结果是不仅在荥阳大索城、郑州古荥阳城、郑州常庙故城发现有战国戳印陶文，而且在郑州商城、荥阳广武平陶故城、荥阳京城、荥阳成皋古城等十几处战国古城内都发现数量可观、内容丰富的战国戳印陶文（图四）。

另外，在对古荥阳城调查中我为弄清荥阳古城内战国戳印陶文分布情况，顺便在古荥阳城南侧靠近索须河北岸断崖处调查，调查中又发现河对岸有大型土丘，走近以后发现是文物部门已标志为“周勃墓”的文物单位。查阅有关史料后，就对所谓“周勃墓”产生怀疑。1980年春天，我参与接收郑州市郊区岳岗村村民在村西砖厂挖土出土的商代青铜器，随后又多次赴现场调查，岳岗村砖厂的考古发现为以后的重大考古发现奠定了基础。

1984年开始第二次全国文物普查之前，整个郑州市当时也就只有十几处古文化遗址，这些遗址大多数集中于市区和近郊区。像小双桥村这样的地方，如果不是历史上阴差阳错把“周勃墓”定在郑州市小双桥村，当时想发现和找到古文化遗址确实是很不容易的事。即使河南省文化局文物工作队1958年2月和1976年6月两次在小双桥遗址西侧对后庄王遗址进行发掘，也没有发现小双桥遗址。

1984年第二次全国文物普查开始以后，郑州市启动文物普查工作，我被分配负责郑

② 她是山东金乡人，是一名抗日战争以前就参加革命的老同志，中华人民共和国成立初期就任郑州市卫生党委副书记，因身体不好，主动申请退下来被安排在郑州市博物馆工作。

州市西北部郊区的文物普查和郑州市西部荥阳与巩义两县文物普查工作的督导、检查和专业验收工作。春节3天假期结束，单位复工开完收心会就布置了文物普查任务，我会后立即与石佛、沟赵、古荥等人民公社文化站联系和安排。这三个乡文化站站长分别是中共石佛人民公社党委委员、文化站站长孙喜玲女士，沟赵人民公社文化站站长、计划生育办公室主任孙顺明先生，古荥人民公社文化站站长邢振龄先生，另外还有古荥村第一生产队队长张振明[③]先生和几位文物热心者。那时“文化大革命”刚刚结束，经济形势和国家实力都不好，还应该说是经济比较困难的时期，那时大学毕业工资是48元，实习期结束，转正以后是54元，去野外一天补助伙食费0.4元人民币，3两粮票，除此一没汽车，二没技工，更无其他任何便于工作的条件。会议后第二天一大早我就拿上考古调查用具，其实也就是几十个蒲草编织的包装袋、四把手铲、四把钉耙，那时甚至连一部海鸥双镜头照相机都没有配备，还是自己准备的一个所谓军用草绿帆布背包，骑上自己破旧的永久28英寸自行车，就直奔沟赵人民公社机关大院。在孙顺明同志带领下拜访中共沟赵人民公社党委武书记，费尽口舌讲了许多，结果他与当时绝大部分基层领导干部一样，对文物调查丝毫不感兴趣，仅仅应付了几句话就说：“顺明全面负责，你有事找他就行。”随后在孙顺明同志帮助下，召集孙喜玲、邢振龄、张振明等组成基本队伍，详细说明文物普查的目的和方法后，就立即开始工作。

图二 | 1978年12月在荥阳大索城南部断崖上首次发现战国戳印陶文的文化层

图三 | 常庙故城内首次发现战国陶文的地点

图四 | 古荥阳城东北角战国戳印陶文出土地点

在大学学习和毕业以后的考古发掘实践中，尤其是我在准备报考北京大学邹衡先生研究生时曾专门研究过郑州商城，并曾写过《郑州商城初探》请邹衡先生指教，所以商汤居亳、仲丁迁敖、西周管叔封管和管叔封地在京城东北15里等早已在我脑海中扎根，同时在中华人民共和国教育下形成的责任意识和事业心使我不敢懈

③ 张振明先生后为古荥冶铁遗址保管所所长。

急。在第二次全国文物普查之前，郑州西北部古文化遗址只有荥阳故城、后庄王、陈寨等几处遗址，所以想了解这一带文化遗产情况的急切愿望促使我安排好工作，马上就出发。大家一出沟赵人民公社机关大门向南一望就看到东南边有几个机制砖瓦厂的烟囱，根据实践经验直奔砖厂看断崖。正是不看不知道一看吓一跳，砖厂取土后的地表到处都是夏商周时期的陶器碎片、碎骨、红烧土块和石块等，绝对没有一点夸大的成分，如果全部都捡起来，真是恐怕一卡车都装不完。断崖上暴露有2米多厚的文化层堆积，还可以看到有窖穴、墓葬、水井等文化遗存。当时由于缺少交通工具，就连采集标本时用的蒲草包装袋都是有限制的，只好像地质工作者遇到富矿一样仅挑选典型的器物标本，然后用自行车一次一次运往公社文化站暂存。就是这样，当天就发现有堂李、祥营、洼刘3处夏商周时期的古文化遗址，真是开门大吉。

那时我孩子才1岁多，为了工作只好把她送她姥姥家寄养。考古就是这样，它会让你着迷，会让你忘记一切，一心投入到考古工作中去。从离开单位，一个接一个重要发现使我忘记一切，全身心投入到文物普查中。我们认真调查每一个村、每一块地。早上7点钟在公社饭堂喝上一碗粥，一碟咸菜，一个馒头，顺便再买上两个馒头，用行军壶装上一壶开水，就算中午的伙食。中午找个背风的地方一边吃喝一边聊新的发现，并给参加调查的同志讲有关知识，然后继续干。那时从天明一直到晚上，天完全黑透才收工，再回到公社接待室，放下东西，去简简单单地喝上一碗粥，吃上一个馒头，最奢华就是吃一盘炒豆芽或炒冬储大白菜，这一天的吃饭任务就算完成。好在孙顺明同志还负责管理公社机关饭堂，无论回去多晚都还有饭吃[④]。但是那时不像现在诱惑那么多，什么无线通信、网吧、微信、剧院、歌厅等，晚上一无电视，二无娱乐，接待室就只有一张桌子，还没凳子，就把床板当板凳，趴在桌子上抓紧时间整理当天的调查资料[⑤]。

1985年4月底，沟赵人民公社、古荥人民公社、石佛人民公社等全部调查结束，需要对重要调查发现进行复查拍照。1985年4月28日在对郑州市西山仰韶文化遗址进行复查拍照后，又转回古荥镇南部，对索河北岸断崖上新发现的夯土城墙进行拍照，同时决定再次对位于小双桥村南的所谓“周勃墓”进行重新调查（图五）。当时我们围着夯土堆转了好几圈，在对夯土层进行观察中从西南侧断崖中部灰烬中发现有红烧土面（图六），立即上前认真观察，并用考古发掘铲清刮，结果从红烧土面上发现一件圭状石器（图七）。这使我们异常兴奋，一闪念想到小双桥“周勃墓”会不会和村西侧后庄王遗址有关？是新石器时代仰韶文化抑或河南龙山文化时期的遗物呢？但是上端是一个长方形孔，下端是钝刃，怎么看也不像是石铲或石斧，时代也绝对不是新石器时代特征。要知道，那是首次见到这种东西，要判断其用途确实很困难。所以只好继续寻找线索。功

④ 我在上大学前曾在人民公社机关工作过三年，这里的饭堂比原工作过的机关饭堂好多了。

⑤ 这种接待室是当时人民公社最流行的接待方式，一间房子，放上三四张床，每张床上放上一条被子，连褥子和枕头都没有，晚上把衣服一叠就是枕头，幸好带有大衣，晚上再往上一盖，也就不错了。

图五 | “周勃墓”远景

图六 | 20世纪80年代调查时的小双桥遗址夯土台基状况

图七 | 小双桥遗址大型夯土台基内出土的圭状石器

夫不负有心人，最后终于在夯土层中找到两片直径1厘米左右的商代二里岗时期的陶器碎片，器形看着像是大口尊和盆，继而又在周围地表采集到商代陶器残片。

这勾起我脑海中长时间以来对“周勃墓”的怀疑，历史记载郑州市古荥镇南侧纪公庙村内有纪信墓（图八）、周苛墓，他俩是刘邦与项羽在广武原上长期征战中替刘邦捐躯的名将。历史资料中对纪信都有记载，当地还建有庙宇，也有大量传说，历代都树有碑刻[7]。据史料记载，周勃祖籍不是荥阳人，也没有在荥阳战死，汉王朝建立以后周勃更没有在荥阳为官。他是为西汉立下显赫战功的名将和重臣，汉王朝建立后成为汉高祖的股肱之臣，按规定死后应该葬于汉高祖皇陵区之内，到另一世界继续保卫刘邦；或者葬于他的故乡，落叶归根。周勃在汉王朝建立之后，已在长安朝中长期担任要职，没有任何理由或名义远离政治中心，远离家乡来此建墓冢。此时我头脑中一下豁然开朗，这是后人讹传的假墓，是后人在口口相传中不

图八 ｜ 郑州市惠济区古荥镇纪公庙村的纪信庙和纪信墓

图九 ｜ 小双桥遗址出土的青铜建筑构件

知哪个环节出了问题，硬是把周苛墓讹传为周勃墓，又把周苛墓的位置东移2千米之外[⑥]，这个夯土堆与“周勃墓”没有丝毫联系。

那么“周勃墓”究竟是什么呢？根据调查发现，经几天深入思考，尤其根据夯土台基基面上遗存的灰烬、红烧土等，可以判定这就是商代一个经大火后废弃的大型建筑台基。结合小双桥遗址东侧岳岗村砖厂取土中曾发现过商代二里岗时期的青铜构件等（图九），尤其是在所谓“周勃墓”东侧、南侧、西侧都发现有商代二里岗文化白家庄期遗物，就考虑这是一处规模较大的商代遗址，“周勃墓”夯土台基则是这个遗址的一个组成部分。当晚回到石佛人民社接待室（此时已移师石佛人民公社），顾不上许多，立即动笔就写《郑州西北郊文物普查取得重大考古发现》。文章中就郑州市西北郊首次发现一批西周遗址，填补郑州市西周考古空白，并就古荥阳城南城墙外发现有新的城墙和“周勃墓”的考古调

⑥ 当地有顺口溜：纪信见周苛，还有六百多步。周苛墓就在纪公庙村东中部，20世纪60年代还有墓冢和碑刻，后被平毁。

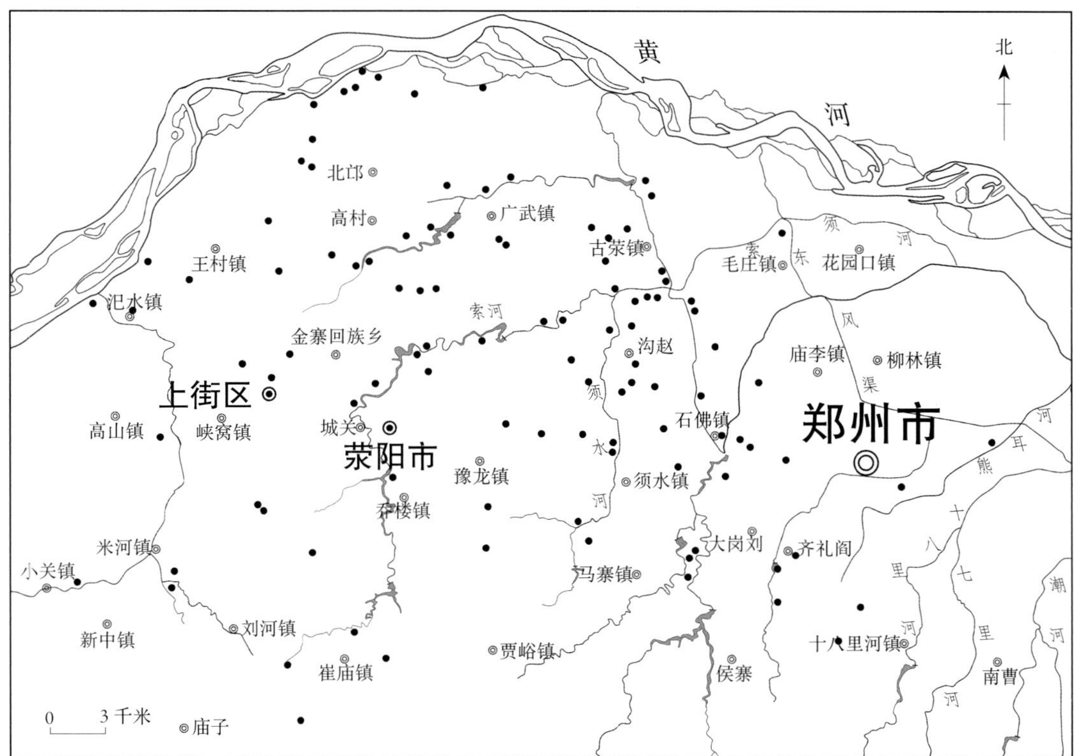

图一〇 | 第二次全国文物普查中在郑州西北郊新发现的古文化遗址分布图

查新发现，在文中提出找到新发现《水经注》中记载的古代荥阳城和发现的一批商周时期遗址，有可能与商代有关等。

我白天在野外调查，晚上回接待室一边整理资料，一边写稿子。那时没有电脑，全靠手写，特别费事，因此，不知不觉已到五一劳动节，我两个多月没有回家。大家风吹日晒，顶风冒雨，人人晒得黑黝黝的，已不记得是谁幽默地自嘲：非洲黑人原本不黑，就是太阳晒太多啦。两个多月时间的不间断调查，不仅圆满完成这个区域的文物普查工作，而且新发现一大批重要的古文化遗址，仅仅三个人民公社区域内就新发现近20处古文化遗址，数量已超郑州市第一次全国文物普查的总量（图一〇），尤其郑州西山遗址⑦、郑州小双桥遗址等在以后的考古发掘中都获得全国年度十大考古新发现。当还要继续作更深入普查的时候，突然接到单位通知要立即赴荥阳、巩义检查指导文物普查工作，郑州市西北郊文物普查就暂告一段落。郑州西北部深入调查工作暂停后，把写好的稿子交给单位领导后迟迟没有见下文。没其他办法，只好又写了一篇《找到〈水经注〉中的荥阳古城》，交由《郑州晚报》发表[8]。同时通过对所有调查资料的整理，写出《郑州市西北郊区考古调查简报》交《中原文物》杂志，经大量削减后于1986年第4期发表[9]。

⑦
调查中就在遗址南部断崖上发现有夯土，所以调查结束后不久，笔者就提出对西山遗址进行主动发掘，那时单位的负责人也同意，但他决定由河南省文物研究所专业人员来担任领队。报告报到上级文物主管部门后，批复是让有领队资质的单位发掘。几年以后正好国家文物局考古领队班搬到郑州，对西山遗址进行发掘后，在郑州市郊区西山村南侧枯河北岸台地上确认5300年前的新石器时代仰韶文化古城，被评为1995年度全国十大考古新发现，这就引发学者们发表文章指出此城即黄帝城。

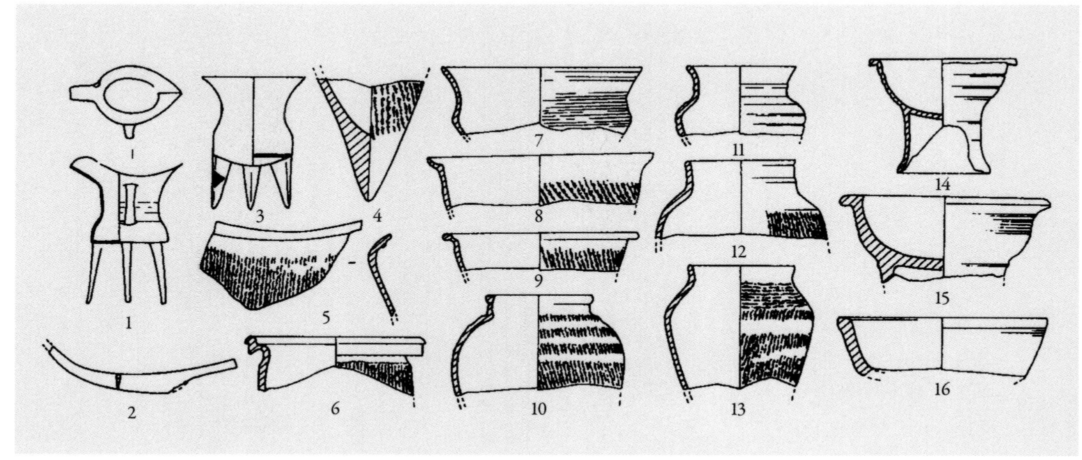

图一一 | 第二次全国文物普查中在郑州西北郊调查采集的部分夏商标本
1.铜爵 2.铜刀 3.铜斝 4.陶鬲足 5、6.陶鬲 7.陶尊 8、9.陶盆 10、12、13.陶瓮 11.陶罍 14.陶簋 15、16.陶豆

当时不像现在通信发达，虽然与北京大学考古文博学院邹衡教授已经很熟悉，但却没有产生要告诉他的意识。调查报告发表后也没有怎么多想，该干什么就干什么。突然有一天接到北京大学邹衡先生的一封亲笔信，邹衡先生信中讲郑州西北郊调查非常重要，他想抽空亲自到郑州现场考察，再就是可否将调查的西北郊调查采集陶器器物标本线图寄给他一套。接到邹衡先生的信马上回复，表示欢迎他来郑州现场考察，同时寄上调查采集的文物标本线图（图一一）。1987年春节过后，邹衡先生就带着他的研究生来到郑州。他一下火车就提出立即到遗址现场考察，他用10多天时间对郑州市和荥阳县等地新发现夏商周遗址进行一一考察，一路赞扬调查工作做得好，发现具有非常重要的意义。此次考察中还有一件值得讲一讲的事，陪先生在郑州堂李遗址和平陶城址考察过程中，都是我第一眼就发现和采集到戳印有陶文的战国陶豆标本（图一二），其中一位研究生出于对北京大学考古文博学院的关心，激动地提出把采集陶文标本送给北京大学考古系，邹衡先生闻听后立即很严肃地说："坏毛病，记住，今后到任何地方，见到再好的标本都要给地方留下，留在当地会发挥更重要作用。"时间已过去快40年，先生考察时的情景至今仍历历在目。通过几天考察，我更对先生的敬业精神和深厚学术功底深深感动，他当时孜孜不倦的教诲使我受益终身。此后先生数十次来郑州市考察，几乎每次都是由我陪同，他每来一次也都是对郑州市文物考古事业的一次促进，而且都留下许多美好的记忆⑧。

事后就听说河南省博物馆在小双桥村征集到商代"铅器座"，后来经郝本性先生鉴定后确定为商代青铜建筑构件（图一三）。因为时任中共河南省博物馆文物工作队支部书记的王润杰先生老家就是小双桥村的，铜构件是省文物研究所支部书记王润杰先生本

⑧ 现在我手中存有大量邹衡先生在郑州的照片资料，但可惜的是第一次带先生考察时单位条件太差，专业人员还没有能够人手一部照相机，今天查起来在小双桥遗址考察的照片仅找到一张。

家族近亲挖到的，省文物研究所当然是近水楼台先得月。正是铜建筑构件促使河南省文物研究所申报获准对小双桥遗址进行连续考古发掘，郑州市文物考古研究院配合开展发掘工作，从此数年都派有专业人员参加这项工作。小双桥遗址的发掘让人惊喜，出土了郑州二里岗文化白家庄期的夯土基址、祭祀坑、水井、石磬（图一四）、青铜构件、朱砂书写的文字[10]。经数年连续发掘，商代白家庄期第一个超级大型聚落遗址显现端倪，

图一二 | 1987年郑州西北部考察中采集的战国戳印陶文“亳”字拓片

图一三 | 小双桥遗址采集的第二件青铜建筑构件

图一四 | 小双桥遗址出土石磬

遗址面积原来单独公布的仅5万平方米⑨，河南省文物研究所第一次试掘后把遗址范围定为40万平方米，随着认识提高和文物勘探工作的深入，宋国定先生在1998年请北京大学考古文博学院测绘时经再次勘探又扩大为120万平方米。

面对如此重要的发现，由于郑州商城“亳都”与“敖都”之争陷入僵局，围绕小双桥遗址的研究就成为又一个热点，先后发表有关小双桥遗址的文章有数十篇之多，主要论点有7种以上，分别为：①殷都说[11]，②祖乙庇都说[12]，③河亶甲迁都前祭祀遗址说[13]，④离宫别馆说[14]，⑤祭祀遗址说[15]，⑥郑州商城晚期宗庙说[16]，⑦仲丁敖都说[17]。认真研读后会发现这些观点都是很有预见性的，作者仅凭借发掘的小部分考古资料，竟提出如此具有先见之明的论断，真是令人佩服。这些观点在当时情况下应该都具有一定的道理，但是我们苛刻一点讲，所有文章中都没有根据所罗列的证据提出一个能说服所有人的观点，更没有自成一家之言。究其原因有以下几条。

（1）不管怎么定义小双桥遗址，没有人提出将小双桥遗址作为都城衡量的标准到底是什么。如商代都城需要多大规模、形状如何、布局怎样，也没有说明商代都城的功能如何，等等。

（2）小双桥遗址当时的规模仅定为40万~120万平方米，且不说它可能会有几平方千米乃至几十平方千米，如果只有几十万至100多万平方米，这样的规模无论作为都城、宗庙、离宫别馆，从规格、规模等方面看也恐怕都太小，不符合都城应具备的规模。再就是小双桥遗址揭露面积也仅5000平方米，只占当时已发现面积120万平方米的几百分之一[18]，好多重要遗存都没有揭露，尤其是一直耸立于遗址东北部的大型夯土台基甚至连一个剖面都没有，最重要的就是还有好多研究者甚至是既没有到现场去考察过，也没有参加过发掘，仅凭考古发掘简报、报告中看到的一些资料进行判断，难免会盲人摸象，既不客观又不科学。

（3）怎样看待文献记载中“帝仲丁迁于敖（嚣）”[19]，是仲丁迁都之前小双桥一带的地名就叫敖（嚣），还是迁都以后有了都城才开始叫敖（嚣）？敖（嚣）真的就是来源于敖（嚣）山？抑或此处在远古就叫嚣（敖）地？或是仲丁称自己所迁之都为敖（嚣）都，以后人们才更名为敖（嚣）？

（4）仲丁到底是迁往敖（嚣）山之上创建敖（嚣）都，还是敖（嚣）地上的敖（嚣）都？

（5）仲丁既然迁都为何仅向西北移动了20多千米，而不迁得更远一些？

（6）小双桥“敖都”选址地区的地质、地貌、水文、地形、地势在都城选址过程中有什么决定性的作用？

⑨ 普查时定的遗址范围大，被当时负责文物普查的人员砍削后将其分为岳岗和小双桥两个遗址。

（7）仲丁迁都后与郑州商城还有何联系？郑州商城还有什么作用？

我虽然在此已提出这么多问题，其实应该还不止如此，而这些问题已经是需要花很大工夫进行长时间研究才能有所收获的艰巨课题。

图一五 | 洼刘遗址考古发掘现场

1998年，我从业务副所长岗位改任郑州市文物考古研究所行政一把手以后，长期面对的郑州市域内所有重要古文化遗址均已为省文物部门掌握的局面，我们只能在重点区外围进行一些配合发掘，我以20年积淀的学术思路和最新的理念统揽全局工作。我和单位班子在抓好队伍建设和学术建设的同时，抓住一切机会开展学术研究，其中最重要的就是决定通过考古调查寻求突破。当然其中一项重要任务就是对小双桥遗址为中心的周边地区进行主动出击式的考古工作，在单位展开考古发掘受到限制的情况下，我们在基本建设中寻找机会进行自主考古调查、勘探和抢救发掘。在主动考古调查、主动考古勘探以及配合中心任务专门设立环境和多学科联合调查研究课题[20]。1998年郑州市文物考古研究所参加国家“夏商周断代工程”，与河南省文物考古研究所联合发掘小双桥遗址，联合发掘持续至2000年，取得重大考古收获。1998年郑州市文物考古研究所历史上首次比较完善的新班子宣布后⑩，我带领单位班子拟出“首先以西北郊为突破口，实现郑州市文物考古新的崛起”的规划，通过提升课题意识和课题攻关，用几年时间使郑州市文物考古研究进入国内权重研究行列[21]。班子宣布当年即组建以我为项目主持人的课题组，抽调勘探技工对西北郊进行有目的的自主勘探工作⑪。

1999年以后，郑州市文物考古研究所陆续对小双桥遗址南侧外围的洼刘遗址（图一五）[22]、祥营遗址等进行全面的勘探和考古发掘。2000～2001年对郑州小双桥遗址外围的郑州大学新校区（原名祥营遗址）进行勘探发掘，在郑州大学新校区发现一条400多米的西周时期的壕沟，鉴于该区域曾在20世纪70年代建有大型砖瓦厂，地表已普遍被挖3～4米，我们有根据地推测原存在于洼刘、祥营、堂李遗址上的古城址已基

⑩ 此前，从郑州市文物考古研究所1984年成立以后15年间，一个科研单位，要么只有一个正职，要么就是一个副职或两个都是副职长期主持工作。

⑪ 因1984年年初原属郑州市文物工作队的郑州市文物勘探队被郑州市文化局文物处全部收走。

图一六 | 荥阳大师姑夏商遗址发掘现场

本被毁，这就是遗留下来的护城河遗存。2002年工作区域继续向西北扩展，终于通过考古勘探在荥阳大师姑发现首座真正意义上的夏代城址和商代城址（图一六），并连续进行发掘，修正了中国考古学界长期以来盛行的夏代无城说，填补夏代城址考古的空白，并被评为2003年全国十大考古新发现[23]。

2003年郑州市人民政府决定改扩建引黄入郑输水管道与新建渠道工程，郑州市文物考古研究所紧抓机遇对渠道占用遗址部分进行发掘，同时第一次正式对所谓“周勃墓”进行全面勘探，并对四周断崖进行正式清刮。清刮后发现夯土墙、烧毁后留下的灰烬和木材炭化物、火烧草拌泥块、夯土台基地面、残存隔墙等（图一七）全部显现出来，最为重要的是还在夯土台基西南角发现了一件巨型商代大理石柱础（图一八、图一九）。通过勘探和小规模发掘，确定被称作“周勃墓”的土堆实际上就是一座坐北朝南的大型多层宫殿夯土建筑台基。

2005年，中国社会科学院考古研究所和中国社会科学院古代文明研究中心聘请我为中华文明探源工程（第一期）“聚落形态反映的社会结构”课题中子课题“花地嘴遗址和大师姑遗址研究”，“新砦遗址的布局及其反映的社会结构”等项目负责人，并聘我兼任中国社会科学院古代文明中心特聘研究员。在统筹做好各项工作的同时，学术研究和课题攻关一直是我工作日程中的头等大事。在组织和指导做好荥阳大师姑、新密新砦、巩义花地嘴、荥阳织机洞、新密李家沟、新郑赵庄、郑州老奶奶庙遗址等主动发掘和研究工作的同时，还全面兼顾以南水北调中线工程荥阳娘娘寨遗址、蒋寨遗址、新郑唐户遗址、铁岭大型春秋墓葬群等抢救性发掘和以巩义花地嘴遗址为重点的发掘资料整理、报告编写等。在繁忙的日常工作中，一直不忘思考如何实现中国中部考古学新的学术突破。为此我利用一切机会向国内外有关专家咨询和请教，先后有北京大学俞伟超、邹衡、宿白、严文明、李伯谦、刘绪、赵辉、吴小红，中国社会科学院考古研究所刘庆柱、王巍、陈星灿，时任国家文物局局长单霁翔、副局长黄景略，以及许多省、市文物考古研究所所长等，他们都给予过真诚的指导和提出很好的建议。其中尤其是北京大学考古文博学院李伯谦教授、邹衡教授、严文明教授，四川省文物考古研究院院长高大伦，成都市博物院院长王毅，河南省文物研究所原所长郝本性等更是经常给予无私的帮助和悉心指导，还有很多人，在此就不一一介绍。总

图一七 | 小双桥遗址夯土台基出土屋顶泥块

图一八 | 小双桥遗址夯土台基西南角柱础出土情况

图一九 | 小双桥遗址大型夯土台基内出土石英岩柱础

之他们对郑州市文物考古研究院的工作提供了重要的帮助，在此致以深深的感谢[12]。

2006年年初，郑州市人民政府决定在郑州市西北郊修建环城快速通道，首次规划的路径要从遗址南部通过，我们据理力争，冲破各方压力，争取让设计部门修改方案，最终改为在遗址北侧索河南岸、中华人民共和国成立初期修建石河水库时已取过土的边沿地带作为路径。即使这样，在河边取土区文物勘探中还是发现一批战国土坑残墓和商代残破窖穴。在制定郑州西北环城快速通道发掘计划时，我清楚地意识到这是一次天赐良机，趁机写出一篇《敖地、敖都、敖山与敖仓》论文。但是在论文写作过程中发现郑州小双桥遗址作为敖都的规模和范围是一个最大的问题，一处商代中期的都城只有120万平方米是怎么说都说不过去的。当时正好郑州大学陈旭教授的研究生张家强同志负责的南水北调中线工程娘娘寨遗址和蒋寨遗址的发掘工作暂告一段落，我立即电话召回张家强同志，向他交代我的学术研究规划与课题攻关思路[13]，并交付攻关课题“敖山 敖地与敖都”。从2009年下半年开始，单位组织了一支有20年以上勘探经验的技工组成的考古勘探队，浩浩荡荡地开进小双桥村，开始了第三次目标明确的大规模考古勘探工作。我们事先要求文物考古勘探尽量减少对遗址的损害，决定使用“田”字与“十”字布孔方法，在遗址中心选一个基点，向四个方向延伸，先把遗址范围找出来，再进行遗址布局方面的勘探。

勘探队进入工地以后，我再次结合已进行多年的“郑州地区晚更新世以来古环境序列重建和人文聚落变化与研究”的眼光观察郑州市西北部的地貌，小双桥遗址北侧就是索须河，向东是古代荥泽冲淤积平原和古河道，这条河道就是秦末汉初刘邦与项羽荥阳大战时取敖仓食所筑甬道的地方；向南有连霍高速公路，向西是宽广平坦的荥阳槽状洼地——广武原（图二〇）。遗址东部冲淤积沙土是刘邦取敖仓时筑甬道后通过大沟引黄河水冲淤积的遗存，土质疏松，西部是沼泽湖泊干涸后的淤积黄土。因为从2003年我们单位开展的古济水调查、古荥泽考察、圃田泽考察与研究中对这一带已有比较深刻的认识，尤其是我对小双桥遗址作为敖都仅有120万平方米的顾虑。为防止传统观念制约，事先就对勘探队打预防针，告诉他们过去已发现的夯土台基、祭祀坑、窖穴、水井等等都不是重点，关键是找到与大邑商都匹配的遗存；至于一般墓葬等都不能引起学术上的突破；而向南、向西找不到遗址边沿应是小双桥遗址作为商代敖都的必然。我告诉他们不要有顾虑，要坚持实事求是地继续干下去。但是2010年单位要举办“郑州市文物考古研究院成立五十周年庆典大会”，大会召开之前，考古勘探工作必须要暂停一下。

2010年9月底，小双桥遗址已勘探600多万平方米（图二一），但是向西、向南仍未找到边界。如果再向南就要穿越连霍高速公路，向西有一条南北向的壕沟，勘探人员

[12] 其中李伯谦、郝本性为郑州市文物考古研究院特聘的首席顾问。与成都博物院院长王毅的交往始于1996年，我们多次坦诚探讨考古事业发展的策略和追求的目标问题，事后他在成都成功实施我们讨论的发展战略和思路，我比他晚几年践行，但收效甚丰。

[13] 此前我已与另一位专业人员交流过，但因他不能完全理解该课题思路而作罢。张家强同志师从中国著名考古学教授陈旭先生学习商周考古，他研究生毕业以来先后负责过几个大型考古项目，均取得重大考古发现，他已能够理解我的理念和思路，所以毫不犹豫地派他负责小双桥遗址新的文物考古复探工作。

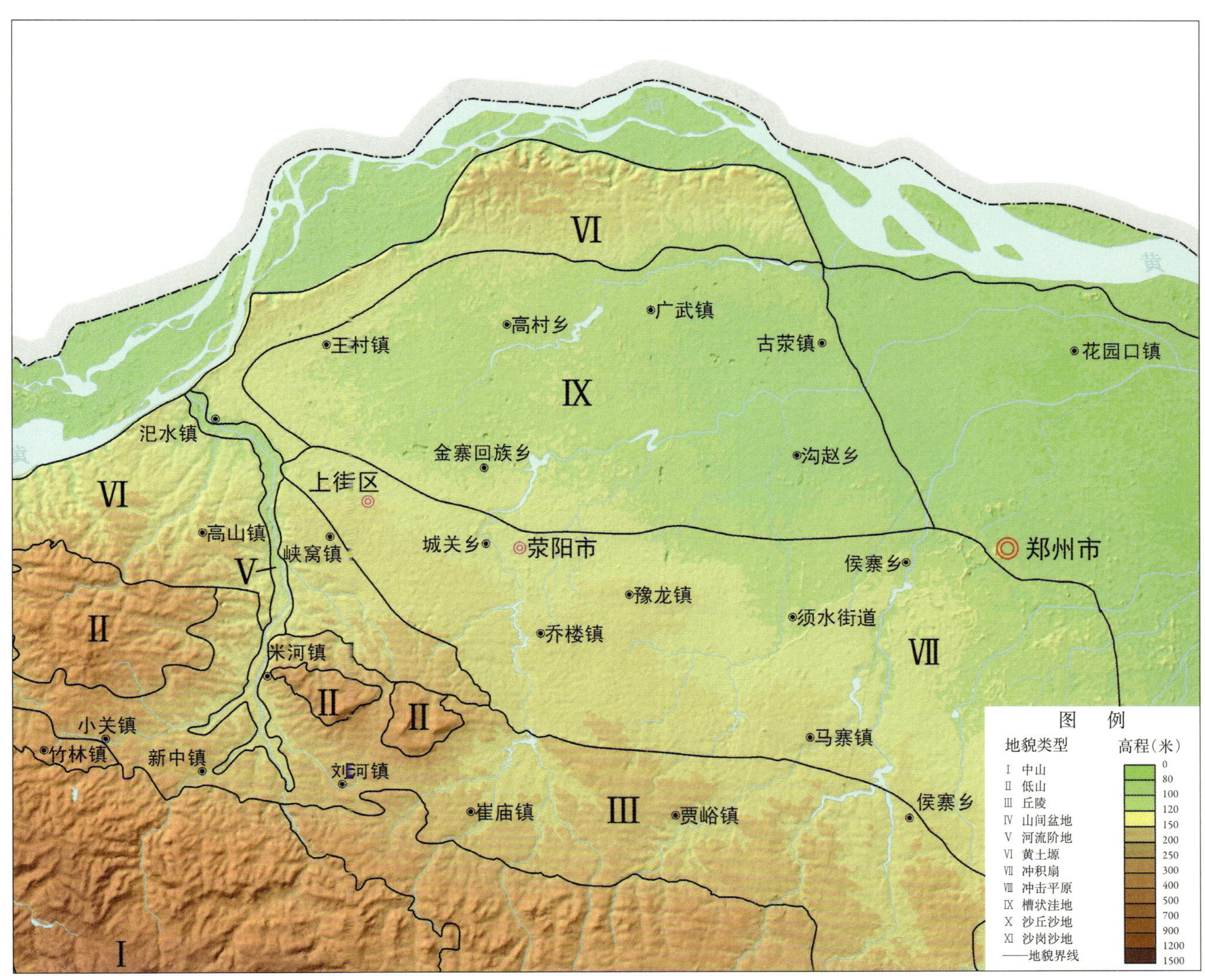

图二〇 ｜ 荥阳北部与郑州市西北部槽状洼地地貌

认为这就是边界，其实这最多是划分功能区的一个标志，其中还有一些其他发现涉及保护问题现在仍对外保密。为会议参观需要，安排张家强同志带队对小双桥遗址北部的大型夯土台基断面进行清理，一座大型高台建筑基址的西断面显现出来（图二二、图二三）。张家强同志在文物勘探暂告一段落以后，根据我给他提出的课题题目很快写出一篇论文《敖山 敖地与敖都》交我审阅，我推荐这篇论文进入郑州市城市科学研究会编的《华夏都城之源》中刊发。

院庆过后事情一件接一件，新郑望京楼遗址发掘和申报全国十大考古新发现、筹备与北京大学合作发掘郑州老奶奶庙遗址、筹备与北京大学合作展开“中原地区早期国家形成与发展研究”国际合作课题、河南省首批博士后研发基地建设、新院址论证与立项、新的十年学术发展规划制定、整理与研究基地建设、兴洛仓考古、“郑州地区晚更

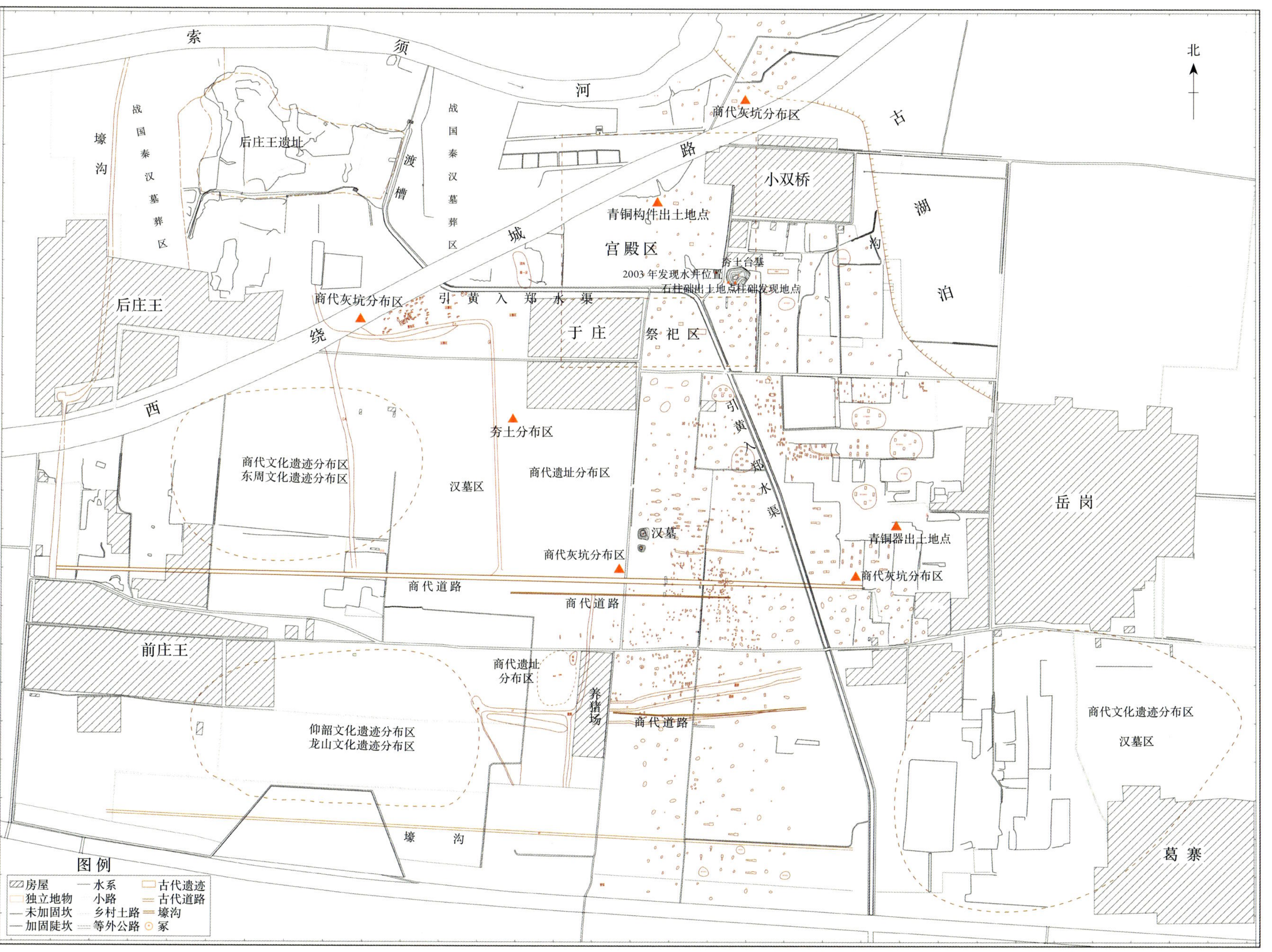

图二一 | 2009年小双桥遗址考古勘探成果图

图二二 | 2010年小双桥遗址大型夯土台基西侧剖面

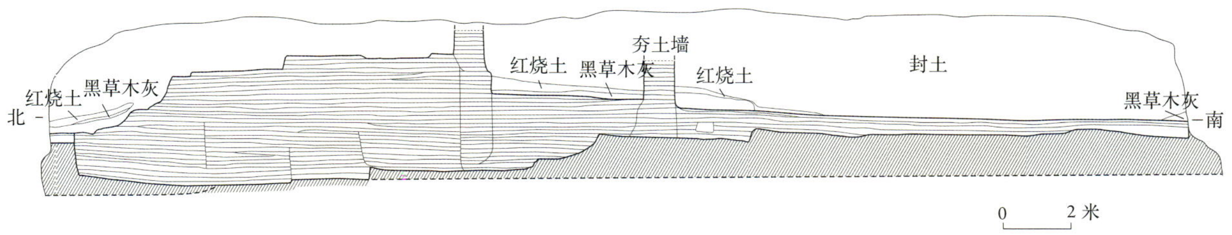

图二三 | 小双桥遗址大型夯土台基西侧断面地层图

新世以来古环境序列重建和人文聚落变化预研究项目”的深入开展、国内外大学和研究机构合作等等都全面铺开，小双桥遗址发掘也进入关键时刻，因此稍一放松对小双桥敖都遗址群继续更深入的勘探工作就被搁置。2011年3月我因劳累过度住进郑州大学医学院附属医院做手术，9月我正式退休。小双桥遗址的文物勘探和考古工作因此人去政息，这从某种意义上就算完成历史使命。

退休以后，我婉辞几个单位和部门的高薪聘请，认真坐下来总结几十年来的得失成败和经验教训，并重新认真阅读一批经典文献和有关考古资料。经几年积淀，我感觉思想境界和学术水平上都上了一个新台阶，尤其是有关中国早期文明和嵩岳文明有了一系列新认识、新发现，对小双桥的研究也是其中一个课题。在大量文献资料和考古报告基础上，我突然发现许多学者在研究小双桥遗址性质、作用时基本上都没有讲出他们判断小双桥遗址为都城是依据什么标准，全部都是说出土的遗迹和遗物具有重要意义，应是商王用的器物；再就是祭祀坑，引用有关文献，说是“国之大事，在祀与戎”；还有年代与地望相符等。更有甚者，仅仅根据在荥阳高村乡马沟村一带农民平整土地时发现一些宋代砖瓦窑，就判断为秦代敖仓，进而将敖都移至牛口峪和马沟一带[24]。还有最不可理喻的是郑州市曾有一段时间竟莫名其妙地将广武原西部改名为邙山乡，将郑州市郊区改名为邙山区，不知道什么时候什么人把邙山从洛阳移到郑州和荥阳。殊不知，洛阳邙山是因为洛阳作为13代古都，人口众多，连皇帝死后都埋葬于洛阳北部的山上，其他阶层的墓葬更是星罗棋布，故曰邙山。邙，就是埋葬亡人的地方。而荥阳北部之山古代文献中一直记载是“三皇山，三室山，皇室山，三山”[25]；巩义洛河以东沿黄河南岸的山为大邳山，因商代中期仲丁迁都于三皇山一带，仲丁所都曰嚣（敖）都，其地又称嚣（敖）地，战国秦汉时期因刘邦和项羽长时间在此打仗，三皇山又名为广武山，山南平原改称广武原。秦代在三皇山东部设敖仓，故名敖（嚣）山。后人不分青红皂白胡改地名的行径实在是很恶劣的，以至造成很多专家学者都在文章和著作中误称广武山为邙山。为避免今后再发生以讹传讹现象，尤其防止这种现象加剧，在这里必须多说几句，以引起学界注意。

总的来说目前对小双桥遗址的研究应该仍是处于初期阶段。截至本文成稿，对小双桥遗址的研究还是停留在感性认识阶段，其中存在许多问题，说句不客气的话，连我的研究也在某种程度上存在雾里看花、盲人摸象现象，仅仅是有所收获，所以今后研究任务还很重。

二　小双桥遗址与郑州地区商代考古新发现与新认识

（一）

从2009年开始对小双桥遗址进行新的全面考古勘探以后，至今除大遗址保护规划对其中一眼水井做过清理和遗址东部所谓湖泊进行试掘之外，就是近几年对所谓“周勃墓”夯土台基的清理，没有再对小双桥遗址进行其他较大规模发掘。自张家强同志2012年在《华夏都城之源》一书中发表《敖山 敖地与敖都》后，再也没有见到新的考古发掘材料和研究成果。我在对过去小双桥遗址的研究进行总结和思考过程中，还是会想起2010年大年初一（2月14日）那天在郭村调查时发现的陶水管（图二四）。直到2017年9月因研究修订需要，才又请郑州市文物考古研究院仓库保管部的张倩女士、记账员宋歌女士帮忙找到修复件，拍摄一张照片，并量出尺寸，水管长0.95、粗端直径0.27、

图二四 | 郭村调查时采集陶水管

细端直径0.23米，上下端部施有浅弦纹，器身施绳纹。我还记得当时在断崖上还发现残存一部分陶水管。于距地表2米多处的断崖底部还可见到埋在断崖中陶水管断面，水管呈东西走向铺设，向东指向小双桥遗址，向西可能过了郭村东侧的南北走向的快速通道，过了快速通道就是双连河商代遗址中心区，这就很难推测了。再往西就是须水河，估计陶水管是直接和须水河连接的。由于当时没带发掘工具，也没有进一步进行清理，即使带有发掘工具，天寒地冻也不好清理。于是只能在现场与工地负责人通电话，让他抽空对取土区做一些详细调查。

我检查工地结束以后，专门又到小双桥遗址对夯土台基进行观察，经测算，郭村出土陶水管处距夯土台基大约3千米有余（图二五），那么小双桥遗址夯土台基处向东还有很长距离，我们不敢说太多，最少也有2千米。根据这个现象推测小双桥遗址的范围：东西至少5千米，假设南北算8千米，小双桥遗址就有40平方千米，这和原来调查的二里岗文化遗址的范围差不多；如果东西6千米，南北8千米，那就是48平方千米，就比郑州二里岗文化遗址范围大，但是据我调查实际上可能甚至还会更大。从敖都所建时代，当时经济实力、政治需要等，参照二里头遗址、陶寺遗址，以及最近在山西、陕西新发现的超大规模聚落遗址为基准，小双桥遗址作为敖都都城遗址再少也不能少于50平方千米，这才是一个商代中期都城的规模。但因为没有其他文献材料作证，尽管我感到我有充分的调查证据，还是不敢轻易下结论。

正是吉人自有天佑，我不经意间从中国水利学会水利史研究会徐海亮先生处发现一

图二五 | 陶水管出土地点示意图

幅他从档案馆弄到的一份20世纪40年代的郑州市军用地图复印件，仔细一观察，竟然从荥阳与郑州交界处发现有一个村名叫敖砦（寨）（图二六）。敖寨距小双桥遗址最少也有8千米，这说明至少在20世纪40年代郑州西北地区还有与敖有关的地名存在，结合我几十年对荥阳槽状洼地的调查，联想到向南过连霍高速公路有堂李遗址、祥营遗址、洼刘遗址、官庄遗址、瓦屋李遗址、白寨遗址、陈寨遗址、老两河遗址；东有大河村遗址；西南有岔河遗址、双连河遗址、平陶城遗址、大师姑城址；北有石河遗址、郑庄遗址等。我们把这些遗址落在图纸上立即就发现这是一个与郑州商城一样的围绕小双桥遗址为中心的特大型中心聚落群。那么敖都的规模究竟应该有多大、形制到底怎么样呢？这不仅需要以后长期考古来证明，就目前考古资料也是可以看出一些端倪的。

（二）

既然小双桥遗址群落规模这么大，那它到底是不是敖都呢？为了避免犯先入为主的错误，我们就必须厘清什么是都城，都与城的含义是什么？古代建都的条件是什么？定为都城具有哪些标准，什么样的遗址才能够算得上是商代都城，商代都城的规

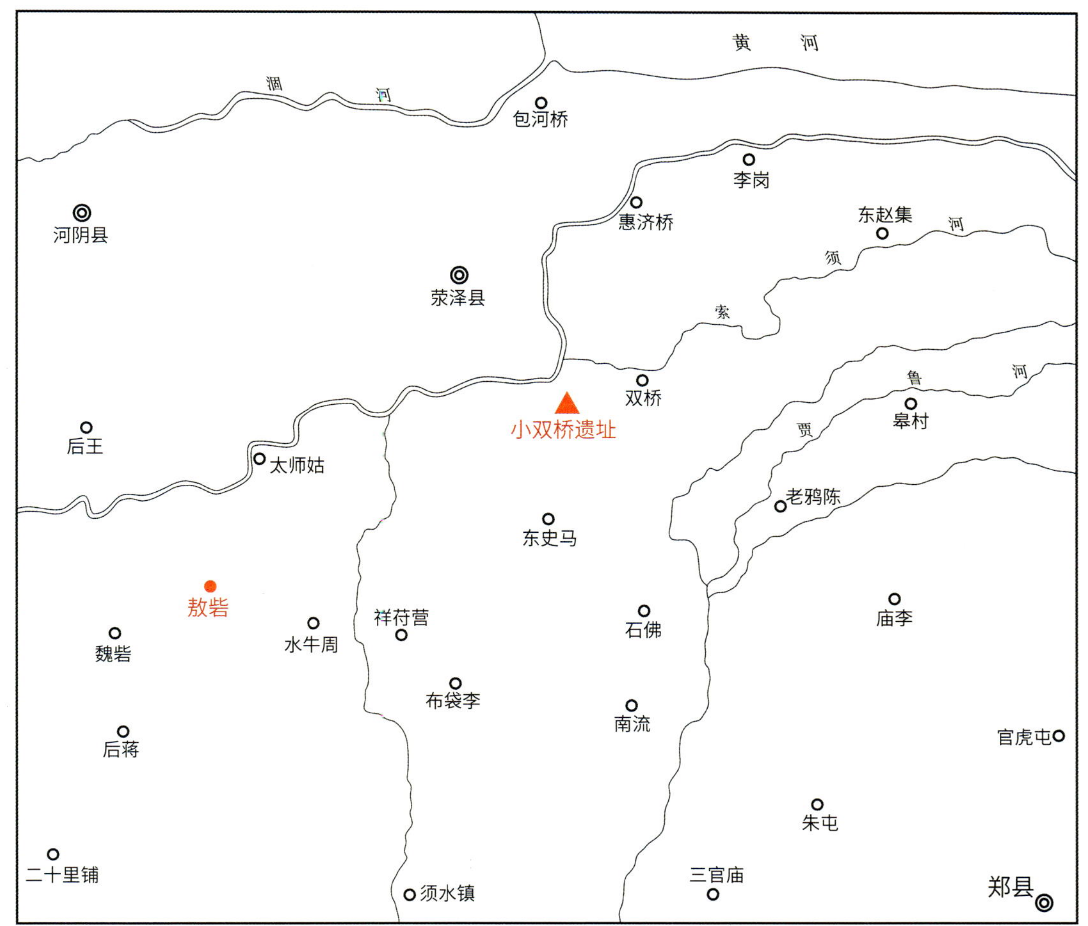

图二六 | 敖寨在地图上的位置示意

模究竟是有多大……只有把这些问题弄清楚，我们才能明白新的考古调查结果和新发现的重要性和重大意义。为此我考虑很久，我首先查了商务印书馆出版的《现代汉语词典》[26]中对“都”的详细解释，又从诸多字典、辞典中对都字的解释进行综合后是：都，汉语拼音du，①首都，全国最高行政机关所在的地方：建都。②大城市（都市）：通都大邑。另外，我们还从《汉语词典》查阅到：都城。古代诸侯封给卿大夫的采邑。首都：国都。都邑的城垣。《左传》隐公元年：“都城过百雉，国之害也。”百度百科则解释说：都城（capital），古代帝王“建都”或“封邑”之城。所以，古代都城指国家的都城及诸侯国封建的都城，又称京城，今称首都。另外我们进一步对都字进行解读：都，汉字，部首为“阝”，分别读为“du”“dou”，有七种释义：①大都市：都市。都会。通都大邑。②一国的最高行政机关所在的地方，京城：首都；国都；京都。建都。《春秋左传·鲁庄公二十八年》：凡邑，有宗庙先君之主曰都，无曰邑，邑曰筑，都曰城。③美好：雍容闲雅，甚都。都丽。都雅。④总：“都为一集”。⑤居：“都卿相之位”。⑥古代称头目，首领。⑦姓氏。Dou（略）。

其他有关解释还很多，如：有先君之旧宗庙曰都——《说文解字》；距国王百里

为都——《周礼》；凡邑有宗庙先君之主曰都。——《左传·隐公元年》；田畴秽，都邑露。——《荀子·富国》；一年而所居成聚，二年成邑，三年成都。——《史记·五帝本纪》；又如：都鄙（旧时天子宗亲及公卿大夫的采邑）；都家（周王朝分封给子弟及公卿大夫的采邑）；都亭（都邑中的传舍）；都甸（都邑郊外之地）；邦国的都城，国都（capital）；国都曰都，都者，国君所居，人所都会也。——《释名》；兴复汉室，还于旧都。——诸葛亮《出师表》；秋九月，权迁都建业。——《三国志·吴主传》；都门帐饮无绪。——柳永《雨霖铃》。再如：奠都；定都；故都；国都；京都（旧时称国都）；旧都（故都）；迁都；行都（就是指临时的首都）；都下（京都之下。即京城）；都内（京城内的府库）；都邑（首都）；都辇（京师）；都畿（京都及其附近的地区）……如果详细考据，能够再列出几十条来。而城则比较简单，就是用土夯筑，用砖石垒砌的规模比较大的墙圈（城垣），两字合起来叫都城。我再查其他字典，基本没有超过上述解释的。

我们界定什么是都城全部含义之后，既然说小双桥遗址是商代中期的都城，那么都城内外都应该还有什么设施和必须具有的功能建设呢？这必须根据不同时代不同性质政权的需求、审美观，包括思想意识、社会形势、政治气候、军事实力、经济状况、内外政治环境、军事环境、水文气候、地理位置、地形地势以及时任最高统治者魄力等来决定。

我们现在来观察分析小双桥遗址和尤其以小双桥遗址为核心的遗址群。如果像1984年刚确定时那样只有5万平方米或者把岳岗遗址算进来，也仅有10多万平方米，仅仅是一个小村落的规模；虽然第一次发掘后规模扩大为40万平方米，那顶多就是一个士大夫级别的采邑或封地；如果像后来申报国家级文物保护单位时规模为120万平方米，那也就是一个上等大夫级别的封邑或子男封爵的采邑；再说如果像2009年考古勘探确认的规模是600多万平方米的话，这顶多仅仅是一个诸侯国级别的国都规模。这些绝非毫无道理的胡说，而是建立在大规模考古调查和勘探基础上比较出来的。稍有文史知识的人都知道，郑州是春秋时期郑国的政治中心，在郑庄公之时，《左传·庄公》记载有“郑伯克段于鄢”的故事：

> 初，郑武公娶于申，曰武姜。生庄公及共叔段。庄公寤生，惊姜氏，故名曰寤生，遂恶之。爱共叔段，欲立之。亟请于武公，公弗许。及庄公即位，为之请制。公曰：“制，严邑也，虢叔死焉。”请京，使居之，谓之京城大叔。祭仲曰：“都城百雉，国之害也。先王之制，大都不过参国之一，中五之一，小九之一。今京不度，非制也。君将不堪。”公曰：“姜氏欲之，焉辟害？”对曰：“姜氏何厌之有？不如早为之所，无使滋蔓，蔓难图也。蔓草犹不可除，况君之宠弟乎？”公曰：“多行不义必自毙，子姑待之。”

图二七 | 战国时期京城西城墙

这个著名的故事中共叔段作为一位伯侯级诸侯的弟弟越制筑城，其所越之制不过伯侯级而已。长期以来我们所见的荥阳京襄城一带所谓京城，其实仅仅是战国时期韩国的军事重镇而已，就已感到很大了（图二七）。近期有关文物部门对该城进行考古勘探，其规模已远远超过南北2582、东西宽2003米，总面积又超过200多万平方米。而这城仅是一个诸侯国级别的城池（图二八）。当然，还有更多案例促使我们考虑小双桥遗址究竟应该是多大规模。那么多大才够商代都城级别的规模呢？史书没有记载，各种文献中也没有见到明确规定。如此说这也没有，那也没有，究竟怎样才能确认商代都城的大小呢？没有文献记载不可怕，我们可以用考古界已经基本确认的陶寺古城、偃师二里头文化遗址和郑州商汤都亳之城——郑州商城作参考，这样就一目了然。首先是山西襄汾陶寺城址，目前较流行的说法是280万平方米（图二九）。再说一下比商代要早的夏王朝都城二里头文化遗址，目前较流行的说法是300万平方米以上（图三〇）。郑州商城较流行的说法是250万平方米，也有说160万平方米，而我调查发现郑州二里岗文化集中区面积可达80平方千米以上。

郑州商城发现于20世纪50年代，随后就开始进行连续性、大规模考古发掘。60多年来，经数代考古工作者不懈努力，经对郑州二里岗商代遗址的深入观察[27]，郑州商城内廓城址及廓城以外的卫生路商代青铜器窖藏坑、河南省体育中心商代祭祀遗址[28]（图三一）、中共河南省委文印中心大楼商代大型宫殿夯土台基遗址、河南医学院二附院商代遗址[29]（图三二）、郑州市小姚村商代墓葬（图三三）、郑州火车站西出口商代遗址发掘、郑州市

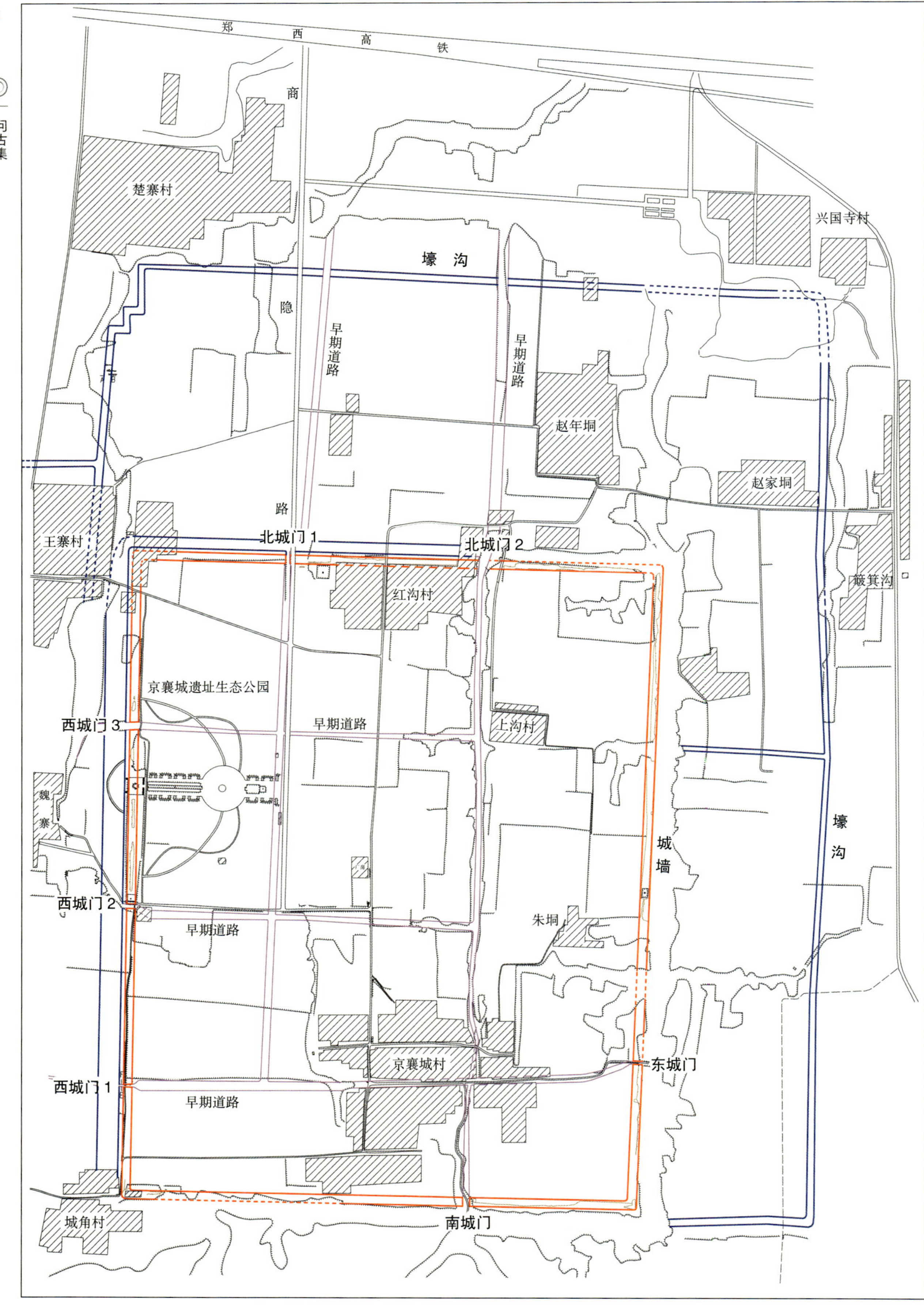

图二八 | 勘探发现的春秋时期京城城址

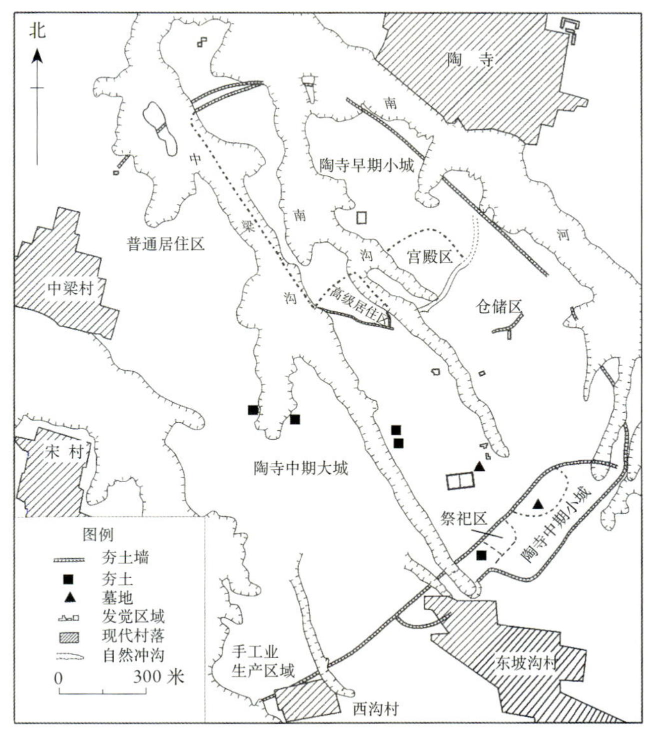

图二九 | 陶寺遗址平面图

图三〇 | 二里头遗址平面图

图三一 | 河南省体育中心大型商代祭祀遗址

图三二 | 河南医学院二附院院内的商代遗址发掘现场

图三三 | 小姚村商代墓葬

图三四 | 梁湖遗址发掘现场

梁湖商代遗址[30]（图三四）、祭伯城遗址（图三五）、郑州小营点将台遗址（图三六）、建设东路36号院区蚌器制作作坊等的考古发掘，已基本弄清郑州商城的初步范围和规模。目前经多数研究者认为郑州二里岗文化遗址规模在25平方千米左右，郑州商城是有三重城墙的商代早期都邑遗址。虽然后来李维明先生在《中国文物报》上发表文章判断为16平方千米，但我的调查勘探与分析认为郑州二里岗文化遗址规模超过25平方千米，有可能比这两倍还大。

为此我们不妨从郑州商城外廓城谈起。2006年郑州市文物考古研究院通过勘探和发掘最新确认的郑州市新华街幼儿园至郑州市人民公园东门再向东北过金水河的郑州商城外廓城墙，我把这道城墙命名为内廓城，外廓城指袁广阔先生勘探发现的郑州市东方红影剧院一直向北，其向南则应呈西南走向，是不是真的如推测所讲，则须今后考古发掘证明，这仅仅是根据目前资料做出的判断。而最近10多年来郑州市文物考古研究院在郑州市东风路发现和发掘东风路商代遗址，在郑州市东南发现的小姚村墓葬与梁湖发掘大型商代宫殿遗址，在郑州市小营发现和发掘的点将台大型夯土台基，在郑州市祭伯城发掘两周时代城址等以后，经认真考察，我们

图三五 | 祭伯城遗址发掘现场

图三六 | 小营点将台大型夯土台基遗址全貌

发现其中小营点将台绝对不是一个孤零零的夯土台基，很有可能是与郑州商城紧密相连的北大门的门阙中的一个，或者是祭伯城之前商代祭祀遗址的一部分。这样再联系在郑州市建设东路36号院区内发现大型蚌器制作作坊遗址[31]，郑州市路寨与郑州大学老校区西侧发现商代遗址等[32]，仅仅这样就把郑州二里岗文化遗址向西扩展2千米还多。

经对郑州新发现的商代遗存进行系统整理和研究，我们做出初步推算，郑州二里岗遗址区大概东西长8千米，南北宽10千米以上，规模超过80平方千米。这也是我2010年年初在郑州市领导倡导和主持下，根据郑州市文物考古发现和研究成果、专家呼吁和社会舆论，以及全国古都研究现状，确定将“华夏都城之源”确定为研究课题，由有关专家学者及热心此项工作的领导同志组成课题组，积极开展资料收集和研究工作[33]。在这项工作中我是编委会副主任，在编写课题研究报告中，我无意间透漏出个人研究初步结论，竟为编写组采纳，并发表在《郑州日报》上。杨育彬先生见到后曾提出郑州商城亳都规模不严谨，为此在《华夏都城之源》专著正式出版时主笔又把数字改回25平方千米[34]。

为进一步搞清郑州商城的布局和规模，我在袁广阔先生对外廓城勘探的基础上，于2005年在郑州市新华街幼儿园等单位基建工地发现一段郑州商城外廓城，2007年9月在对郑州市人民公园东门外，北二七路路西郑州丹尼斯百货有限公司梦幻世界工程工地商代早期廓城遗址进行发掘中又发现廓城（图三七）情况下[35]，抽调两名刚毕业不久的考古专业研究生和一批勘探技术工人组成郑州商城外廓城调查勘探课题组，沿郑州市新华街幼儿园发现的廓城城墙向东北追寻。在近四个月工作中，单位组织队伍，提供经费，在时间、物资、经费、协调等方面给予大力支持，终于发现这条廓城城墙已过丹尼斯梦幻世界向东北过金水河继续向东北延伸。由于负责项目者为刚走出校园的学生，项目进展到什么程度也没有报告，写出文章更没有征求我的意见，直到论文发表后见到论文时我才得知，说明我工作做得还不够扎实，因而留下许多遗憾[36]。所以事后在2010年筹备50周年院庆时我又决定请袁广阔先生出马，并签订合作协议：重新对郑州商城外廓城进行调查、勘探和研究，可惜后来因我的退休竟使此项工作夭折。

但是也就在那之前，中共河南省委文印中心规划新建文印大楼，在东西长80多米、南北宽30多米的基槽内发现东西长70多、南北宽28米的大型夯土基址（图三八），台基上埋葬有20多个婴幼儿的祭祀坑[37]。我当时就请省内著名考古权威郝本性等一批专家学者进行论证，一致认为是宫殿基址或大型祭祀建筑基址，这一下就突破2009年划定的郑州商城外廓城范围。时隔10年有余，我在此再次确认沿新华幼儿园走丹尼斯向东北的城墙是内廓城，袁广阔先生勘探的从东方红影剧院向北走的一段城墙是外廓城。我认为我的这个研究结论是可靠的，只有这样，郑州商代作为商汤所都中重要的铭功路制陶作坊，建设东路36号院区蚌器制作作坊，郑州市卫生路商代青铜器埋藏坑，河南省体育馆大型祭祀遗址，小营点军台大型夯土台基以及梁湖大型建筑基址等才会合理安置。

1

2

图三七 | 郑州市北二七路丹尼斯梦幻世界考古工地

1.发掘现场 2.外廓城城墙剖面

图三八 | 中共河南省委文印中心大楼商代大型宫殿夯土台基遗址

（三）

如果郑州商城为标志的郑州二里岗文化遗址真的正如我们观察研究的规模，那么在商王朝建立150～200年之后，无论经济实力或者最高统治者统治天下的需要，建设“敖都”的规模都不会比郑州商城小。那么我们只要把郑州市西北部及荥阳东北部目前已发现的商代二里岗文化白家庄期遗址群标在地图上，我们会不会发现“敖都”的规模远在郑州商城以上呢？答案是肯定的。那么我们就选择一些与小双桥遗址关系密切的遗址介绍如下。

1.岔河遗址

位于郑州市惠济区古荥镇岔河村东北200米索河北岸台地上，遗址对面是索河与须水交汇处，北连广武山山前平原。遗址东西长约500、南北宽约200米，面积约10万平方米。

在砖窑厂取土区剖面发现有文化层，文化层堆积厚3米左右，最厚处4米以上。遗迹有房基、灰坑、墓葬等。地面上散存大量的陶器残片，其中以泥质灰陶和夹砂灰陶数量最多，还有部分夹粗砂褐陶和泥质黑陶。纹饰以绳纹最多，占陶片总量的60%以上，另外还有弦纹、兽面纹、同心圆纹、附加堆纹和麻点纹等。器形多为鬲、大口尊、缸、瓮、簋、盆、豆、鼎、澄滤器、器盖、甑等，另外还发现大量陶坩埚片和石器等。

调查结果表明，该遗址始于二里头文化时期，盛于二里岗文化时期，并发现有东周与汉代遗物，说明这个遗址到汉代仍继续沿用[38]。

另外，1987年8月，郑州古荥供销社在收购废铜中，发现有古代残破铜器，这些遗物出土于岔河砖窑场后，出土遗物比较丰富，除铜器外，还有陶器、石器等。遗物的时代属商代前期，从个别器物看，时代会更早一些。郑州西北是商代遗址比较密集的地区之一，在此范围内，已知面积较大的商代遗址，就有10余处，都属于商代前期的文化遗址，和郑州商代城址时代相当[39]。

2.石河遗址

位于郑州市惠济区古荥镇石河村南部。地理坐标：北纬34° 51′ 622″，东经113° 32′ 714″，海拔100米。遗址东西长400、南北宽200米，面积8万平方米。

遗址原为一岗地南部紧邻枯河。1985年平整土地时岗地被挖掉0.8～1.5米。原始地貌已不存在。现遗址区地势较平坦。遗址南部被荥阳故城外城墙叠压。从城墙南侧的断崖上，能看到夯土城墙下面叠压的仰韶时期的灰坑。在地表和断崖上采集有仰韶文化的陶钵、盆、小口尖底瓶残片，以及商周时期的陶鬲、大口尊、瓮、豆、鼎等器物残片。

石河遗址属仰韶、商、周三个时期的文化遗存。以商周时期文化遗存为主[40]。

3.堂李遗址

位于郑州市中原区沟赵乡堂李村南约300米砖厂内。遗址南北宽约400、东西长约500米，总面积近20万平方米。

1985年春季文物普查时发现。遗址原为土岗，旁有一条河沟，流向西北，在堂李西北部注入须水。遗址范围内，地面上散存大量泥质灰陶片，多饰绳纹。现存文化层厚2～3米，发现的遗迹有房基、灰坑、陶窑、墓葬等。遗物中，陶器有锥足分裆鬲、宽裆鬲、大口尊、豆、盆、甑、鼎足、簋等。1984年当地在砖场取土时出土有空足铜斝、铜爵、铜刀以及石铲、石斧、石镰等。从遗物特征上看，锥足分裆鬲、大口尊、圈足豆、罐、甑、簋与郑州二里岗同类器相近，而宽裆鬲、豆、罐则与陕西长安沣西遗址中同类相近。

该遗址属商周文化遗存[41]。

4.堂李西遗址

位于郑州市高新区沟赵乡堂李村西部约200米，遗址西侧即为须水河，一条乡间公

路从遗址区南部穿过。遗址东西长约450、南北宽350米，面积约15.75万平方米。

遗址区内有一处堂李村的现代墓地，其余则为农田。该处地势较为平坦，早年曾被砖厂取土大面积挖去约1.5米厚。断崖上有不太明显的文化层，比较纯净的灰坑等迹象，调查时采集有少量陶片，可辨器形有罐、盆等，纹饰则绳纹为主。

根据采集陶片范围，我们进行了局部钻探，发现有零星的灰坑分布。根据陶片特征初步推断该遗址年代为商代[42]。

5.西连河遗址

位于郑州市中原区沟赵乡西连河村北。遗址面积6万平方米。文化层厚2~3米，发现有灰坑、墓葬、房基、陶窑等。出土有二里岗期陶片，少量东周陶片。遗址时代为商、周时期[43]。

6.关庄遗址

位于郑州市石佛镇关庄西南土岗上，南临古河道。遗址现存范围东西长400、南北宽200米，面积8万平方米左右。

文化层厚3~5米，含房基、窖穴、墓葬等。遗物多为陶器残片，还有铜、石、骨、蚌等遗物。陶质以灰陶为主，兼有少量红陶；纹饰多为绳纹，还有附加堆纹、划纹、弦纹等；器形有鼎、鬲、豆、罐、盆、盂、尊、缸、碗等，还发现有青釉硬陶尊片。从器形特征看，下层为二里头二期、三期的遗存，中层为商代中期遗存，上层为春秋战国遗存。遗址东南部还采集到红顶钵、红陶钵及夹砂罐形鼎等。

该遗址是以商代文化遗存为主，兼有仰韶文化和春秋战国文化遗存的古文化遗址[44]。

7.瓦屋李遗址

位于郑州市中原区石佛镇瓦屋李村。遗址面积12万平方米。

文化层厚2米，发现有墓葬、灰坑、房基。采集有陶鬲、罐、尊、盆、瓮、豆，还出土有铜斝、铜爵。遗址以商文化为主，也有少量周代墓葬[45]。

8.洼刘遗址

位于郑州市中原区石佛镇洼刘村北。遗址面积约10万平方米。

文化层厚1~2米，出有房基、灰坑、墓葬。采集有鬲、罐、簋、盆、瓮、澄滤器等。遗址属商文化遗存，也有部分西周遗物[46]。

9.白寨遗址

位于郑州市中原区须水镇白寨村南的须水北岸，东起高架引水渠，西至须水支流李沟（须水拐弯处的一条支流，通向兴国寺方向）。地理坐标：北纬34° 44′ 585″，东经113° 29′ 666″，海拔145米。遗址东西长700、南北宽250米，面积17.5万平方米。

遗址地处低山丘陵区，嵩山余脉延伸的东北部地带。地势相对较为平坦。遗址中部有一条南北向小冲沟，长450米，将遗址分成东西两部分。沟东文化层较厚，厚1.5～2米，其东南部250米×120米的范围内经过取土，文化层遗留不多。沟西没有普遍文化层，其东北部的断崖上有一宽10、深2米的大灰坑，内出花边罐、缸、砖等，另见一片二里岗上层陶鬲残片；中部断崖上见到一直径1米、残深0.15米的灰坑，内含较多的草木灰，另见一仰韶红陶钵残片、二里头夹砂缸残片；西北部发现一板瓦坑，直径1.5、深0.7米，板瓦内面为布纹，外面为绳纹。

该遗址为仰韶、二里头、商代、东周时期文化遗存[47]。

10.兰寨遗址

位于中原区石佛镇兰寨村东。遗址面积约6万平方米。

文化层厚约1米。遗址东部为仰韶文化遗存，南部主要为商代文化遗存。发现有房基、灰坑和一批陶片。遗址属新石器时代、商代文化时期遗存[48]。

11.前庄王遗址

位于郑州市高新区沟赵乡前庄王村西南部。南临连霍高速公路，北距后庄王村约300米，西南邻大谢村。地理坐标：北纬34° 50′ 705″，东经113° 32′ 281″，海拔106米。

2002年，在配合高新区建设工程发掘时间，曾组织人员对其周边展开调查，发现该遗址。2005年2月，郑州市文物考古研究所在高新区做文物普查时对该遗址进行全面复查。遗址东西长约300、南北宽约200米，面积约6万平方米。

文化层厚约1.50米。遗址区内地势平坦，中心部位比周围地区略高，保存状况较好，地表暴露的遗迹现象较少，但文化内涵应该丰富。遗址区西部大部分虽被砖厂取土破坏但基本未进入遗址范围的中心部位，从取土坑的断崖上，可以看到有较薄的文化层，并伴有灰坑，填土较纯净，包含物较少。通过踏查采集到了一些陶片，可以辨出的器物有刻槽盆、鸡冠耳罐、鼓腹缸等残片。

根据初步钻探情况和采集到的标本分析观察，认为该遗址为二里头、商时期的文化遗存[49]。

12.孙庄遗址

位于郑州市高新区石佛镇孙庄村北，南距孙庄村约70米，东临贾鲁河约150米，北距科学大道约100米。遗址东西长约300、南北宽约300米，面积约9万平方米。

2002年郑州市文物考古研究所在高新区调查时，发现了该遗址。2005年郑州市文物考古研究所又对该遗址进行了复查。

遗址区地势较高，从遗址区的断崖上可见文化层及灰坑，文化层厚约1～2米。在

遗址区内采集有少量陶片，陶片以泥质灰陶为主，红陶、夹砂灰陶较少，纹饰以粗、中绳纹为主；可辨器形有瓮、罐、盆等，另外在遗址区内还可以采集到较多的板瓦、空心砖残片等。

遗址区现在为孙庄村农耕地，种植有小麦、果树等作物。从采集遗物分析时代应为商、周时期[50]。

13.贾庄遗址

位于郑州市高新区沟赵乡贾庄村西北，西距须水河约400米，北距水牛张村约600米，南临杜仲街。

遗址东西长400、南北宽300米，面积约为12万平方米。

2005年3月，郑州市文物考古研究所工作人员在此处调查时发现该遗址。因遗址区地势较平坦，无断崖，故未发现有遗迹现象，仅在遗址区地表采集有少量陶片，有泥质灰陶和夹砂红陶片两种。钻探了解到该遗址文化层厚约0.5～1米。

根据钻探和调查采集的陶片分析，该遗址应属商代时期的文化遗存[51]。

14.大里西遗址

位于郑州市高新区石佛镇大里村西，西距长椿路约100米，南临科学大道约200米，北临枫杨街，西距须水河约1500米。遗址东西约200、南北约400米，总面积约8万平方米，但现存面积约4000平方米。

2002年，在配合高新区建设工程发掘期间，曾组织人员对其周边展开调查发现该遗址，当时遗址的西半部已多被砖厂取土时破坏。该遗址在2004年曾经发掘，发掘面积600平方米，清理了数10座灰坑，出土一批文物，从发掘所掌握的情况，该遗址的文化层堆积厚1～2.3米，包含物比较丰富。

2005年2月，郑州市文物考古研究所在高新区文物调查时对该遗址进行了全面复查。从目前的遗址现状看，遗址的东半部被大里村所占压，村西新修建的春藤路南北贯穿遗址中部，在道路的两侧断崖上仍可以看到有文化层、灰坑等，在此也可以采集到较多的陶片，器形有罐、鬲等的口沿残片，陶色以灰陶为主；陶质以夹砂为主；纹饰有粗、细绳纹。文化内涵较丰富，遗迹遗物亦丰富。

根据出土物确认为商代时期的文化遗存[52]。

15.大里东北遗址

位于郑州市高新区大里村东北约300米处，南边界为新修的枫杨街（部分压在街道下），西临机械研究所，北临翠竹街，东距银屏路约200米。

2002年郑州市文物考古研究所在配合高新区建设工程发掘期间，曾组织人员对其周边展开调查，发现该遗址。2005年郑州市文物考古研究所又对该遗址进行了复查。现遗址区北部的地势稍高，南部已经被工厂占压，其他部分则多为牛舍及桐树林。在遗址区内采集了少量陶片，遗物不丰富。采集品中多为罐腹片。钻探发现有灰坑，文化层厚约1～2米。

根据所采集到的标本，确定将该遗址年代定为商代[53]。

16.岗崔遗址

岗崔遗址位于郑州市高新区沟赵办事处岗崔村东北约200米，北边与大师姑遗址相距约400米，西距索河约400米，高新区莲花街由该遗址穿过。遗址东西长约500、南北宽约300米，面积约15万平方米。

此处地势较高，从西向东呈缓坡状。北约100米索河自西向东经过。地势较为平坦，且较肥沃。据调查，此处文化堆积较为丰富，从窑场的取土断崖上可以看出，文化层堆积厚度在0.5～2米不等，土色黄褐，土质较松软，内含灰坑、水井、墓葬等重要文化遗存。遗物较为丰富，多为碎小陶片。可辨器形的有折沿宽唇高足鬲、大口尊 、盆、罐、簋等；纹饰有绳纹、弦纹、同心圆、附加堆纹等。另外有石斧、石镰等石器。遗址相当一部分已经被窑场取土破坏，窑场取土的四周断面均发现有文化堆积层次，现东、南、北三面还保存有少许。其南部保存较好，为养殖场，西为麦田。

从遗物的器形特征分析，该遗址应为二里岗上层时期的文化遗存。西与大师姑二里头文化遗址相邻[54]。

17.郭庄遗址

郭庄遗址位于郑州市高新区沟赵乡郭庄村北部，西四环以东，腊梅路以西，梧桐街从遗址区穿过。遗址东西长约300、南北宽约400米，总面积约12万平方米。

2002年，在配合高新区建设工程发掘期间，曾组织人员对其周边展开调查，发现该遗址。2005年春，郑州市文物考古研究所又组织人员对此处进行了全面复查。目前遗址现状地势东高西低，略呈缓坡状。因当地村民取土以及高新区近年修建道路、建设单位征用等原因，遗址区仅剩下1000平方米左右，且多为农耕田。调查时，在遗址区的断崖上，我们发现了文化层及灰坑，还在地表采集了一些陶片，可辨的器形只有深腹罐口沿残片，纹饰有附加堆纹、绳纹等。

从调查情况看，遗址多已被建设用地破坏，所剩无几。根据所采集的陶片分析，该处遗址的年代为商代[55]。

18.唐垌遗址

位于荥阳市广武镇唐垌村南部，邙山岭南部的丘陵区，南临枯河支流。地理坐标：

北纬34° 54′ 641″，东经113° 24′ 571″，海拔120米。遗址东西长450、南北宽400米，面积18万平方米。

遗址地处邙山岭南部的丘陵区，地势为北高南低呈缓坡状，遗址区内有一条东西向的沟，在沟壁暴露有文化层及灰坑。文化层厚2.8米，灰褐土，夹有草木灰及红烧土颗粒等，土质较松，包含物有陶片等。灰坑形状不清，内填黑灰土，夹有红烧土块、炭粒等，包含物有陶片、石器等。陶片陶质有夹砂陶和泥质陶，以夹砂陶为主；陶色多以灰陶为主，另有少量的褐陶；纹饰有绳纹、弦纹、素面等；器形有陶鼎、罐、鬲、盆、豆、大口尊、簋、澄滤器等。

根据采集的遗物标本分析，该遗址为商代二里岗上层文化遗存。

当然，在小双桥遗址敖都群周围还有许多白家庄期的商代文化遗址，因为篇幅问题，在此就不再介绍。这样花费功夫介绍这些遗址，目的是说明中国考古学已诞生100多年，有关学术研究的思路和方法论应该完善和提高，小双桥敖都遗址群这样特大型超级规模的遗址群，都是在几十年中一个一个独立发现的遗址点，事到如今既然提出它是商代中期的都城，就要考虑它的规模问题。在研究小双桥敖都遗址规模中就要有整体思路，要有识别特大型中心聚落的方法论，如果把自己局限在一个一个点之中，跳不出这个圈子，就永远不会解决研究中的许多问题，这个方法论就是全局观（图三九）。在郑州商城、二里头夏都在研究中都有这个问题，不过二里头遗址处理得就非常好，我们应该向二里头遗址考古的先生们学习。小双桥遗址作为商代中期早段“敖都”规模的研究现先暂告一段落，应该看一看郑州商城的平面布局和结构，以作为研究小双桥遗址的参考。

（四）

郑州商城内城平面呈抹角长方形，内廓城呈不规则圆形。外廓城虽然目前知道的还太少，但是就已知的西北角那一部分就可以看出基本仍呈圆形。郑州商城有没有外环壕，还需今后做工作。郑州商城的整体布局目前基本清楚，是认识小双桥遗址作为商代中期都城的平面布局问题最好的参照。根据《郑州商城》考古发掘报告，郑州商城目前发现至少有三重城墙，一曰王城，二曰内城，三曰廓城，是不是还有外廓城？如果还有，那可能还有外环壕。我国在中原地区新石器时代至夏代城址考古发现中发现一个普遍现象，就是从有城之前先有环壕聚落。中国古代聚落早在距今8000年前的裴李岗时代即已成熟，其最初形态就是周围有围栏，这在郑州市新郑唐户遗址发掘中已得到证实（图四〇）。自此以后，无论是土城聚落或者是环壕聚落，均在中心聚居区以外再加一

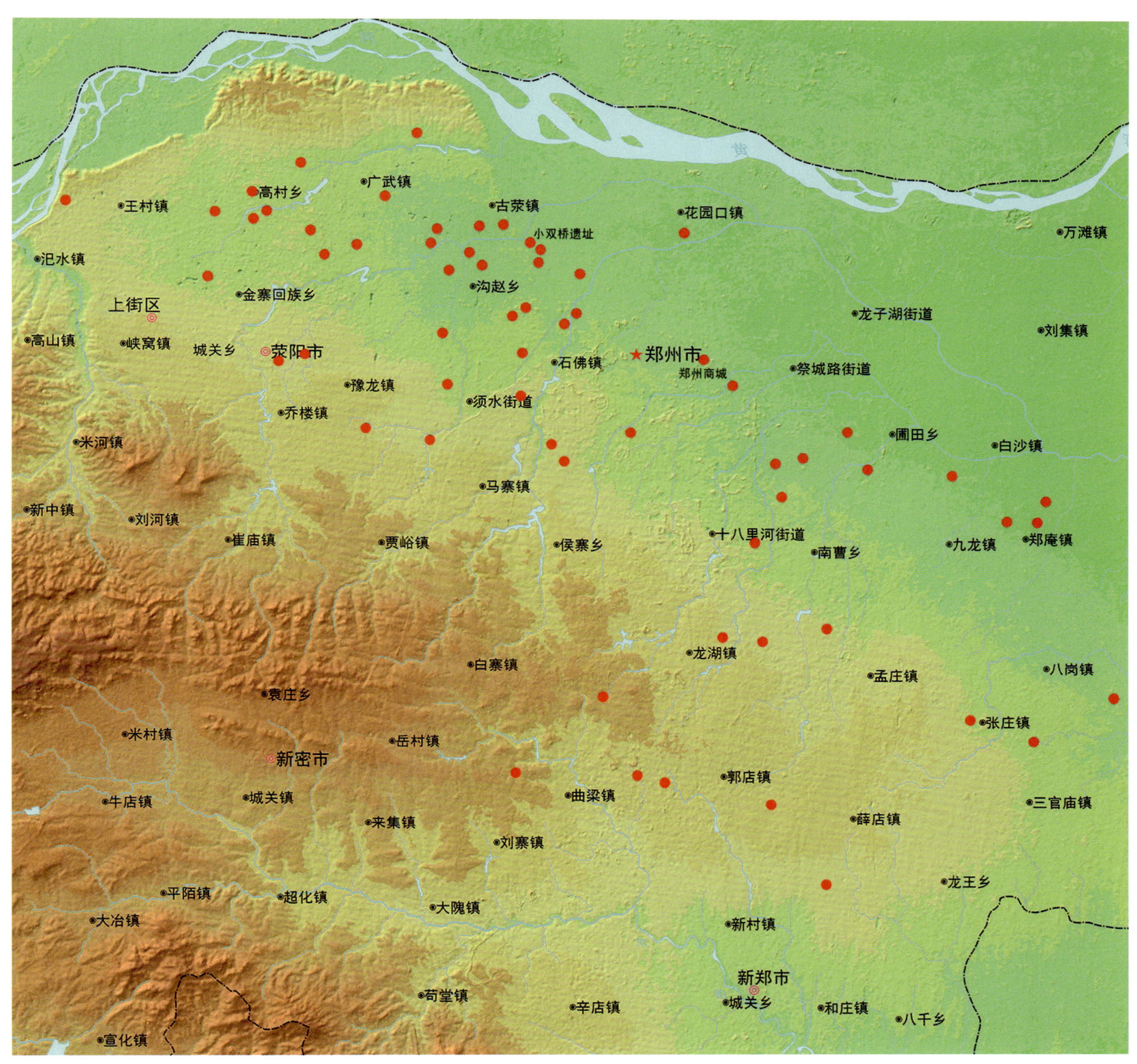

图三九 | 郑州地区白家庄期文化遗址分布图

（● 表示遗址位置）

图四〇 | 新郑唐户遗址内发现的距今8000年前的环壕

道环壕，像郑州西山仰韶文化城址（图四一、图四二）、巩义双槐树仰韶文化三重环壕遗址（图四三），目前郑州市还发现许多仰韶文化古城址，无不如此。这些启示不仅使我在新郑望京楼夏商城址发掘之前就能够确定城址范围，更引导我确信其他城址城墙之外还有环壕，因此在望京楼遗址发现城址以后坚持深入开展工作，终于证实外环壕的存在。在此基础上还使我确信登封王城岗（图四四）大城之外和郑州大师姑城址（图四五）之外等都应有外廓城或外环壕。

当然，对郑州商城的考察与研究结果也是一样的，我早在2005年就根据考古发现做出这些推断，否则有许多重要遗存在郑州商城区域中的作用和地位无法解释。《郑州商城》考古发掘报告中对郑州商城的描述太过于专业，我们在此使用通俗的语言进行介绍：

（1）内城：内城分宫城和王城。内城位于郑州商城遗址的中部，平面呈缺角长方形，内城城垣总周长7000多米，城内面积3.18平方千米。东城墙北起白家庄，沿城东路至城南路折而向西，长1870米；南城墙东起熊耳河，沿城南路至顺城街折而向北，长1870米；西城墙南起城南路，沿着南北顺城街，杜岭街至金水河河南省军区南院折而向东，长1700多米；北城墙西起河南省军区南院，沿金水路穿过紫金山公园至白家庄，长1690米。城内主要是宫殿区建筑基址遗存（图四六）。在宫殿区外围发现有一条宫城围墙，把王城一分为二。

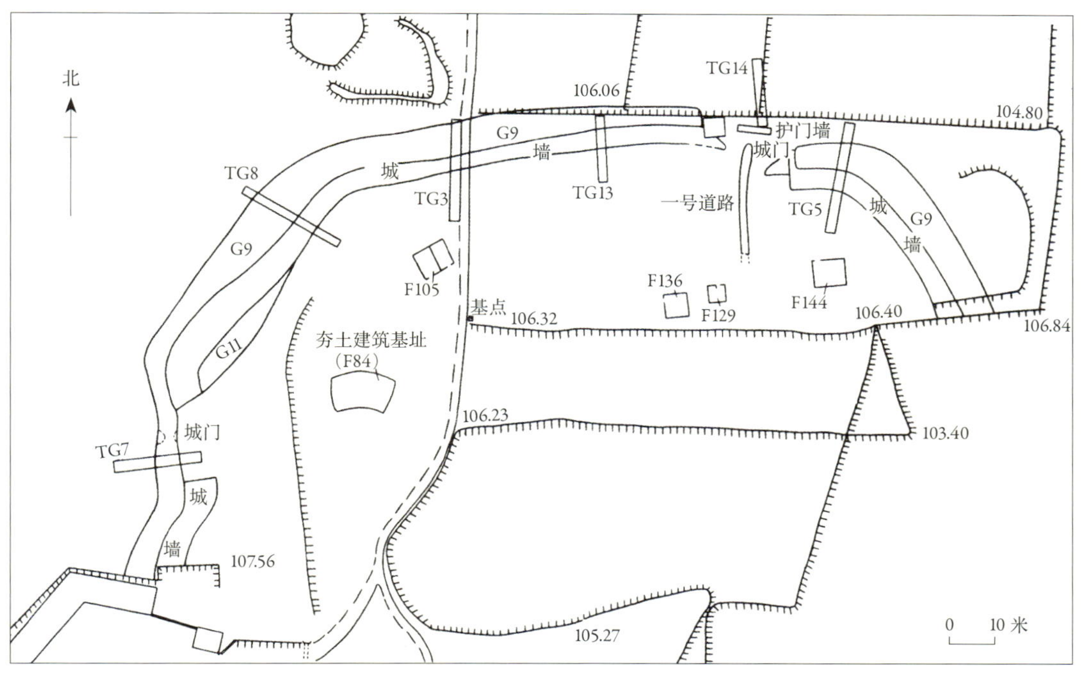

图四一 | 郑州西山城址平面图

图四二 | 郑州西山城址的壕沟

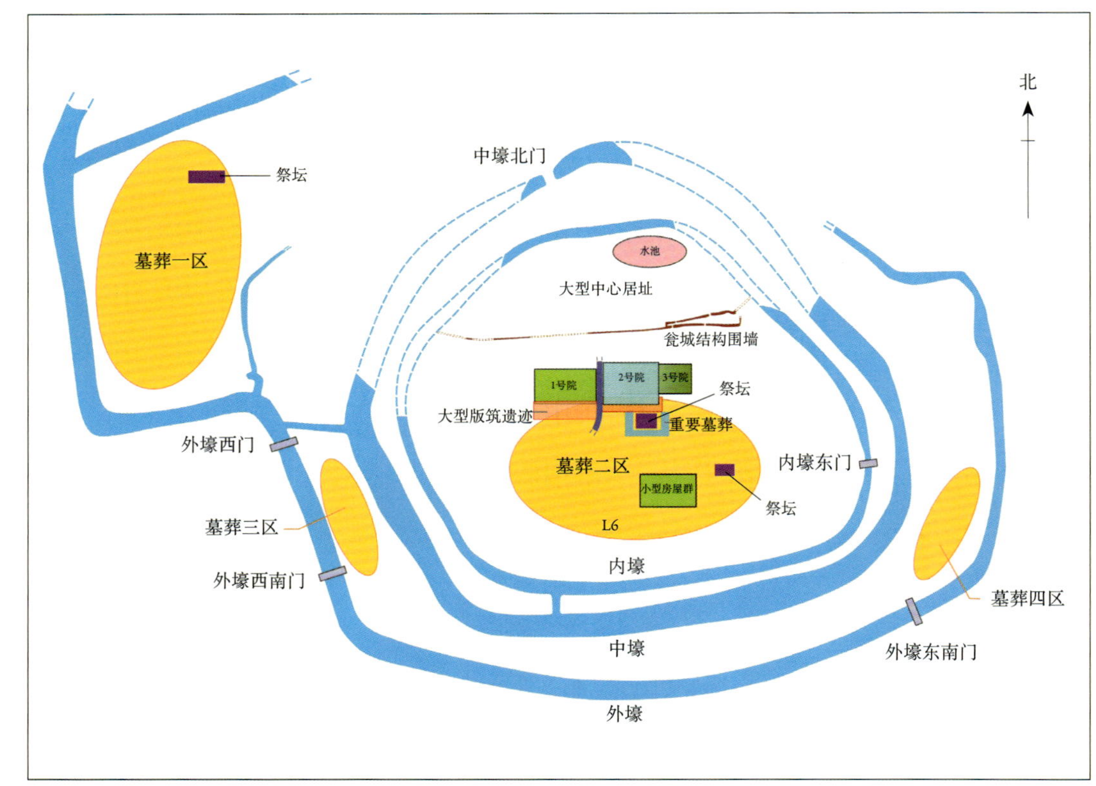

图四三 | 巩义双槐树遗址环壕分布示意图

① 宫城。宫殿基址主要分布于郑州商城内城北部的宫殿区。这些夯土台基排列不太规整，高约1米，台基大小以宫殿功能和需要而定，其中最大夯土基址有2000多平方米，小的100多平方米。因为郑州商城处于城市建成区的中心，现代建筑密密麻麻，无法统筹考古发掘，所以整个宫城布局目前还不是非常清楚。只有待以后经济发展，整个社会对历史古文化遗存重视程度高于经济追求时，把所有现代建筑拆除后进行系统发掘，一定会大白天下。

② 王城。位于内城南侧王城区呈长方形。主要在郑州电力学校，郑州市东西大街东部路南发现有夯土台基，祭祀坑等。

（2）内廓城：即2017年新发现的从新华街幼儿园过人民公园向东北穿金水河的城墙与东方红影剧院向南在考古发掘中发现的廓城城墙，平面呈不规则状，内廓城内分布大量手工业作坊、墓葬、祭祀坑、窖穴等。在中共河南省委文印中心大楼地基内还新发现有大型夯土祭祀基址等。

（3）外廓城：即袁广阔先生调查勘探显示的部分范围，但是向北包括黄河路；向南到淮河路；向西包括沙口路，再向南就只能预测包括郑州火车站西出口；东边过未来路。外廓城内分布重要文化遗存有卫生路青铜器窖藏坑、中共河南省委文印中心文印大

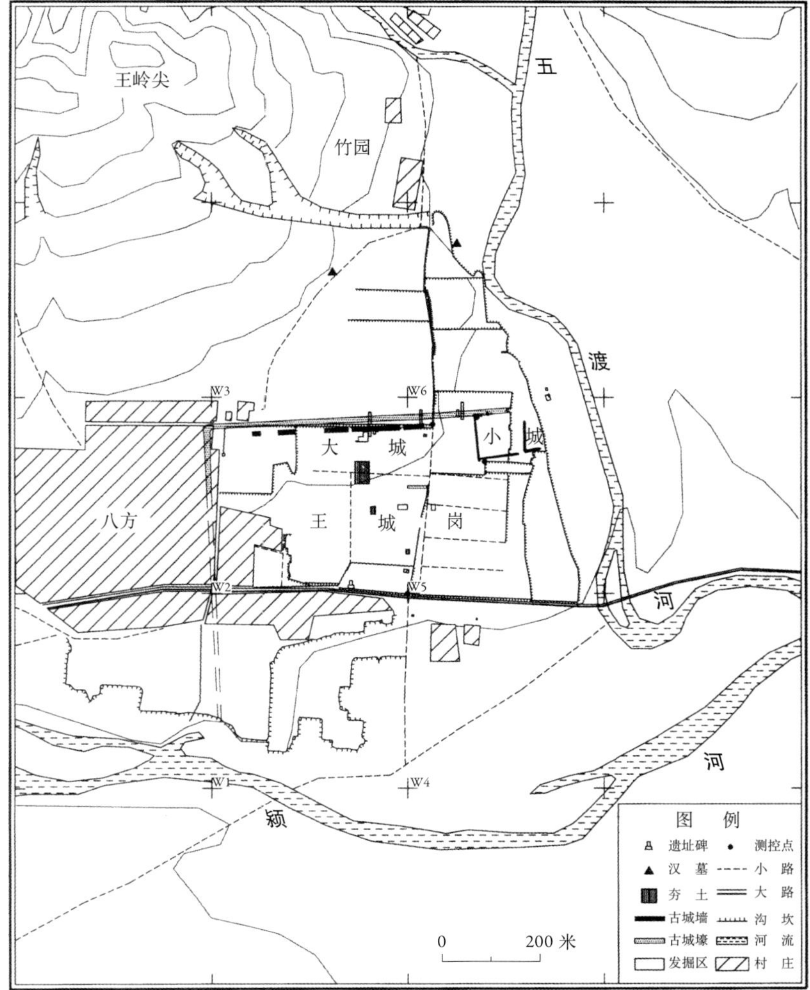

图四四 | 登封王城岗城址实测地形图

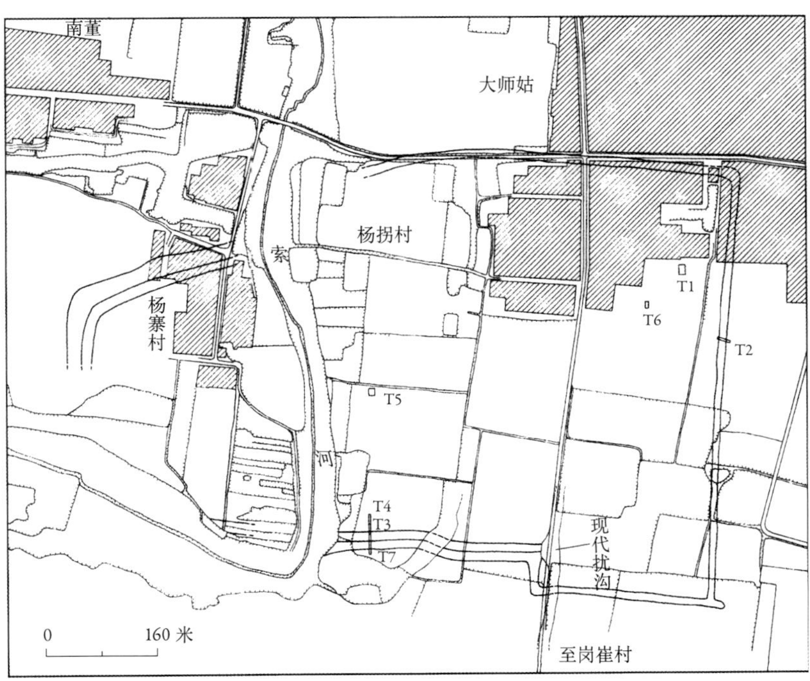

图四五 | 郑州大师姑城址平面图

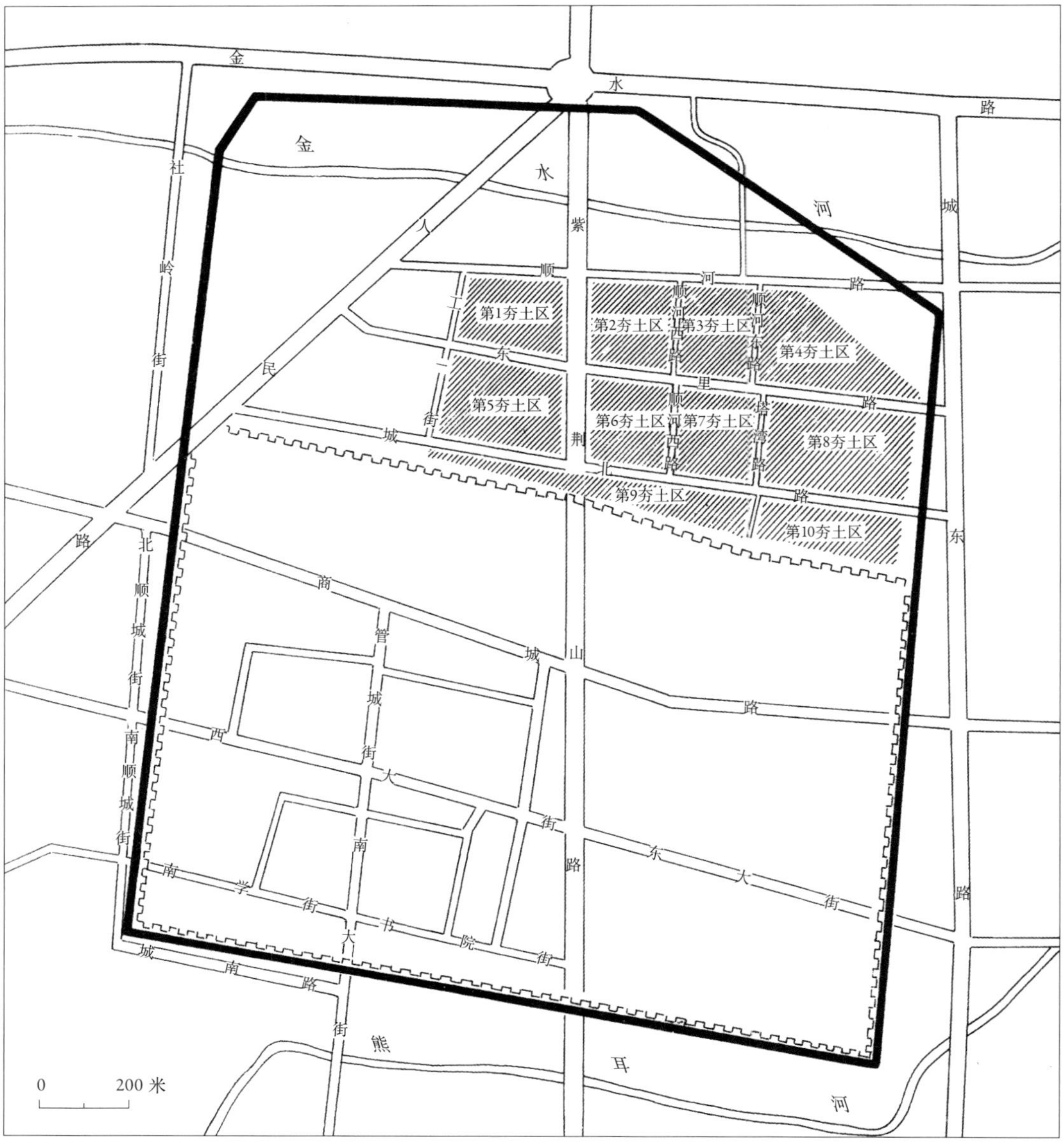

图四六 | 郑州商城内城平面图

楼大型夯土建筑台基、铭功路制陶作坊、郑州火车站西出口商代遗址等30多处商代遗存（图四七）。

（4）外廓城之外延展区（推测为外环壕区）：范围相当大，北括小营点将台商代大型夯土台基遗址，南括姚庄商代铜器墓葬，东括祭伯城城址，东边可能已达圃田附近。外环壕内包括郑州大学老校区商代遗址、建设东路36号院区蚌器制作作坊遗址、郑州市王立砦夏商遗址、紫荆山路南段、陇海铁路南侧商代遗存及圃田商代遗址、梁湖商代遗址等（图四八）。实际上围绕郑州商城还有一个军事防卫系统（图四九），南边是望京楼商代城址，西边是大师姑商代城址，再远那就是南有湖北盘龙城，西北有垣曲商城，

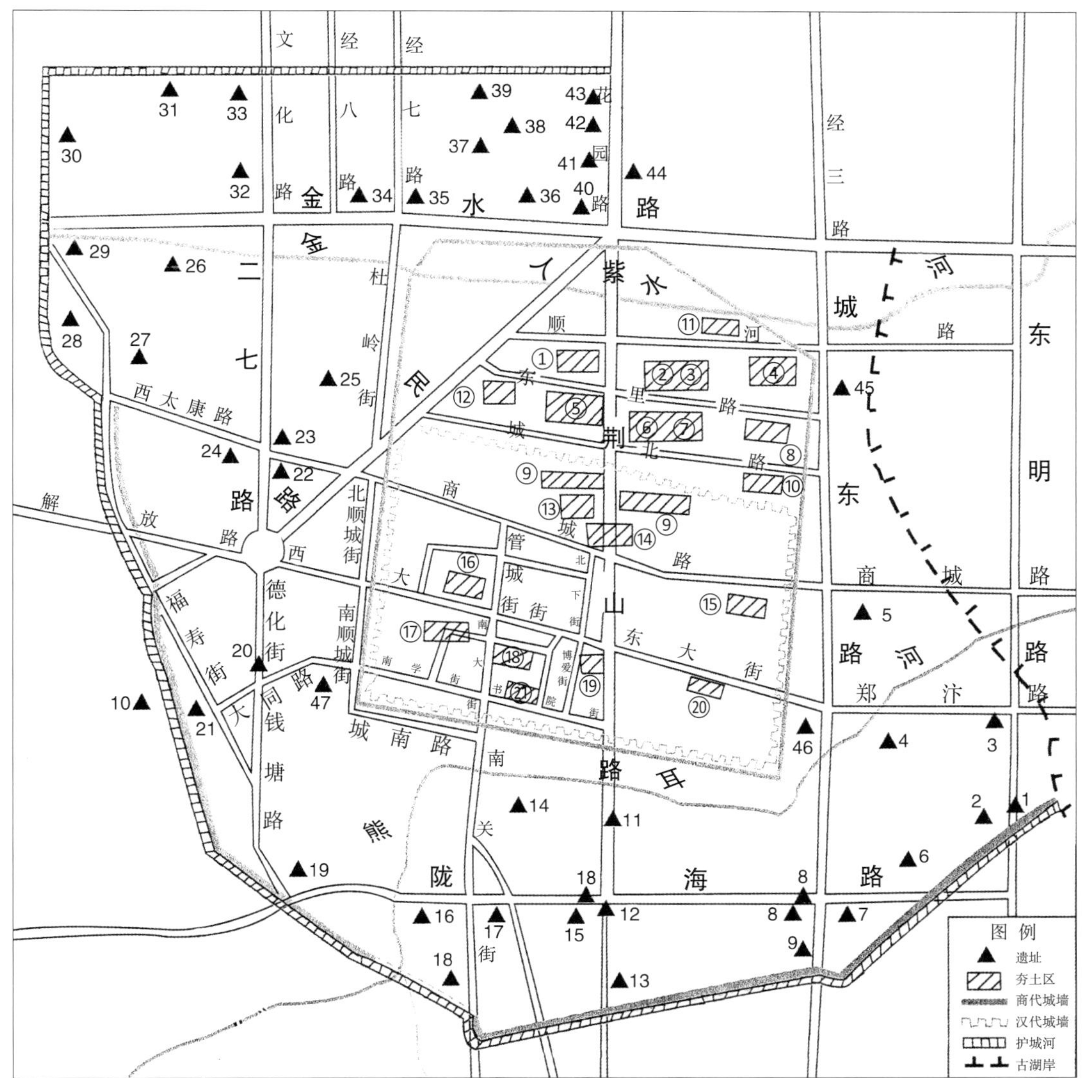

图四七 | 袁广阔调查的郑州商城遗址外廓城范围

1.杨庄墓葬区 2.商代23号墓 3.郑州玻璃厂 4.郑州毛巾厂 5.郑州皮鞋厂 6.河南电机厂 7.二里岗遗址发掘区 8.南关外遗址发掘区2处 9.河南省商业储备公司 10.火车站 11.紫荆山路中南段 12.南关外铸铜遗址 13.郑州市木材公司 14.烟厂墓区 15.烟厂家属区 16.河南服装总厂 17.河南省客运公司 18.郑州五中 19.郑州十五中 20.德化街 21.银基商贸城 22.二七路 23.黄泛区园艺场 24.郑州金博大商场 25.杜岭街 26.人民公园青年湖 27.九州城 28.铭功路制陶作坊 29.大石桥 30.市儿童医院东部发掘区 31.省图书馆 32.省轻厅 33.省豫剧团 34.省二附院 35.军区幼儿园 36.省委大院 37.省委家属院 38.省保险公司 39.郑州八中 40.河南省政协 41.紫荆山铸铜遗址 42.河南报业大厦 43.制骨作坊 44.省电信局 45.白家庄墓区 46.回族食品厂青铜器窖藏坑 47.南顺城街窖藏坑

当然不止这些，实际上还有很多，目前已发现的就有好几个，因资料尚未发布，在此仅举一些例子就能说明问题。

从以上介绍我们可以看出郑州商城的规模、结构及建筑布局、职能区域等的面貌，这就是研究小双桥遗址的最好参照。下面我们通过小双桥遗址考古发现推测它的选址原则、都城规模、都城结构、都城功能、建筑布局等。

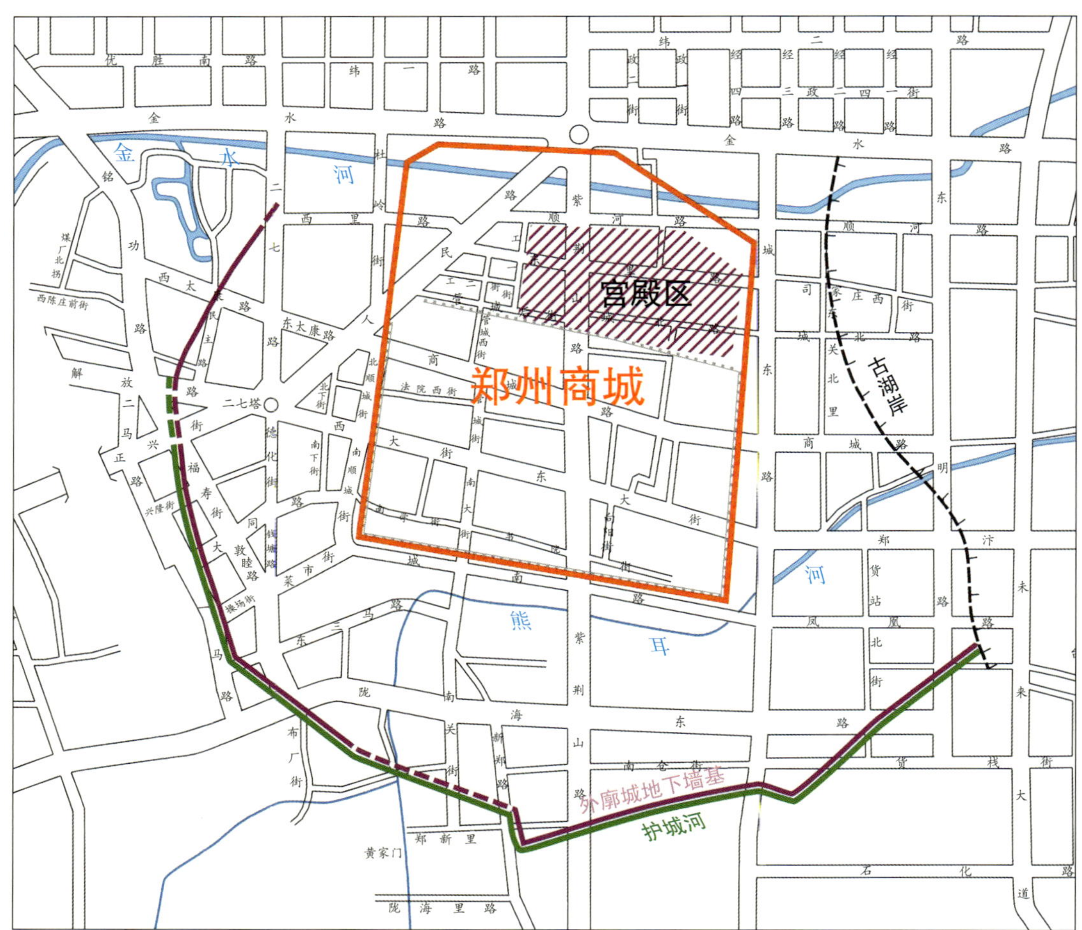

图四八 | 最新的郑州商城平面示意图

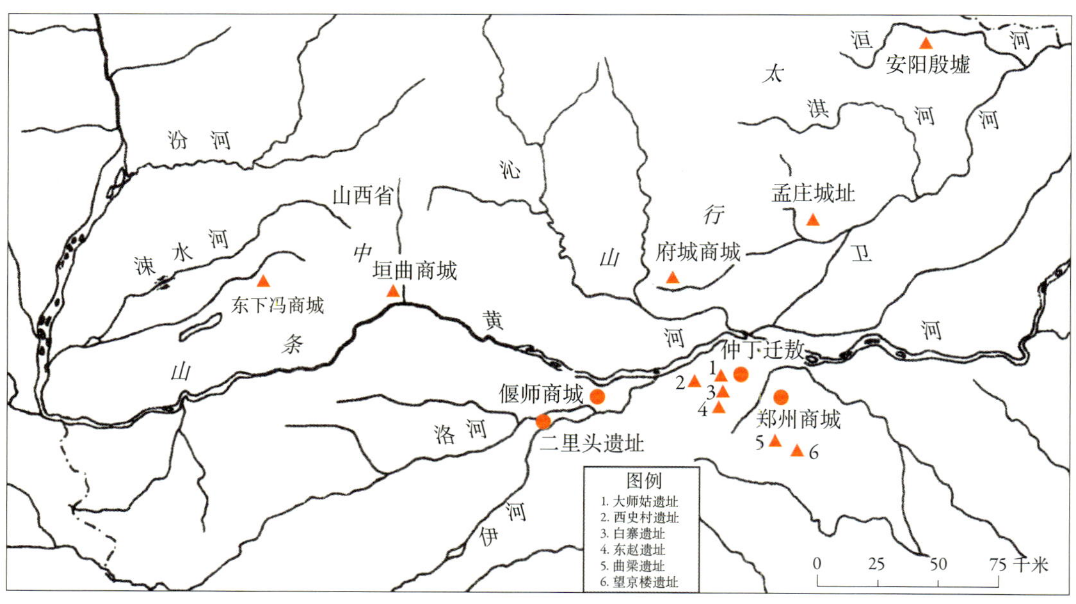

图四九 | 郑州商城与周边商城遗址位置示意图

1.小双桥遗址选址原则推测

我们在这里是依据夏商之交，商汤选都郑州亳都作为考察仲丁迁敖于小双桥一带来进行考察。商汤灭夏之际，据古本《竹书纪年》记载："(帝睽)一名桀。元年壬辰，帝继位，居斟抃。三年，筑倾宫。毁容台。畎夷入于岐以叛。六年，岐踵戎来宾。十年，五星错行，夜中，星陨如雨。地震。伊，洛竭……三十一年，商自陑征夏邑。"是说夏代末期河洛地区大旱，连伊河、洛河都干涸了。商灭夏以后仍然大旱："十八年睽亥，王即位，居亳。十九年，大旱。氐、羌来宾。二十年，大旱。夏桀卒于亭山。禁弦歌舞。"到商汤二十四年仍然大旱，"王踌于桑林，雨。"大旱一直持续几十年，所以在商代初期选定亳都时首先考虑的是水的问题，因此把都城定位于湖泊的西南部，使王城紧邻湖泊，那时郑州商城东侧的湖泊很大，它东接祭伯城，北连黄河北泛道，西抵城东路，南达凤凰台以南的黄河南泛道[56]。城西有古泥河(宋代以后改名金水河)、城西南有南部季节河(明代称熊耳河)两条河流，无论都城规模多大，人口有多少，首先是饮水不成问题。经认真勘探，小双桥作为仲丁迁都之地与郑州商城亦有异曲同工之妙，也选址于河流湖泊西南部，王城区紧贴沿三皇山南下的洪积区台地上，城区内有两条以上的河流，仲丁选都的首要条件是完全没有问题的。

虽然从历史发展一般规律看，商王朝到仲丁之时已进入商代中期，从国土面积、国家经济实力、国家发展水平等方面观察，都是商王朝最强盛的时期，也是国势蒸蒸日上的时期。所以仲丁选都的理念并没有改变。用历史的眼光看仲丁，无论因任何理由迁都，国都规模都只会比前代要大，绝对不会变小。我们站在这个起点上看问题就会比较接近事实。那么以郑州商城为标志的郑州二里岗文化目前比较流行的说法是25平方千米，最近几年虽然李维明先生提出16平方千米说，但我们最新研究郑州商城可能有60~70多平方千米。如果按25平方千米说法，小双桥遗址至少要南北长宽各5千米。

我们以小双桥遗址夯土台基为中心把这个数字落在图纸上，那么敖都至少南到须水镇，北抵黄河边，东至南阳路，西至民国年间的敖寨村，规模达到郑州商城的两倍以上。而据我几十年考古调查结果，应该没有这么大。如果也按郑州商城的规模，那么我们仍以小双桥遗址夯土台基为中心点，商代嚣(敖)都北边过去索须河就要到石河村北的古荥阳城南墙，南边要到国家高新技术开发区须水村南，东边要到古黄水河西岸，西边要到须水河东岸，这样就包括了我们已调查发现的瓦屋李遗址、前庄王遗址、祥营遗址、堂李遗址、关庄遗址、关庄北遗址、大里北遗址、陈寨遗址、兰寨遗址、新庄遗址、岗崔遗址、石佛北遗址、欢河遗址、老两河遗址、小双桥遗址、岳岗遗址、西连河遗址、岔河遗址；实际上我们再放开眼界看一下，虽然郑州商城是以紫

荆山为中心，但是中心是处于郑州商城的北侧皇城区，那么以小双桥遗址为中心的大型夯土台基也是处于敖都中心区北部，实际范围向南确实已越过连霍高速，抵达须水以南，向东已抵郑州市区西部，还有一批二里岗文化白家庄期遗址有东赵遗址、郭庄遗址、贾庄遗址、岗崔遗址、三里庄遗址、三十里铺遗址、白寨遗址、白寨东遗址、刁沟南遗址、张寨遗址、李月庄遗址、庙沟西北遗址、庙沟遗址、牛马坑遗址、宋庄遗址、宋庄南遗址、王庄北遗址、董寨南遗址、董寨遗址、洛达庙遗址、旮旯王遗址、牛寨遗址等。假如我们把目前这些已发现的二里岗文化白家庄期遗址联系在一起就会发现其集中分布区南北10、东西8千米，面积达80多平方千米。这样我们从中会看到什么景象呢？我们会看到的是虽然有一大批古文化遗址都划入嚣（敖）都城内，仍有一批二里岗文化白家庄期遗存划不到嚣（敖）都城内。这至少说明嚣（敖）都确实不比郑州亳都规模小，很有可能也在80平方千米以上。

至于敖都当时建成没有，历史没有记载，我认为仅仅20多年的考古也仅仅是初步弄清小双桥敖都规模的概念，至少到河亶甲迁相之时尚未完全建好。作为一个大邑商的中兴之都，恐怕只用20来年时间是很难完全建设建成的，否则河亶甲怎么会一上任就那么轻而易举地又向北移200千米路程再在相地建立新都。经很多考古学家考察和研究，祖乙所迁之邢都在河北邢台，但是在今黄河北岸武陟县北平皋，那里现存有商代中期遗址，还发现夯土台基等（图五〇、图五一）。20世纪邹衡先生在北平皋开展考古调查，就于北平皋商代至战国时代遗址上调查发现戳印陶文“邢公”，证明这里到战国时期仍然有地名叫“邢”。汉代以前黄河从武陟县东向东北流入渤海，小双桥与北平皋之间只隔有黄河、枯河和济水等河流，直线距离只有不到几十千米。这又说明在商代中期以前商人仍然怀有“亳都”和“敖都”情结，同时说明这里条件确实好，给他们留下极深的印象。

2.小双桥遗址作为王都必备的基本设施遗存

既然是首都，城内第一需要是宫殿，然而小双桥遗址考古发掘到目前对大型宫殿基址的发现除了所谓“周勃墓”夯土台基外，就是与祭祀坑同存的夯土台基、青铜建筑构件，其他则很少发现，这是怎么一回事呢？现在我来把1984年和1985年第二次全国文物普查期间及其以后到当地对遗址进行调查和访问的情况做一些简单介绍。

小双桥遗址坐落在郑州市索须河与古荥泽西南侧交汇处的中国黄土高原第二级阶地末端。我们从地形图上可以看到，这里是黄土高原末端与黄淮海平原的分界线，遗址东部即为广袤的黄淮海平原，西部是黄土高原第二阶地末端，海拔高度相差17～20米。遗址西侧阶地的黄土高原末端虽然在更新世晚期曾有一段时间为荥阳广武槽状洼地，但

图五〇 | 武陟县北平皋商代遗址远景

图五一 | 武陟县北平皋商代遗址地表散落的商代遗物

是就在距今大约6000年开始，至距今4000～3000年间湖泊沼泽几乎全部消失，仅剩一个冯泽[57]。湖泊沼泽干涸后，这里形成平坦，肥沃的台地。进入新石器时代中晚期以后，这里就是人类选择居住的最佳聚居地，著名的西山仰韶文化城址、秦王寨仰韶文化聚落遗址、陈沟鏊顶仰韶文化环壕聚落遗址、点军台仰韶文化城址、青台仰韶文化大型环壕聚落遗址、汪沟仰韶文化城址等数十多个大型的新石器时代仰韶文化聚落中心遗址就突然在距今5600多年至5000年间出现于这一片沃土上（这个问题另有专门研究论文论述）。到距今4200年前后，天下洪水滔天，夏禹继承鲧的治水事业，最重要的是在三皇山北部，牛口峪与武陟县古荥泽之间挖出一条东西大沟，减轻黄河洪水的压力，黄河通过牛口峪和汜水东泛的水动力被解除，作为古黄河三角洲重要组成部分的荥阳槽状洼地水源被阻断，湖泊沼泽洼地变为肥沃的冲淤积平原。在夏商以前这里还有一定数量的小湖泊，为仰韶文化、河南龙山文化时期人类聚居奠定良好的基础。

夏商时期，这一带出现了郑州陈寨遗址、瓦屋李遗址、洼刘遗址、堂李遗址、大李遗址、关庄遗址、葛寨遗址、石河遗址、郑庄遗址、岔河遗址、平陶城遗址、阎村遗址、小胡村遗址、唐垌遗址、高村寺遗址、王村遗址、大师姑夏商城址、西史村遗址、西张村遗址、东张村遗址、倪店遗址、广武北遗址、岗崔遗址、袁垌遗址、娘娘寨遗址、广武孙寨遗址、广武丁楼遗址、方靳寨遗址、闫河遗址、城角遗址、槐西遗址、瓦屋孙西遗址、三十里铺遗址、西张寨遗址、须水白寨遗址、东赵村遗址、汪庄北遗址、大河村遗址、牛寨遗址、常庄北遗址、马良寨遗址、芦村河遗址、郑州商城遗址、南关外遗址、二里岗遗址、凤凰台遗址、郑州大学老校区遗址、郑州高炮防空兵学院遗址、郑州火车站西出口遗址、郑州卫生路遗址、河医二附院遗址、杨庄遗址、白家庄遗址等（图五二）。

这些遗址除了一个在二里岗文化时期以郑州商城为中心分布的遗址群外，还有一个就是白家庄期以小双桥为中心分布的商代遗址群的文化现象，这种现象中，有许多遗址其实和郑州商代二里岗文化遗址一样，现在看是一个一个独立的遗址，其实是都城遗址的一个部分，只是由于历史久远，现在只在地表考察中表现为好像是独立遗址而已。在小双桥遗址范围内，目前经勘探已探明的600万平方米范围就是小双桥遗址的核心区，它与所有郑州西北部商代白家庄期遗址一起形成仲丁迁敖都城群落。在这个遗址群中，小双桥一带就是核心区。既然小双桥一带就是敖都的核心区，那么这一带也就是王城区，是王城区就必须有宫殿区，所谓“周勃墓”的夯土台基就是宫殿区的一部分。虽然发现的夯土台基和祭祀坑有学者质疑是祭祀遗迹，但是根据郑州商城多年来的考古发掘证明夯土台上有祭祀坑也是宫殿基础的一个特征，所以夯土台和祭祀坑也是敖都的重要依据，是决定性的理由。

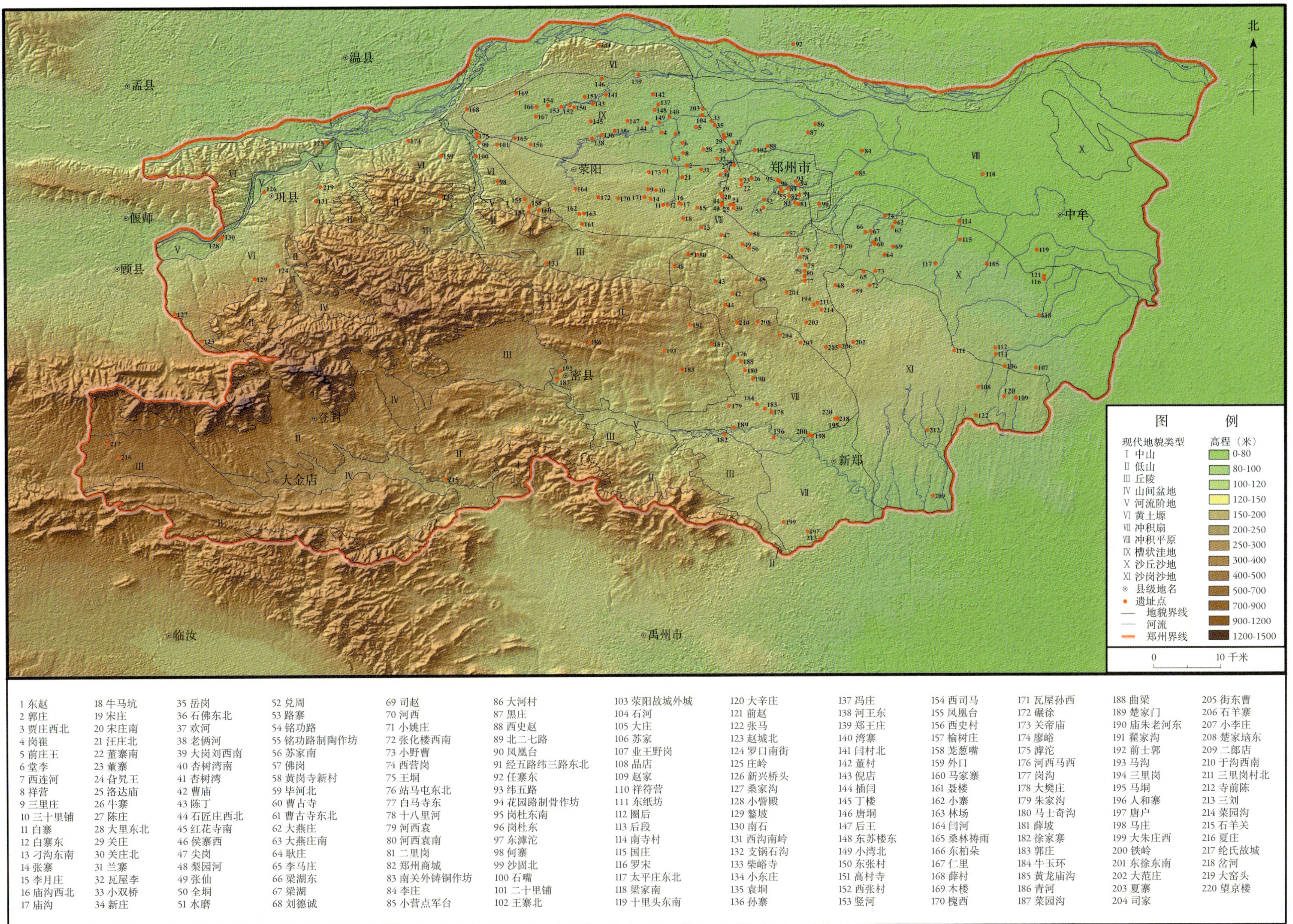

图五二 | 郑州地区二里岗文化遗址分布图

说到这里，就不能不从1984年之前说起，那时“周勃墓”以北还基本保持原貌，还有几十万平方米台地。另外，就是当地老人对村庄西部沿河高台被挖毁之前的情形还有人记忆犹新，其中一位参加过20世纪50年代修筑石河水库大坝的王姓老先生讲道：修大坝时，在村西河边台地挖土筑坝时，记得曾有几片土地种什么粮食都生长不成，中华人民共和国成立前只长很少的黄毛蒿，表土层下有一层约1～2米厚的土层特别难挖，当年修水库时曾用炸药炸过，我推测这可能就是遇到夯土建筑基址。不过太可惜了，如果不是当地传说现存的夯土堆是“周勃墓”，人们将周勃视为神才保存住夯土高台的话，那么就这点夯土台基真的可能一点也不会剩下了。其他还有当地群众挖土垫房基、积肥、制砖瓦、修路、挖煤土等⑭。当地一些保护文物的积极分子为此专门在所谓“周勃墓”西南角修建一座周勃庙，并有香火供奉，对保护小双桥夯土台基起了一定作用。小双桥遗址发掘以后，当地群众得知不是“周勃墓”后，又开始变本加厉地蚕食所谓“周勃墓”的夯土堆，还在周围挖毁一部分夯土修了一周灌溉水渠。30多年来那个夯土堆至少又有上千平方米被挖毁。也就是只留下所谓“周勃墓”那一块夯土，使后人能够对它进行认真的观察和研究。1996年我因做保护方案对小双桥遗址调查时见到此状，就曾写出一篇专门谈发掘和保护的文章[58]。既然我们今天说到“周勃墓”这堆夯土，就不妨对这堆夯土进行一番考察。所谓“周勃墓”夯土台基，在1984年时平面呈长方形，南北长近70、东西宽60多米，高13米，面积达4000多平方米。到1989年河南省文物研究所进行发掘时，由于当地群众取土垫地、挖土烧砖瓦、积肥、建房、修路等破坏，南北只有不到60米，东西也只有50米左右，面积只有不到3000平方米。而夯土台基北侧原来保存的几十万平方米台地也在河南省文物研究所试掘后迅速被养殖场和水泥板厂挖毁，致使与所谓“周勃墓”北侧有联系的原始文化层荡然无存。现在我们根据2009年勘探时清理的剖面进行观察并结合被挖毁区域进行研判。

（1）“周勃墓”高台夯土基址。1984年发现高台夯土基址时呈近似正方形的圆顶馒头状，顶部漫圆，四周除西部有1米左右的断崖外，其他三面均呈缓坡状，西南角有一条小道直达顶部，土堆周长近270多米，从西边地表到夯土堆最高点为13米。土堆西边是一条西南向东北的路沟，路沟与夯土堆之间是环绕土堆的水渠，道路直通村内。从断崖上观察，土堆是在当时的生土面上用多层黄土夯筑而成。夯土台建筑前地面并不平整，在对地面杂物和扰土清理之后，再在清理后的原生土层上分层夯筑，所以夯土底部高低坑洼不同。夯土质地坚硬，夯层清楚，夯层厚0.07～0.1米，夯筑使用木棍集束夯具。在断崖上可以看到高台夯土基址地面上曾经有大火长时间烧过的迹象，夯土地面上普遍保存有灰烬，一部分地面上还保留有红烧过的夯土块、木炭、红

⑭ 即使在传说是“周勃墓”情况下，20世纪70年代当地仍有很多人在所谓“周勃墓”西南角修建土砖窑，并在夯土台基周围挖土制砖等。

烧草拌泥块、长方形石铲状石器等。进一步对断崖夯层断面看，夯土上面有平整光滑的地面，厚重的夯土残墙等，整个建筑坐北朝南，目前所见至少是四进建筑，每进宽度为4.5～15米不等（因为夯土台基部分受毁，仅能依据现状推测），整个建筑地面显然北高南低，在清刮断崖南段时曾出土过一件巨型截锥状的石英岩柱础，这很明显就是宫殿建筑，绝对不是墓冢，更与“周勃墓”风马牛不相及，也不是宗庙基址（宗庙应该坐南朝北）。我们从2009年对夯土台基西断面剖面观察，高台系黄粉沙土与褐色黏土掺和后逐层夯打而成，建筑基址遗存略呈长方形，至2009年时东西长60多、南北宽50多米，面积至少有3000多平方米（图五三、图五五）。结合当年走访资料看，整个小双桥村西部索须河南岸就是敖都的宫殿区，这个区域大概有200万～300万平方米。

图五三 ｜ 修复后的郑州小双桥遗址夯土台基现状

图五四 ｜ 小双桥遗址发现的奠基坑

（2）奠基坑。在高台夯土基址西南的引黄入郑干渠西侧有一组夯土祭祀坑基址（图五四），有学者说这是祭祀遗址，也不算错，这就是宫殿基址建设中的奠基坑，是王城的一个组成部分。

（3）作坊遗存。小双桥遗址发掘中发现有大量的青铜冶铸遗存，有孔雀石、铜渣、炼铜炉壁残片、残破陶范，此外还有与冶铜有关的灰坑等，反映出与郑州商城一样在都城内冶铸青铜礼器。另外，在发掘中还发现骨料和一些与制陶有关的泥料坑，烧流的陶器残器等，更说明手工业作坊与都城密不可分的事实，离宫、宗庙、祭祀和其他场所等

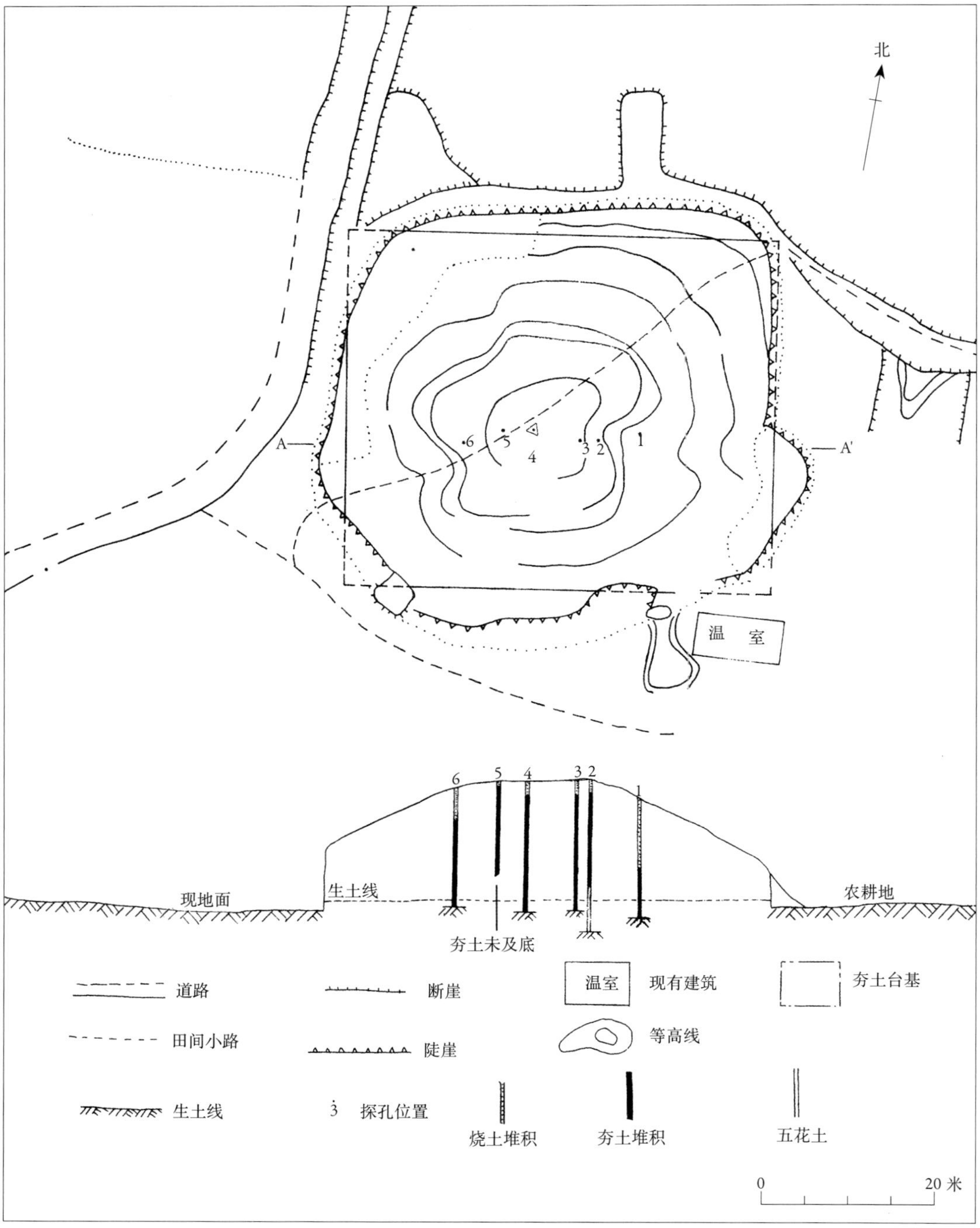

图五五 | 小双桥遗址夯土台基平面及剖面示意图

绝对不会再设制陶、冶铸作坊。

（4）其他重要发现。文物勘探中在遗址南端，连霍高速北侧发现一条宽5米，深2～3米的壕沟，会不会是王城城墙内侧的取土沟呢？

（5）出土的许多高规格的铜器、玉器、石器、原始青瓷、金箔片、陶器等。尤其是在岳岗村、堂李遗址、瓦屋李遗址等处与郑州商城相似，都在王城之外出土过商代白家庄期的小型青铜礼器，不一而足。

我在此再次指出，这些遗存绝对不是祭祀场所的配套遗存。它们与郑州商城可以说是非常相似，是都城的配套设施中宫殿基址建设中的一部分。

根据以上介绍，基本反映出以小双桥遗址区为核心的区域就是中国历史上著名的仲丁迁敖之都——敖都，又名嚣都。那么仲丁为什么选择这里作为首都？这是需要认真探讨的大问题。

三 仲丁迁敖的历史原因和地理环境因素

在20世纪末，我在研究郑州商城时曾写过一篇文章《商汤都郑亳的环境因素与历史原因》，后来在几个学术会议上交流，受到普遍好评，以后陆续为多家期刊公开发表，至今想起这种思路用在敖都研究中仍是不错的路径[59]。我们知道汤居郑州亳都至仲丁之时已经历了150～200年之久，由于经过近200年的发展，无论环境、城市发展、城市交通，还是政治环境等都给郑州商城作为都城带来诸多不适应。更有自然灾害、统治阶级内部矛盾、统治者与社会底层的矛盾、外部矛盾，甚至还有生活与居住的更高需求等。还有商人实行的兄终弟及的传承制度，屡屡引发传承时的动乱。这些都不能不说是仲丁迁都的重要原因，迁都成为当时最高统治者在新时期的头等大事。郑州商城周围目前发现3个青铜器窖藏坑，其中的向阳回族食品厂和南大街窖藏坑我都参与过清理，而且南大街窖藏坑我是第一个进入现场清理的⑮。在清理时，发现所有铜器都是实用器，尤其是所有鼎的外壁都有厚厚的一层黑色烟炱，证明它们都是使用过的重器，是在白家庄期遇到重大政治事件时撤离郑州商城的写照。此处不再用过多的笔墨去细究仲丁为什么要迁都，仅讨论迁都选址的因素，以及迁都到以小双桥遗址区为核心的广武原上的原因，广武原地区有利条件是什么？参照历史文献中迁都的例子看能否找到一些根据。

我在研究商汤选择郑州商城作为商代大都市时，根据历史原因和环境因素得出结论：在商汤灭夏之后的形势下，必定选择郑州地区作为首都。我们也用同样的方法来研究敖都问题。夏禹遇到天下洪水滔滔而治水立国，到夏代末期因遭遇千年不遇的大旱，形成伊洛竭而亡。殷商则因天下千年不遇之大旱而兴（当然其中还有许多人为因素，这里只说自然因素）。商汤灭夏后大旱仍在继续，历史文献中有关商汤设坛求雨的记载就很能说明问题，也说明大自然对人类社会的重大影响。商汤灭夏后即使想在夏王朝都城基础上再建商王朝的都城，持续的大旱也不容许商汤在伊洛河流域再建都城，否则那么多军队、奴隶主贵族、手工业作坊和手工业生产者等怎么生活？怎样工作？所以商汤选

⑮ 有人研究认为这三个青铜器窖藏坑是祭祀坑，对商代祭祀做些研究就会发现，祭祀的器物内应有祭品，甚至在器物外表应涂朱砂。此外祭祀坑应该是随用随挖，绝不会像这样使用废灰坑。

择夏王朝已经经营多年的郑州作为首都[16]，是再合适不过的。亳都在郑州建都近200年，积累下许多难题和困境，既有政治的，又有经济的，还有环境的。尤其是商王朝实行兄终弟及的传承制度，在太戊死后，仲丁作为嫡传肯定会受到父辈叔伯们的威胁。甚至可能还有重大的疫情、风沙（郑州商城区就位于风沙带上）、洪水、地震、暴雨等因素。在中国历史上由于各种变故改朝换代引起的迁都事例比比皆是，仲丁迁敖的原因可能就有这些中的某一个或某几个。

仲丁在商代近500年历史中处于商朝中期，可以说已经进入商代的成熟阶段和鼎盛期。此时的商王朝国家机构齐全，制度完善，统治稳定，国力强盛，人口众多，军力强大，实力雄厚。因此商王仲丁选择所迁之都应具备很多优良条件和要求，其中应有位置、地势、地貌、水源供应、自然屏障等基础条件，也要考虑舒适程度和交通，甚至还要考虑亳都的延续使用和废弃等。下面根据所列条件一一进行考察。

（一）位置

因为自商王朝建立到仲丁之时一直没有迁过都，首次迁都必然是非常慎重和隆重的。这种谨慎不仅是长时间的筹划和准备，新都所在位置也必然十分重要，旧都不会突然被舍弃，新都也不会一夜之间建成。所以新都距离旧都不会太远，小双桥距郑州市也就是20千米左右，必然成为首选对象。新都的规模、规格、形式、舒适程度等条件都不会低。试看小双桥所在地区，扩大一些看，东边是黄河与济水泄洪形成的湖泊沼泽区，附近还有荥泽、圃田泽；南边黄土高原第二级阶地边沿台地区的平原台地，宽度达20多千米，再南是嵩山北坡的低山丘陵，森林茂密，物产丰富，境内还有须水、黄水、京水等；向西也是黄土高原第二级阶地东端几十千米的黄土塬，西侧和北侧还有枯河（古砾石溪）、索须河（古旃然河）、冯池等，再向西是汜水，过汜水是虎牢关和大伾山；城址西北10多千米外就是古黄河向东北流的转折处；正北是三皇山和济水等。当时还有黄河泛道，敖都处于两河夹持的台地上，只有地利而无他害，谁能说这里不是迁都的最佳地点呢？

（二）地理和地貌

首先是仲丁在郑州敖地选择为敖都城的地理条件、地理形势和资源保障等条件都非常好，从小范围角度看也非常科学。仲丁选择都城设在黄土高原第二级阶地与第三级阶地——黄淮海平原交界处东端的台地上。从小环境看，小双桥位于荥阳（包括古荥阳）槽状洼地东端与黄河冲淤积平原的交界点上，东有大泽，北有索须河，西连广武原，南

⑯
大量考古材料证明郑州商城始建于洛达庙文化时期，^{14}C测年为公元前1640年左右。

边也是平原，还有古黄水，西有须水。此地无水涝干旱之忧，军事防御方面亦是可攻可守，而且物产丰富，是理想的都城地点。这仅仅是现代我们见到的情况，也是许多研究仲丁迁敖学者的通识，实际上古代的地理环境与条件更优越。

从2005年开始的10多年时间中，我带领一批地理、地质、水文、遥感、考古等学科资深专家一直对郑州晚更新世以来的环境进行开创性的调查、观测、测试和研究。从研究结果看，郑州距今3000多年前的地貌、地理与环境等与现在大不相同，在距今2万年前更是天壤之别。我们首先从最新研究成果看，黄河形成的年代只有16万年左右。在黄河形成之前，河道并不像现在的走向，而是每遇夏秋时节，青藏高原雪山的融冰之水与因雨水形成的洪流倾泻而下之时，先将所有沿途沟壑坑洼注满后再沿峡谷蜿蜒向东倾泻。黄河之水冲开沿途所有障碍，最后冲开河南三门峡的障碍才形成真正意义上的黄河。最早的黄河河道冲出三门峡之后是在河南省武陟县，即古代的洛河入河处对面北折流向东北，在渤海湾入海。以后屡屡改变河道，直到东汉以后才逐步形成今天的模样（图五六）。如果我们考古工作者看一下历史地理书籍也会明白，但是现在有一些学者没有关注这一点，他们对仲丁迁敖的历史记载大感不惑。

小双桥遗址所在的台原也不是现在的景象。在晚更新世时期，广武山还没有现在这

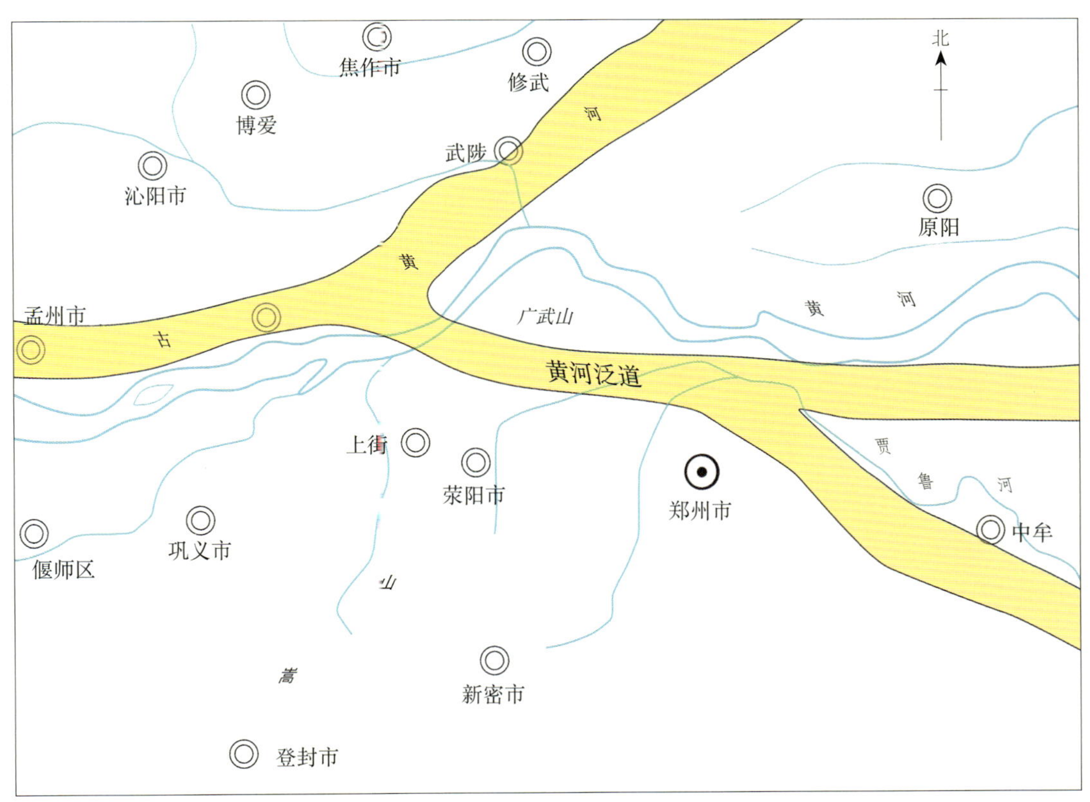

图五六 | 古黄河及泛道示意图

么高，广武原的海拔也低于现在，至少都要低30～40米。河道没有现在这么深，几千年来至少下切和沉降30～40米，而且现在的河道宽度是当时的几十倍，那时大部分河段尚没有形成真正意义上的河道。那时，整个嵩山地区的植被非常好，地表有无数大大小小的洼地和深坑，夏天雨来之时，与黄河的情况有许多相似之处，水流首先注入坑洼和山脉丘陵之间的沟谷之中，等山脉丘陵之间的沟谷和坑洼灌满后再溢出形成小溪，然后汇积成河流。早期人类多沿坑洼逐水生存，郑州市辖区发现的近500处旧石器晚期遗址就是铁证。

进入全新世以后，随着原始农业的出现，人们定居、制陶、烘烤房基等行为，尤其是进入仰韶文化时期以后大量砍伐树木，农耕等破坏植被，黄土的湿陷性特征奠定水土流失的基本性质，造成湖泊沼泽逐渐消失，进而又促进农业发展，更进一步促使环境恶化。为使问题说得更明白，可分为以下几个阶段。

（1）全新世早期，这是环境遭受严重破坏的开始。

（2）仰韶文化时期，生产工具改进，原始农业快速发展，人口极速增加，同时定居和社会分化促使使用大量木材烧制房基，大量烧制陶器等，环境破坏加剧，加快水土流失，广武原上的湖泊沼泽大部分消失。据大量考古调查、考古发掘、环境调查、分析与研究后确认直到距今5600年左右这个地区的黄河泛道逐步失水，湖泊沼泽萎缩，须水、索河、枯水、京水、黄水等初步形成，又促使大量人口迁居广武原上，使广武原上在裴李岗时期仅有一处聚落的情况下一下子冒出几十处仰韶文化时期聚落来，仅以城址为代表的中心聚落就有西山、青台、点军台、汪沟、陈沟、秦王寨、后庄王、大河村等。

（3）进入河南龙山文化以后，情况稍有变化，在夏代大禹治水以后，人们普遍使用挖沟排水可以说成为排水利器，也是环境破坏的利器。

（4）铁器发明以后，铁器成为环境杀手。当然，现代化机械就更不用说。

所以我在此拿出晚更新世后期，早全新世前段郑州市西北部环境和地貌图（图五七），一看就清楚。更新世后期，在距今2万年左右，黄河在牛口峪一带在某段时间内曾存在从牛口峪向东南泛流，黄河泛流不仅在广武原上留下大量黄土堆积和肥沃的土壤，而且留下大面积湖泊沼泽。这些湖泊沼泽大概就是在距今6000年以后在地质构造力作用，水动力作用，人力干涉和破坏力作用下急速萎缩，一直到距今3600年左右几乎完全消失，只剩下史书所说的冯泽和个别季节性水源地，河流开始发挥重要作用。这里的湖泊沼泽内的植物腐朽物和黄河携带物使此地变为肥沃的良田，从仰韶文化晚期早段中国早期原始农业在这里得到快速发展，生产出丰硕的粮食哺育着中国核心地区一代又一代的中华儿女。几百个环境测试样品结果和研究成果表明，到距今3400年左右，

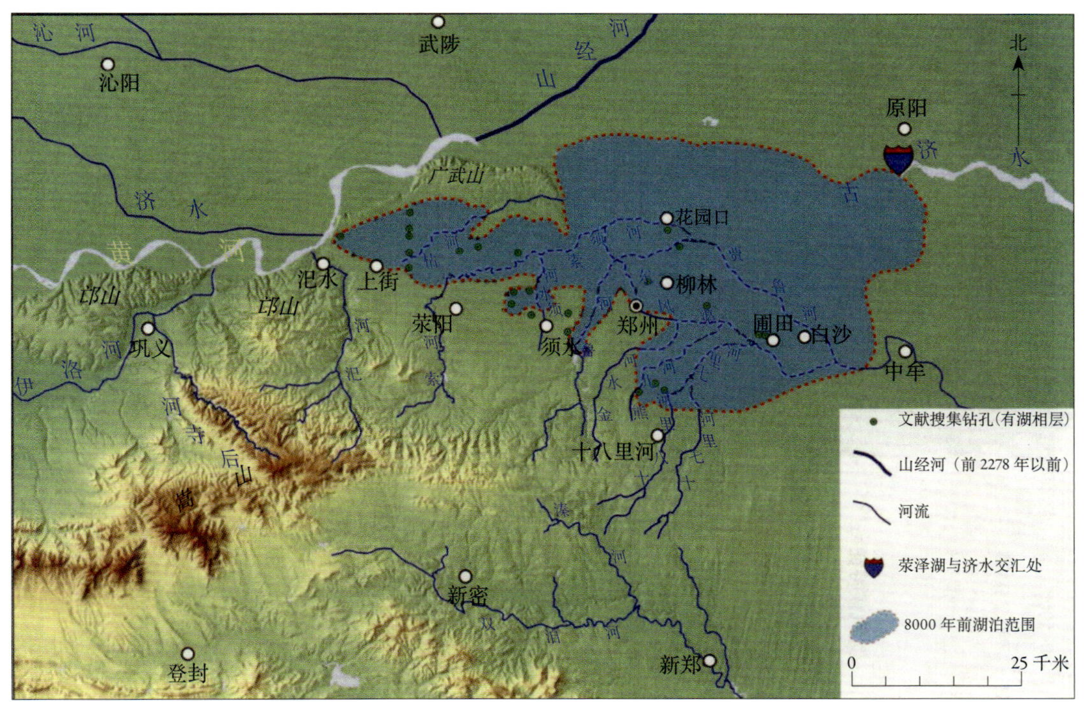

图五七 | 郑州西北部古地理环境与地貌图

这里的地貌和环境已经十分稳定。当时黄河河道虽然已从武陟县往东移至武陟县北平皋一带，但整个黄河仍然是向东北流。无论黄河发生什么灾害，对郑州西北部并没有大的影响，郑州西北部呈现出非常良好的地理环境。同时这里距郑州商城只有20千米左右，位置也非常好，是理想的都城之地。

（三）综合防御体系和安全防卫系统

商汤利用夏末未就的都城在郑州建立亳都以后，经十多代苦心经营，已建立起一套严密的拱卫都城的防御系统。首先是三到四重的都城城墙和环壕防御系统，紧接着又借用夏王朝在东方的军事堡垒——荥阳大师姑夏代重镇、新郑望京楼夏代军事重镇、荥阳西史村军事重镇……，更远的垣曲商城、盘龙城等许许多多军事城堡构成王都城防御体系，当然其他军事重镇应该还有许多，目前的考古发现仅仅是冰山之一角。商汤灭夏以后定都郑州，将夏王朝的防卫体系重新组合使用。目前已发现的二里头二期开始的夏代诸城均于二里岗下层以后重新复建和使用，而且又构成郑州商城防御体系，就是最好证明。到郑州二里岗文化白家庄期时，也就是史书记载所谓仲丁迁敖之时，商朝仍使用亳都的防御系统，这从荥阳大师姑城址、新郑望京楼城址等的废弃年代得到充分呼应。在军事暴力之外，我们从地貌和地形之上也可以看到商人精心构筑防御体系的苦心。无论郑州亳都也好，郑州小双桥敖都也好，其北有三皇山（又名三室山，三山，战

图五八 | 三皇山北侧的黄河

国后称广武山）山北古有济水、古荥泽；西有汜水关（周穆王以后改称“虎牢关”），再往西就是古代著名的殽关、潼关等；往南则是连绵不断几十千米的嵩山山脉；东边是大大小小星罗棋布的圃田泽和古荥阳泽；再看西北则是滔滔东流奔腾入渤海的黄河（图五八）。这种自然和人工组成的防御体系谁能说不够严密呢？如果回到当时，这完全是一幅壮观的商朝都邑画卷。

（四）土地资源

郑州西北部至今仍是中原地区最富庶的农业区，其中仅一个广武镇就有十几万农业人口，这里的面积占荥阳市的十多分之一，但生产的粮食几乎占荥阳市粮食产量的三分之一。这里地势平坦，河流纵横，水源充沛，土地肥沃，是极佳的冲淤积黏土层土壤。中华人民共和国成立之后，为支援城市建设，这个地区因具有良好的冲淤积土层，先后曾建立过数百个砖瓦厂，由此亦可从一个侧面说明问题。我们从2003年就开始的郑州地区晚更新世以来环境变换框架与人文聚落变化研究中，重点之一就是郑州西北部。经过10多年来几十名专业人员坚持不懈的努力，先后对近百个地点剖面的观察、取样、测试、分析和研究，发现和证明在7000~6000年前，整个广武原就是一片以湖泊沼泽为主的地区，水源充沛、有机物丰富、草木茂盛。但在地质构造力、水动力、人为等因素影响下，如地质的抬升和沉降、水流的冲刷、人类发展对自然的影响和破坏，尤其是4100年前大禹在三皇山北侧开凿排水沟治理大洪水以后，环境发生不可逆转的巨变。湖泊沼泽消失，河流形成，随着人类对自然干涉强度增加，冲刷速度也以几何倍数剧增，到距今3600年左右，整个广武原已成为人类开发非常成熟的农业耕作区，这里的土地已变为非常良好的土地资源。

（五）自然环境与植被

前文已经对位置、地理环境和地貌、综合防御系统和安全体系、土地资源做了一些介绍，而作为都城还要看看生存环境怎么样。以小双桥为标志的郑州西北部，也就是商代所谓的敖（嚣）地，位于中国历史上一直被尊称的中华腹心地区的核心区位上。从大量考古资料得知，这里早在距今5000多年前就是中国物产最丰富的地区之一，降雨量比现在高200多毫米。目前从已检测到的孢粉情况可知当时的温度比现在高2℃～3℃，乔木有柏、榆属、桑属、胡桃属、落叶松属、云杉属等，以暖温带落叶阔叶林为主；蒿、莎草科、藜科等植物可生长在林下或者为局地生长的草地；高海拔的山地有云杉生长。考虑到标本多采集于古文化遗址，其中杂草类的蒿、藜科、禾本科、菊科植物等可能是由于人类活动破坏了原生植被，野草更易繁殖，局地形成优势群落。

（六）自然灾害

由于当时的黄河在武陟县折向东北，郑州现在的广武山南是古黄河三角洲的重要组成部分，经大禹治水，山南黄河泛道逐渐减少黄河水的补充而逐步萎缩，使荥阳槽状洼地逐步成为台地。北是古济水河道，整个广武原北有丘陵阻隔；东为高差20米的冲淤积平原和古荥泽；南侧和西侧均为高出冲淤积平原20～30米的台地，台地上又有砾石溪（今枯河）、索河、须水、黄水河（今贾鲁河）以及众多的泉水和小溪。遗址东侧就是黄河北泛道河道，而且地下水丰沛，水位极浅，往下挖4～5米即可见水，取水也十分方便。郑州地区历史上最严重的自然灾害——干旱、洪涝，对此影响甚微。此地甚至特有自然优势，假如遇到干旱，这里有众多的河流湖泊沼泽和丰沛的地下水，一旦遇到洪涝灾害，河道沟壑就是最好的自然排水渠道。更何况小双桥遗址向东几百米就是海拔低20多米的广阔平原，直到今天这一带还有平原出现洪涝和豫西大丰收的说法。所以广武原是避灾的最佳选择，作为选都地点更是最理想的地方。

（七）水资源

在选择广武原作为敖都之时，水源恐怕就是当时决策者考虑的最重要因素。因为一

个都城不仅有大量军队、手工业作坊、冶铸作坊、各种服侍机构，最重要的还是大量的贵族阶层和统治者，他们无时无刻不能够离开水，所以水资源是选都的首要条件之一。小双桥遗址现在北侧紧邻的就是郑州市最有名的也是水流最大的河流索须河，如果需要，出门就可到河里取水。再说东边，当时遗址东侧就是中国历史上的黄河北泛道和著名的荥泽，在当时黄河在武陟县东北流的情况下，古济水和上游汜水等水源的不断注入，在当时就是用之不尽取之不竭的水源。西边3千米处的须水在3000多年前虽然没有完全形成，但是修建敖都需要环绕都城周围的护城河，促使建设者把京城一带流出的水引入护城河，这就是须水河的起源。就像我们在郑州市郭村东侧发现的陶水管提供的线索一样，只要在地下埋好输水管道，西高东低的地势就可使须水河的河水流入小双桥的宫殿区。在小双桥遗址发掘区还发现有一定数量的水井，为水资源又添上一重保险。那再远一点的古黄水河就不需要多讲了。总之当时小双桥遗址周围水源非常充沛。

（八）交通

以小双桥遗址为中心的地区自古就是中原地区的交通要塞。首先从地貌看，那是黄河仍在温县以东向东北流，遗址向北没有大河隔挡，向南仅有一些浅山和黄土丘陵，再向东几千米就是冲淤积平原。向东虽有湖泊沼泽，但湖泊沼泽规模都不是特别的大，多数呈葡萄串状，它们之间都有高台。西边出了汜水关（周代穆王以后称虎牢关）往东就是著名的古荥阳城，秦灭东方六国以后首先在此设三川郡就是证据。由此可见这里的交通条件得天独厚。

（九）人口资源

敖都作为商代第二个都城，人口资源不能不说是一个重大问题。说到人口，那时又没有户口登记，历史文献中也没有记载，但是我们从考古发掘资料中可以找出一些线索来。整个广武原，也就是仲丁迁都建都的地方，这里从距今约8000年前有少量人类进入进行生活，最多也不会超过100人，然而到距今约5600～5300年时一下子冒出几十处仰韶文化中晚期的聚落遗址来，其中有汪沟仰韶文化城址、青台和秦王寨仰韶文化大型环壕中心部落、西山仰韶文化城址和点军台仰韶文化城址等等，据考古调查还可能有其他许多处的仰韶文化城址。根据这样的情况，我们根据遗址规模和筑造城池所需劳动力等，广武原在仰韶文化时期至少生存有2万～3万人口。那么到了商代，人口数量至少应翻一番，达4万～6万人口，甚至更多。这些人口成为仲丁迁都敖地的基础。

（十）与亳都的联系

小双桥遗址与郑州商城的垂直距离仅有20多千米，如果以遗址南端边缘计算，那就连10千米都不到。再从大量考古资料中寻找所谓敖都与亳都之间在仲丁迁都之后的联系。大量考古资料和研究成果表明，商王朝是在白家庄期从郑州迁都小双桥遗址地区，而且郑州商城所发现的三个青铜器窖藏坑也说明这一点。这三个青铜器窖藏坑出土的青铜器几乎代表了从郑州商城发现以来所有的国家重器，但是它们均出土于废弃的灰坑之内，而且摆放情况也有遭遇紧急情况急急忙忙埋藏的迹象。考虑郑州商城作为一个成熟都城，结合商王朝实行兄终弟及传承制度，适值大戊薨、仲丁即位之时就迁都，肯定是最高统治阶层内部发生剧烈冲突，甚至是武力冲突，旧都遭受严重破坏，甚至危及统治者的生死存亡，才匆匆将国之重器草率埋入地下，迁都成为必然之举。但迁都不是一蹴而就的，需要许多时日，旧都仍在维持，所以郑州商城内及周边地区至今仍是保留有除小双桥遗址及周围以外白家庄期遗存最多的地区，因而郑州商城与敖都仍保留有千丝万缕的联系。从郑州小双桥遗址大型夯土台基的剖面观察，这个最大的高台建筑毁于大火，而且这场大火烧得相当彻底，地面上保留的全部是灰烬和木炭。那在这里又要提出敖都到底有没有建成的问题，否则仲丁迁都不到20年，河亶甲为什么又要迁都到相呢？这个问题先提出来，以后再专门研究。

综上所述，我们发现仲丁选择敖地为敖都，是经过深思熟虑的筹划后非常正确的决策。敖都建成之后，在商代历史上第二个都城就坐落于中原大地上，成就中华文明史上辉煌的历史文化遗产。

四　敖地、敖都与敖山

长期以来，学术研究界一直为仲丁迁都问题争论不休，其主要争论就是历史记载中仲丁迁都于敖地还是敖山。为弄清这个问题，我们对所有有关仲丁迁敖的古史文献资料进行梳理，我们发现最早的记载是古本《竹书纪年》：仲丁名庄，“仲丁即位。元年，自亳迁于嚣（隞、嚣用于地名与敖同音）”。简简单单11个字包含了许多信息。只有今本《竹书纪年》中记“仲丁，名庄。元年辛丑，王即位，自亳迁于嚣，于河上”，就是今本《竹书纪年》“于河上”三字成为后人忙活几千年而无法解开的谜团：敖都到底是建于黄河之上，位于济水之上，黄河泛道之上，还是位于索须河之上呢？其次是《史记·殷本纪第三》：“中宗崩，子帝中丁立。帝中丁迁于隞”（也叫嚣）。而与敖地、敖山有关的最早的记载还有《史记》中的《秦始皇本纪》《项羽本纪》《汉高祖本纪》[60]及《汉书》[61]《后

图五九 | 荥阳广武镇汉王城城墙

图六〇 | 荥阳广武镇霸王城

汉书》[62]中的有关地理部分的记载。再其次就是著名的历史地理学家郦道元所著《水经注·济水》："济水又东经敖山北。《诗》，所谓亳狩于敖者也。其山上有城，即殷帝仲丁之所迁也"⑰。皇甫谧《帝王世纪》沿用前说曰："仲丁自亳迁嚣于河上也，或曰敖矣。秦置仓于其中，故亦曰敖仓城也。"由此看来皇甫谧所著《帝王世纪》："自亳徙嚣于河上者"和其他诸多记载使学者们几千年来一直纠缠不清，一直在三皇山上打转转。实际上，在仲丁迁嚣之时，黄河河道根本就没有在敖山北侧，无论《古本竹书纪年》《史记》《汉书》《后汉书》等均没有说嚣都在嚣山之上，而是"河上"，就是较晚《括地志》都说是荥泽西南十七里，殷时"敖地"，在我们主动开展的"郑州地区晚更新世以来古环境序列重建与人文聚落变化预研究"实地踏查、勘探和对遥感照片解析后，证实古代荥泽位置确实在小双桥遗址东北，与《括地志》记载完全相符，所以说嚣（敖）都置于三皇山东端，是汉代以后以郦道元为代表的作者在作《水经注》时，采用当时的传说，才把嚣都弄到敖山上。

不过经40年对三皇山进行认真调查，发现三皇山上确实有一批城址，它们从西向东分别是池沟寨城址、张良城、秦末刘邦的汉王城（图五九）、项羽的霸王城（图六〇），再向东到桃花峪东侧就是敖仓城（图六一），这就是《水经注》明明白白记述的嚣山（亦曰敖山），这个山上有城。1982年我在挖黄河时发现的那座城，事后还对现场反复多次调查和研究，参照地表和地层中发现的陶器标本、夯窝是圆底平夯，夯土特征等只能确认为战国秦汉时期城址，整个山上根本没有一丝商代遗存。1984年我在西北郊调查中就把它定为战国秦汉城址，其中有一部分是河阴城，可能更晚。几十年来没有发现任何商代遗物和遗存。所以在这里就提出仲丁是否迁都于黄河边上的敖山的问题，是商代时黄河根本就不在这里，它从武陟县北折向东北流，至渤海湾入海。其实仔细考察敖山及三

⑰ 从多方面考证，郦道元恐怕是殷帝仲丁迁都于敖山之上的始作俑者。

皇山上的所有城址，我们发现都是战争时期短时间内修筑和短时间使用的城址。比如敖仓城从秦朝统一东方六国后建立，到秦末西汉之初近十年间就废掉；汉、霸二王城建于秦末群雄争霸的时代，废于汉初刘邦建立西汉王朝；而张良城虽然始建年代不详，传说汉代张良使用过，但规模很小，也废于两汉时期；池沟寨则不需多说，就是当地隋代以后战争中的一个土围子。三皇山上为何不能建立长久的都城呢，这不仅是因为海拔高取水不便的问题，这里有其他诸如交通、运输、供应等许多原因。为说明这个问题，我们就不得不对黄河史做一个简单的知识普及。

图六一 | 郑州桃花峪战国时期敖仓城

图六二 | 北平皋黄河古河道

我查阅过大量与黄河形成和演变过程的有关文献，同时在开展黄河中游晚更新世以来环境演变序列和人文聚落变化课题中还对相关河段进行过多处实地调查，对黄河已有新的了解和认识。过去地理学界和水文部门一直讲黄河有几百万年历史，史学界和考古学界也跟着说，甚至说黄河与人类同步。但是，随着历史的不断发展，科学的不断进步，有关调查和研究的进一步深入，最新研究成果提出黄河的形成不超过16万年[63]，甚至更晚，而且黄河形成以后是在河南省武陟县由西南向东北流入渤海。现在这一带的黄河与最初的黄河相差几十千米，即使是祖乙所迁之都——邢也不得不仅仅迁出几十千米，就在现武陟县北平皋一带，北平皋原来也是在黄河东岸的，和郑州只隔一条济水[64]，和亳都、敖都基本都在一条直线上，直线距离均不超过半天的路程。彼时河水非今日之河水，千万不可像民间说书中把吕布和秦琼弄到一个时代。所以我们想一想，仲丁怎么会跑到三皇山北坡的土山上建都呢？这里取水不便，又是阴坡，而且生活更不便，还有暴雨冲刷塌陷造成泥石流等问题（图六二）。为此我们就不能不使用最新科研成果对三皇山南侧的黄土高原第二级阶地末端进行一番介绍。

从2003年开始我提出济水研究课题，到2005年组织“郑州地区晚更新世以来环境变化框架与人文聚落演变”课题以来，对郑州地区，尤其郑州市北部和西北部开展深入的实地勘察，并打钻井提取岩芯，现场提取数百个断面标本，请国内外有关专家进行化验分析和研究。大量证据证明黄河以南，京广铁路以西，岵山以北，汜水河以东，在晚更新世时期仍是槽状洼地，黄河曾在这里于某段时间存在泛滥的通道，简称泛道，从须水向东南流。随着构造运动广武原抬升，以及4200年前大禹治水在武陟县东部至古荥泽之间挖出一道排洪沟以后，黄河向东南流的水动力消减。这使黄河泛道和荥阳槽状洼地失水，广武原地上原有的许多大大小小的湖沼和湿地在水源断绝之后，加快了湿地变为陆地的进程。实际上早在距今7000～6000年前，这些湖泊和湿地因种种原因已逐渐消退，槽状洼地成为肥沃的耕地，大量仰韶文化中晚期的先民在距今5600～5000年间从四面八方涌进这里，修房盖屋、筑城挖壕，创造出中国早期文明的前奏。同时由于人类自然的改造和利用，引起环境进一步变化，加快水土流失。在大禹治水以后，随着黄河泛道的消退，黄水（今贾鲁河）、须水、索河、枯河、汜水等逐渐形成（图六三）。

经过几十次主动考古调查，在方圆几千平方千米内，除了在荥阳峡窝镇沙固村曹彬墓北侧发现裴李岗文化遗存外，其他所谓裴李岗文化遗址可能完全是误会[65]。所谓郑州高新技术开发区北部郭村发现有石磨盘，实际上是郑州大学从外边拉土垫地过程中从堆土内发现的一件流散文物，与其同时发现的还有唐代佛教石造像等，石磨盘与遗址毫无关系。所谓牛口峪、任店的裴李岗文化遗址，是我在1981年徒步调查中发现的仰韶文化遗址，与巩义滩小关遗址一样是调查人员见到一些陶器残片被风雨侵蚀严重，调查人员猜测与裴李岗文化有关，滩小关遗址就是今日之双槐树遗址。这样看来，在这片广大的槽状洼地上目前能够确认的距今7000年的遗址只有一处裴李岗时期的聚落遗址，到距今5600～5000年间突然大量仰韶文化聚落在这片土地上冒了出来，而且这些聚落不是一般聚落，而其中有三分之一左右是由大型夯土城墙围起来的或多重环壕构成的大型中心聚落。经过近几十年工作，郑州地区一共发现仰韶时期聚落遗址近230处之多（图六四），其中已查实城墙围起来和环壕构成的大型聚落就有7处，他们分别是西山仰韶文化古城、点军台仰韶文化古城、汪沟仰韶文化古城、青台仰韶文化多重环壕聚落[66]、秦王寨聚落遗址、陈沟环壕聚落遗址等[67]。另外，在汜水镇与王村乡交界处最新发现一处大型仰韶遗址，极有可能存在有城或环壕，有待下一步工作证实。仰韶文化时期以后，这里发现的河南龙山文化遗址也有10余处，其中仅荥阳竖河遗址进行过发掘，其他均因目前尚未开展专题勘察和研究而情况不明[68]。

进入夏商周时期，这里又成为夏文化极为活跃的地区，其中发现与二里头文化一期有关的东赵城址。尤其是二里头二期以后，夏代文化遗址的突然增多，仅目前不完

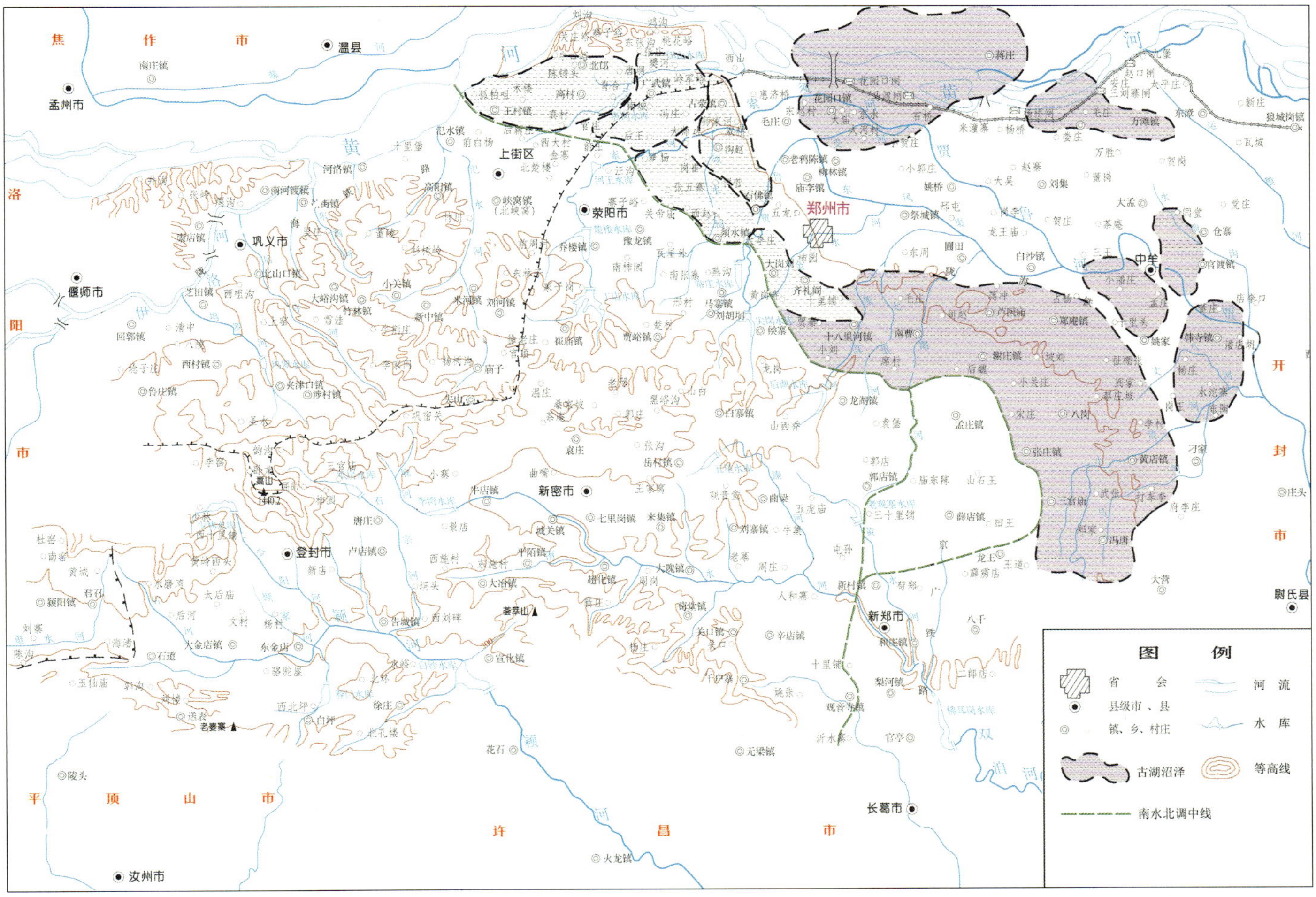

图六三 | 郑州北部槽状洼地早期地理形态

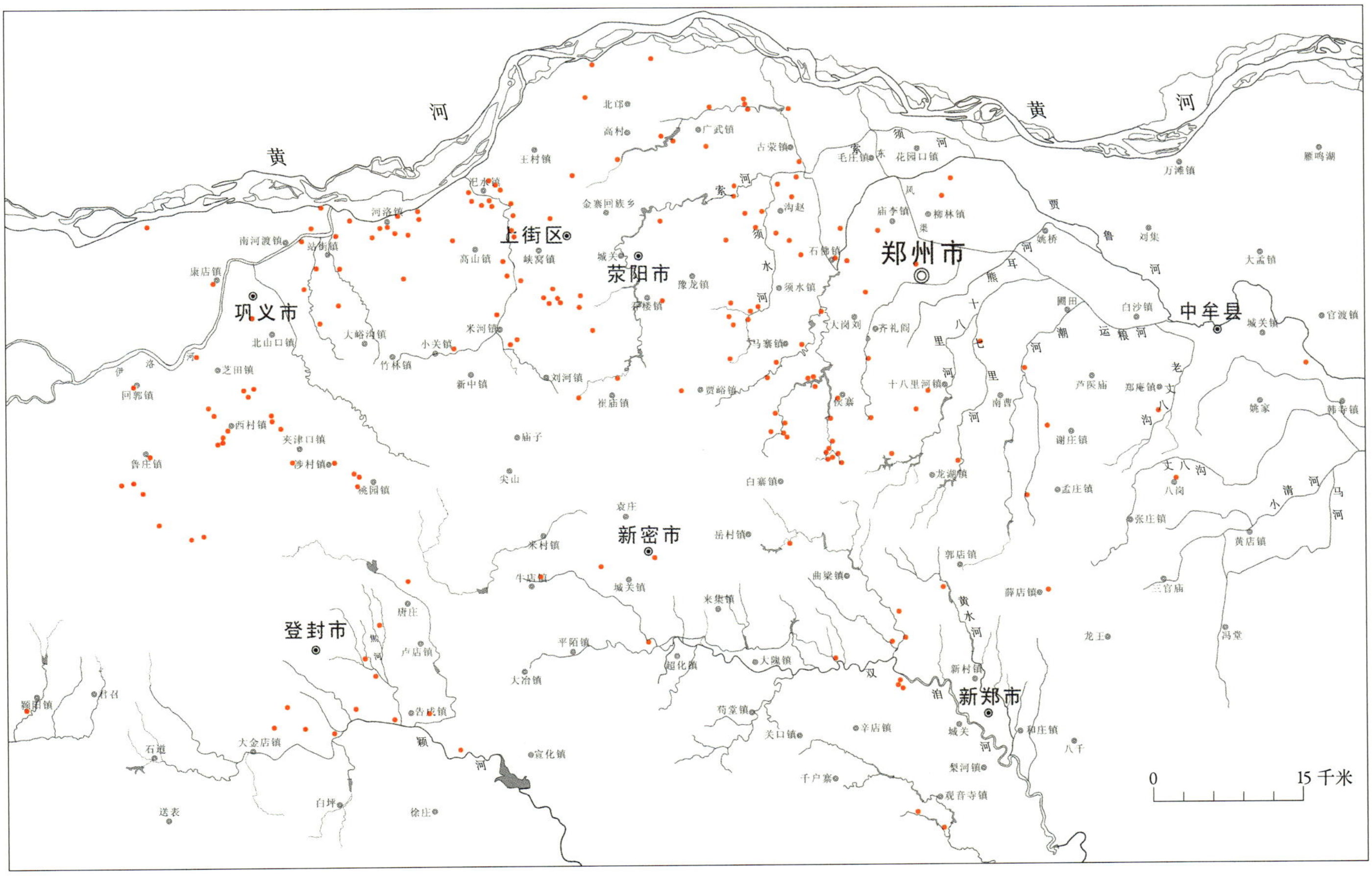

图六四 | 郑州仰韶文化遗址分布图

全统计，郑州地区已发现夏文化中晚期遗址有100多处，有商代遗址223处，有周代遗址155处。目前已发现的郑州西山城址年代为距今5300～4900年；荥阳点军台城址年代为距今5500～4100年；荥阳青台城址年代为距今5300～4600年；汪沟城址年代为距今5300～5000年；郑州大河村遗址年代约为距今6800～3400年。郑州东赵村遗址是洛河以东目前发现的唯一一个被确定为与二里头一期基本同时的城址，而且也是与二里头文化有着明显文化面貌差异的城址。著名考古学家李伯谦先生称东赵村遗址是后羿代夏的遗存，我是持保留看法的。经我几十年的观察和研究，这是华族最后堡垒之一，到二里头二期古华国被夏王朝彻底兼并，这是夏族占领郑州以前的遗存，不然不会表现出那么多的独特文化特征。正因为如此，郑州地区才会从二里头二期开始在洛河以东找到大量的二里头文化二期聚落，并筑大师姑夏代城址[69]、望京楼夏代城址[70]、西史村城址[71]、曲梁城址[72]等一系列军事重镇。大师姑和望京楼遗址均为进行过大规模考古发掘的二里头二期始建的城址，荥阳娘娘寨遗址[73]和官庄[74]均为西周开始的城址……

我们简要介绍这么多早期遗存状况，主要是想说明几个问题：

（1）在距今7000年以后，因为环境变化，也可能还有地质构造和人为原因[75]，荥阳槽状洼地严重失水，加上荥阳槽状洼地地貌发生巨变，致使湖泊沼泽逐渐干涸。湖泊沼泽干涸以后，为人类创造出一片发展的乐园。距今3600年以后，槽状洼地就成为中原地区繁荣兴盛的区域，历史也为仲丁迁敖奠定良好基础 。

（2）从仰韶文化中晚期后段这里成为仰韶文化秦王寨类型文化族群的重要聚居区，从自然环境看，这里土地平坦，土质肥沃，水源充足，排水顺畅，是人类宜居区。从此开始，一直到进入河南龙山文化时代，这里一直是人类理想的聚居地，到商代当然也是仲丁选择都城的最佳区域。

（3）从历史记载中搜寻，我们发现这里虽然距新郑只有十几千米，但是没有一字记述这里是黄帝聚落居住区，反而连《汉书・郡国志》在内几乎所有地理和方史志都记述有郑州地区，包括新密、新郑等，是“祝融之墟”[76]。结合大河村新石器时代遗址与郑州地区很多仰韶文化遗址都曾出土白衣彩陶“太阳纹”的现象——经几十年研究这就是祝融的族徽，这里最早是黄帝后裔祝融族群的聚居地[77]。

如前所述，历史记载这里是祝融之墟，大量仰韶文化遗存的发现，使我们考虑黄帝部族⑱距今的时代要大大提前，甚至要提前到距今7000年以前。这不是空话，我们有考古发掘和环境考古资料证据。经研究，炎帝是应从新石器时代初期就产生的部落，黄帝也是从新石器早期发展出来的一支，他们共同发展。到了距今8000年时，由于生产力提高，农业耕种水平进步，粮食产量富足，人们追求满足生存条件以后，追求更高的

⑱ 此处用部族而不用部落，是因为黄帝部落是经历几千年发展的一群部落，不是一个部落。

物质、精神享受，最原始的阶级基础和国家萌芽的种子——掠夺资源的战争随之升级。炎帝与黄帝两个氏族就是在这种情况下产生分裂，导致涿鹿之战，炎帝部落失败。炎帝氏族人员四处逃散，逃向北方的发展出河北仰韶文化，扩散至山东与北辛文化结合发展壮大了大汶口文化；逃到安徽江苏的与凌家滩文化结合；逃到江浙的与跨湖桥—良渚文化融合；逃到湖北的与屈家岭文化融合，产生石家河文化；逃到陕西的与老官台—李家村文化融合产生庙底沟文化等；逃到山西的目前虽尚不清楚，但是到后期发展出早商文化⑲，到夏末商族又进驻中原。

我们根据考古学方法论划分黄河流域新石器文化类型后发现，仰韶文化起源于裴李岗文化，到裴李岗文化后期进入衰退期，实际就是炎黄几次因争夺资源的大战引发的文化大传播期的体现。我国著名考古学家苏秉琦先生首先发现这个问题。在此基础上，我根据炊器群发现自裴李岗文化后期，以鼎为主要炊器的仰韶文化南达长江流域，北至燕山脚下，东括齐鲁，然后向西到陕原就不见三足器的踪影。实际上这不仅是文化上的差异，也是族群的差别，在河南西部就是黄帝族的又一支分支。人类社会就是这样，古代人们通过分分合合，在中华大地上孕育出灿烂的炎黄文化。涿鹿之战是中国历史上第一次大分化，第二次就是黄帝与蚩尤部族的分裂，这些战争为以后的大融合奠定坚实基础。而历史文献有关黄帝与炎帝之战的记载与中国新石器时代文化考古中反映的文化脉络是一致的。

最典型的就是在河南裴李岗文化裴李岗类型中发生的陶鼎，始终在中原地区向北一直到燕山脚下区域的新石器文化中占主导作用，而在洛阳以西的豫、晋、陕三省交界处的仰韶文化中却很难见到鼎的影子。经我研究，这与历史记载和历史传说中所谓黄帝族的迁徙与铸鼎有关，黄帝的后代中有一支从中原分化出去以后，到帝挚少昊氏之时，今本《竹书纪年》载："登帝位，有凤凰之瑞。或曰名清。不居帝位，帅鸟师居西方，以鸟纪官。"[78]因为这是今本《竹书纪年》的记载，学界很久以前就认为它是伪书而少有采纳，但是随着研究的发展，越来越多的学者发现其实今本《竹书纪年》中保存有很多有价值的史料。我就从中发现所谓少昊氏"以鸟纪官"是可信的。我们看一下庙底沟文化的考古发掘中，出土大量的以鸟为主题图案的仰韶文化彩陶案，其实就是庙底沟文化部族图腾的反映。而庙底沟文化中，绝对不见陶鼎，其实是与当地传说黄帝铸鼎有关，这反映庙底沟文化时期庙底沟族群已把鼎作为礼器，这样民间就很难再见鼎的踪影[79]。不过我相信今后在庙底沟文化的大型祭祀区、最高级别的宫殿区以及高级别墓葬中就可能见到有陶鼎，这就是社会进步的结果[80]，不然陕西新石器晚期出现的鸮鼎就无法解释。

⑲ 这里有人类迁徙路线不同，区域不同，路途上经历不同，时间间隔巨大。

通过对仰韶文化的分析，进一步又反映出到仰韶文化中晚期的时候，郑州地区和濮阳地区仰韶文化是一体的，都是历史记载中以濮阳为核心的颛顼文化区系。颛顼以后郑州地区进入祝融部族时代，荥阳槽状洼地成为祝融族的重要聚居中心。而到商王朝仲丁之时，荥阳槽状洼地东部就成为仲丁建都的首选之地。这里有良好的人文历史传承，有厚重的文化积淀，有优越的地理条件，而且交通方便，是理想的王都中之地。

在前面基础上，我们研究这个地区从仰韶文化中晚期至商代早期都没有发现这里还有其他与嚣（敖）有关的地名，但是黄帝有一个孙子名字叫玄嚣（亦通敖），会不会是黄帝的子孙居住此处，以玄嚣命名为嚣地（同样可以称敖），到仲丁一直沿袭不变，仍然是嚣地，秦灭东方六国设敖仓，才改嚣为敖，敖仓所在之山才叫敖山。目前这个就是唯一比较合理的解释。

综上所述，我们可以看到，在小双桥遗址所在的荥阳槽状洼地上分布有大大小小许多仰韶文化时期的大型环壕聚落或者城址，按照文献记载，这里是历史上黄帝部族活动的中心。根据社会发展史和民族学原理与民族学理论分析，这些重要遗存应为黄帝部族后裔颛顼一支的遗存。据《史记·五帝本纪》："帝颛顼生子曰穷蝉，颛顼崩，而玄嚣之孙高辛立，是为帝喾。"又说"帝喾高辛者，黄帝之曾孙也。高辛父曰娇极，娇极父曰玄嚣，玄嚣父曰黄帝。自玄嚣与娇极皆不得在位，至高辛即帝位。高辛与颛顼为族子。"尤其是《集解》张晏曰："少昊以前，天下之号像其德。颛顼以来，天下之号因其名。高阳、高辛皆所兴之地名颛顼与喾皆以字为号，上古质故也。"玄嚣不在帝位，我们研究后认为玄嚣的嚣也是地名。鉴于颛顼之都在濮阳，黄河当时在武陟以西折而东北流，郑州和濮阳在地理区划上是一体的，荥阳槽状洼地又有那么多的特大型中心聚落，但又够不上都的级别，应是黄帝后裔，颛顼一支后裔的中心聚居地。由此荥阳槽状洼地上古时就曰嚣。我们研究后认为嚣都之得名可以追溯到仰韶文化晚期的嚣地，得名的过程是从嚣地到玄嚣（敖），从玄嚣（敖）地到嚣（敖）地，又从嚣地到帝中丁的嚣都。到战国末期秦朝之初秦国在三皇山东端山上筑"敖仓"，敖仓所在之山又改名敖（嚣）山。这就是敖都的由来。

五　几点思考和认识

从发现小双桥遗址到写这篇文章，先后已经历了37年。这是我不断学习不断实践的30多年，也是我不断提高和不断前进的30多年。30多年来，不仅对中国考古学有了比较客观全面的认识，同时对小双桥遗址也有了比较客观和全面的认识。从小双桥遗址的研究中，我们可以看出考古学作为一门学科，不仅取得了巨大成就，同时也存在许多问题。其中既有如何看待中国考古学体系和架构的问题，也有用什么样的方法观察考古资料的问题。

我们都知道，考古研究面对的都是距现代生活很久远的东西，如果是历史时期的材料还好说，如果是史前的材料，那就可以说是我们现代人无法体验和全部感知的。因为其中有史料记载的材料可以说是微乎其微，让现代人去完全了解和全面认识是一件很困难的事情。有人讲把所有现代科学技术都用上，也不能全部解决人类史中的所有考古问题，这是一句大实话。而美国摩尔根的一本《古代社会》出版后，因为国内很晚才有中文翻译本，加上名人做过点评后，竟能一度变为放之四海皆准的唯一标准，现在看来是十分幼稚的[81]。摩尔根的书仅仅是对印第安人易洛魁等少数民族观察研究的结果，他自己没有讲自己的调查研究结果是普遍规律，而我们却因自己孤陋寡闻，硬是把他说成普遍规律，以至于弄出什么人类历史上普遍存在母系氏族社会的结论。试看今日科学高度发达以后，什么普遍的母系氏族社会阶段，连动物实行的都普遍是父系制，所谓母系实际上是人类发展史上的个别现象，而且是比较落后的发展模式。再看今日世界历史，凡是实行母系氏族社会的都已成为历史的活化石[82]。

再看全世界的考古学和近30年的中国考古学，日新月异，不仅新的重大考古发现层出不穷，不断颠覆人们的认识和观念。科技考古新成果也是铺天盖地，尤其是新的考古学理论应接不暇，所以我们说考古学也是一门不断创新，不断发展，不断革新的学科。因为这里的主要任务不是研究考古学学科理论和考古学学科建设内容的，因此仅结合几十年来我们在考古工作中会遇到最多的问题介绍一下我的认识和体会。

（1）历史发展到今天，尤其是中国考古学发展到今天，我们有理由，有责任，也有能力对中国考古学进行回顾和思考，对我们学科理论建设进行一些清理，积极与世界考古学融合，构建中国考古学的框架体系和理论体系。在此需要讲的就是怎样研究超大型中心聚落遗址问题，国内考古学界对许多这样的遗址的研究就做得很好，如陶寺、二里头、周原、汉魏故城等。但是在历史上的城市区考古中就有一些问题，如郑州商城，还有郑州小双桥等，它们都是通过一个一个零星遗址的发现，最后仍定位是超大中心聚落，这里头就有怎样全面掌握都城实际规模、把都城原来有机组成部分都能较全面地进行观察和研究的问题。如以小双桥遗址为中心的敖都遗址群就是首先发现小双桥遗址、岳岗遗址而后又一个一个逐渐发现的一群遗址，怎样判断这几十处遗址点中哪些就是敖都遗址的一部分？哪些是城外的聚落点？因为没有见到明显分界线，也没有学者去关注敖都的规模和完整性，所以研究就是盲人摸象，摸到象腿的说像竹子，摸到鼻子的说是水管，公说公有理，婆说婆有理，永远扯不清。这既是研究思路问题，也是研究方法问题。

（2）考古学方法的提高和研究理论需要提升，尤其是聚落考古方面，无论在田野考古调查，或是在田野考古中的认识水平和眼界都要随学科发展而发展。举一个最简单的例子，就是遗址规模问题，过去调查的几百、几千平方米是初级阶段调查的认识，现在深入调查以后突然有很多遗址都是以几十倍、几百倍地扩大。再就是我们几十年积累的考古调查和考古发掘资料已找出一套认识古文化遗址布局的思路，遗址有十多万平方米就有环壕，几十万平方米规模的就有城址，甚至是多重环壕或多重城墙的大型都邑，小双桥遗址仅仅是其中一项，中国大地上的浙江良渚、内蒙古的红山、陕西的石峁、湖南的城头山以及郑州市西北角的仰韶时期古城群。继之而来的是对中国新石器时代的社会性质的判断，这已不仅仅是父系母系之争那么简单的问题。早已有人提出中国考古学是不是有一个过低认识中国新石器时代的问题呢？苏秉琦先生曾提出战略考古，我们无资格谈战略考古，但是不是有一个宏观考古呢？这个宏观可以是对一个遗址，几个遗址，一个流域，一个区域，一个地区，甚至是更广泛的地域进行宏观的研究。这仅仅是一点儿感想，姑且提出来以供讨论。

（3）中国是一个历史悠久的文明古国，也是世界上唯一一个几千年历史文献记载没有任何中断的文明古国。中国有据可查的信史在3000年以上，史书传说约万年以上，所以在构建中国考古学体系时不能忽略中国浩瀚历史文献的特点，中国考古学应该在科学的基础上创建中国有特色的考古学体系。

（4）郑州商城与小双桥遗址具有密不可分的联系，所以在研究小双桥遗址时，我们不能忽略对郑州商城的重新认识。把郑州商城研究清楚以后又对小双桥遗址的研究发挥重大推动作用。

（5）小双桥遗址的新发现和研究新成果再次为我们提出考古学要不要观念更新、理论创新、思路革新的问题。就目前考古学学科发展来说，谁能说清什么是考古学的基础理论，什么是考古学的方法论，难道就仅仅是地层学和类型学吗？世界最新发现、最新理论我们究竟知道多少呢？难道我们的考古学真的就是世界第一吗？我们究竟应该怎样发展和前进呢？小双桥敖都遗址的研究表明，目前中国考古学确实已形成很好的理论体系，但是还不够，还需要我们去总结和发现新的理论，其中我们使用的聚落动态变化观察亦是一个不错的尝试。侯卫东博士对郑州地区商代遗址的重新调查和研究就是很好的事例。

（6）小双桥遗址的调查、考古发掘与研究是一项长期的系统工作，同时也是一项系统工程，还需要历史、地理、水文、地质、环境、气候，甚至是社会学等多部门的参与才能取得突破性成果。所以我们呼吁各方面给予关注和支持，尽早把小双桥遗址的性质、规模、布局以及内部功能做出一个比较圆满的研究结果。郑州市文物考古研究院自主立项开展的郑州地区晚更新世以来环境变化框架与人文聚落演变预研究给小双桥敖都研究提供环境研究支持。敖都选择小双桥是古黄河三角洲环境演变和人文积淀下的历史选择，绝对不是一个偶然现象。

（7）怎样评价和对待过去考古研究的结论。我认为就是一个原则——客观、公正，用历史的眼光来对待，既不可求全责备，更不能全盘否定，一定要客观公正。我在一些场合听到个别并不懂考古的人对安金槐先生把郑州商城定为敖都，引用和改动《括地志》记述等讲一些非常刻薄的话，我认为这是不应该的。以安金槐先生为代表的老一代考古学家在20世纪50年代发现和确认郑州商城是多么有胆识、有学识的创举。在那之前，历史上和学术界一向只知商朝初期有四亳，郑州根本不沾边，而那一代人能够在新中国考古学创建之时就能够发现和确认，实在是一件创举。所以我在这里拿鲁迅对战士有缺点仍是战士的话来评价这桩学术公案。与此同时，我们也必须看到老一代考古学家们在取得重大贡献的同时，因受时代和考古资料限制，他们的一些结论是阶段性的，随着时代的发展，考古资料的不断丰富，尤其是科学的进步，新技术新手段不断地引进，考古研究也在飞速发展，一些结论就需要去完善和更正，这是历史进步的表现。所以无论是对郑州商城、仲丁所迁敖都，甚至是所谓夏都概念的确认都有一个完善问题。鉴此，我想提出的是历史上一些权威提出的一些结论，在呈几何级数增长的考古新成果面前，我们必须尊重事实，勇敢地修改已经有过的结论。

为此，在与小双桥遗址为敖都有关的问题上，我感慨最深的是二里头、郑州商城、小双桥等。偃师二里头文化的发现和确认使它成为中国考古学史上最重大的考古发现之一，许多考古学家为此做出卓越的贡献。其中以著名考古学家邹衡先生为代表的考古权威经过辛苦的研究，确认二里头文化一至四期都是夏文化，二里头文化一期是早期夏文化。经考古学界数十年辛勤努力，大量考古发现和考古学相对年代与绝对年代证明二里头文化一期为公元前1900～前1790年间的遗存，历史记载中也说是只有到太康之后夏王朝才迁到洛阳平原。但是至今人们仍坚持二里头一期为早期夏文化，为此历史上夏王朝所迁的许多都城也就不用去找，这是错误的。

郑州商城更是一桩公案，著名考古学家安金槐先生发现和发掘郑州商城是在还没有发现郑州小双桥遗址之前，在历史文献中也根本就没有记载郑州有商代都城，所以在那个时代安金槐先生把郑州商城定为敖都是情有可原的，但是历史文献中明明记载敖都在古荥阳一带，而且已在这个地区发现规模巨大的白家庄期遗址群，事实摆在那里，可是还是有许多人坚持敖都还在河上。实际上，是好多学者没有去了解古地理，那时黄河根本不在敖山北侧，即使济水，也距离敖山很远，一个历史上已实现统一王国的大邑商都，如果建在山顶，固然具有很重大的军事意义，但是对于一个政治、军事、经济和最高统治者统治全国的首都来说就显得有很多的不便，尤其是用水、交通等因素制约，就是现代人也很难。

由此可以看出，考古学研究中权威对研究结论的局限性。所以，考古学发展到今天，我们有责任在研究中注意这一点，一定要考虑恢复历史的原有面貌去观察和研究。8年前，我曾在许多场合告诉过一些有关同行，在小双桥遗址调查勘探中还有新的突破性的考古发现，因种种原因不便透露。如今，据说河南省文物考古研究院已于2017年年初对其中一个大型废弃水井进行发掘，取得新的发现。2020年河南省文物考古研究院对所谓“周勃墓”的大型夯土台基进行考古发掘，发现商代中期高台多层建筑基址，其实可能还有一些新线索。因为被脱离考古以后没有机会继续工作，只有等待后继者们继续努力，争取更大的发现。时隔十几年，对小双桥遗址的研究关键是新观念和新思路，只有思想和观念的创新才能引出新的研究成果。

附记：

2006年10月16日于郑州市碧沙岗小角落草就此文，以释我33年心之所系，同时为商代汤居亳、仲丁迁敖的研究发表一些个人不成熟的意见。随着历史的发展、社会的进步、科学技术的提高，考古学研究也将不断前进，有关问题将会不断得到解决。这样就提出一个问题，我们现在所有的研究其实都是初步的，都是需要历史检验的。因此，对待学术研究的态度要有科学的世界观，学术界应该鼓励学术争鸣和学术创新，提倡学术批评，才能使科学不断发展。本来是要增加一段侯卫东先生做博士论文时来郑州重新对郑州商代遗址调查，写出《郑州地区索、须、枯河流域考古调查报告》和《郑州商代都邑地位的形成与发展》以后的新收获，但是因为这样篇幅就会大幅度增加，只好割爱。2021年为纪念郑州市文物考古研究院创立60周年，我拿出这篇旧作，经过重新修改，成为此稿，欢迎指正。

参考文献

[1] 于革:《郑州地区湖泊水系沉积与环境演化研究》，科学出版社，2016年。

[2] (北魏)郦道元:《水经注·济水》，王国维校:《水经注校》，上海人民出版社，1984年。

[3] 〔瑞典〕T.J.阿尔纳:《河南石器时代之着色陶器》,《古生物志》丁种第一号第二册，农商部地质调查所印行，1925年。

[4] 〔瑞典〕安特生著，袁复礼译:《中华远古之文化》,《地质汇报》第五号第一册，农商部地质调查所印行，1923年。

[5] 考古研究所河南调查团:《河南成皋广武区考古纪略》,《科学通报》1951年第二卷第七期。

[6] 郑州历史文化丛书编撰委员会:《郑州市文物志》，河南人民出版社，1999年。另,《水经注》中明确记载为大索城，但近代文物资料中多数介绍说是小索城，而根据《水经注》记载，张楼古城应是大索城，今荥阳市旧城为大栅城，大索城往北约2千米处河东的台地是小索城。

[7] (汉)司马迁:《史记·高祖本纪》，中华书局，1959年。

[8] 秋实:《找到〈水经注〉中的荥阳城》,《郑州晚报》1985年5月23日。

[9] 张松林:《郑州市西北郊区考古调查简报》,《中原文物》1986年第4期。

[10] 河南省文物考古研究所:《郑州小双桥——1990~2000年考古发掘报告》，科学出版社，2012年。

[11] 阎铁成:《商代殷都考》,《中原文物》2009年第1期。

[12] 陈隆文:《小双桥遗址与商代庇都地望新论》,《江汉论坛》2007年第11期。

[13] 杨育彬、孙广清:《郑州小双桥商代遗址的发掘及其相关问题》,《殷都学刊》1998年第2期。

[14] 杨育彬:《郑州商城考古新发现与研究(1985~1992)》序言，中州古籍出版社，1993年。

[15] 宋国定:《商代中期祭祀礼仪考——从郑州小双桥遗址的祭祀遗存谈起》,《2004年安阳殷商文明国际学术研讨会论文集》，社会科学文献出版社，2004年。

[16] 许俊平、李锋:《小双桥商代遗址性质探索》,《中原文物》1997年第3期；裴明相:《郑州小双桥遗址在商代前期考古学中的地位》,《河南博物院落成暨河南省博物馆建馆70周年纪念论文集》，中州古籍出版社，1998年。

[17] 陈旭:《郑州小双桥商代遗址即敖都说》,《中原文物》1997年第2期；李维明:《小双桥商文化遗存分析》,《殷都学刊》1998年第2期。

[18] 河南省文物考古研究所:《郑州小双桥——1990~2000年考古发掘报告》，科学出版社，2012年。

[19] (汉)司马迁:《史记·殷本纪》，中华书局，1959年。

[20] 于革:《郑州地区湖泊水系沉积与环境演化研究》，科学出版社，2016年。

[21] 张松林:《郑州文物考古回顾与思考》,《郑州文物考古与研究》(一)，科学出版社，2003年。

[22] 郑州市文物考古研究所:《郑州市洼刘村西周早期墓葬ZGW99M1发掘简报》,《文物》2001年第7期。

[23] 郑州市文物考古研究所:《郑州大师姑》，科学出版社，2004年。

[24] 宋秀兰:《敖都故址考》,《华夏都城之源》，河南人民出版社，2012年。

[25] (北魏)郦道元:《水经注·济水》，王国维校:《水经注校》，上海人民出版社，1984年。

[26] 中国社会科学院语言研究所编:《现代汉语词典》，商务印书馆，1978年。

[27] 河南省文物考古研究所：《郑州商城》，文物出版社，2001年。

[28] 郑州市文物考古研究院：《郑州市东风路商代遗址发掘简报》，《华夏文明》2016年第2期。

[29] 郑州市文物考古研究院资料。

[30] 信应君：《梁湖遗址商代大型建筑基址性质初探》，《华夏文物》2017年第5期。

[31] 郑州市文物考古研究院资料。

[32] 郑州历史文化丛书编撰委员会：《郑州市文物志》，河南人民出版社，1999年。

[33] 郑州市城市科学研究会华夏都城之源课题组：《关于华夏都城之源的课题研究报告》，《华夏都城之源》，河南人民出版社，2012年。

[34] 刘彦锋、吴倩、薛冰：《郑州商城布局及外廓城墙走向新探》，《郑州大学学报（哲学社会科学版）》第43卷第3期，2010年。

[35] 郑州市文物考古研究院资料。

[36] 刘彦锋、吴倩、薛冰：《郑州商城布局及外廓城墙走向新探》，《郑州大学学报（哲学社会科学版）》第43卷第3期，2010年。

[37] 邹衡：《晋豫鄂三省考古调查简报》，《文物》1982年第7期。

[38] 郑州历史文化丛书编纂委员会：《郑州市文物志》，河南人民出版社，1999年，81页。

[39] 郑州市文物工作队：《郑州岔河商代遗址调查简报》，《考古》1988年第5期。

[40] 内部资料：《第三次全国文物普查暨郑州市第五次文物普查资料汇编》，2007年2月。

[41] 郑州历史文化丛书编纂委员会编：《郑州市文物志》1999年，79页；张松林：《郑州市西北郊区考古调查报告》，《中原文物》1986年第4期。

[42] 内部资料：《郑州高新技术产业开发区文物古迹单位调查成果报告》，2005年3月，11页。

[43] 国家文物局：《中国文物地图集·河南分册》，中国地图出版社，1991年，3页；张松林：《郑州市西北郊区考古调查报告》，《中原文物》1986年第4期。

[44] 郑州历史文化丛书编纂委员会：《郑州市文物志》，河南人民出版社，1999年，75页；张松林：《郑州市西北郊区考古调查报告》，《中原文物》1986年第4期。

[45] 国家文物局：《中国文物地图集·河南分册》，中国地图出版社，1991年，3页；张松林：《郑州市西北郊区考古调查报告》，《中原文物》1986年第4期。

[46] 国家文物局：《中国文物地图集·河南分册》，中国地图出版社，1991年，3页；张松林：《郑州市西北郊区考古调查报告》，《中原文物》1986年第4期。

[47] 内部资料：《第三次全国文物普查暨郑州市第五次文物普查资料汇编》，2007年2月。

[48] 张松林：《郑州市西北郊区考古调查报告》，《中原文物》1986年第4期。

[49] 内部资料：《第三次全国文物普查暨郑州市第五次文物普查资料汇编》，2007年2月。

[50] 内部资料：《郑州高新技术产业开发区文物古迹单位成果报告》，2005年3月，12页。

[51] 内部资料：《郑州高新技术产业开发区文物古迹单位成果报告》，2005年3月，12页。

[52] 内部资料：《郑州高新技术产业开发区文物古迹单位成果报告》，2005年3月，13页。

[53] 内部资料：《郑州高新技术产业开发区文物古迹单位成果报告》，2005年3月，15页。

[54] 内部资料：《郑州高新技术产业开发区文物古迹单位成果报告》，2005年3月，14页。

[55] 内部资料：《郑州高新技术产业开发区文物古迹单位成果报告》，2005年3月，14页。

[56] “郑州地区晚更新世以来古环境变化框架与人文聚落变化预研究”的最新成果。

[57]（北魏）郦道元：《水经注·济水》，王国维校：《水经注校》，上海人民出版社，1984年。
[58] 张松林：《郑州文物考古回顾与思考》，《郑州文物考古与研究》（一），科学出版社，2003年。
[59] 宋柏松、张松林：《商汤都郑亳的环境因素与历史原因》，《殷都学刊》2004年第2期。
[60]（汉）司马迁：《史记》，中华书局，1959年。
[61]（汉）班固：《汉书·郡国》，中华书局，1959年。
[62]（宋）范晔：《后汉书》，中华书局，1965年。
[63] 于革：《郑州地区湖泊水系沉积与环境演化研究》，科学出版社，2016年。
[64] 邹衡先生1979～1981年曾在晋豫鄂进行考古调查，于焦作北平皋发现战国时期韩国戳印陶文“邢公”。邹衡：《晋豫鄂三省考古调查简报》，《文物》1982年第7期。
[65] 考古调查资料。
[66] 顾万发：《文明之光——古都郑州探索与研究》，科学出版社，2016年。
[67] 郑州历史文化丛书编撰委员会：《郑州市文物志》，河南人民出版社，1999年。
[68] 河南省文物研究所：《荥阳竖河遗址发掘报告》，《考古学集刊》（第10集），地质出版社，1996年。
[69] 郑州市文物考古研究院：《郑州大师姑》，科学出版社，2004年。
[70] 郑州市文物考古研究院：《新郑望京楼》，科学出版社，2015年。
[71] 郑州市博物馆：《河南荥阳西施村遗址试掘简报》，《文物参考资料》（3），文物出版社，1988年。
[72] 北京大学考古文博学院：《河南新密曲梁遗址1988年春发掘报告》，《考古学报》2003年第3期。
[73] 郑州市文物考古研究院：《河南荥阳娘娘寨城址西周墓葬发掘简报》，《文物》2009年第9期。
[74] 郑州大学历史学院历史文化遗产保护研究中心：《河南荥阳官庄城址周边系统调查与初步收获》，《中原文物》2015年第4期。
[75] 于革：《郑州地区湖泊水系沉积与环境演化研究》，科学出版社，2016年。
[76] 郑州地方史志办公室：《嘉靖郑州志校释》，中国水利水电出版社，2019年。
[77] 郑州市文物考古研究所：《郑州大河村》，科学出版社，2001年。
[78] 王国维：《古本竹书纪年辑校 今本竹书纪年疏证》，辽宁教育出版社，1997年。
[79] 中国社会科学院考古研究所、河南省文物考古研究所：《灵宝西坡墓地》，文物出版社，2010年。
[80] 张松林：《中国新石器时代陶鏊考》，《中原文物》1997年第3期。
[81]〔美〕路易斯·亨利·摩尔根著，杨东莼、马雍、马巨译：《古代社会》，中央编译出版社，2007年。
[82]〔日〕浅川滋男：《云南省纳西族母系社会的居住样式和建筑技术的研究报告》，九善株式会社，1996年；颜思久：《布朗族的母系制及其演变探溯》，《云南社会科学》1981年第4期。

三星堆新发现『奇奇怪怪』青铜器及青铜祭坛解读

顾万发

三星堆人的宇宙观和精神信仰，对于正确理解三星堆文化甚至有关商代文明非常重要。对这一问题不少学者都有论述，但是作为主题的很少。本文以这一主题行文，借助于被公众称为“奇奇怪怪”的这件青铜器和新发现的青铜祭坛，对纷繁复杂的三星堆文化宇宙观和精神信仰问题提出基于这两件器物本身蕴含信息的认识（图一）。

一　3号坑“奇奇怪怪”青铜器

对于“奇奇怪怪”青铜器的解读，见仁见智，发掘者认为“奇奇怪怪”青铜器反映了古蜀人的宇宙观，这应是睿识，不过没有具体阐明和论证，兹以详论和新识。

该器物的上端实际是两个山形为基础的天柱，组成天门。其下端残，有发掘者认为可能与8号埋藏坑的青铜祭坛属于同一器物，这是正确的。

图像中托举的神职人员或曰巫师力士，有一对由前端衍生至背胁的羽翼，表明其有飞升的巫术，并显示其位至高空。其三焦之上中焦位置的羽翼与其背胁的羽翼组合表示神鸟羽翼，按照经络的认识，这些羽翼还表示生机之气，表现其能量。这些连同其下焦的服装的云雷纹以及四肢的眼睛和云雷、羽翼纹样，则可表现该神巫经络畅通和有旺盛的精气神，其可以升降、沟通天地。该神职人员的短发与很多青铜人头像相似，与三星堆2号埋藏坑的1号青铜立人像比较，发型较为一致，但是该青铜人没有发

1

髻。其冠之索形饰，在龙山时代石家河文化晚期，少昊氏始祖鸷首曾发现有这一风格，不过两者的发型总体并不一致。

图像中托举的神职人员或曰巫师力士所托具有崇山峻岭元素的四方之地，其中的山形有羽翼云雷纹，本身又拟合蝉形，这可以表现精气神，表明这四方之地是有生机的。

2

图一 | 三星堆出土青铜器

1.3号坑“奇奇怪怪”青铜器　2.8号坑青铜祭坛

山有圆形图案，其上下各有一个方形平面，下层平面每面各有8个圆形，上层方形四周总共有12个发光圆形。其中上端可能表示太阳并一年12个月，下端则可能是离火形的简形。两者都可以表示精气神。巫师首之两只神鸟，除了具有助力其升降天地、增强其精气神的意义，同时可能还有一项重要价值，即是表现该巫师飞舞若汉佚名《天门》诗言汉武帝祭天神的场景那样，“幡比翅回集，贰双飞常羊”，也即是形容神职人员祭祀时来回舞动飞旋如同禽鸟比翼飞翔于崇山峻岭。

托举的巫师力士有表示地的四方形冠，其冠首还有一个小青铜握手执神鸟立人，显然是一个巫师，其握手执鸟，显然是表现沟通天地、一阴一阳之谓道的，是表现天地阴阳的生机和生命力的，以神鸟之能量和知时节特征表现道的生机和规律特征。神鸟从握手中出现，即是从天地柱出现，同样呼应天、天极。天极主宰周天运行，遵循的即是天道，所以其显然是道之本质的一种象征。该小青铜人兰花指的心肾关联的经络学意义利于证明这一认识。三星堆8号坑的兰花指并握手执有领璧和苍龙组合的造型也有类似的意义。有领璧及类似器物，对其意义，学术界有争论，但是由于该器物除了与握手、位于圆方天地之间的天地柱组合，还与璇玑组合，司马台龙山时代的一件有领璧和玉璇玑，按照邓淑苹先生的认识，是一组组合器物[1]。尤其在三星堆文化中还与神树组合，在金沙文化中还与神鸟组合，在商文化中还与苍龙组合或者神鸟组合，这些证据可以确切地证明有领璧确实是表现天和天地之路的，自然也可以证明新石器时代以来的玉璇玑实际是天极、天道的一种表现，其旋臂实际是表示其运行的，旋臂之羽翼扉棱实际是表示其生机之气的。

该小青铜巫师站立的台面，有花果以及与之对称的目雷纹，整体是表现台面和神树是有精气神的，巫师站立居中的神树，可以有更丰富的符合天地之道的能量。无疑，巫师沿着花果象征的神树，可以升降天地，沟通天地。三星堆还有诸多青铜人所站立的台面有这种图像，像1号青铜立人、8号埋藏坑的蹲踞式负载巫师。自然，该小青铜立人服装装饰的羽翼、牙璋、觚形器、省略羽翼冠的神兽以及钺，同样表现了该巫师具有精气神，具有天道，可以飞升，并可沿着牙璋、觚形器等这些可以象征天地柱的器物升降天地，尤其是其中的钺形，还有表现其权能的作用，具有代天刑杀和承天道以使生的艺能。以钺拟合玉璧的形式或在这样的钺之穿所象征的天极、天道，同时增加苍龙、离火等来表现刑杀和生机是商周时期一种常见现象。斧钺为“王”字形，有玉璧元素，其中刑杀和生机辩证共存，这即是王道的概念。

“奇奇怪怪”青铜器中，由巫师托举的四方之地，象征呼应天的地，其四隅之四觚形，符合子弹库帛画（书）所记载的五方之树，尤其符合子弹库帛画（书）位于四隅的四方四色神树之特征，实际即是天地柱（图二）。这四隅的四根天地柱与《淮南子·览冥训》中女娲“断鳌足以立四极”神话叙事中四天极之地的天地柱是呼应的。

“奇奇怪怪”青铜器中由巫师托举的天地宇宙图式中的觚形之上的圆盘形，四周有墙似棱，可能是表示“天埒”的。整个圆盘形天盘的装饰图像是典型的目雷纹。依据《黄帝内经》记载，眼睛是精气神的集中表现，是一种特殊的“命门”。在姜寨等遗址的半坡文化遗存中，有的省略鱼身的神人眼睛即是以男性生殖崇拜符表现的，显然是在表现其具有精气神的本质。同时依解剖学和经络学，眼睛本身确实通过视神经连接泥丸宫，关联印堂，非常重要。大洋洲一件商青铜钺，以一个眼睛位于可以拟合玉璧之天极的钺之穿，显然与离火形位于斧钺之穿的现象，在意义方面是基本一致的，都是表现斧钺之穿所象征的璇玑、天极和天道的本质的，即是生机、生命力和精气神的。即使该青铜钺位于钺之穿的眼睛是标准化饕餮纹或者有人的元素的标准化饕餮纹的简化，由于标准化饕餮纹的重要来源之一是新石器时代以来的旋符——目雷纹系列，从而是精气神

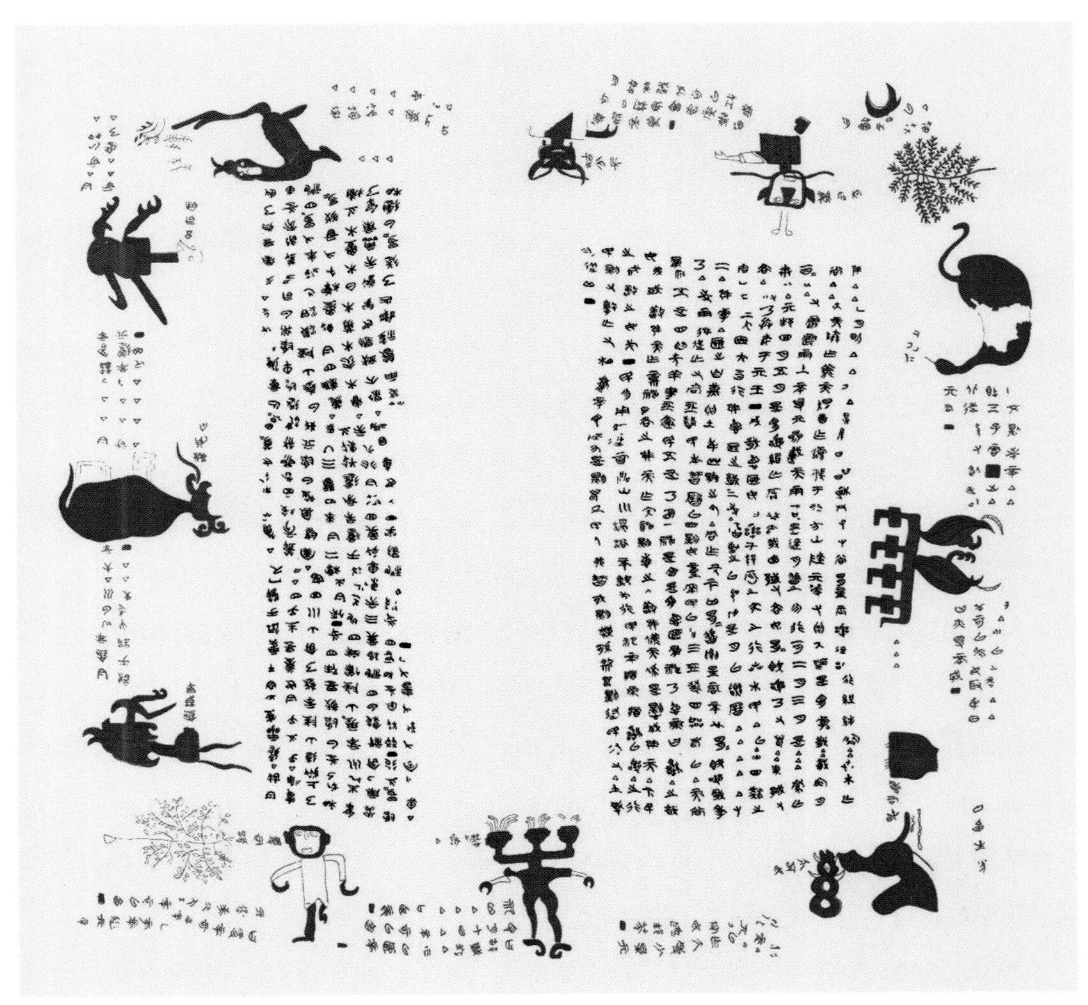

图二 | 子弹库帛画（书）摹本

凝结和汇聚的象征，其依然可以呼应拟合天极、璇玑的钺之穿的意义。于是“奇奇怪怪”青铜器的圆形天盘之目雷纹装饰，是表示天是有生命的，有着丰盛的精气神。这样其与同样有丰盛生命力和精气神的地以及天地柱，才会构成同质一体化，若天地之间的人有天地之道，则即是天地人三才合一。

图三 | 竹瓦街青铜罍

“奇奇怪怪”青铜器上端圆盘象征天，天上的两座山形柱为天门，地上崇山峻岭之间有飞舞神巫。该天柱以觚为造型，实际是以“同”或者“瓒”①为造型，从文字学和考古学看，“瓒”是“同”和祼玉组合的一种祭祀行为或者工具，其又名为“同”，与爵组合为“功”字的一种，所以以之为天地柱有汇聚、集中的意思，更有天地柱连接天地、天地正常运行为天地之成功的意思。连同有领璧的围合②，更能体现这些意义，也表明其与子弹库帛书所谓天柱有精气神的本质是一致的。同时，觚为亚腰造型，正是视觉高远的一种表现形式，这正是天柱的基本特征。汉代的诸多汉画的昆仑、神山都是亚腰形。“奇奇怪怪”青铜器天地之间的觚形天柱，有造型特殊的动物装饰，实际是牛龙③和虎的组合。竹瓦街窖藏的西周青铜罍之牛纹利于证明牛龙联系（图三）。觚形天柱中龙向上虎向下，即是表示方圆天地龙虎阴阳沟通、天地运行顺畅，以保持天柱始终有精气神，牛和虎同时护卫天地柱以使其保持精气神不散、保持不被魔化袭扰。

我们知道，罗越先生曾经认为饕餮纹与新石器时代以来的旋符有联系[2]，罗伯特·贝格利先生认为不是这样的，同时他认为目雷纹即是饕餮纹最早造型的重要来源[3]。罗越先生认为饕餮纹本身没有什么意义，只是单纯的装饰。罗伯特·贝格利先生基本认同罗越的这一看法，但同时认为饕餮的眼睛只是一种增强视觉注意力的设计。实际上，新石器时代以来的旋符，是目雷纹的重要来源，也是罗伯特·贝格利先生所说的目纹的重要来源，因此，从一定意义上讲，罗越先生1936年提出的饕餮纹造型与新石器时代以来的几何纹具有一定联系的观点，具有一定正确性。

我们认为新石器时代以来的几何纹中的旋符④主体是表示气的运行和凝结的起始循环过程的。气的凝结、汇聚即是气的精华，赋有精气神、生机和生命力。石峁文化的一

①
少数自名为“瓒”，表示其用于祼祭。

②
有领璧有天、天中、天极、连接地中、像马王堆帛画以玉璧和阴阳龙所代表的阴阳之气的阴阳等元素，所以可以象征沟通天地方圆阴阳的天地柱、天地之道路。

③
一般认为，瘤牛来自印度，战国至汉时才传入中国，从三星堆这一“奇奇怪怪”青铜器的发现看，可能更早。同时具有牛元素的龙或者以牛为龙这种认知，实际有早期天文学依据，苗族的一些支系视牛和龙联系密切。

④
红山文化、龙山文化的和新砦期的玄鸟鸮以及玄鸟氏神祖瞥的眼睛，有时会表现为较为真实的猫头鹰眼睛即是单旋符或双旋符，它们与新石器时代以来的旋符，在造型和意义方面都与精气神、元气、阴阳生机之气关联。

件石雕的虎首和旋符组合的造型（图四，1），虎首位于旋符之气的凝结附近即是生机之气的汇集所在的附近，虎首在此，显然表明虎是生机之气汇聚并发散着丰富精气神的动物，整个虎与旋符融合，实际也表现了其精气神、生机之气的运行循环不败的意思。在一些石雕中，虎食神祖图像中有披肩发神祖，这一披肩发神祖是典型的石家河文化晚期、山东龙山文化晚期少昊氏神祖，该氏族图腾即是鹰形禽鸟或者鸷鸟。还有的石雕是虎食另一种神祖（图四，2），该神祖造型的羽翼总体风格属于石家河文化晚期、山东

图四 | 旋符图像

1.石峁遗址石雕旋符虎 2.石峁遗址石雕虎食神祖首 3.二里头的目雷纹 4.夏家店下层文化的目雷纹 5.仰韶文化的旋符 6.龙山文化玉圭

龙山文化晚期的风格，但是没有相似的耳朵，整体形象不是玄鸟氏、少昊氏神祖，应该是统治贵族的重要氏族神祖，与玄鸟氏、少昊氏有重要联盟[⑤]。夏家店下层文化中有关彩绘神人面或神兽面，与二里头文化、夏家店下层文化的目雷纹密切相关（图四，3、4），其中有的神兽构图形式与二里岗文化的标准化饕餮类似或有相似的思路，可以视为是目雷纹为主的一种组合，所以其具有来自新石器时代尤其像仰韶文化、龙山文化以来与生机之气有关的旋符（图四，5、6）之本质[⑥]。

图五 | 三星堆“奇奇怪怪”的天地柱

这些旋符的中心是表现生机之气的汇聚和凝结的，是相对稳定的，是更加富有精气神和生命力的，其旋臂则是表示生机之气的流行的，是表现其相对变动的。多个旋符的组合即是表示生机之气“流行—汇聚、凝结—流行”这一循环运行的。这即是新石器时代以来，旋符中心为何有的只是一个似“S”形，有的是一个圆形，有的是圆形中有“十”字形、一个或者多个神鸟形、太阳大气光象形、蟾蜍形、似五铢钱的“五”字形等。更有甚者，为了表现旋符的这一主题，禹州洪山庙的仰韶文化彩绘旋符，有的是以生殖崇拜符构图表现的。这自然是我们关于新石器时代以来的主要旋符意义认知的一种重要证据。从文化含义的主题和造型而言，新石器时代以来的旋符和夏家店下层文化以来的神兽面、标准化饕餮纹，可以说是一脉相承的。标准化饕餮纹主题来源最早是由旋符构图，并有石峁、夏家店下层、二里头文化诸多元素及有关富有生命力的龙、虎、牛等动物元素的，商早期以来的诸多饕餮纹实际还隐藏了勾云形玉器即玄鸟鹗的一些构图元素，总之标准化饕餮纹实际即是精气神、生命力、元气的一种动物化。

“奇奇怪怪”青铜器的觚形即以青铜觚形（即同形）天地柱的花纹为标准化饕餮（图五），承对于标准化饕餮来源的论述，自然其是表现天地柱的精气神的。天地柱在牛首龙、虎这一对阴阳神兽以及有领璧这种具有和阴阳作用并且负载天地之道的器物的作用下，自然和天地保持沟通，即是天地阴阳沟通，天地柱有阴阳和，即是有精气神、元气，所以不会断折，实现天地沟通，天地正常运行，天下太平。以觚形的“同”来表现四隅天地柱，使天地运行规范，若所论可能还有一个重要的原因。因为对照天柱折地维

⑤
新石器时代以来的虎食神祖与龙食神祖表达的文化概念基本一致，较为完备的则是龙虎食神祖，像小双桥青铜构件图像。石峁文化中还有马食牛图腾的造像，可能是以马为龙，马食牛，实际即是龙食图腾牛，赋予牛以龙的精气神和生命力，以之衍生子孙。

⑥
一般是有中心的似“S”形，即像《焦点访谈》的标志一样，或者“の”字形。龙山文化玉圭图像有鹗，即是玄鸟氏图腾鹗，有少昊氏神鸟鸷，有少昊氏神祖、玄鸟氏神祖訾。该玉器图像的装饰即是新石器时代以来常见的一种旋符，显然是表示生机之气的流行和凝结之过程的，以表现玉石为精华、玉圭以上接天下着地的形状沟通天地阴阳，以生精气神、元气、生命力，从而使玄鸟氏、少昊氏的图腾、神祖都有精气神、生命力和元气。

1

2

图六 | 三星堆发现的牙璋

1.跪坐执牙璋青铜像 2.牙璋首有花翎眼睛尾羽的神鸟

绝，天地归元四隅有天地柱是成功恢复了天地秩序，这对人类而言自然是一个值得铭记的功勋，由于"同"与"爵"形组合，是"功"字的一种写法，所以以"同"为天地柱可能有表达成功的意义。由此一项解读可以认为，似女娲补天之论可能很早。

同时，"奇奇怪怪"青铜器觚形天地柱之虎形装饰，有虎常见的柳树叶似花纹⑦，其印堂位置还有一枚向上的牙璋。从三星堆2号埋藏坑有明确兰花指特征的小型青铜人握手执牙璋来看（图六，1），结合那些首有神鸟⑧或者蝉形⑨和蝉纹的牙璋及有关证据论，由于牙璋造型呼应太阳光柱，与斧钺及圭、戈造型甚至少数还与柄形器、刀造型融合，其首或者纹样、扉棱出现或者呈现为神鸟、羽翼、苍龙、蝉、虎形（图六，2），表示的应该是迎接降临，带来精气神，呈现出生机之气。牙璋是一种巫术法器，由于其穿像钺、圭、戈之穿一样，有时还呼应天极，自然与天道有关。所以，诸多龙、虎才在此位置或者附近有角，与精气神有关的牙璋在此自然是可以理解的了。巫师在有精气神汇聚的神兽印堂或者印堂之角站立，自然可有丰富的精气神，即是有天道地道，与天地人三才合一，于是可以直接与天对话，沟通天地了。

⑦ 有的三星堆神兽有这一符号，显然是融合了虎的元素。并不是讲有这种图案的即是虎，有的只是采纳了虎的元素。以三星堆8号埋藏坑的所谓猪鼻龙为例，该龙鼻子有牙璋，制作细致，牙璋之穿、扉棱甚至是牙璋首刃都表现明显。牙璋在鼻子，表现其生机，因为鼻子位于督脉，与印堂联系。鼻子又类似三星堆代表性神兽即有马来貘、神鸟等元素神兽的嘴巴，似乎该龙形神兽有两个嘴巴。不过细致地看，这种龙形神兽的嘴巴和鼻子的整体组合更近似马来貘，只是鼻孔不是两个，以显示其为神。还有少数神鸟采纳了这一元素。

⑧ 该神鸟有花翎眼睛的神鸟尾，并有火字形花纹，这样的神鸟显然是具有丰富的生命力和精气神的。

⑨ 表示精气神、生命力、元气。

牙璋位于印堂，印堂是精气神的汇聚显示，这与牙璋的本质是一致的。三星堆2号埋藏坑有明确兰花指特征的小型青铜人握手执牙璋可以利于证明之，三星堆文化和強国墓地各种握手的巫术意义更能证明之。对这种巫术，学术界有各种论证，实际有一件重要的青铜器附属的青铜人更利于认识其本质。这即是三星堆8号埋藏坑有山形、花瓣形冠的巫师造像，握手立体空心圆柱形、镂空云雷纹的空心圆柱形、苍龙和有领璧，是一组与沟通天地、和阴阳、发动生机、呈现精气神、元气有关的元素[⑩]（图七）。该巫师兰花指的握手所执龙，是和阴阳的苍龙，握手所执龙或者有领璧和龙组合即类似妇好墓苍龙和有领玦的组合，殷墟白陶器盖象征的天极、璇玑和附近的菱形花纹的苍龙组合，附近还有目雷纹或者云雷纹表示生机之气、精气神（图八）。盖组表示天极、璇玑，有一个离火形，即是表示精气神的一个常见符号，其位于天极、璇玑，实际即是与苍龙一起表现天极、天道的本质是生机的意思，并且从四象之一的东象苍龙启动。其中有一件器物还有五字，显然这是以数字表现中的意思、城固发现的有三星堆龙文化风格青铜钺拟合玉璧之穿有龙（图九）、马王堆帛画的阴阳龙和玉璧组合（图一〇）、诸多汉画中两龙与玉璧的组合[⑪]以及有关牛郎织女汉画中龙虎和玉璧的组合、神鸟与玉璧的组合（图一一）。

古人以玉璧礼天、象天，汉画像和鎏

图七 | 三星堆8号埋藏坑的握手执苍龙青铜人

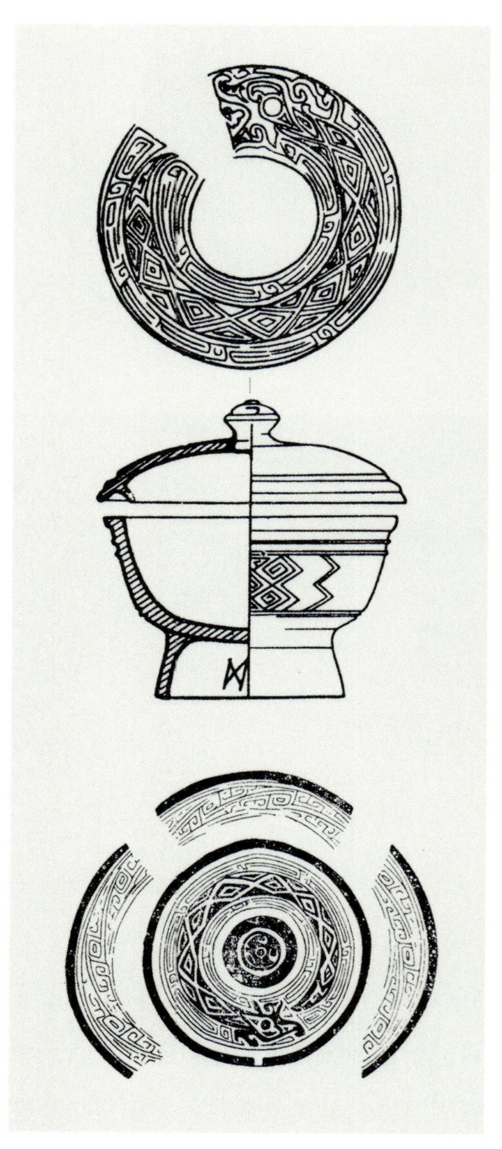

图八 | 殷墟白陶簋

⑩ 其冠之图案为有一个花翎眼睛的神鸟羽尾，显然是表示生机的。巫师冠首有以羽翼纹构图的勾云形似的造型，表现的是该巫师和其冠具有生发、宣升的生机勃勃之气。

⑪ 有的两龙与多个玉璧组合。

图九 ｜ 城固五郎村青铜钺

图一〇 ｜ 马王堆帛画

金牌饰还有以玉璧或者拟合玉璧的五铢钱表示天门的，所以该青铜器中的握手空间即是一种天、天极、天道、太极的象征。

其龙除了与握手组合，还有与有领璧的组合，有领璧之领显然有沟通天中地中之气柱、路径的概念，这即确切地表现天地之道和沟通之路，有领璧和穿过天极、天地沟通之道的苍龙，表现的正是天地阴阳沟通、天道归本为生以及《易・说卦》所谓的“帝出万物于震”即是出万物于东象苍龙的意思，而这一意思和逻辑出现和成立的基础即是天道本质，即是天道为无，为太极，无则生一、一生二、二生三、三生万物，太极则生阴阳两仪四象八卦。空间构图则表现了无、天极、太极经过东象苍龙启动万物生机的人文认知。这一案例证明小青铜人握手所执牙璋的本质与生机、精气神、天地之路有联系。于是牙璋位于神虎印堂，正与印堂为精气神集中的地方、与泥丸宫相关的地位是相符的，可以表现该虎具有旺盛的精气神，并且能够引来精气神的神物，赋予该虎更丰盛的

1

2

图一一 | 汉画上的龙虎与玉璧的组合

1.两龙与玉璧　2.牛郎织女汉画中的龙虎玉璧

图一二 | 三星堆“奇奇怪怪”青铜器

精气神，与牛龙通过足的涌泉和首之百汇以及印堂等来沟通阴阳能量，也表现了该虎精气神与非自身是有往来的，不是静止的，是保持生机的。

“奇奇怪怪”青铜器上的这些神职人员，像三星堆文化多数巫师甚至一些神人一样，脚趾卷起，这实际不是单纯表现高首鞋子，从“奇奇怪怪”青铜器上巫师赤脚卷起的造型看（图一二），这是为了适应其这种作法造型而制作鞋子的样子。脚趾卷起的造型，实际是中国古代道家修炼阴阳以畅通脉络增加精气神和调整意识的一种内丹术动作，与三星堆诸多握手青铜人的兰花指的功能在整体上都属于调整巫术意识、畅通经络、阴阳和合、增加精气神和元气的内丹术动作。这些巫

图一三 | 三星堆握手执神鸟青铜立人

（代表神圣之地四方坛面，有对称于以有花翎眼睛的神鸟尾羽为中心的目雷纹，神鸟尾羽同时拟合花果，象征神树，巫师立于坛，更是立于神树，三星堆文化3号神树花果上端立有鸟身神人，巴蜀地区晚期有不少人在神树的青铜器和画像，其中应该有三星堆文化的一些因素）

师和神职人员四肢常见眼睛图像，并且上下肢眼睛形状有的还不一致，上肢为臣字形的多，下肢为菱形的多。少数神职人员下肢内外都有一个眼睛，像三星堆“奇奇怪怪”飞舞巫师的下肢即是。这些眼睛形象位于巫师和神职人员四肢的侧面，实际是经络所走的主要路径，眼睛在此主要是表现神人经络畅通、精气神旺盛的。商人四肢常见龙纹，也是表现精气神。获得精气神的一种表现，因为龙石为精气神的重要象征。三星堆只有少数巫师胳膊是龙纹，像三星堆“奇奇怪怪”飞舞巫师方冠上端的小立人巫师[12]，其上肢各有两条龙，属于商代中原和长江中游有关文化的典型风格，以表示其获得龙之能量，助力作法，沟通天地，有的还与虎组合，更为明确地表现该人修炼龙虎阴阳，获得精气神，成为有道者，可以沟通天地。像虎食人卣的拟合玄鸟鸮造型的蹲踞式訾，四肢有龙，与其所食之虎即构成龙虎阴阳，龙虎又与拟合玄鸟鸮的訾构成“龙虎图腾神人”或者“龙虎图腾神祖鱼”的经典组合，只是有的时候有所省略。同时该小立人所立方形台，有目雷纹组合对称置于花果形两边（图一三），该花果形拟合有眼花翎的神鸟尾羽或者冠羽[13]以表现方形台是有精气神的（图

[12] 其是有辫子的巫师，有辫子的握手青铜人，三星堆文化发现不多，8号埋藏坑的獠牙耳坠山形冠的握手巫师也是。其与金沙遗址的握手并有天极璇玑和表示生机之气和天的概念的四神鸟之冠的巫师应该有联系，只是金沙这一巫师有3条辫子，而所论小立人、獠牙耳坠的巫师都是1条辫子。这似乎表明三星堆文化时期，尤其是偏晚阶段，留辫子的人中巫师力量有所增加。

[13] 其中的黄金神鸟，主体是神鸮，可能与玄鸟氏有关。参照三星堆的陶鸮、妇好墓龙虎食訾钺、小双桥龙虎食訾青铜构件、阜南龙虎食訾尊以及三星堆龙虎食訾尊，似乎玄鸟氏商人在蜀地有一定的角色。同时该黄金神鸟鸮，其鸮身造型恰好是三星堆文化常见的拟合花翎眼睛的造型，表示其有精气神。鸟身有这一图案的，表示精气神的概念，最早发现有这种符号的神鸟是石家河文化晚期的一件玉璜之鹰纹。

图一四 | 三星堆神鸟花翎眼睛

一四），立于该台的小立人获得精气神，可以与天地构成一致的三才，所以可以沟通天地。这种花果拟合花翎眼睛的神鸟尾羽，不少在山之间或者山上，像三星堆8号埋藏坑的獠牙山形冠巫师之山形冠之图案，还有三星堆2号埋藏坑的诸多祭坛之山，以表现山有生机、道之谷神不死和谷风为和阴阳之风的认知。同时这一造型在一些神树首出现，在一些神树的树座所在山形或者祭坛也有，像三星堆新发现一件玉琮的一棵神树[14]，其树枝之首的造型即是有羽化特征的花果和托叶（图一五，1）。另一棵神树的整体构图设计思维类似，只是其下端地上的树所在的设施为三层昆仑形并且明显拟合神鸟尾羽，同时每层神鸟尾羽都有花翎眼睛，第一层还有3个花翎眼睛，这与三星堆有爬龙装饰器盖表面装饰的山之花翎眼睛图像类似，也有3个花翎眼睛。同时该树枝首的花果特征更为明显地拟合神鸟花翎眼睛，还有以羽翼表现的未凋零的花（图一五，2）。我们已有论述，这两棵树的花果与三星堆诸多神鸟拟合孔雀有眼睛花翎的尾羽、冠羽基本一致。这些现象明确表现了三星堆神树这一生物的羽化特征，因为两者都是有生命力的，并且是连接天地的。三星堆一些有石家河文化造像和饕餮羽冠风格的青铜神祖面具和新发现的玉砖形玉器两面的同类型神祖面[15]，额头也是这一特殊的有花翎眼睛的神鸟尾羽（图一六），并且位于玉砖形玉器四隅通天神树树首和树座之山也有这一造型。显然都表现了精气神是旺盛的，以之可以沟通天地，并且以动物、植物、人的元素融合体现了动物、植物、

⑭ 树座所在之山有花翎眼睛的神鸟尾羽图像，以表现生机。下端以目雷纹对称造型表现树所在之地是有生机和精气神的，同时对称于神树，与1号青铜立人所立台面、“奇奇怪怪”青铜小立人所立台面以及8号埋藏坑的负载蹲踞式者所立台面的目雷纹对称于花果形的构图和意义基本是一致的，只是该玉琮的两棵神树明显的图像中的花果复杂化为一棵树了。

图一五 | 三星堆玉琮上的神树图案

图一六 | 额头有花翎眼睛神鸟尾羽的三星堆青铜面具

神人之间的联系观念。三星堆1号神树的苍龙构图理念类似，也是树、花果、龙、神鸟、神兽、神祖元素的融合。这一理念在不少文化中都存在，楚地发现的一些龙凤，有不少都有植物、花果的元素。

⑮ 整个造型总体实际是宇宙模型，其中天省略，长方形表示方形地，从三星堆新发现的体现方圆天地阴阳、苍龙生机象征、河图洛书本质、玉器天地精华以及九九八十一黄钟之数的网格形青铜器之造型，参照文献关于天测量的记载，其时代早已认为中国之地是长方形的了。四隅之神树为通天树的天地柱，中心依然是天地柱，符合《子弹库帛书》记载的五方其色树。整个四面为山，有蝉形表现精气神，即该四方地是有精气神、元气的，神树在此可以通天、沟通天地。其中的神人应该是类似一些青铜神祖面的神祖，其额头的有花翎眼睛的神鸟尾羽与玉砖形图案中的神鸟尾羽基本一致，所以这样的神鸟可以视为图腾。

图一七 | 三星堆跪坐首尊的青铜人四方冠之有花翎眼睛神鸟尾羽的图像拟合花果，象征通天神树

图一八 | 三星堆“奇奇怪怪”的圆天上端的天门山柱

该小立人巫师握手执神鸟，对其意义我们已有基本论证，无疑都是和天极、天道的本质有关的，这与其上肢各有两条龙以及其服装有钺形、有燕尾形符号的觚形天地柱形、牙璋形、类似于1号青铜立人服装的一种神兽形意义是呼应的。该小立人站立台面的目雷纹对称的花果形图案之意义，实际还可以从1号青铜立人、三星堆8号埋藏坑的蹲踞负载青铜人所立台面的图案得到参照理解。这些青铜人所立台面图像实际与三星堆3号埋藏坑跪坐首尊的青铜人之方形冠四方图案也有联系。该方形冠的四面图案实际都是羽翼和眼珠子组合的，表现的实际是有花翎眼睛的神鸟尾巴形，自然像小立人和1号青铜立人所立台面的图案一样，其同时拟合神树首[⑯]（图一七）。这表明这种图像实际是有精气神的，是生命力的重要象征，同时也是沟通天地之路的重要象征。只是三星堆1号青铜立人、“奇奇怪怪”飞舞巫师首的小立人以及三星堆8号埋藏坑的负载蹲踞立人明确地以目雷纹表现了其精气神，自然也表现了该台的特殊，表现了其属于有精气神的神圣空间，巫师可以有精气神，并且可以以该神树及有精气神的台沟通天神。

二　8号坑青铜祭坛

“奇奇怪怪”这一青铜器，并不完整，其首的圆形造型表示天圆，在该天之上的造型可以确切地讲，是两个天门柱，仅存一个，另一个残了，二者形制相同（图一八）。其造型是立体的，四面造型是典型的三星堆文化的山形，至于上端成为柱子形，这即是天门山的认识之常规。文献记载的天门、汉代的诸多汉画天门，有的是柱子形的，像马王堆帛画的天门，有的是山形和汉阙的组合形（图一九、图二〇）。

⑯ 像三星堆一件玉砖的神树首之花果形，三星堆新发现一件玉琮之两棵神树中的一棵树首的花果形也很近似，只是由于其花果首还有以羽翼表现的尚未凋零的花，这棵树的花果本质意义上与三星堆诸多神鸟的似孔雀花翎眼睛非常一致。这更加证明神树植物与神鸟的联系。三星堆玉砖的四隅神树，树首和树座所在的山，都拟合神鸟有花翎眼睛的尾巴，也是重要证明。

图一九 | 马王堆帛画天门柱

图二〇 | 汉画天门

1

2

三星堆文化的神树、天门文化以及宇宙观、思维形式，在马王堆帛画中有较为明确的体现，像三星堆托举天地宇宙模型的思维在马王堆帛画中有一定体现（图二一，1），其以花果、神鸟站立器盖纽、花果盖纽的器盖等代表通天神树和山的思维在马王堆帛画中的华盖形中也有明确体现（图二一，2），与三星堆文化特别重视的罍盖纽拟合花果、盖纽和盖子组合为山、盖子有花翎眼睛的尾羽图像元素等现象，具有结构和功能的联系，利于证明三星堆文化的青铜罍具有沟通天地的图式和功能，以其祭祀则更像天。这可能与古人认为雷来自天门有关，所以命名为罍。中原地区商文化一些白陶罍盖纽拟合天极、璇玑，盖有五字、苍龙并有离火、目雷纹等精气神图案，有的白陶罍有蹲踞式神祖甞[17]和标准化饕餮食之的图像，也利于证明这一认识。巴蜀之地的西王母背景有的即是呈现有华盖的罍形，其和马王堆帛画上西王母龙虎阴阳座所具有的和阴阳以呈精气神的意义显然是一致的（图二二）。并且马王堆2、3号墓帛画华盖的花果形盖纽和三星堆一些器盖象征通天神树的花果形盖纽，都存在神鸟相助，到达天门。其以阴阳龙代表的

⑰ 有的把蹲踞式简化为曲折花纹。

3

图二一 | 马王堆帛画上的图案

1.负载地的力士

2.华盖花果盖纽和神鸟

3.两条龙以及玉璧、华盖组成的壶形

阴阳之气以及经过玉璧和阴阳产生的精气神之气和华盖组成的壶形（图二一，3）。

“奇奇怪怪”青铜器的下端，依据发掘者认识，可能连接三星堆8号埋藏坑的青铜祭坛。可能确是这样的，进一步认识有待发掘者的成果。不过有的学者认为该青铜祭坛上端是另一个早年发现的首有神兽的握手巫师。我们暂且解读该青铜祭坛较为独立的意义。该祭坛基础为三层，上端跪坐抬杠奉神兽的四神职人员所在山上端有三层形，实际都是表现其高和有精气神的昆仑形，其基础三层和上端以羽翼表现的山、以目雷纹表现的精气神，即是重要的证明，因为昆仑在天地之中，呼应天之三衡，呼应天地阴阳，自然是有精气神之地。作为整个器物的基础的三层，上端四周还各有2个半圆形，与羽翼构成三星堆文化特有的神鸟尾巴、有的神树树首和花果形结构，和其中的目雷纹一起表示昆仑结构和山谷的精气神。同时这8个半圆形使整个器物的上端平面形成九宫格，除了4个抬杠的巫师，剩下9个人正好各在一格，四隅为4个跪坐神职人员，四正为端坐于山端之几的与羲和四子、四岳有联系的四方神，负罍青铜人在中宫山形上端。四个四

图二二 | 西王母画像砖

图二三 | 三星堆8号埋藏坑青铜神兽上端巫师踩踏的花果形

（象征通天神树，助力巫师登天。其还拟合神鸟尾羽，一般还有花翎眼睛，不过隐盖不见）

肢有眼睛即表现其是有精气神可以胜任沟通天地和神圣事务的抬杠者所抬为神兽，这一神兽是三星堆文化常见的神兽，不过有几个不同，比如其有獠牙式造型。另外，该神兽尾巴上端为巫师所乘登的一个拟合神鸟尾巴形，其“介”字形表明其还应该有花翎眼睛，只是为神兽的尾巴遮挡了（图二三）。

这样的造型还拟合神树花果，所以可以象征神树，以利于巫师沟通天地。该造型的神鸟尾羽，还与三星堆有的青铜铃挂件可以拟合，而青铜铃正是表现天地阴阳和之乐的，正是有精气神的重要表现和载体，这都利于增加该巫师的精气神和艺能。这种结构实际与三星堆的平面青铜神祖面或者砖形宇宙图式玉器的神祖面类似，这些神祖面额头都有拟合神鸟花翎眼睛的尾羽，这种尾羽造型又可以拟合神树花果，所以依然是表现通天和精气神概念的（图二四）。这种特征在大洋洲的商代青铜卣之标准化饕餮额头也有表现，其图案中下端拟合有托叶的“介”字形花果[18]，上端拟合有“介”字形并有花翎眼睛的神鸟尾羽[19]（图二五）。自然两者从三星堆文化玉砖神树花果、神鸟拟合孔雀花翎眼睛的造型等看，也是可以联系混同的。这一案例在标准化饕餮中不多见，然而却可以更加确切地证明所论认识。这种拟合神鸟尾羽的图像又可融合、拟合神树之首，还可以作为山的图案、山之谷风[20]的本质意义的图案，对于神职人员和神兽而言，整体即是表示精气神和助力飞升的。同时抬杠者所抬的这一神兽身上有一种三星堆代表性神兽常见的“三向造型”，三星堆这种有马来貘、虎、神鸟等元素的神兽几乎都有，并且沿着主

⑱ 三星堆文化有类似的花果，像1号青铜神树的花果、1号神树有人元素的龙身之植物花果，还有一些三星堆神树的花果同样是近似造型。

⑲ 商文化白家庄期已出现明确的标准化饕餮额头有拟合神鸟尾羽的现象，例如白家庄青铜罍。

⑳ 谷风即阴阳和之风，表示生机，即天道之谷神不死的一种体现。

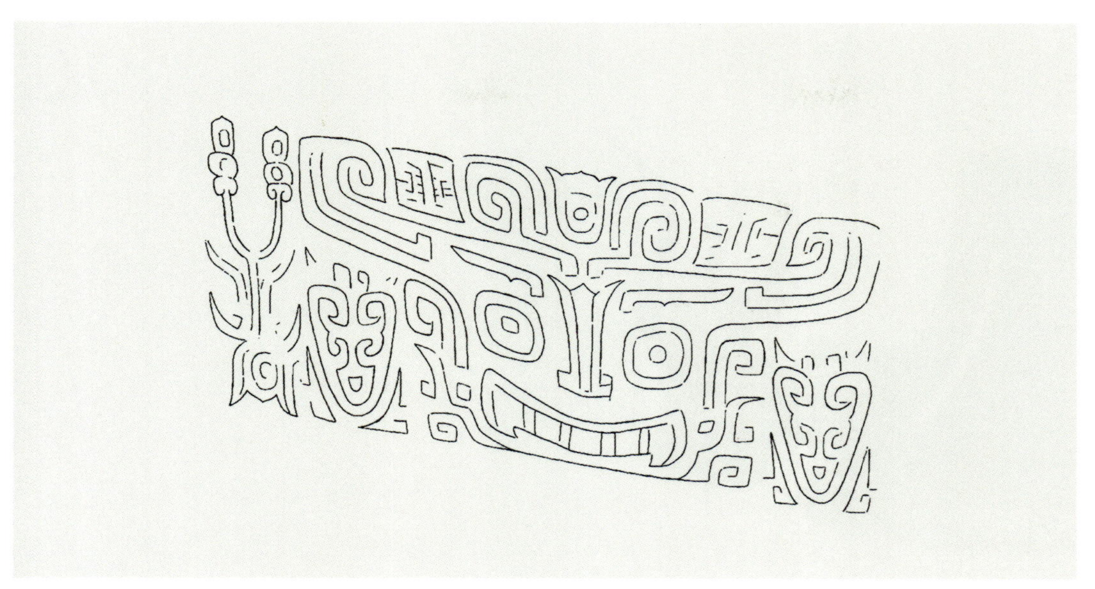

图二四 | 三星堆的玉砖形器图像

腹部标准化饕餮图像

图二五 | 大洋洲遗址青铜卣

要经络设计。该造型在有的象牙雕刻中也存在。其表示的是羽翼化的山、花，山、花瓣之间有的还有带花翎眼睛的神鸟尾巴，显然都是表示精气神和通天神力的。位于中宫的巫师神职人员所负载的罍，其器盖有山形、拟合花翎眼睛的神鸟尾巴形，其盖纽和盖柄

图二六 | 三星堆爬龙装饰花果盖纽的青铜器盖

的棱组合，还拟合神树花果、三星堆有柱子形眼睛的神人或者祖先的眼珠子，是精气神和通天神树的象征，类似三星堆诸多器盖尤其是爬龙器盖的花果形盖纽以及跪坐神职人员首上之尊的盖纽有的盖纽上端还有神鸟表示天，也表示该青铜罍的通天特性和以酒祭祀到达天的意思。马王堆2、3号墓帛画天门附近的华盖之花果，象征通天神树，其已高达天门了，自然是通天神树了。还有神鸟在旁护卫精气神并表示附近为天。这与三星堆青铜罍之盖纽的花果、酒尊器盖的盖纽花果及盖纽与神鸟的结构功能和意义基本是一致的。三星堆文化的这些器盖，估计都是觚形器物的盖子，觚形器物本来在三星堆"奇奇怪怪"青铜器中已有承担天地柱的角色，所以这些器盖的盖纽拟合神树、盖子本身拟合山即是合理的了。三星堆的一件爬龙器盖的本身，其以三个花瓣形构成类似三星堆多见的"三向造型"，显然即是作为山的象征的，其有具有花翎眼睛的神鸟尾羽即是重要证明，因为这是三星堆文化山的一种典型特征（图二六）。至于其中的神树，由于龙头向下，可能表明其树为若木。其中的龙，显然即是一种苍龙了，其首向下，呼应秋冬之龙[21]。这种有苍龙、山和象征神树的花果元素的器盖，显然与三星堆1号神树的山、神树、苍龙元素构成的结构类似，意义也应该有联系。只是三星堆1号神树的苍龙中有人的手足、腿脚、眼睛元素，显然是把氏族神祖和苍龙予以融合（图二七）。这种文化在商文明中较为明显，像虎食人卣中，把苍龙和神祖喾、图腾神鸟玄鸟鸮都予以融合、等价，泉屋博古馆藏铜鼓中，鱼尾苍龙实际与玄鸟、喾之间也具有密切的联系。

㉑ 秋冬之龙有以马为之的，湖南发现的马簋即是证明，石峁发现的牛马石雕也是证明。也即是讲，有的文化中是有以马作龙的。

㉒ 形式为九宫格，有洛书之气场。望京楼商城遗址的九宫格设计，可能都是为了获得洛书之能量场等，九经九纬是三经三纬的升级版，参照《周礼》的王城九经九纬可以更好地了解这一设计。

三 "奇奇怪怪"青铜器和青铜祭坛组合的含义

假若"奇奇怪怪"青铜器与青铜祭坛是一件器物，"奇奇怪怪"青铜器和青铜祭坛的这些神巫、神职人员，以昆仑形祭坛为中心和基础，通过祭坛的九宫八卦形、洛书式"曼陀罗"这一坛场场景[22]，四方神在位，四隅祭司虔诚握手沟通神灵天地，以四肢有眼

图二七 | 三星堆1号神树之有神鸟、神兽、植物和神人元素的青铜龙

睛符号和位于山端三层昆仑坛之上的造型显示自身具有精气神和从事神圣事业资格和艺能的神职人员抬着神兽，神兽之上的跪坐巫师握手作法沟通天神。九宫格的中心圜丘，由四山组成，显然与天坛的本质基本一致，负载青铜罍的祭司跪坐在这样的神圣时空中祭天或升天的祖先。

“奇奇怪怪”青铜器上巫师托举的天地结构或者图式以及其中握手有羽翼和冠有神鸟装饰的飞舞巫师、握手执神鸟巫师[23]所体现的场景可以和祭坛所体现的祭祀场景联系，显示出一个较为完整的祭祀天神、祖先的叙事礼仪空间，即神巫、神职人员以昆仑、天地柱为媒介，幻化登天门，祭拜天神，沟通天地，同时，神灵光显，天门开，诸巫来迎，天神、在天祖先降临受祭，如《天门》诗之描述的“天门开，詄荡荡，穆并骋，以临飨”，即是讲“天门开，天体广远，境界浩渺，众神都和乐地驰骋而来享受祭祀”。它总体表现了蜀王等像汉佚名《天门》诗中的汉武帝那样，以隆重的祭祀场景举行神圣祭祀，来迎天神、祖先，沟通天地。同时期望能够乘登天柱，登临天门，至于天界，升天成神仙，获长生久视。这也是早期中国尤其是巴蜀之地具有悠久历史的巫术文化和精神信仰的主体之一。

㉓ 神鸟象征阳气来临，为生，体现的正是《易·系辞上》所谓的“生生之谓易”，神鸟为知时节，握手造型舞动，为一阴一阳之谓道、之谓无，所以握手造型无论有神鸟、有领璧之苍龙、象牙、牙璋、云雷纹，还是没有任何所执，都是阴阳和天地人之道的本质表达，都是沟通天地人之路的表达。

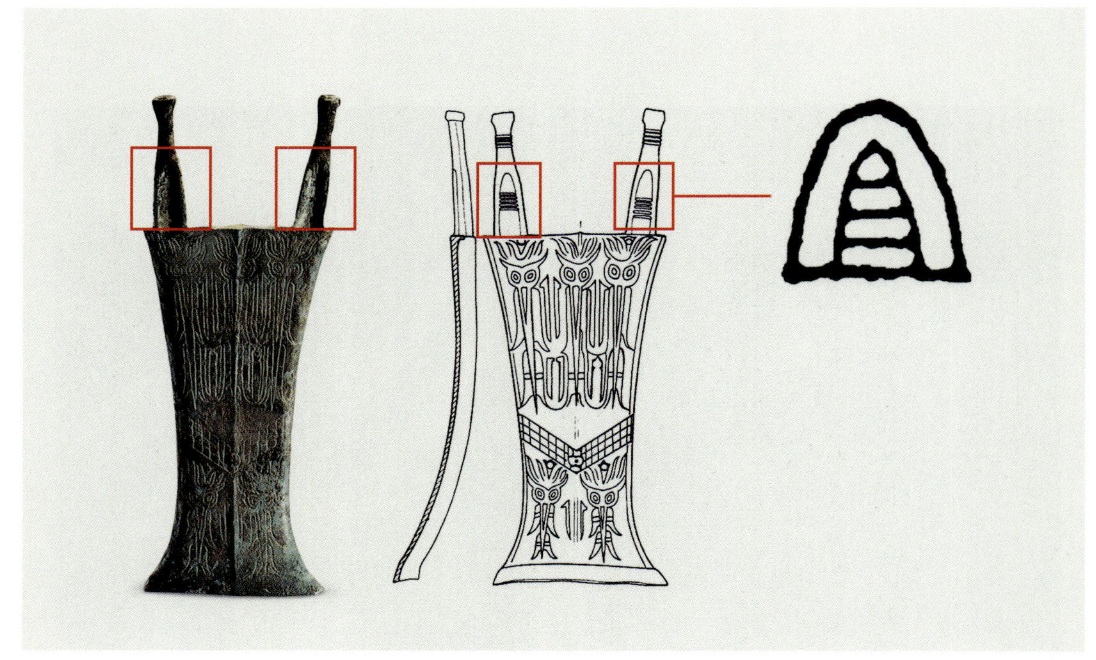

图二八 | 三星堆2号坑出土的人身形器和三星堆陶器符号

四 三星堆一件相关重要青铜器的解读

由“奇奇怪怪”青铜器以及有关文物的解读可以确认，三星堆2号埋藏坑的人身形青铜器，实际应该把发掘报告中的图像倒立才是正确的方向，其实际是“奇奇怪怪”青铜器主体的平面简化版，即其同样是天柱和天门，不是学术界认为的剑具或者人身（图二八）。

其中的“亚”字形为觚形，为天地柱或者天柱，上端的两个山形柱子为天门，无疑呼应的是蜀地天彭阙即蜀文化的天门。其中的山形、牙璋形的解读可以参考我们对于三星堆8号埋藏坑撑罍首尊踏鸟倒立屈身青铜神人造型中觚形尊的解读。其中神鸟自天而降，有特殊的神鸟尾巴，造型似鹳，可能表示柏鹳王的图腾神鸟自天而降。还应该注意的是，该天柱和天门造型，与三星堆3号埋藏坑的“奇奇怪怪”青铜器之宇宙图式并不完全相同，其显然没有明确地表现方形地和圆形天，这也是难以识别其的重要原因。

参考文献

[1] 邓淑苹：《故宫玉器精选全集·第一卷·玉之灵Ⅰ》，台北故宫博物院，2019年。

[2] Max Loehr，1936. Beträge zur Chronologie der älteren chinesischen Bronzen. *Ostasiatische Zeitschrift*，22(N.E. 12):3－41.

[3] 〔美〕罗伯特·贝格利著，王海城译：《罗越与中国青铜器研究：艺术史的风格与分类》，浙江大学出版社，2019年。

试论商周时期中原地区的家马

杨猛

马为六畜之一，在中国古代社会中扮演着重要角色。相对于牛、羊、猪、犬等其他家养动物，马在中原地区出现较晚，从目前已知的考古资料看，家马最早出现于商代晚期，而且多随葬于贵族墓葬中[1]。家马在商代晚期的中原地区的突然出现说明家马极有可能是从外地传入的，那么中原地区的家马来源于何处？马多随葬于贵族墓中，是贵族专享的动物，但在文献记载中，马很少出现于太牢、少牢等祭祀活动中，马在商周时期究竟扮演着什么角色？中原大部分地区至今仍保留着不食马肉的习俗，但在西北草原地区，马却是牧民主要的肉食来源之一，这是什么原因造成的？本文主要以中原地区商周时期出土的马类遗存结合文献浅谈一些个人对上述几个问题的一些看法。

一　中原地区家马的来源

文献中对马的记载最早见于相土时期[2]，相土是商朝建立前的第三代祖先，契之孙，昭明之子，商汤的十一世祖，相传其在位时的畜牧业已经相当发达，且相土曾驯化马作为运载工具。其生活的年代大致相当于夏代早期，若文献记载可信，那么中原地区最迟在先商时期已经出现了用作运载工具的家马。

早期中原地区的先民穿着为上衣下裳的宽松式服装，尤其是裤子，为无裆的筒状裤，这种服装不适合骑马。在赵武灵王胡服骑射之前，马在中原地区尚未被用作骑乘，主要和车一起构成马车使用。相传黄帝大战蚩尤时曾造舟车，但考古发现车类遗迹较少，在二里头遗址宫殿区南侧的大路上曾发现有属于二里头文化二期的车辙，两道车辙大体平行，发掘区内车辙长5米多，且继续向东西延伸，车辙一般宽0.2～0.32米，残深0.02～0.14米，两辙间的距离约为1米[3]。车辙的痕迹在偃师商城也发现，如在偃师商城遗址东北隅商代二期晚段的底层路面靠近城墙的部位，发现两道东西向顺城墙并行的车辙遗迹，已发现的车辙长14米，车辙轨距约1.2米[4]。表明最迟在二里头时期中原地区已经出现了双轮车，但车身较窄，而安阳殷墟商代晚期的马车两轨间的距离一般多为2米多，这是由商代晚期的马车多驾两匹马（亦有少量驾四匹马），为了保持平衡，便于驾驭，两车轨间的距离与两马间的宽度基本相同所致。二里头遗址和偃师商城遗址的车辙间距仅为商代晚期的两车轨间距的一半左右，两者有所不同，因此发掘者认为二里头遗址大路上留下车辙的双轮车和偃师商城发现的一样，很可能是具有某种特殊功用的车子[5]，而绝非形制如商代晚期的马车。在二里头遗址和偃师商城遗址乃至中原地区同时期的遗址发表的考古资料中均未有出现马骨的记载，目前尚无证据能够说明二里头遗址及偃师商城遗址内存在马。由此来看，文献中先商时期已出现家马的记载的真实性有待商榷。

从考古资料看，中原地区的马最早出现于距今3300年左右的商代晚期。在商代晚期的河南安阳殷墟遗址中发现了多座车马坑，多为一车二马，此外，在殷墟遗址的西北岗发掘和钻探了100多个马坑，每坑中马的数量少者1匹，多者37匹，以1坑中2匹马较为普遍[6]。据鉴定，商代晚期的马多符合家马的特征，根据甲骨卜辞的记载，商代晚期王室有频繁的狩猎野生动物的活动，而未见捕获马的记载，由此来看，商代晚期的马极有可能为家马。一种家养动物在某地的出现主要有两种可能：一是从本地的野生动物通过人们的长期驯化而来，这需要一个比较漫长的过程，其中会发现介于家养和野生的动物遗骸；二是本地原无该物种，从其他地区引入，在此种情况下主要表现为该地原无此种动物，而在某个时间节点突然出现。中原地区的家马和马车在商代晚期突然出现，而在此之前未发现任何野马或家马的遗存，由此来看，中原地区的家马极有可能是从外地引入的，那么中原地区的家马来源于何处？

家马最早由中亚地区的野马驯化而成，时间在距今5500年左右。中国北方地区更新世晚期的多个遗址都发现普氏野马的化石，但最新的基因研究结果显示，中国早期的家马并非起源于普氏野马[7]。全新世的诸多动物遗存中未发现家马。在大何庄和魏家等齐家文化遗址中发现有少量的马骨，表明在距今4000～3600年的甘青地区已经存在驯化的马，这也是中国境内目前发现最早的家马遗存。即便在甘青地区，家马的出现也比中亚地区晚1500年以上，中原地区的家马及家马的饲养技术很有可能是从中亚地区传入的，而甘青地区很可能是家马传入中原地区的通道[8]。

二　商周时期马在社会中的作用

中原地区早期的家马主要发现于晚商时期的安阳殷墟遗址的墓葬和宫殿区内，根据马的作用可以分为随葬、马车、祭祀、制作骨器四种。

1. 随葬

在安阳殷墟、新郑郑韩故城、三门峡虢国墓地等周代的遗址中发现有较多车马坑。安阳殷墟的车马坑多发现于大、中型墓葬附件或墓葬附近，如位于王陵区西部的M1001南北墓道的东部边缘，较有规律地排列有37个属于陪葬性质的埋人和动物的坑37个，其中马坑7个，马坑中马的头骨上有华丽的辔头、铜泡及绿松石等饰物[9]。墓葬中的马多成对随葬，部分马与车同出，且马的骨架大多比较完整，在墓葬附近专门挖坑随葬，由此推断，马当是宰杀后被整体随葬，这些随葬的马中部分可能被墓主人生前役使。

2. 祭祀

商周时期用马祭祀的遗存多见于高等级墓葬或宗庙附近。安阳殷墟的祭祀遗存可分为宗庙宫殿区的祭祀遗存和王陵区的祭祀遗存两类。在宗庙宫殿区的祭祀遗存最丰富的乙七基址中，北祖遗存以5座车马坑为中心，其两侧为其他祭祀坑[10]。乙七基址可能为一处晚商早期祭祀商王的列祖的宗庙，在众多祭祀坑中以车马坑为中心，可见车马在商人心目中的地位。

殷墟王陵区的祭祀遗存的祭祀坑分为人坑和兽坑两种，1978年在武官村正北发掘的40座用动物做牺牲的祭祀坑中，马坑占30座，共埋马117匹，马是主要的祭品[11]。此外，在新郑郑国祭祀遗址的祭祀区内发现45座大小形制及马的性别、年龄、体形、摆放方式都极其规律的殉马坎，发掘报告中认为这批殉马坎为专门祭祀所用，且为多次祭祀用牲[12]。马在商周时期是一种稀缺的资源，或许只有高等级的贵族阶层才能享受用大量马匹进行祭祀。

3. 驾车

国外学者的研究表明，骑马能致使马的胸椎等特定部位产生病变，而目前尚未发现殷墟的胸椎上有病变的痕迹，由此推断当时还没有骑马的现象[13]。马和马车在中原地区基本上同时出现，在晚商时期，常见马和车埋在一个坑内[14]，在周代马与车一起埋葬的现象也较为多见。由此来看中原地区家马的出现与驾车有密切的关系，目前尚无证据表明马在商周时期被用作农业生产。

根据用途，商代晚期的马车分为乘车和战车两种，马车是贵族日常出行的交通工具，同时也是代表身份地位的重要标志。颜渊是孔子最为器重的弟子，颜渊去世后孔子曾发出“天丧予”的感慨，其父颜路无力为其置办棺椁，请求孔子卖掉马车为颜渊办丧事，孔子以他之前曾经做过大夫，不可以徒步行走为由拒绝了颜路的请求[15]。马车是贵族出现重要的交通工具，同时也被视作一种象征身份地位的标志物，而不同等级的人马车所用的马匹数量有严格的限制，只有天子才能享用六匹马拉车的殊遇，而一般的大夫只能使用两匹马拉车。

战车在结构上与乘车无明显区别，在考古发掘中，车厢里放置有兵器的被视作战车。在已发现的商代晚期的战车中，有18座放置了兵器，车上的兵器大多为铜质，少数为玉石或骨质，武器种类有镞、戈、盾牌、弓形器等[16]。在冷兵器时代，以马作为畜力拉的战车是一种极其重要的战略资源，因其速度较快在战争中往往充当先锋作用，拥有战车的数量也往往成为衡量国家军事实力的重要标志，“千乘之国”在春秋时期被用来指代中等诸侯国。

马在商周时期主要被用来拉车。马与车一起，是贵族出行重要的交通工具，也是区别尊卑的重要标志物，同时也是重要的战略资源，在战争中发挥重要作用。

4.制作骨器

马作为大型哺乳动物，肱骨、掌骨、跖骨等长骨较直，骨壁较厚，是制作骨器的理想材料。商周时期的制骨作坊内发现有由马骨制成的骨料，即存在用马骨制作骨器的现象。西周时期的云塘制骨遗址内发现有两万多斤骨料，经初步鉴定牛骨占80%，马骨仅占5%左右[17]；在陕西长安区新旺村的三个灰坑内出土骨料150余斤，其中三分之一经过鉴定，牛骨占67.8%，马骨仅占0.34%[18]。和牛骨一样，马骨虽是制作骨器的理想材料，但马骨所占比例较低，表明在商周时期马骨虽被用于制作骨器的骨料，但不是制作骨器的主要原料，这可能与马在当时相对较少，死后主要被用来随葬和祭祀有关。

三　中原地区不食马肉原因浅析

在晚商及以后的遗址中，除车马坑外，马骨在多个遗址内均有发现，但数量较少，制骨作坊内马骨的发现表明除了对祭祀、随葬外，可能存在食用马肉的现象，但目前尚无证据表明马是商周时期中原地区先民的主要肉食来源。至今在中原地区仍保留着不食马肉的习俗，在豫南地区流传着“驴病不犯马病犯”的民谚，认为马肉容易导致一些已经长期得到有效控制的疾病复发。但在新疆、内蒙古的草原地区，马肉却是牧民的主要肉食之一，未见牧民因食马肉而旧疾复发的记载。在新疆的一处2000多年前的岩画上，描绘了一幅用铜鍑烹煮马驹的场景，可见新疆地区食马肉的习俗来源已久。研究表明：马肉可以起到扩张血管、促进血液循环、降低血压、防止动脉硬化等作用，特别适合妇女、儿童以及贫血、高血压、肝病、心血管病患者食用[19]。现在，随着对马肉营养价值认识的加深，马肉逐渐成为一种受人青睐的保健食品。

中原地区的人民不食马肉可能主要因为对马肉缺乏足够的认识。在内燃机发明之前，马是常见的家畜中速度最快且耐力最为持久的家畜，这些独有的条件使马备受青睐，是一种极为重要的战略资源。从商代晚期开始，中原地区开始养马，相对于北方草原地区，中原地区的马一直处于紧缺状态，这使得马显得倍加珍贵。马是贵族专享的家畜，“国家靡敝，马不常秣”[20]，当国家因奢靡而导致财物凋敝时，要提倡节俭，马不能经常喂谷物，换而言之，在富足的年代马是要经常喂谷物的，这显然不是普通人能够承受的。“敝帷不弃，为埋马也”[21]，即马死之后要用家中破旧的帷帐裹马尸。在殷墟殉葬的马身上多裹有席类葬具，可能就是文献中记载的帷葬具。马是贵族身份地位的象征，出于对马的喜爱，贵族常用谷物喂马，在其死后还要将生前使用的马随葬，并在马

身上覆盖帷帐，养马的高昂成本使得马被贵族阶层所垄断。

中原地区的生产方式以农耕为主，与其他动物相比马的主要优势在于适合长距离快速奔跑，农耕活动对畜力的要求主要在拉车载物、拉犁耕地等方面，而对速度的要求较低，马在拉车、拉犁等方面和牛相比稍显逊色，不太适合耕作，而养马的成本又远远高于养牛，这使得马在农耕社会中的优势较小。再者，古代中原地区人们的饮食结构中以素食为主，肉食比例偏少，对于比较稀缺的马肉则难以触及。

因此，中原地区古代不食马肉主要是由于马的稀缺性造成的，马的稀缺性使马被贵族阶层垄断，社会大众和马的接触较少，很少能吃到马肉而对马在认识上产生误解。正如西红柿在很长一段时间内一直被认为有剧毒一样，对马的误解被代代流传甚至发生讹传，认为马肉对人体有害。随着人们对马的认识加深，这种误解会逐步消除。

总之，马在商代晚期由甘青地区传入中原之后，迅速成为中原地区一种极为重要又比较稀缺的家畜，对中原地区的社会、礼制、军事、交通等诸多方面都产生了重要的影响，甚至因为马的稀缺性而对马肉造成一定的误解。加强对商周时期家马的研究对了解当时的社会大有裨益。

参考文献

[1] 袁靖：《中国动物考古学》，文物出版社，2015年。

[2]（汉）宋衷注，（清）秦嘉谟等辑：《世本八种》，《世本·作篇》“相土做乘马，亥做服牛”，中华书局，2008年。

[3] 王国维著，黄永年校：《古本竹书纪年辑校 今本竹书纪年疏证》，“十五年，商侯相土做乘马，遂迁于商丘”，辽宁教育出版社，1997年。

[4] 王学荣：《商代早期车辙与双轮车在中国的出现》，《三代文明研究》（一），科学出版社，1999年。

[5] 桂娟：《二里头遗址发现夏代车辙》，《光明日报》2004年7月21日。

[6] 袁靖：《中国动物考古学》，文物出版社，2015年。

[7] 袁靖：《中国动物考古学》，文物出版社，2015年。

[8] 傅罗文、袁靖、李水城：《论中国甘青地区新石器时代家养动物的来源及特征》，《考古》2009年第5期。

[9] 梁思永遗稿，高去寻辑补：《侯家庄·1001号大墓》，历史语言研究所，1962年。

[10] 中国社会科学院考古研究所：《中国考古学·夏商卷》，中国社会科学出版社，2003年。

[11] 中国社会科学院考古研究所：《中国考古学·夏商卷》，中国社会科学出版社，2003年。

[12] 河南省文物考古研究所：《新郑郑国祭祀遗址》，大象出版社，2006年。

[13] 袁靖:《中国动物考古学》,文物出版社,2015年。

[14] 中国社会科学院考古研究所:《中国考古学·夏商卷》,中国社会科学出版社,2003年。

[15] 杨伯峻:《论语译注·先进篇》中有“颜渊死,颜路请子之车以为之椁。子曰:‘才不才,亦各言其子也。鲤也死,有棺而无椁。吾不徒行以为之椁。以吾为大夫之后,不可徒行也。’”(中华书局,2012年)。

[16] 中国社会科学院考古研究所:《中国考古学·夏商卷》,中国社会科学出版社,2003年。

[17] 陕西周原考古队:《扶风云塘西周骨器制造作坊遗址试掘简报》,《文物》1980年第4期。

[18] 中国社会科学院考古研究所沣镐工作队:《陕西长安县沣西新旺村西周制骨作坊遗址》,《考古》1992年第11期。

[19] 康健、王龄:《马肉的加工工艺及其营养价值》,《食品科技》2004年第7期。

[20] 杨天宇:《礼记译注·少仪》,上海古籍出版社,2004年。

[21] 杨天宇:《礼记译注·檀弓下》,上海古籍出版社,2004年。

新郑华阳故城墓地的考古发掘与认识

黄富成

华阳故城是战国晚期韩国都城北边一处重要的军事堡垒、门户要塞。城址内、外布局结构和进攻防御体系等体现了战国晚期各地不同势力、不同文化在此交汇、冲突和发展的基本历史文化现象。近年来，通过对华阳故城及其周边区域的考古调查与发掘工作，基本厘清了华阳故城城墙建造时代及城外环壕、护墙等防御系统结构，但对城内的结构布局、墓葬区的分布，以及战国晚期、秦末至西汉早期各种考古学文化的演变与发展仍较模糊。本文根据近几年华阳故城墓地的考古调查与发掘对其这一时期的墓葬文化谈一下粗浅的认识。

一　遗址概况

华阳故城遗址位于新郑市郭店镇华阳寨村，北距郑州市约25千米，南距新郑市约20千米。遗址平面呈束腰长方形，周长约2600米，遗址面积约120万平方米。现保存有北城墙，东、西城墙的大部分，10处马面及北、南、西三处城门，南城墙为华阳寨村占压破坏较严重（图一）。

2010年郑州市文物考古研究院为配合郑新快速路建设，对该遗址进行了几处重点发掘，证实该遗址城墙主体建造于战国晚期早段，（华阳之战）后进行过两次修建。其中第二次增补扩建增加了城墙、马面、护城河及其内侧的防御墙等防御系统结构[1]。

根据对华阳故城及其周边进行的调查和试掘，证实该遗址西南部郭店街东北区域分布有仰韶时期遗存，遗址城南沟南岸分布有商代文化遗存并叠压大河村文化类型，遗址东北部分布有殷墟文化遗存，城东沟以东则为墓葬区[2]。

根据历史记载，华阳故城的主体文化面貌集中反映了战国晚期、秦末及西汉早期不同区域、不同类型文化相互交集的情况，主要是秦文化与中原韩、赵、魏等文化的冲突与交流、融合。《史记·韩世家》载："（韩厘王）二十三年赵、魏攻我华阳，韩告急于秦。……八日而至，败赵魏于华阳之下。"《史记·白起王翦列传》：载"（秦）昭王三十四年（公元前273年），白起攻魏，拔华阳，走芒卯，而虏三晋将，斩首十三万。与赵将贾偃战，沉其卒二万人于河中。"《史记·赵世家》："（赵惠王）二十五年与魏共击秦。秦将白起破我华阳，得一将军。"

华阳之战后，因"韩居中国"，各方常年在此征战厮杀致国力日衰，韩国逐渐沦为秦的附庸，为了生存不得"以应天下四击，主辱臣苦，上下相与同忧久矣。修守备，戒强敌，有蓄积，筑城池以守固"（《韩非子·存韩》）。

当时，这里是各种势力逐鹿中原的主战场，不同文化的交流与融合在墓葬文化上有

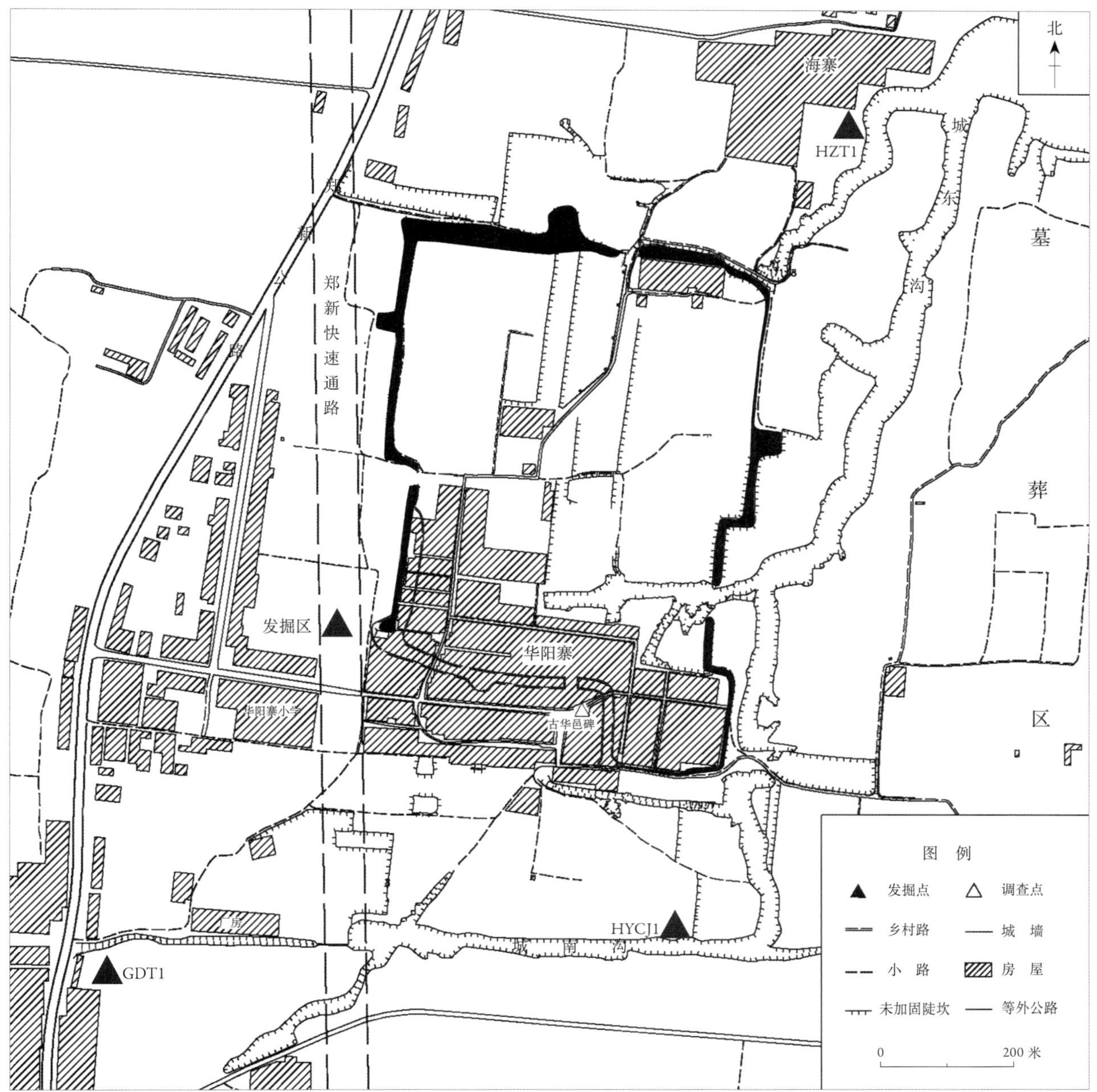

图一 | 华阳故城遗址平面图

明显的体现。经过近几年的调查与发掘工作，基本弄清墓葬区主体分布在华阳故城城东沟以东的一条南北向岗岭之上，长度超2200余米，东西宽约450米（图二）。但墓葬区被冲沟、取土、平整土地、工业生产以及城镇化建设等破坏严重。

2014年，郑州市文物考古研究院配合郑州华商汇项目建设，在墓葬区北段至汇远路发掘战国至汉代等各时期墓葬510座。2019年6月至2020年7月，郑州市文物考古研究院为配合新郑市郭店镇张辛庄安置区项目工程建设，在该墓葬区中段部分进行考古发掘，发掘各类墓葬1072座。初步估算，华阳故城墓地墓葬超过5000余座。

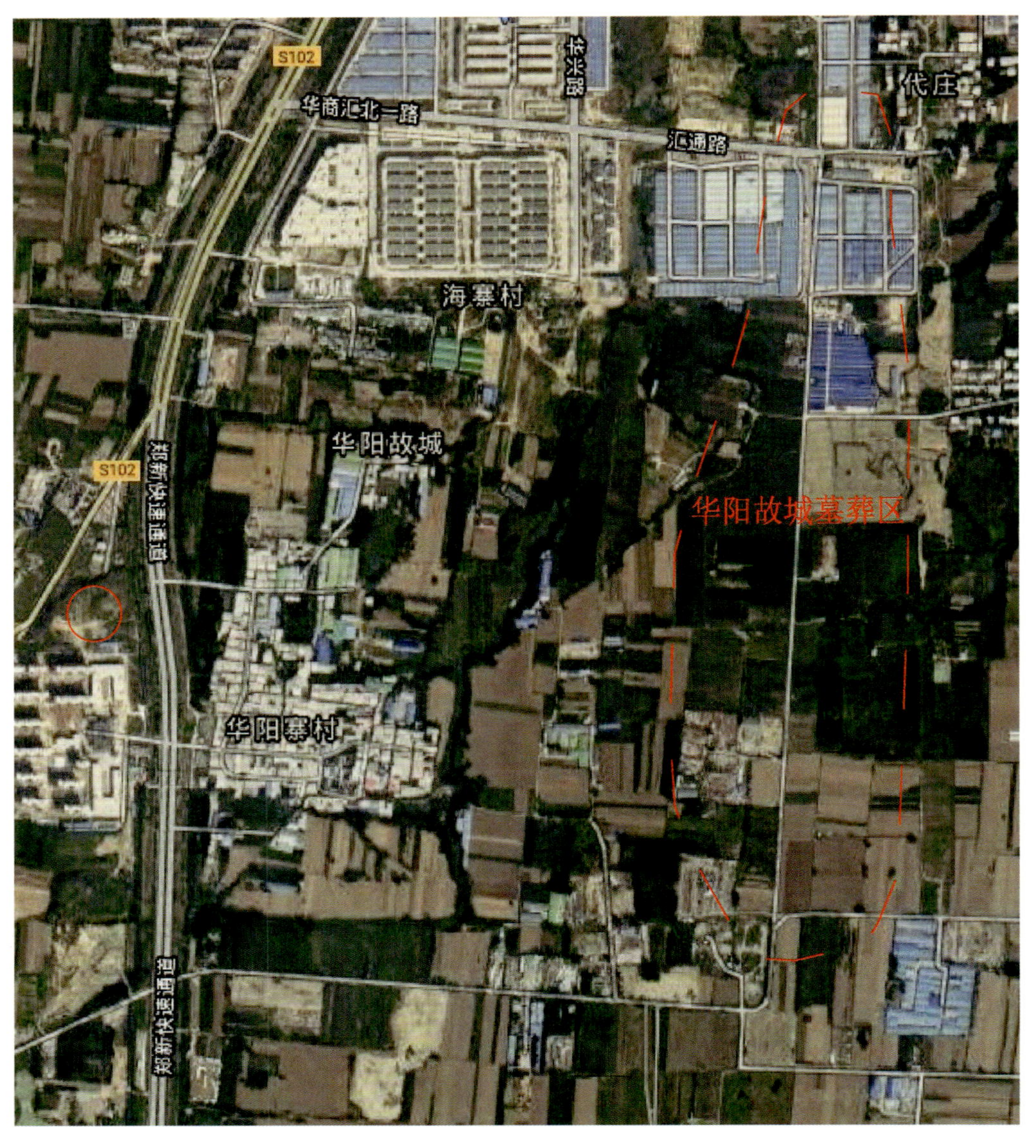

图二 | 华阳故城墓地位置图

二　墓葬结构类型

根据考古发掘情况综合分析，华阳故城墓地战国至西汉时期墓葬结构类型大致可分为七类：

A类：土坑竖穴墓，均为口大底小，壁稍斜直。根据墓葬有无壁龛的结构，又可分为两类——A1：土坑竖穴（图三）；A2：有壁龛的土坑竖穴（图四）。A1类墓葬延续至西汉早期，A2类墓葬主要为战国晚期。

B类：竖穴砖室墓。这类墓葬没有墓道，在土坑竖穴墓圹内以空心砖代替棺椁作葬具，从战国晚期一直延续至西汉早期乃至偏后阶段。根据墓室结构的多寡又可分为两

图三 | A1类墓葬：土坑竖穴墓

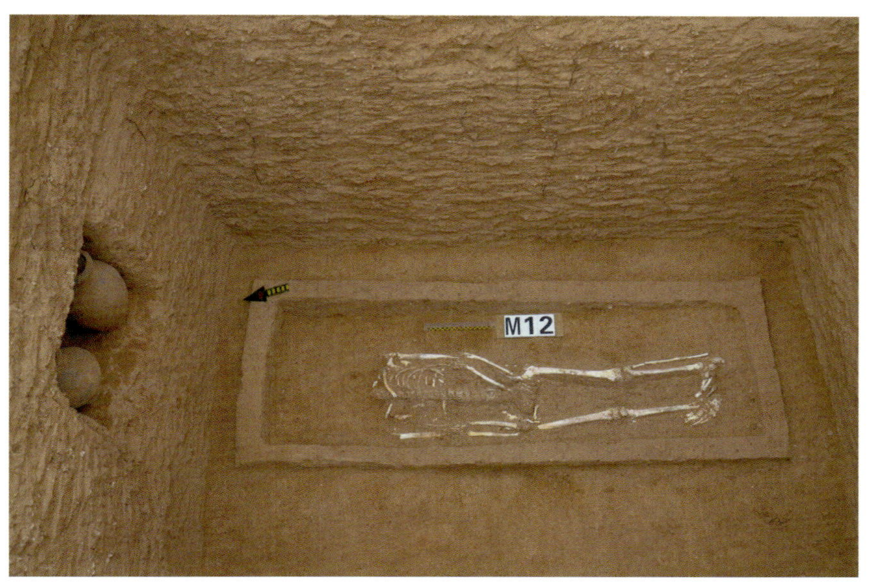

图四 | A2类墓葬：有壁龛的土坑竖穴墓

类——B1：竖穴单室砖室墓（图五）；B2：竖穴多室砖室墓（图六）。B类墓葬从战国晚期至西汉早期在墓葬区内均有发现。

C类：土坑竖穴土坑洞室墓。这类墓葬的墓道为土坑竖穴，墓室为墓道同向掏挖一土坑洞室。根据墓室结构演化情况可分为两类——C1：土坑竖穴土坑洞室单室墓（图七）；C2：土坑竖穴土坑洞室多室墓（图八）。所谓多室墓主要是指墓室结构在这一类型中出现了单室墓向多室墓演进的变化趋势，就是在土坑洞室的墓口旁边开挖一个窝状土坑用以埋藏陪葬品，可视为墓葬耳室结构的先声，开启了墓室结构复杂化的文化演变进程。C类墓葬从战国晚期到西汉早期在墓葬区内均有发现。

图五 | B1类墓葬：竖穴单室砖室墓

图六 | B2类墓葬：竖穴多室砖室墓

图七 | C1类墓葬：土坑竖穴土坑洞室单室墓

D类：土坑竖穴砖室洞室墓。这类墓葬墓道为土坑竖穴，墓室则为砖室洞室。根据墓室结构演化情况可分为两类——D1：土坑竖穴单室砖室洞室墓（图九）；D2：土坑竖穴多室砖室洞室墓（图一〇）。与C类墓葬相比，D类墓葬的砖室洞室墓开始向着墓室结

图八 | C2类墓葬：土坑竖穴土坑洞室多室墓

图九 | D1类墓葬：土坑竖穴单室砖室洞室墓

图一〇 | D2类墓葬：土坑竖穴多室砖室洞室墓

构复杂化方向发展迈进一大步，特别是D2类墓葬，其耳室结构已经成为墓室整体结构的一部分，标志着多室墓的基本形成。D类墓葬从战国晚期晚段到西汉早期在墓葬区内均有发现。

图一一 | E类墓葬：土坑竖穴偏室墓

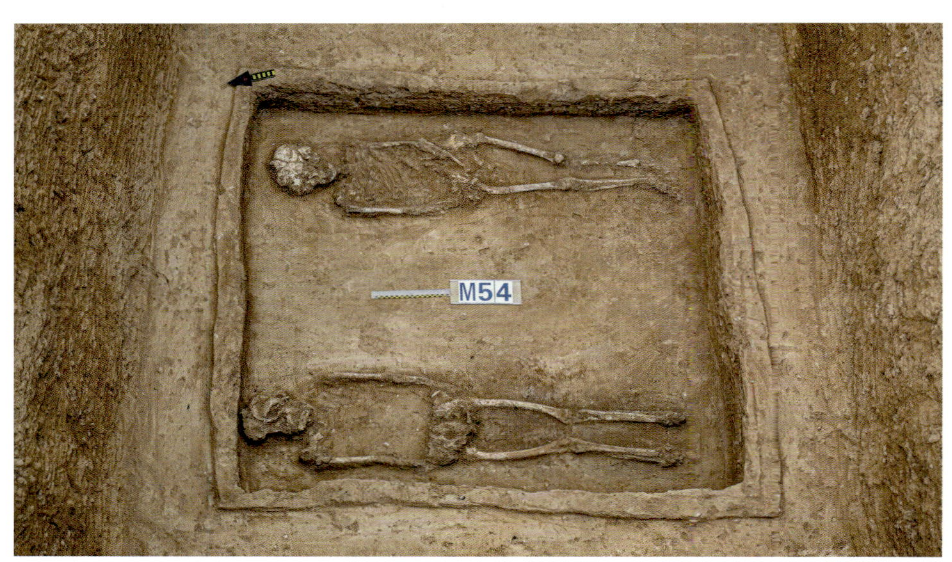

图一二 | F1类墓葬：土坑竖穴同穴合葬墓

图一三 | F2类墓葬：并穴砖室合葬墓

图一四 | G类墓葬：斜坡墓道砖室墓

E类：土坑竖穴偏室墓（或称侧室墓）。这类墓葬数量不多，为战国晚期墓葬（图一一），西汉无此类墓葬。

F类：合葬墓。这类墓葬极少，分为两类——F1：土坑竖穴同穴合葬墓（图一二）；F2：并穴砖室合葬墓（图一三）。F1类有M54，土坑竖穴，一副大椁内葬两人，无棺，为战国晚期墓葬。F2类有M315，一个墓穴内有两个并列砖室墓，其间留孔相通，陪葬遗物则集中在一个墓室内，时代为西汉早期。

G类：斜坡墓道砖室墓（图一四）。这类墓葬极少，作为平民墓葬，斜坡墓道的出现，为墓葬向着更深、更大、更复杂结构的建造提供了诸多便利因素。

三　墓葬文化的认识

华阳故城墓地规模宏大，墓葬主体的时代较为集中，涵盖时代较短，集中在战国晚期、秦末至西汉早期，这与华阳故城的始建和废弃年代一致，充分反映了二者的密切相关性。体现了战国晚期、秦末至西汉早期这一地域文化冲突、交流与融合发展的基本历史现象。根据墓葬区中部张辛庄安置区考古发掘情况整体来看，墓葬排列整齐，方向多一致，成组分布的特征明显，说明西周以来有关墓地"冢人"礼制的相关职能制度得到很好地传承与落实，墓地的管理有序有规制（图一五）。

发掘的战国墓葬多数无棺，出土遗物较少，相当部分墓葬无陪葬品，或仅陪葬一两件器物，墓葬陶器组合基本为鼎、豆、罐；鼎、壶、豆；鼎、豆、壶、匜等；少量仿铜陶器火候较低，半泥半陶，多为鼎、豆、舟、盘、匜等。墓葬多数无棺，体现这一时期平民公共墓地的属性。但从西汉早期开始，陪葬品就丰富起来，实用器与陪葬明器均作为陪葬品下葬（图一六），这与当时西汉重葬文化的风俗相关。

华阳故城建造于战国晚期早段，华阳之战后进行修补扩建增添了强大的防御系统。秦灭韩后占据此地，短短几十年后又过渡到西汉王朝。与三门峡、洛阳以及郑州各地发掘的秦人墓葬不同，华阳故城在文化发展上的跌宕起伏使其墓地为我们认识战国晚期、秦末至汉初墓葬文化的发展、交流与演变提供了一个绝佳的文化样本。代表秦文化典型特征的土坑竖穴偏室墓、土坑竖穴洞室墓等突兀地植入到持续稳定发展的中原墓葬文化中，犹如平静的水面激起一朵朵浪花，为中原地区墓葬文化尤其是多墓室结构等方面的发展提供了新鲜的文化动力。通过综合分析，我们认为，华阳故城墓地较好地展示了平民墓葬在战国晚期至秦末、秦末至汉初墓葬文化演变发展的大致趋势：

（1）土坑竖穴墓发展到汉初，渐次消失，砖室墓葬逐渐发展兴盛。

（2）土坑竖穴偏室墓早于土坑竖穴洞室墓，就华阳故城墓葬区而言，二者是否有文化关联尚需探讨，偏室墓的消失与发展等问题也需作横向比较研究。

（3）土坑竖穴洞室墓的发展是先有单室墓，后有多室墓；先有土坑洞室多室墓（耳室多位于洞口），后有砖室洞室多室墓（耳室在洞室内成为墓室结构的一部分）。但土坑洞室单室墓与砖室洞室单室墓的发展在时间上差别不大。

（4）土坑洞室墓在汉初渐发生变化，洞室结构渐次消失，成为土坑竖穴墓道多室砖室墓葬。

（5）土坑竖穴墓道的渐次消失似乎与斜坡墓道的发展有一定传承关系，但仍需进一步探讨。

图一五 | 墓葬区中部张辛庄安置区发掘航拍图

图一六 | 西汉早期墓葬随葬器物

（6）不同于陪葬墓与附葬墓，合葬墓的发展较为孤鲜，可能是汉代一家多墓穴的文化基础。新郑周庄汉墓一家三墓即为三座深坑大墓共用一冢[3]，在文化上他们是有明显传承关系的。中原地区的合葬墓仍具有深墓穴的基本特征，这与南方平地起土冢的土墩合葬墓迥异。

图一七 | 墓葬断勾风俗

四　结语

华阳故城墓地的考古调查与发掘有力地补充了华阳故城在文化结构上的相关问题。墓葬文化体现了这一时期历史事件的基本文化特征，特别是出现了大量集中又独特的损器葬风俗：带钩断勾现象（图一七）。这一丧葬风俗在其前后各时期，在其他区域偶有出现但未如此集中表现，成为此地独特的损器葬风俗，这或许意味着人们对现实世界的一种拒绝或对另一个世界的心理诅咒。初步的遗骨鉴定证明，墓葬中丧者以青壮年为主，年龄多介于20～45岁，大于50岁者极少。其中女性占比约1/4～1/3，或可能说明华阳故城在功能化的后勤服务中的结构分配问题。

要之，华阳故城墓地揭示了战国晚期群雄逐鹿中原历史背景下墓葬文化交流与发展的基本特征，特别是秦人墓葬文化的表现形式及其特征（偏室墓、洞室墓等），并在较短时间内与中原墓葬文化融合发展演变的过程。华阳故城墓地对于我们探讨中原地区墓葬结构复杂化的起源与发展进程提供了较为清晰的文化线索。

参考文献

[1] 郑州市文物考古研究院：《河南新郑市华阳城遗址东周遗存的调查与发掘》，《考古》2013年第9期。

[2] 郑州市文物考古研究院、新郑市文物局：《河南新郑市华阳城遗址的调查简报》，《中原文物》2013年第3期。

[3] 郑州市文物考古研究院、河南省文物局南水北调文物保护办公室：《新郑市和庄镇周庄汉墓发掘简报》，《华夏文明》2016年第3期。

郑州苑陵故城遗址出土铭文瓦当

侯新佳

2016年9月，郑州市文物考古研究院为了配合郑州航空港区苑陵故城绿化提升项目工程建设施工，开始对苑陵故城核心区古文化遗址进行考古发掘。在发掘工作中，出土了2枚铭文瓦当，对确定秦汉时期苑陵故城的地望意义重大，现简要介绍如下。

苑陵故城位于河南省郑州市航空港经济综合试验区龙王办事处龙王村西北部，是秦汉时期名城之一。该城北靠崇岗，南面平原，东为岗河，西临鸿雁河，海拔高度约135米。附近地势由西北向东南倾斜，黄土堆积发育。苑陵故城遗址北距郑州市区约36千米，南距新郑市区约14千米。原由苑陵、制城组成，苑陵居西，制城居东。东城为制城，其城墙无存。西城为苑陵，即苑陵故城。现存地上遗址为秦汉时期城墙遗址，北墙与东墙保存较好，西墙与南墙稍差，平面呈长方形。

在考古发掘中，出土2枚铭文瓦当。1号瓦当，出土于苑陵故城遗址文化层中。外轮宽1.0、厚2.5、直径15厘米，内弦直径12厘米。稍残，文字保存完整，当面作篆体“菀”字，阳文小篆。瓦当制作粗糙，文字独立制作，粘贴在瓦当后烧制而成。“菀”字在内弦满格布局，字体古朴大气，草字头较大，占整个字体的二分之一。字体上下中间位置各饰1枚乳丁纹，左右中间位置各饰2枚乳丁纹（图一）。

2号瓦当，出土于苑陵故城遗址文化层中。外轮宽1.2、厚2、直径14.2厘米，内弦直径11厘米。残，仅剩一半，呈半圆状，一字，文字残余一半，当面为篆体“菀”字的右半边，阳文小篆。当面饰红彩。瓦当制作精细，文字独立制作，粘贴在瓦当后烧制而成。“菀”字在内弦略收，笔画略细，字体秀气，草字头仅占整个字体的六分之一（图二）。

现代汉语中，菀为多音字，读wǎn时，一是紫菀，多年生草本植物，茎高二米余，叶有锯齿。根和根茎可入药。二是草木茂盛的样子。读yùn时，古同“蕴”，郁结，积滞。那么铭文瓦当中的“菀”字应该读什么音？和苑陵故城的苑字什么关系呢？

古文献中，东汉许慎《说文解字》，“菀，茈菀，出汉中房陵，从艸，宛声，于阮切。苑，所以养禽兽也，从艸，夗声，于阮切。”[1]

南唐徐锴《说文解字系传》，“菀，茈菀，出汉中房陵，从艸，宛声，臣锴按本草紫菀生陆山谷也，郁远反。苑，所以养禽兽也，从艸，夗声，臣锴曰苑犹院也，郁远反。”[2]

东汉许慎《说文解字》中菀和苑均为“于阮切”，同样南唐徐锴《说文解字系传》中菀和苑均为“郁远反”，据此可判断菀和苑古代读音相同，推测应为通假字。

马非百《秦集史》中收集了苑陵故城的相关史料，“宛陵——《史记·樊郦滕灌列传》：从攻宛陵。《魏世家》《正义》引《括地志》云：宛陵故城在郑州新郑县东北三十八里。本郑县旧县也。《汉书·地理志》作苑陵。《续汉书·郡国志》作菀林。《清一统志》一八七：苑陵故城在今（开封府）新郑县东北，秦置县。《方舆纪要》：苑陵故城在新郑

图一 | “菀”字瓦当

图二 | 带彩“菀”字瓦当

县东北三十八里。”[3]《后汉书・郡国志一》记载，“菀陵有萑林。有制泽。有琐候亭。”在历史文献中，苑陵也被称为宛陵或菀林。

东汉许慎《说文解字》，“宛，屈草自覆也。从宀、夗声。于阮切。”[4]《史记・苏秦列传》记载，“东有宛、穰，洧水。《集解》宛，于袁反。”《史记・大宛列传》记载，“大宛之迹。《索隐》音菀，又于袁反。”

从以上史料可知，“宛”字于阮切或于袁反，读音与“苑”“菀”相同，推测三字为通假字。同时“宛”“苑”和“菀”都有草木繁茂的含义。故此不难理解，苑陵故城在历史上有“宛陵”“苑陵”和“菀陵”的称谓。“菀”字瓦当的发现也是对“菀陵故城”这一历史叫法的佐证。

“菀”字瓦当在苑陵故城遗址出土，从考古实物上确认了苑陵故城的地理位置，弥补了苑陵故城历史地理研究方面的缺环，为秦汉时期行政区划的研究提供了重要实物资料，具有重要的证史意义。

参考文献

[1]（汉）许慎撰，（宋）徐铉校订：《说文解字》，中华书局，1963年，21、23页。

[2]（南唐）徐锴：《说文解字系传》，中华书局，1987年，17、20页。

[3] 马非百：《秦集史》，中华书局，1982年，642页。

[4]（汉）许慎撰，（宋）徐铉校订：《说文解字》，中华书局，1963年，150页。

秦墓出土陶囷明器的统计学分析

胡亚毅

囷是中国古代的一种圆形粮仓，《说文解字》："囷，廪之圜者，从禾在囗中。圜谓之囷，方谓之京。去伦切。"[1]《释名》卷三："囷，绻也，藏物缱绻，束缚之也。"[2]囷作为一种模型明器，首先在秦墓中兴起，随后在汉墓中广泛流传，并与灶、井等一起，作为模型明器的核心组合，成为"汉制"的代表性器物。俞伟超先生曾将西汉中期以后汉文化的主要特点归纳为：家族墓地的兴起、多代合葬一墓的新葬俗、模拟庄园面貌的模型明器的发达、墓室壁画和画像石所反映的"三纲五常"的道德观和"天人感应"的世界观[3]。赵化成先生在分析随葬品制度时指出："周制"以礼器为核心组合，"汉制"则以成套模型明器组合为最大特点，前者是在土地公有制度下，为维系宗族内部团结而形成的特定组合；后者则是在土地私有制度条件下，家庭财产私有化的一种直接反映，随葬品核心组合的不同折射出两种社会结构的本质差别[4]。因此，我们研究陶囷，不仅对于秦文化，对于"汉制"的研究也具有重要作用。

目前学界对于秦墓中出土囷的研究，主要有禚振西、杜葆仁《论秦汉时代的仓》[5]、韩伟《秦国的贮粮设施浅议》[6]、张颖岚《秦墓中出土陶囷模型及相关问题研究》[7]、武丽娜《秦墓出土陶囷研究》[8]、刘建安《试论东周时期的储粮设施》[9]、吴晓阳《战国西汉墓葬随葬陶仓、囷的考古学观察》[10]等。上述多为传统考古学研究，本文试图通过数理分析，观察秦墓出土陶囷的统计学意义。

检索发表的秦墓资料，出土陶囷的地点主要有甘谷毛家坪[11]、礼县[12]、长武上孟村[13]、陇县店子[14]、韦家庄[15]、宝鸡茹家庄[16]、晁峪[17]、凤翔八旗屯西沟道[18]、八旗屯[19]、高庄[20]、南指挥村[21]、西村[22]、邓家崖[23]、路家村[24]、武功赵家来[25]、咸阳任家嘴[26]、咸阳机场[27]、西安南郊的光华鞋厂与潘家庄[28]、西北农林科技大学[29]、长安客省庄[30]、高陵益尔公司[31]、临潼上焦村[32]、新丰[33]、铜川枣庙[34]、华县东阳[35]等地。

一　出土陶囷墓葬数据的正态性检验及异常值甄别

1.正态性检验

出土陶囷样品的正态性检验，关系到统计方法的选择，是我们进行数理统计分析的前提。

我们按照滕铭予《秦帝国：从封国到帝国的考古学观察》[36]一书中的分类方法，将出土陶囷的墓葬分为A（铜礼器墓）、B（仿铜陶礼器墓）、C（日用陶器墓）三类。在统计指标选择上，主要对墓葬面积、棺、椁、仿铜陶礼器、日用陶器、陶鼎、圭、兵

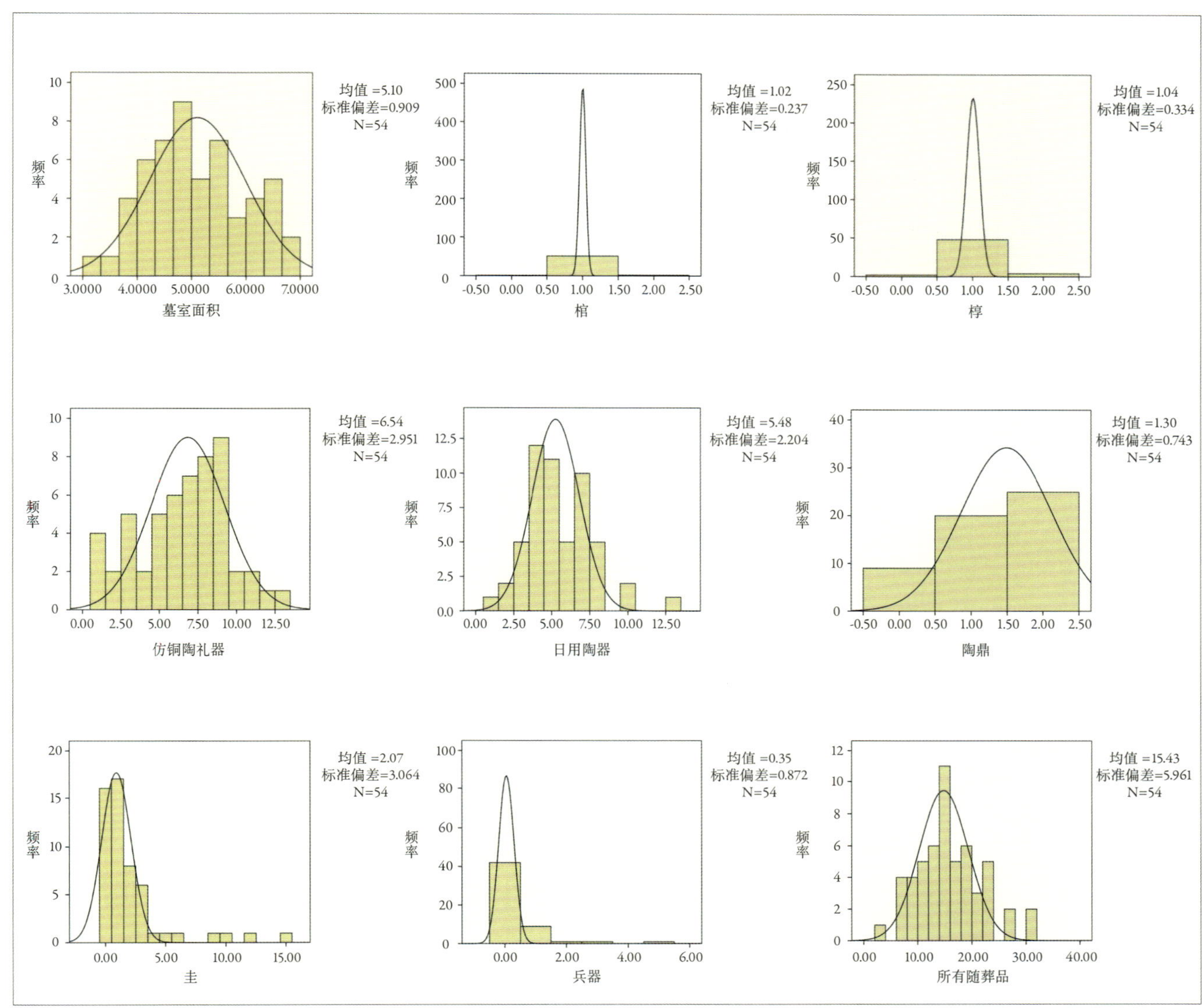

图一 | 出土陶囷的B类墓各项指标直方图

器、随葬品总数9项指标进行统计。检索出土陶囷的墓葬，上述9项指标均清晰的有A类墓4座、B类墓54座、C类墓7座。由于A类和C类墓数量太少，在统计上，有效性不高，因此，我们主要对B类墓进行正态检验（表一），使用spss 17.0，绘制直方图（图一）[①]。

从直方图上，我们可以直接看出，上述样本，有的符合正态分布，有的不符合。因此，需要进一步做Shapiro-Wilk 正态性检验（表一）。

由检验结果可知：在 $\alpha=0.05$ 时，墓室面积、仿铜陶礼器数量、所有随葬品总数的sig值＞0.05，由此判定上述三项为正态分布；在 $\alpha=0.01$ 时，日用陶器的sig值＞0.01，也可认定为近似正态分布[②]；其他诸如棺、椁、陶鼎、圭、兵器的sig值=0，可判定它

① B类墓葬情况见表二。

② 剔除日用陶器中的异常值后，日用陶器样本数据呈正态分布。

表一 | 出土陶囷的 B 类墓正态性检验

	Kolmogorov-Smirnov[a]			Shapiro-Wilk		
	统计量	*df*	sig.	统计量	*df*	sig.
墓葬面积	0.098	54	0.200※	0.973	54	0.268
棺	0.494	54	0.000	0.298	54	0.000
椁	0.470	54	0.000	0.452	54	0.000
仿铜陶礼器	0.118	54	0.059	0.964	54	0.104
日用陶器	0.161	54	0.001	0.943	54	0.013
陶鼎	0.291	54	0.000	0.773	54	0.000
圭	0.269	54	0.000	0.649	54	0.000
兵器	0.434	54	0.000	0.459	54	0.000
所有随葬品	0.103	54	0.200※	0.978	54	0.423

a: Lilliefors 显著水平修正
※: 这是真实显著水平的下限。

们不属于正态分布。

2.异常值检验

在统计分析中，我们通常会遇到异常数据的干扰，从而使样本的统计结论出现偏差，因此，在开始分析前，常常需要对样本的异常值进行检验和剔除。

本文对于单组变量异常值的判定，采用箱线图方法进行。使用spss 17.0绘制箱线图③（图二）。

观察箱线图，其中带有星号的表示该组样本中检验出来的异常值。结合样本的实际情况，得出异常值为：

店子秦墓M252出土圭的数量，任家嘴秦墓M212出土圭的数量、M94出土兵器的数量，武功赵家来M5出土圭的数量，凤翔高庄M12出土圭的数量。

对于多组变量的异常值，我们采用马氏距离进行检验。计算公式为：

$$D_i^2=(X_i-\overline{X})S^{-1}(X_i-\overline{X})'$$

其中$\overline{X}$为元素的平均值，S^{-1}为原始数据的协方差矩阵的逆矩阵。

我们利用excel，并结合VB程序设计，进行马氏距离计算[37]（表二）。

当n较大时，D_i^2近似服从卡方分布，其临界值$D_{标}$可由卡方分布表查出，当$D_i^2 \geqslant D_{标}$，则判定第i个样品为异常值。查卡方分布表可知：当$\alpha=0.05$，$D_{标}=16.92$，据此，我们判定：店子秦墓M114、任家嘴秦墓M86和M94、八旗屯西沟道M4、八旗屯BM103、

③ 棺椁是东周时期秦墓常见的组合形式，不做异常值判别。

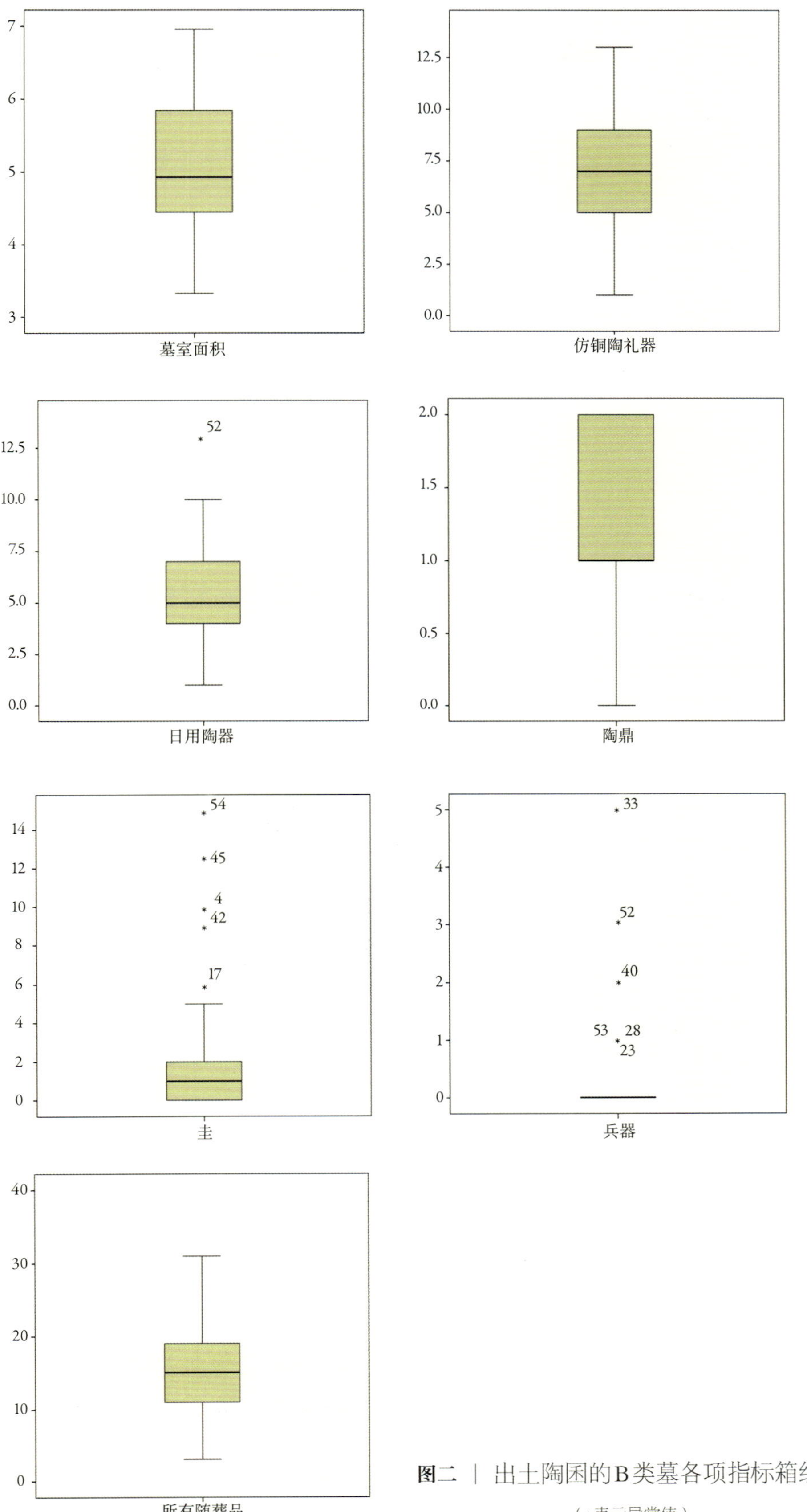

图二 | 出土陶囷的B类墓各项指标箱线图

（*表示异常值）

表二 | 出土陶囷的 B 类墓马氏距离计算结果

墓地	墓号	墓室面积	棺	椁	仿铜陶礼器数量	日用陶器数量	陶鼎数量	圭的数量	兵器数量	所有随葬品件数	马氏距离
店子	M103	4.672	1	1	7	6	2	0	0	13	3.351867
	M266	4.654	1	1	8	7	2	1	0	16	3.586966
	M122	6.8	1	1	13	4	2	2	0	19	10.43339
	M252	5.3589	1	1	10	4	2	10※	0	26	11.33556
	M38	5.5872	1	1	8	10	2	1	1	26	13.84031
	M47	4.44975	1	1	9	7	2	0	1	19	2.94157
	M74	4.3456	1	1	5	8	0	3	0	18	7.245076
	M104	6.181	1	1	8	7	1	0	0	15	6.880039
	M113	4.7775	1	1	7	5	2	3	0	15	3.466614
	M114	4.05	2	1	9	10	2	0	0	19	22.88868※
	M149	5.61	1	1	9	5	2	0	0	14	2.975179
	M169	5.885	1	1	7	8	2	1	1	23	12.49804
	M171	3.9	1	1	9	7	1	1	1	18	6.073942
	M176	4.5	1	1	6	6	1	1	0	13	1.146625
	M185	6.4725	1	1	7	7	1	5	0	21	5.812441
	M191	3.78	1	1	5	5	1	1	0	11	2.6817
	M193	4.93	1	1	6	7	1	6	0	20	3.738477
	M226	4.163	1	1	11	8	2	2	1	22	4.980871
	M253	4.835	1	1	3	8	0	2	0	16	7.821435
	M254	3.6	1	1	8	4	1	1	0	13	6.917186
	M264	3.975	1	1	6	4	2	0	0	10	5.758676
	M271	5.504	1	1	1	4	0	1	0	6	5.646886
	M280	4.083	1	1	6	7	2	0	1	14	5.073765
	M26	3.79	1	1	8	6	1	0	0	14	4.399776
	M49	4.93	1	1	3	6	0	2	0	13	4.286047
	M141	4.27	1	1	4	4	1	3	0	11	2.474728
	M166	4.658	1	1	6	7	1	0	0	13	2.324873
	M174	6.264	1	1	7	7	2	4	1	20	6.559639

续表二

墓地	墓号	墓室面积	棺	椁	仿铜陶礼器数量	日用陶器数量	陶鼎数量	圭的数量	兵器数量	所有随葬品件数	马氏距离
西安南郊	M75	4.785	1	1	12	5	2	0	0	17	5.999431
任家嘴	M26	3.329	1	0	1	5	0	0	0	8	16.016
	M74	6.28	1	2	5	5	2	3	0	15	11.15255
	M86	6.4904	1	2	1	1	0	0	0	3	19.56644※
	M94	5.264	1	1	7	8	2	1	5※	23	31.37596※
	M96	5.488	1	2	5	5	2	0	0	11	11.20456
	M101	4.7975	1	1	6	4	0	2	0	12	6.419294
	M103	5.264	1	1	8	3	1	3	0	14	3.323775
	M108	6.3362	1	1	4	3	1	1	0	8	4.95719
	M123	5.6208	1	1	2	4	1	1	0	8	4.226732
	M131	5.2618	1	1	7	2	2	0	0	11	7.754984
	M171	6.9594	1	1	9	3	2	1	2	16	12.50914
	M211	6.2168	1	1	3	2	1	1	0	7	5.524854
	M212	4.76	1	2	3	3	1	9※	0	15	16.50979
毛家坪	M17	4.717	1	0	1	6	0	0	0	7	15.63206
礼县	M1024	4.29	1	1	3	4	1	0	0	7	3.046172
赵家来	M5	5.024	1	1	5	3	0	12※	0	22	16.10144
西沟道	M16	5.845	1	1	9	4	2	1	0	14	3.298356
	M18	6.336	1	1	10	5	1	3	0	18	6.717898
	M4	5.94	1	1	9	4	2	2	1	22	17.95134※
	M5	5.3144	1	1	8	5	1	1	0	15	2.038185
八旗屯	BM103	6.566	0	1	8	5	1	2	0	17	23.57753※
东阳	M60	4.1875	1	1	9	5	2	1	0	15	3.578931
	M17	4.62	1	1	11	13	2	1	3	30	16.55264
晁峪	M6	4.48	1	1	2	4	1	2	1	9	5.753265
高庄	M12	5.46	2	1	9	7	2	15※	0	31	29.07113※

※：表示确定出来的异常值。

凤翔高庄M12数据异常。

另，由于出土囷的A类墓和C类墓数量太少，我们采用箱线图对其各项指标进行异常值检测，判定C类墓任家嘴M107随葬品总数异常。

二 出土陶囷墓葬的聚类分析

关于秦墓等级划分，目前学界多采用滕铭予在《秦文化：从封国到帝国的考古学观察》中的观点。滕文根据墓葬出土"礼器"情况来进行等级划分。滕文还认为：A类墓主人生前属于秦文化中较高层次的人群，亦可将其视为是进入了不同层次统治集团的成员。C类墓的墓主人生前应是秦文化社会中的普通平民。B类墓应具有更接近A类墓墓主人的倾向[38]。

滕文的认知是基于人文历史研究得出的结论，从数理角度，聚类分析是一种能够将一组研究对象分为相对同质的群组的统计分析技术。下面我们采用聚类分析的方法，将出土陶囷的墓葬聚为三类④（表三）。

从聚类结果来看，排除异常值的影响，滕文的A类墓可再细分，滕文的B类墓和C类墓聚为一类。也就是说从数理角度，B类墓不是更接近于A类墓，而是和C类墓更为接近，B类墓和C类墓在墓葬面积、随葬品数量、棺椁、兵器、用圭等方面没有显著性差别。

④ 聚类中，为保证数据的一致性，A类墓中礼器数量=铜礼器数量+仿铜陶礼器数量；鼎的数量=铜鼎+仿铜陶鼎数量。B类墓中礼器数量=仿铜陶礼器数量，鼎的数量=仿铜陶鼎的数量。C类墓中礼器和鼎的数量均为0。

表三 | 不同聚类结果与滕文分类对比表

墓地	墓号	滕文分类	k-means聚类	系统聚类		墓地	墓号	滕文分类	k-means聚类	系统聚类	
				组间连接，欧氏距离	最近距离，欧氏距离					组间连接，欧氏距离	最近距离，欧氏距离
店子	M103	B	2	1	1	店子	M113	B	2	1	1
店子	M266	B	2	1	1	店子	M114※	B	2	1	1
店子	M122	B	2	1	1	店子	M149	B	2	1	1
店子	M252※	B	3	1	1	店子	M169	B	2	1	1
店子	M38	B	2	1	1	店子	M171	B	2	1	1
店子	M47	B	2	1	1	店子	M176	B	2	1	1
店子	M74	B	2	1	1	店子	M185	B	2	1	1
店子	M104	B	2	1	1	店子	M191	B	2	1	1

续表三

墓地	墓号	滕文分类	k-means聚类	系统聚类	
				组间连接，欧氏距离	最近距离，欧氏距离
店子	M193	B	2	1	1
店子	M226	B	2	1	1
店子	M253	B	2	1	1
店子	M254	B	2	1	1
店子	M264	B	2	1	1
店子	M271	B	2	1	1
店子	M280	B	2	1	1
店子	M26	B	2	1	1
店子	M49	B	2	1	1
店子	M141	B	2	1	1
店子	M166	B	2	1	1
店子	M174	B	2	1	1
西安南郊	M75	B	2	1	1
任家嘴	M26	B	2	1	1
任家嘴	M74	B	2	1	1
任家嘴	M86※	B	2	1	1
任家嘴	M94※	B	2	1	1
任家嘴	M96	B	2	1	1
任家嘴	M101	B	2	1	1
任家嘴	M103	B	2	1	1
任家嘴	M108	B	2	1	1
任家嘴	M123	B	2	1	1
任家嘴	M131	B	2	1	1
任家嘴	M171	B	2	1	1
任家嘴	M211	B	2	1	1
任家嘴	M212※	B	2	1	1
毛家坪	M17	B	2	1	1
礼县	M1024	B	2	1	1
赵家来	M5※	B	2	1	1
西沟道	M16	B	2	1	1
西沟道	M18	B	2	1	1
西沟道	M4※	B	2	1	1
西沟道	M5	B	2	1	1
八旗屯	BM103※	B	2	1	1
东阳	M60	B	2	1	1
东阳	M17	B	2	1	1
晁裕	M6	B	2	1	1
高庄	M12※	B	3	1	1
任家嘴	M56	A	3	2	1
礼县	M1002	A	2	1	1
高庄	M18	A	3	2	2
高庄	M10	A	1	3	3
任家嘴	M59	C	2	1	1
任家嘴	M107※	C	2	1	1
任家嘴	M213	C	2	1	1
毛家坪	M19	C	2	1	1
毛家坪	M20	C	2	1	1
西村	79M19	C	2	1	1

※：表示上文分析出来的异常值。

三　出土陶囷的B类墓变量间相关关系分析

由于B类墓葬有变量属非正态分布，我们采用肯德尔（Kendall）相关系数来考察各变量间的相关性。肯德尔相关系数是一个用来测量两个随机变量相关性的统计值，其取值范围在-1到1之间，当 τ 为1时，表示两个随机变量拥有一致的等级相关性；当 τ 为-1时，表示两个随机变量拥有完全相反的等级相关性；当 τ 为0时，表示两个随机变量是相互独立的。使用spss 17.0，我们计算得出Kendall 的 tau_b相关系数矩阵如下（表四）。

表四 | Kendall 的 tau_b 相关系数矩阵

墓葬变量	相关系数	面积	棺	椁	仿铜陶礼器	日用陶器	鼎	圭	兵器	所有随葬品
面积	相关系数	1		0.231	0.079	−0.143	0.121	0.216	−0.035	0.132
	Sig.（双侧）			0.061	0.46	0.192	0.31	0.057	0.776	0.212
	N	45	45	45	45	45	45	45	45	45
棺	相关系数									
	Sig.（双侧）									
	N	45	45	45	45	45	45	45	45	45
椁	相关系数	0.231		1	0.108	−0.035	0.376**	0.175	0	0.138
	Sig.（双侧）	0.061			0.4	0.792	0.008	0.198	1	0.272
	N	45	45	45	45	45	45	45	45	45
仿铜陶礼器	相关系数	0.079		0.108	1	0.149	0.510**	0.005	0.265*	0.568**
	Sig.（双侧）	0.46		0.4		0.192	0	0.967	0.037	0
	N	45	45	45	45	45	45	45	45	45
日用陶器	相关系数	−0.143		−0.035	0.149	1	0.062	0.036	0.349**	0.536**
	Sig.（双侧）	0.192		0.792	0.192		0.625	0.763	0.007	0
	N	45	45	45	45	45	45	45	45	45
鼎	相关系数	0.121		0.376**	0.510**	0.062	1	−0.159	0.371**	0.349**
	Sig.（双侧）	0.31		0.008	0	0.625		0.225	0.009	0.004
	N	45	45	45	45	45	45	45	45	45
圭	相关系数	0.216		0.175	0.005	0.036	−0.159	1	0.025	0.290*
	Sig.（双侧）	0.057		0.198	0.967	0.763	0.225		0.854	0.013
	N	45	45	45	45	45	45	45	45	45
兵器	相关系数	−0.035		0	0.265*	0.349**	0.371**	0.025	1	0.407**
	Sig.（双侧）	0.776		1	0.037	0.007	0.009	0.854		0.001
	N	45	45	45	45	45	45	45	45	45
所有随葬品	相关系数	0.132		0.138	0.568**	0.536**	0.349**	0.290*	0.407**	1
	Sig.（双侧）	0.212		0.272	0	0	0.004	0.013	0.001	
	N	45	45	45	45	45	45	45	45	45

**：在置信度（双侧）为 0.01 时，相关性是显著的。

*：在置信度（双侧）为 0.05 时，相关性是显著的。

N = 45，是去除异常值后为 45 个标本。

通过矩阵，可以看出出土陶囷的B类墓墓葬面积与棺、椁、仿铜陶礼器数量、日用陶器数量，以及鼎、圭、乐器、兵器、小件铜器数量，甚至于随葬品总量的相关系数均＜0.3，基本不存在相关关系。椁的数量与鼎的数量呈弱相关，随葬品总数与仿铜陶礼器和日用陶器数量的相关系数均＞0.5，有一定的相关性，但是远没有达到1的数值，由此说明传统认为的墓葬面积、棺、椁、鼎、仿铜陶礼器等代表等级的元素在出土陶囷的B类墓中相关性不强，即表明出土陶囷的B类墓葬的等级意义不明显。

四　春秋中期至战国早期出土陶囷的B类墓和不出土囷的B类墓两总体一致性检验

为理清囷类明器代表的实际意义，我们着重考察了春秋中期至战国早期（即囷类明器出现及流行时期）出土囷的B类墓和不出土囷的B类墓两总体一致性检验，为降低误差，我们尽量采用同一墓地的材料，即我们选择店子、任家嘴等墓地的材料，因为这些墓地既有出土囷的B类墓，也有不出土囷的B类墓；但对于宝鸡西高泉[39]、宝鸡福临堡[40]等墓地，由于它们只包括了不出土囷的B类墓，因而排除在外。

在进行统计分析之前，我们对不出土囷的B类墓葬进行异常值检验（表五）和正态检验。

通过箱形图得出：墓葬面积异常的有店子M105；圭的数量异常的有高庄M3、任

表五 ｜ 春秋中期至战国早期不出土陶囷的B类墓的异常值

墓地	墓号	棺	椁	墓室面积	仿铜陶礼器数量	日用陶器数量	陶鼎数量	圭的数量	兵器数量	所有随葬品件数	马氏距离
店子	M110	1	1	4.244	2	5	0	2	0	9	2.7629119
	M112	0	0	3.496	5	5	1	2	0	12	11.712445
	M105	1	1	8.88※	1	4	0	0	0	5	10.573637
	M132	1	1	4.104	8	2	3	1	1	12	7.4170753
	M137	1	1	4.035	6	3	0	1	0	10	3.4182149
	M161	1	1	4.27625	9	5	2	1	1	16	3.3583079
	M163	1	1	3.905	5	6	1	0	0	11	2.27306
	M177	1	1	3.9	4	4	0	1	0	9	2.3561161
	M250	1	1	5.229	7	8	2	1	0	16	2.99542
	M275	1	1	4.0588	9	8	2	10※	0	27※	14.2216
	M121	2	1	8.385	9	5	2	4	1	23	10.5433

续表五

墓地	墓号	棺	椁	墓室面积	仿铜陶礼器数量	日用陶器数量	陶鼎数量	圭的数量	兵器数量	所有随葬品件数	马氏距离
店子	M263	1	1	4.96	8	7	1	0	0	15	3.9352
	M276	1	1	5.89	7	5	2	9※	1	24	8.58399
	M218	1	1	2.88	5	6	2	1	0	12	3.26803
	M15	1	1	4.144	1	8	0	1	0	10	9.65031
	M267	1	1	3.22	7	5	2	0	0	12	2.62728
	M215	1	1	3.81125	3	6	2	6	0	15	6.18063
	M170	1	1	4.05	4	5	0	0	0	9	3.27763
	M268	1	1	5.2432	9	5	3	0	0	14	3.29537
任家嘴	M80	1	1	8.225	6	2	0	0	3	20	17.0844※
	M70	1	1	4.6368	2	2	0	2	0	6	2.47059
	M36	1	1	7.175	6	3	0	0	0	9	5.21387
	M35	1	1	5.075	2	3	0	8※	0	14	9.33241
	M105	1	1	7.314	3	3	0	1	0	8	3.85678
	M130	1	2	6.4998	1	0	0	0	0	1	13.7403
	M180	1	2	6.4128	4	1	1	3	3	12	18.4102※
	M210	1	1	5.88	9	4	0	2	0	15	6.45004
西沟道	M8	1	1	4.189	9	2	2	2	0	13	5.95164
高庄	M19	1	1	5.8275	7	3	1	1	2	25※	26.8898※
	M3	2	1	4.17	4	4	1	17※	7※	38※	35.5832※
	M28	1	1	4.8	6	3	1	1	1	14	1.24751
八旗屯	81M15	1	1	4.5968	3	1	0	4	1	11	2.75631
	BM11	1	1	4.98	11	6	3	0	0	17	4.2725
	CM4	1	1	5.58	9	2	2	0	0	14	5.97642
东阳	M29	1	1	3.823	4	4	1	3	0	11	1.33312
	M40	1	1	5.1	1	2	1	0	0	3	3.57351
	M44	1	1	4.5	11	6	2	1	0	18	4.17689
	M50	2	1	6.3172	3	8	2	0	0	11	13.2504
	M61	1	1	4.7425	6	3	0	0	0	10	2.89676
	M62	1	1	4.288	10	6	3	1	2	19	9.55959
	M99	1	1	3.3675	3	8	3	0	1	13	11.0918

续表五

墓地	墓号	棺	椁	墓室面积	仿铜陶礼器数量	日用陶器数量	陶鼎数量	圭的数量	兵器数量	所有随葬品件数	马氏距离
毛家坪	M8	1	0	4.5825	2	5	2	0	0	7	8.6255
	M12	1	0	7.48875	3	7	3	2	0	12	17.5183※
礼县	06DⅢM2	1	1	4.424	3	3	3	0	0	7	7.90723
	M1016	1	1	5.239	4	6	3	2	0	14	6.6049
	M1015	1	1	4.5028	1	4	0	0	0	5	2.8316

※：代表异常值。

家嘴M35、店子M275、M276；兵器数量异常的有高庄M3；随葬品总量异常的有店子M275、高庄M19、M3。

马氏距离计算后剔除的异常值有：任家嘴M80、M180，高庄M19、M3，毛家坪M12。

在剔除异常值后，进行正态检验，得出墓葬面积、仿铜陶礼器数、日用陶器数和随葬品总量为正态分布，棺、椁、鼎、圭、兵器的数量属于非正态分布。

对于符合正态样本的墓葬面积、仿铜陶礼器、日用陶器、随葬品总数，我们采用U检验（表六），计算公式如下：

$$u = \frac{\bar{X}_1 - \bar{X}_2}{S_{\bar{X}_1 - \bar{X}_2}} = \frac{\bar{X}_1 - \bar{X}_2}{\sqrt{S_1^2/n_1 + S_2^2/n_2}}$$

其中$\bar{X}_1$、$\bar{X}_2$分别为两个独立样本的均值，S_1、S_2是样本的标准差，n_1、n_2代表样本容量。

假设出土囷的B类墓和不出土囷的B类墓在墓葬面积、仿铜陶礼器数量、日用陶器数量、随葬品总数上均值一致。

按照上述公式计算$|Z|$（U）统计量，我们取$\alpha=0.05$，利用正态分布函数表可查到对应的检出阈为1.96。由此可知：出土囷和不出土囷的B类墓在墓葬面积和仿铜陶礼器数量方面$|Z|$统计量<1.96，接受原假设，认为两者之间没有显著性差异；而日用陶器和随葬品总数的$|Z|$统计量>1.96，拒绝原假设，认为出土囷的墓葬和不出土囷的B类墓葬在日用陶器数量和随葬品总数上有显著性差异，出土囷类的墓葬随葬品多于不出土囷类墓葬的随葬品。

对于不符合正态分布的样本，使用spss 17.0非参数检验中两个独立样本进行分析，在分析前，假设陶鼎数量、圭的数量、兵器、棺、椁的数量在出土囷的墓葬和不出土囷的墓葬中没有差异，得到结果如下（表七、表八）。

不管剔不剔除异常值，上述五个变量的sig值均>0.05，因此，我们认为α=0.05时，接受原假设，表明出土囷的B类墓葬和不出土囷的B类墓葬在棺、椁、鼎、圭和兵器的使用上没有显著性差别。

上述两总体一致性检验表明：是否使用陶囷进行随葬，在传统认为棺、椁、鼎等在等级方面没有显著性差异，即囷的随葬不具备等级的意义，但是在陶器随葬数量上差异明显，使用囷的人群，随葬品更多，代表了墓主人财富的增加。这和张颖岚先生："陶

表六 | 两个独立样本 U 检验

类型	样本名称	样本容量	平均值	标准差	标准误	|Z|（U）统计量
不出土囷	墓葬面积	37	4.768124	1.1745063	0.1930876	0.964324
出土囷	墓葬面积	42	4.997708	0.9026192	0.1392772	
不出土囷	仿铜陶礼器数量	37	5.3784	3.05824	0.50277	1.374445
出土囷	仿铜陶礼器数量	42	6.3095	2.94244	0.45403	
不出土囷	日用陶器数量	37	4.4865	2.04968	0.33697	2.4930946
出土囷	日用陶器数量	42	5.5476	1.68497	0.26000	
不出土囷	随葬品总数	37	11.6486	4.43607	0.72928	2.505455
出土囷	随葬品总数	42	14.2381	4.74629	0.73237	

表七 | 非参数检验※

检验统计量	鼎	圭	兵器	棺	椁
Mann-Whitney U	750.000	660.500	774.000	756.000	757.000
Wilcoxon W	1653.000	1363.500	1677.000	1659.000	1460.000
Z	-0.278	-1.197	-0.043	-0.623	-0.399
渐近显著性（双侧）	0.781	0.231	0.965	0.533	0.690

※：剔除异常值，样本量：不出土囷的墓葬 37 座，出土囷的墓葬 42 座。

表八 | 非参数检验※

检验统计量	棺	椁	鼎	圭	兵器
Mann–Whitney U	1145.500	1105.500	1171.000	1054.500	1079.500
Wilcoxon W	2471.500	2186.500	2252.000	2135.500	2405.500
Z	−0.443	−0.886	−0.015	−0.885	−0.925
渐近显著性（双侧）	0.658	0.375	0.988	0.376	0.355

※：未剔除异常值，样本量：不出土囷的墓葬46座，出土囷的墓葬51座。

囷模型则代表了死者生前的财富积累，……后者则是以指向经济的社会价值判断准则为代表的具有明显现实性的价值取向的反映。”[41]的观点相契合。

五　陶囷与墓主人的性别关联分析

经统计，目前已知出土陶囷的墓葬中，墓主人为男性的32座，女性的5座。我们使用二项分布原理对出土陶囷较多、资料相对完整的店子墓地和任家嘴墓地进行陶囷与墓主人性别的关联分析。

1.店子墓地

共发表墓葬资料224座，除去1座夫妇合葬墓外，其中可辨别的男性墓葬128座，女性墓葬45座。

假设随葬陶囷与性别无关。

出土于男性墓葬的概率为128/128+45=0.7399，出土于女性墓葬的概率为45/128+45=0.2601。

已发现出土陶囷且墓主人性别明确的墓葬22座，其中19件囷出于男性墓，3件囷出于女性墓。则出现在女性墓的频次不大于3次（含3次）的累计概率为：binomdist（3，22，0.2601，true）=0.1379。

我们取$\alpha=0.15$，则出土女性墓的累计概率值$0.1379<0.15$，属于小概率事件，舍弃“随葬陶囷与性别无关”的原假设，认为陶囷的使用与性别相关，具体到店子墓地，主要为男性使用。

2.任家嘴墓地

共发掘春秋至秦代墓葬242座，其中可辨别性别为男性的87座，女性的37座。

同样方法，我们可知：

出土于男性墓的概率为87/87+37=0.7016，女性墓的概率为37/87+37=0.2984。

已确认12件囷出土于男性墓葬，1件囷出土于女性墓葬。

则出现在女性墓葬的频次不大于1次（含1次）的累计概率为：binomdist（1，13，0.2984，true）=0.065＜0.15，由此判定陶囷主要为男性墓随葬使用。

我们知道，统计学是通过搜索、整理、分析数据等手段，以达到推断所测对象的本质，甚至预测对象未来的一门综合性科学。以上，我们通过不同维度的统计分析方法，试图对秦墓出土陶囷现象进行解析，通过统计分析得出；出土囷的B类墓和不出土囷的B类墓在墓葬等级方面没有显著差别，而在代表财富方面具有显著性差异，说明在同一层次的墓葬中，囷的使用更多地代表了墓主人对社会财富的占有。聚类分析和相关分析也表明：B类墓所代表的等级意义弱化，尤其是出土陶囷的B类墓和C类墓从聚类上更为接近，这个数理统计结论与滕铭予先生关于B类墓与A类墓更为接近的论断相左，而与林沄先生在《周代用鼎制度商榷》一文指出的“非实用的随葬器物之所以逐渐盛行，除了出于经济的考虑外，主要是由于民智的开化，对死人的事采取越来越唯物的态度。”“用不用这种明器随葬并无区别身份等级的意义”[42]观点相似，为我们重新认识B类墓的人群阶层和仿铜陶礼器所代表的“礼制”意义提供了新思考。

此外，通过数理统计分析，还能够得出陶囷主要用于男性墓葬随葬，对于我们认识秦人的社会组织生活及劳动力分工问题提供了探索途径。

我们知道：陶囷作为随葬品，最早被秦人放入墓葬中，是秦代农业经济发展的客观反映。至少从春秋中期开始，秦人开始使用仿铜陶礼器和陶囷随葬。“随葬的粮食除装入仓囷之内的外，有的倾倒在龛内或二层台上。”[43]从前面的数理统计资料来看，这些使用仿铜陶礼器的人，更多的是代表了财富的增加，而不是等级的差异。也就是说，秦人墓葬在此时开始冲破西周以来封建等级的掣肘，产生了以财富价值、现实需求为准则的具有明显现实性的丧葬观念。囷在秦墓中的使用，呈现的不是连续稳定的发展，而是曲折式的发展。囷自春秋中期开始出现，春秋晚期到战国早期比较流行，到了战国中晚期，囷在秦人墓中的出土数量锐减，这一现象，与整个秦器物群的转变基本同时。梁云先生认为：秦人铜陶器物群在战国中期发生了断裂[44]。从出土的考古资料，我们可以看出，随着秦人的东进，传统秦器鼎、簋、壶、甗、鬲、喇叭口罐等被遗弃，取而代之的是具有三晋两周风格的矮足鼎、圆壶、小口圆肩罐，巴蜀文化风格的鍪、釜和新兴起的蒜头壶等。由此可见，秦文化是融合多个文化，兼容并蓄发展起来的。其多元的文化来源，也使秦人较少受到某一种文化的掣肘，相对容易创造出新的文化因子。林剑鸣先生认为："在秦人的价值评价中，没有给道德伦理留下位置，而完全是以世俗的功利为标准，内心修养或道德的自我反省，在这里是没有必要的，需要的是对自我以外实际世界的探求和自身物质需要的索取。"[45]陶囷作为秦人固有的随葬品，虽然在战国中晚期数量有所减少，但并没有像其他传统秦器一样被摒弃，这恰恰是因为陶囷作为秦人重视农耕、代表财富的现实生活用器，被搬进墓葬，实现了对于现实生活的延续，保障了墓主人在死后世界的继续享有，符合秦人对于粮食和财富的渴求，是秦人世俗功利主义的完美体现，因而具有了更为广阔的生存空间。

参考文献

[1] （汉）许慎：《说文解字·囗部》，中华书局，1978年，129页。
[2] 王先谦：《释名梳证补·释宫室》，上海古籍出版社，1984年。
[3] 俞伟超：《古史的考古学探索》，文物出版社，2002年，180～190页。
[4] 赵化成：《从"周制"到"汉制"——先秦两汉制度比较研究》，教育部"汉唐陵墓制度"课题研究，内部资料。
[5] 禚振西、杜葆仁：《论秦汉时期的仓》，《考古与文物》1982年第6期。
[6] 韩伟：《秦国的贮粮设施浅议》，《陕西省考古学会第一届年会论文集》，《考古与文物》编辑部，1983年。
[7] 张颖岚：《秦墓中出土陶囷模型及相关问题研究》，《秦文化论丛》（第七辑），西北大学出版社，1999年。
[8] 武丽娜：《秦墓出土陶囷研究》，西北大学硕士学位论文，2007年。
[9] 刘建安：《试论东周时期的储粮设施》，《农业考古》2005年第1期。
[10] 吴晓阳：《战国西汉墓随葬陶仓、囷的考古学观察》，南京大学硕士学位论文，2013年。
[11] 甘肃省文物工作队、北京大学考古学系：《甘肃甘谷毛家坪遗址发掘报告》，《考古学报》1987年第3期。
[12] 郭军涛：《礼县地区中小型秦墓的分期及相关问题研究》，西北大学硕士学位论文，2010年
[13] 陕西省考古研究所、贠安志：《陕西长武上孟村秦国墓葬发掘简报》，《考古与文物》1984年第3期。
[14] 陕西省考古研究所：《陇县店子秦墓》，三秦出版社，1998年。
[15] 宝鸡市考古队、陇县博物馆：《陕西陇县韦家庄秦墓发掘简报》，《考古与文物》2001年第4期。
[16] 宝鸡市博物馆、宝鸡市渭滨区文化馆：《陕西宝鸡市茹家庄东周墓葬》，《考古》1979年第5期。
[17] 陕西省考古研究所：《陕西宝鸡晁峪东周秦墓发掘简报》，《考古与文物》2001年第4期。
[18] 陕西省雍城考古队、尚志儒、赵丛苍：《陕西凤翔八旗屯西沟道秦墓发掘简报》，《文博》1986年第3期。
[19] 陕西省雍城考古队、吴镇烽、尚志儒：《陕西凤翔八旗屯秦国墓葬发掘简报》，《文物资料丛刊》（3），文物出版社，1980年；陕西省雍城考古队：《一九八一年凤翔八旗屯墓地发掘简报》，《考

古与文物》1986年第5期。

[20] 雍城考古队、吴镇烽、尚志儒：《陕西凤翔高庄秦墓地发掘简报》，《考古与文物》1981年第1期。

[21] 田亚岐、王保平：《凤翔南指挥两座小型秦墓的清理》，《考古与文物》1987年第6期。

[22] 雍城考古队：《陕西凤翔西村战国秦墓发掘简报》，《考古与文物》1986年第1期。

[23] 陕西省考古研究所雍城工作队：《凤翔邓家崖秦墓发掘简报》，《考古与文物》1992年第2期。

[24] 陕西省考古研究院、宝鸡市考古研究所、凤翔县博物馆：《陕西凤翔路家村墓葬发掘简报》，《文博》2013年第4期。

[25] 中国社会科学院考古研究所武功发掘队：《陕西武功县赵家来东周时期的秦墓》，《考古》1996年第12期。

[26] 咸阳市文物考古研究所：《任家咀秦墓》，科学出版社，2005年。

[27] 马志军、孙铁山：《咸阳机场陵照导航台基建工地秦汉墓葬清理简报》，《考古与文物》1992年第2期。

[28] 西安市文物保护考古所：《西安南郊秦墓》，陕西人民出版社，2004年。

[29] 陕西省考古研究所：《西北农林科大战国秦墓发掘简报》，《考古与文物》2006年第5期。

[30] 中国科学院考古研究所：《沣西发掘报告——1955～1957年陕西长安县沣西乡考古发掘资料》，文物出版社，1963年。

[31] 陕西省考古研究所：《陕西高陵县益尔公司秦墓发掘简报》，《考古与文物》2003年第6期。

[32] 秦俑考古队：《临潼上焦村秦墓清理简报》，《考古与文物》1980年第2期。

[33] 孙伟刚：《临潼新丰秦墓研究》，西北大学硕士学位论文，2009年。

[34] 陕西省考古研究所：《陕西铜川枣庙墓地发掘简报》，《考古与文物》1986年第5期。

[35] 陕西省考古研究所、秦始皇兵马俑博物馆：《华县东阳》，科学出版社，2006年。

[36] 滕铭予：《秦文化：从封国到帝国的考古学观察》，学苑出版社，2003年，22～28页。

[37] 赵荣军、和向丽、李俊芳：《基于EXCEL的马氏距离计算方法》，《物探化探计算技术》2005年第4期。

[38] 滕铭予：《秦文化：从封国到帝国的考古学观察》，学苑出版社，2003年，26～28页。

[39] 宝鸡市博物馆、宝鸡县图博馆：《宝鸡县西高泉村春秋秦墓发掘记》，《文物》1980年第9期。

[40] 中国科学院考古研究所宝鸡发掘队：《陕西宝鸡福林堡东周墓葬发掘记》，《考古》1963年第10期。

[41] 张颖岚：《秦墓出土陶囷模型及相关问题研究》，《秦文化论丛》（第七辑），西北大学出版社，1999年，375～376页。

[42] 林沄：《周代用鼎制度商榷》，《史学集刊》1990年第3期。

[43] 雍城考古队、吴镇烽、尚志儒：《陕西凤翔高庄秦墓地发掘简报》，《考古与文物》1981年第1期。

[44] 梁云：《战国时代的东西差别——考古学的视野》，文物出版社，2008年，37页。

[45] 林剑鸣：《从秦人价值观看秦文化的特点》，《历史研究》1987年第3期。

古荥冶铁遗址陶窑研究

郝红星

古荥冶铁遗址1975年由郑州市博物馆发掘，是中华人民共和国成立以来发掘过的最大汉代冶铁遗址，以规模大、产量高、技术先进闻名，在世界冶金史上占有无与伦比的地位。1975的发掘，除了发现两座硕大的炼铁炉外，还在炼炉的东部、南部发现13座陶窑。这些陶窑显然不是为居住在这里的人们日常生活服务，因为再多的人们也用不完13座陶窑生产的产品，它们应当还承担着冶铸厂的其他功能。

一　陶窑介绍

《文物》1978年第2期发表的《郑州古荥镇汉代冶铁遗址发掘简报》，有两座陶窑的平、剖面图，缺乏每窑的具体尺寸。所以，我们以介绍窑的形制为主。

两窑均在生土上挖出窑的下半部，上半部用砖砌，收成穹隆顶，但已无存。

1.Y11

由窑前工作面、窑门、火膛、窑室、烟囱组成。

工作面　具体情况不明，但一般工作面是利用低矮断崖前的平面或平地挖坑做成，此窑没有专门绘出，有可能是崖前平面。

窑门　用砖砌成，拱顶。铺地砖一层，靠近火膛的壁上砌有三层砖。简报给出笼统尺寸，窑门高1.2、宽0.6米。

火膛　位于窑门之后，马蹄形。两壁用砖砌，但高于窑门的上部不知是否仍用砖砌，火膛顶部的前部保留有砖砌的拱顶。后壁砌砖9层，作为保护窑室前壁的砖墙。简报笼统指出，火膛后宽2、长1～1.6米。此窑火膛的长度应大于1米。

窑室　倒梯形，两壁为生土，可能涂抹有草拌泥，不见铺地砖，尺寸阙如。根据平面图，长、宽均应在2米以上。

烟囱　在窑室后壁生土上挖槽而成。先在后壁上挖三个长方形竖槽，中间竖槽直通地面，两侧竖槽挖到半高的时候，拐向中间与之连通，但此窑右侧的竖槽又独立通向地面。槽挖成后，用砖把槽封起来，与后壁平齐，留出出烟的过洞。烟囱长宽高尺寸均缺（图一）。

2.〈66〉Y1

大致同Y11，细部略有不同。

工作面　从剖面看，窑门前的地面呈斜坡状，这就断然是崖前的斜坡了，平地挖坑做成的工作面，没有必要修成斜坡状。

窑门　用砖砌成，拱顶已塌。从图上看，高度比Y11窑门大不少，但由于没有比

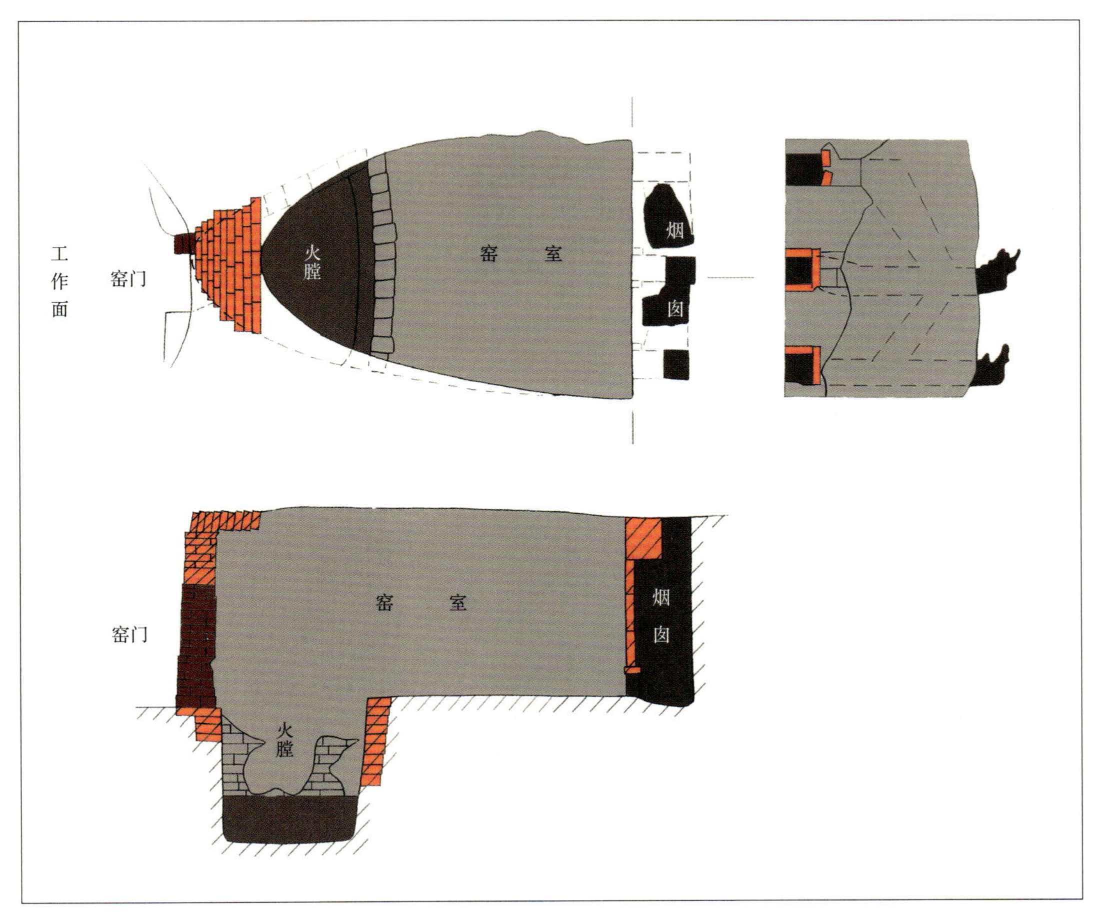

图一 | 古荥冶铁遗址Y11平、剖面图

例尺，孰大孰小很难确定。窑门下边设有风道，以铁板与进柴口隔开，风道后壁上砌有三层砖。

火膛　马蹄形，圜底，后部稍平，两壁用砖砌，上部收拢成拱顶，已塌，后壁砌12层砖，用以保护窑室前壁。从平面图对比来看，长宽要比Y11火膛大很多，若两窑比例相同的话。

窑室　长方形，南部铺有三排平砖，两壁用砖砌，上部收拢成顶，已塌。后壁推测亦用砖砌，而不只是烟过洞的上方，较直。

烟囱　在后壁生土上挖槽而成，中槽直通地面，侧槽弯曲与中槽连通，三槽共一个出口。槽挖成后，前面整个砌砖墙，成为窑室后壁（图二）。

Y11与〈66〉Y1的结构是相同的，均由窑门、火膛、窑室、烟囱构成，但窑门、烟囱细部有不同，即〈66〉Y1的窑门下增设了风道，能提供更多的氧气，烟囱只有一个出口，可以很好控制窑室温度。两窑上部结构应该相同，即火膛的顶部要低，或如蜣螂的头部，窑室顶部为较高的椭圆形，或如弧度高的蜣螂背部，烟囱设在窑顶后面。

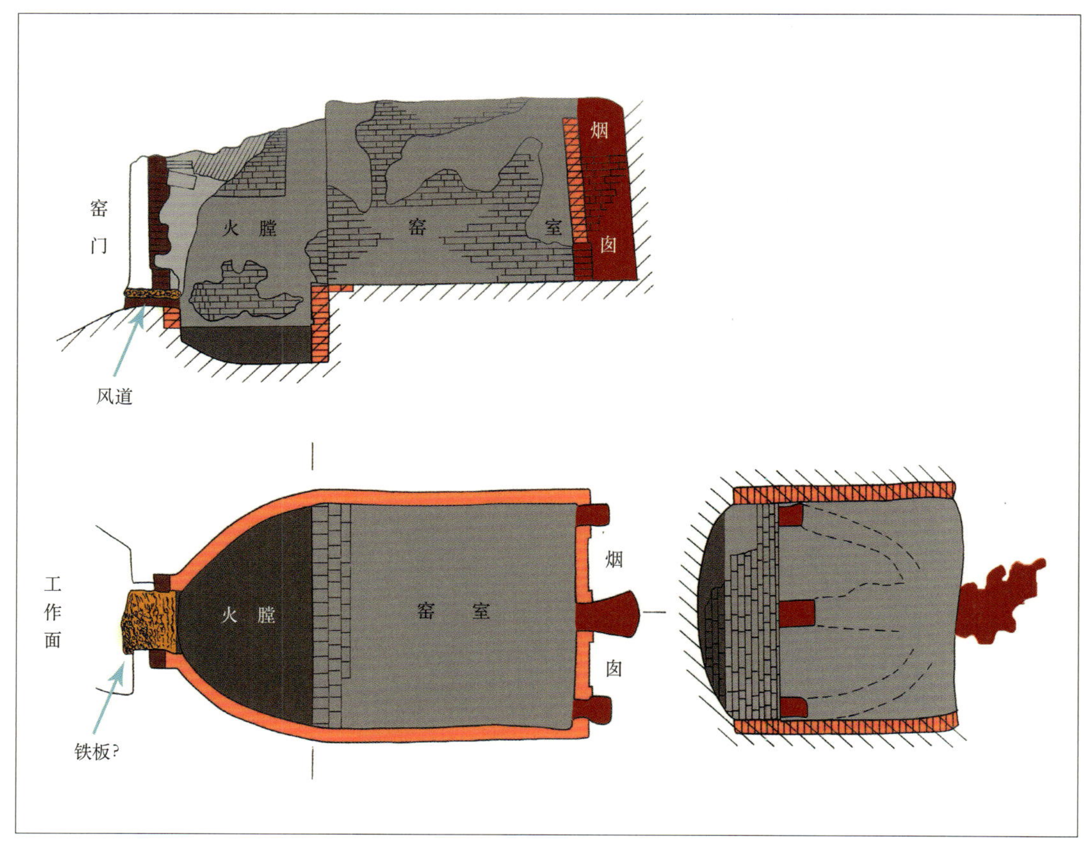

图二 | 古荥冶铁遗址〈66〉Y1平、剖面图

二 工作原理

Y11与〈66〉Y1从工作原理上讲，都属于半倒焰式窑。这种窑既不同于仰韶、龙山时期的横穴式升焰窑，也不同于商代的竖穴式升焰窑，因其建造容易、装填量大而成为中国使用时间最长的窑类，直到20世纪六七十年代，广大农村还常见这种原理的砖窑瓦窑。当然，它与明代出现的全倒焰式窑有一定区别。

它的工作原理是这样的：器物坯件从窑门装填后，在火膛里投放燃料，熊熊烈火燃起，靠近火膛的器物已经承受了高温的洗礼，而火膛顶部的高温、烟义无反顾地涌向窑室后方，由于无处可逃，遇窑室后壁只好下沉，从后壁底部的烟洞钻入烟囱再升入天空。那么，烟在下沉过程中，已经把窑室后部的器物加热、烘烤，所以并不存在靠近火膛的器物烧得好，离火膛远的器物就半生半熟的情况。实际上，由于烧窑后期要封闭窑门，有时还封闭烟囱，窑室里往往形成还原气氛，并常有渗碳现象发生，烧出来的器物常是青一色或黑一色的产品，难以分辨器物在窑内的具体位置。停火后，要放置一两天时间甚至更多，等窑内器物差不多冷却下来，再打开窑门搬出器物，这便大功告成。

三 与早期陶窑的对比

古荥两座陶窑是中国冶陶史上已经发展成熟的窑型，足以担当一般的烧陶任务。但是我国早期陶窑显然不是这样，有一个漫长的发展过程，分析各阶段重要窑例，可以从中窥探先民探索陶艺的艰辛过程以及成功时闪现的智慧。

（一）仰韶时期陶窑

冶陶技艺不可能凭空而降，也不可能一蹴而就，现在我们相信古人在陶器创制时期经历了民族学上所见到的篝火冶陶阶段，即将制成的陶坯放在一堆柴草中，点燃篝火，火尽陶出，这种无窑的冶陶过程烧出来的陶器一般为红色，因灰烬的沾染，也可能局部为褐色。

到了仰韶文化中期，我们已经见到比较实用的陶窑。如1996年发掘的河南新安县槐林Y1，由操作坑、火膛、窑室组成，均于生土上挖掘而成[1]。

操作坑　平面呈烧瓶状。瓶底部分呈枣核形，南北长2.8、东西宽1.1米，为人活动的地方。瓶颈部分呈梯形，东宽0.54、西宽0.82、长0.6米，为添柴的过道，有厚0.05米的踏踩面。

火膛　大致呈圆形，圜底，口部被破坏。底径0.58～0.72米。周壁被烧成青灰色。东面有两个进火口，北侧的呈椭圆形，南侧的呈梯形。

窑室　平面有如馒头的剖面，靠近火膛一侧较直，另一侧弧度较大。南北长1.75、东西宽1.05米，残壁较直，高0.55米。窑底近壁有14个火眼，与下面的环形火道相通。环形火道与火膛的进火门相连，底面呈斜坡状。窑室周壁及火眼壁都被烧成青灰色（图三）。

槐林Y1的工作原理是这样的：在火膛内放入燃柴，点火焚烧，烟火通过两个进火门涌入火道，然后从14个火眼进入窑室，对陶器进行均匀加热。由于火膛盛装量小，需要不停地投入柴草，提供不断的热量。窑室顶部应为穹隆顶，并设有出烟孔。如果没有烟孔的话，势必造成烟倒灌进火膛，影响柴薪的燃烧，甚至有熄灭的可能。而窑室内缺氧，烧出来的器物只能是灰陶，这与仰韶陶器是红陶不符。需要说明的是，槐林Y1窑室面积近2平方米，考虑到仰韶陶器器形较大，一次烧成的件数仍然有限。

（二）商代陶窑

龙山时期发现的陶窑较少，应该仍然继续使用仰韶时期发明的这种横穴式陶窑烧造器物。商代已经见到竖穴式陶窑，20世纪50年代在郑州铭功路制陶遗址发现的Y110就是这样的陶窑[2]。

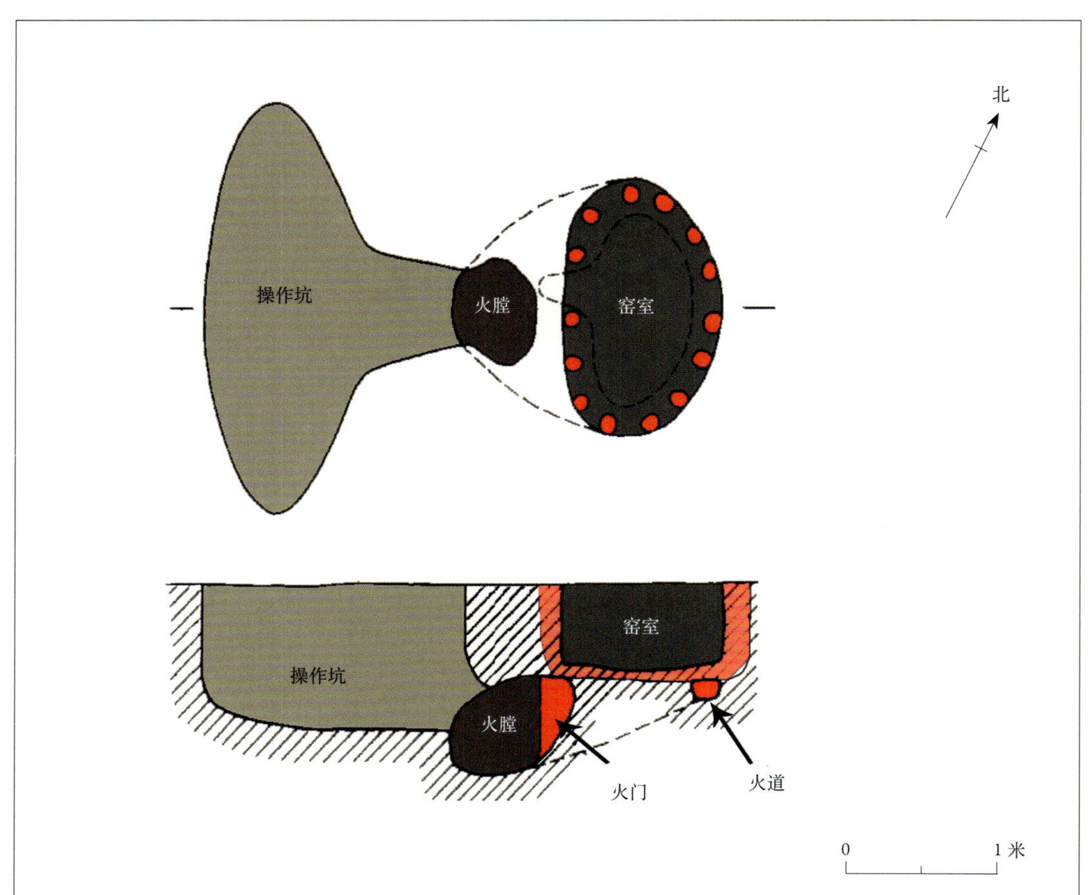

图三 | 新安槐林遗址Y1平、剖面图

Y110由工作面、火膛、窑室组成，但工作面已无存。

火膛 大致呈圆形，位于窑室正下方，平底。直径1米左右，高0.7米。火膛中后部有一长方形窑柱，生土做成，用于支撑人工做成的窑箅。长0.6、宽0.23、残高0.52米。火膛前方有火口通向工作面。

窑室 圆形，窑壁几乎无存。直径1.1米。窑箅用木棍、草拌泥做成。先用粗细不同的木棍放置在窑柱上，上边再铺草，内外涂以泥巴，中部厚0.15、近壁处厚0.27米，是为了增加与壁的附着力，防止窑箅坍塌。箅做成后，用木棍在上边钻出圆孔，直径0.08米左右，这便是火眼。经火烧，窑箅上面为砖红色，下面为青灰色（图四）。

郑州商城制陶遗址Y110的工作原理相对于槐林Y1来说，要进步很多，它直接将火膛置于窑室下，就这缩短了火焰与窑室的距离，热量在输送过程中损失不多。同时，为了避免火膛的难以掏挖，商城Y110干脆人造窑箅，这样在挖窑过程中，火膛与窑室实为一体，挖起来相当方便，窑柱也便于切割整形，是很聪明的办法。但是Y110的面积不到1平方米，如果是烧制陶鬲一类的器物，装填量还可以，若是大口尊、盆一类的器物，则烧成的件数也屈指可数。

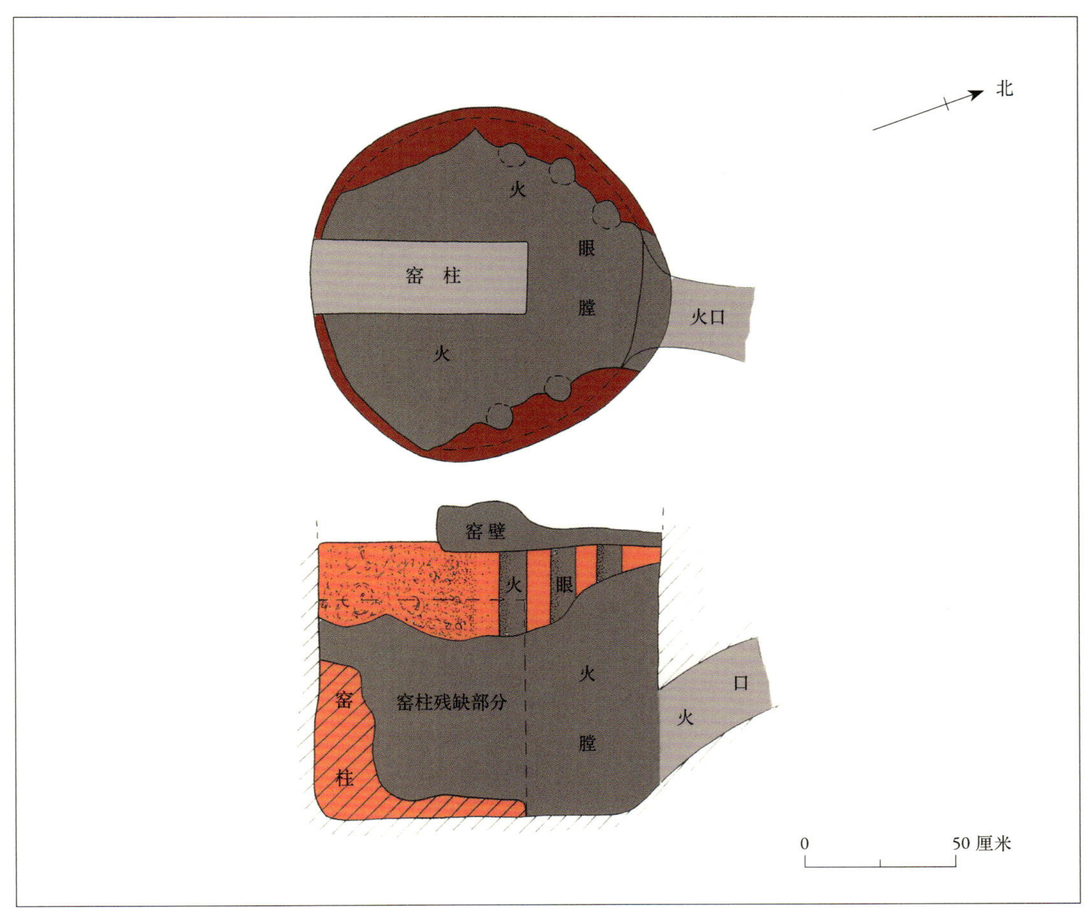

图四 | 郑州商城制陶遗址Y110平、剖面图

（三）殷商时期陶窑

殷商时期的陶窑又有进步，最明显的是去掉了火膛中窑柱，如2006年河南省考古研究院在荥阳关帝庙遗址发掘的并列双窑Y1、Y2，由操作坑、火膛、窑室组成[3]。

操作坑 椭圆形，位于窑室东边，两窑共用一坑。口长径3、短径2.1、深1.56米，底部缩成长1.5、宽1、深0.2米的小坑。南边为Y1，保存较好，北边为Y2，前部残缺（图五）。

Y1火膛 火口呈圆形，向西斜入地下，与火膛相连。直径0.68米。火膛位于窑室正下方，椭圆形，弧壁，弧顶，平底。长径1.7、短径1.3、中间高0.68米。

窑室 大约为袋状，残留下部。直径1.56、残高1米。窑箅厚1.1～1.18米，中心一个圆箅孔，直径0.21米，边缘呈“十”字形分布4个长方形箅孔，长0.4～0.48米，宽0.2～0.22米。窑室、窑箅、火膛壁面都被烧成青灰色，再外为砖红色。

Y2大小略同Y1。

图五 | 荥阳关帝庙遗址殷商Y1、Y2

关帝庙Y1窑室面积2.4平方米，无论烧小型器物还是大型器物，都有一定的装填量。为了增加薪容，火膛不设窑柱，并且有意识将火膛做得比窑室还大一点。同时，为了防止窑箅坍塌，窑箅做得很厚，这会消耗掉一部分热量。由于火膛的高度不高，即使Y1窑室顶部有烟孔，火膛里的火也难以充分燃烧，再加上浓烟里碳粒落到器物表面会发生渗碳作用，结果造成烧出来的器物大部分为灰陶或褐陶。

殷商时期又见到一种原始的半倒焰窑，这是我国陶窑由早期的升焰窑向半倒焰窑迈出的关键性一步，技术上有无可比拟的先进性，对于提高器物质量，充分利用热能起着巨大作用。这种窑目前少见，仅在新郑铁岭墓地发现一例。

铁岭Y1位于一片殷墟二期居住区的北中部，应该是为这个居住区提供陶器的唯一陶窑，由操作坑、窑门、火膛、窑室及烟囱组成，方向206°。窑在平地上开挖，挖穿当时的文化层，深入生土。窑废弃后操作坑内垃圾土回流窑室，后窑顶坍塌，三个烟囱的外侧尚挂在窑壁上，内侧随顶下挫。春秋晚期窑被M133打破，破坏了火膛的西部。

操作坑　大致呈梨形，东、南、西三面浅，缓坡状，中部、北部渐深，与窑门相连。南北长4.2、东西宽3.2、北部深0.9米。

窑门　位于操作坑与火膛之间，南窄北宽，略呈倒梯形，实际是窑壁外延的一部分，外延后成为窑门。南宽0.72、北宽约0.9、南北长0.55米，南端距地表深0.9、北端距地表深1.9米，窑门顶部坍塌，高度不明。

火膛 位于窑室前部，窑门北侧，与窑室界限不清。本是窑室一部分，因本窑没有专设火膛，柴只能置于窑门及窑室前部燃烧，以免影响放置陶器。

窑室 大致圆形，底中部低，四周高。直径2.4～2.5米。周壁除窑门附近外延外，其余直壁略内收，0.84米以上急遽内收成弧顶，顶高约1.36米。

烟囱 由窑室中部的方形烟囱和东、北、西三个长方形烟囱组成。方形烟囱，直壁，仅保留下半段。边长0.1、复原深度0.6米。东、北、西三个长方形烟囱，口大底小，上、下口皆呈长方形，弧壁。复原上口长0.6、宽0.14～0.16米，复原下口长0.4～0.5、宽0.06米，深约1.04米（图六、图七）。

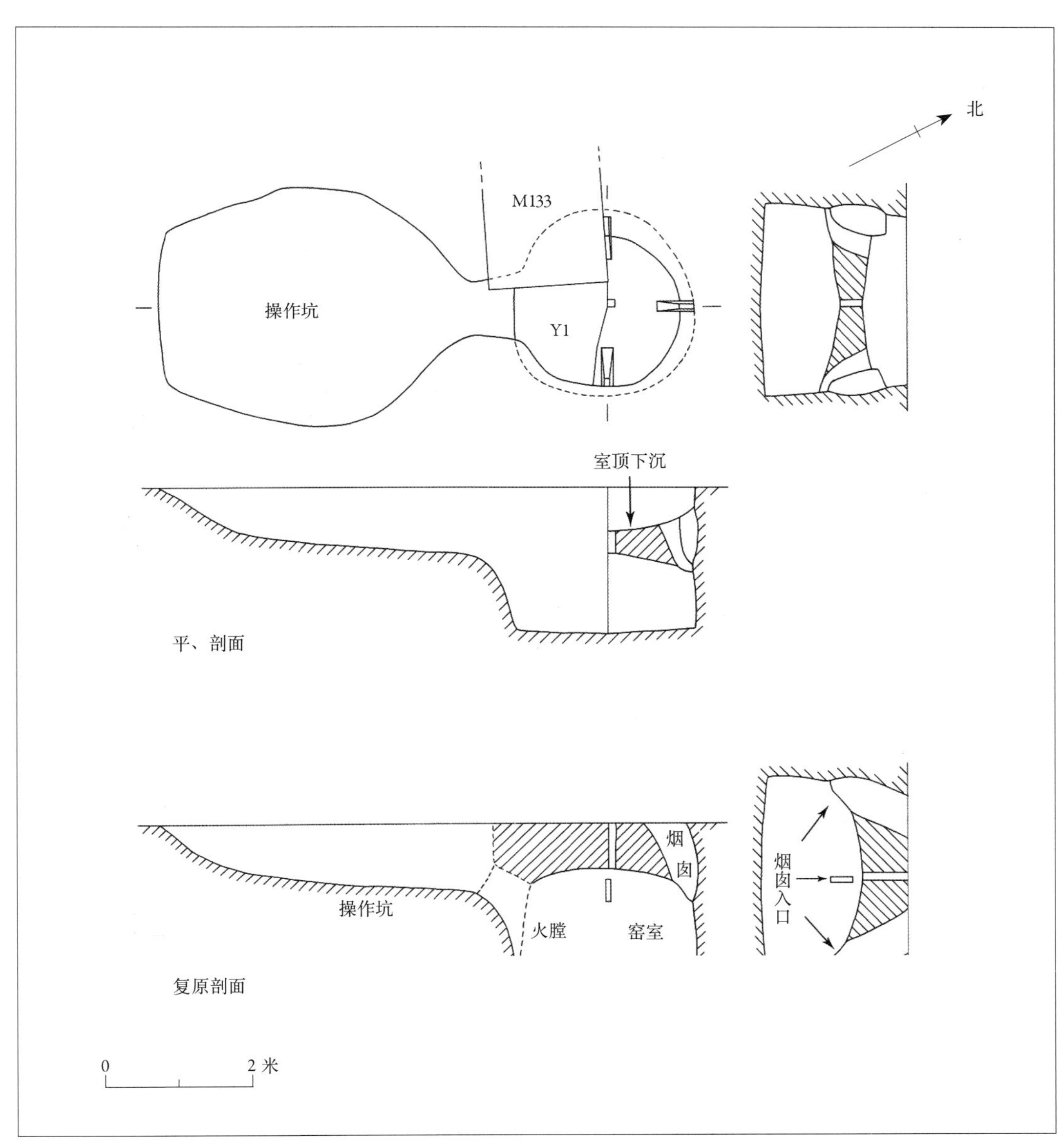

图六 | 新郑铁岭墓地殷商Y1平、剖面图及复原剖面图

图七 | 新郑铁岭墓地殷商Y1

Y1的窑门、火膛、窑室底、周壁、弧顶、方形烟囱烧成厚0.04~0.1米的青灰色，长方形烟囱内壁几乎没有烧结。

根据窑内堆积，此窑的产品大部为棕红陶，器表局部为褐色，它的形成原因当如下：柴薪置于窑室前部，因窑门较大，氧气充足，陶器受到氧化焰的烘烤，胎、表皆成红色；熊熊烈火燃烧，浓烟飞升，但窑顶中央的方形烟囱太小，大部分烟尘不得不下沉，从高度略低的长方形烟囱逃逸，下沉过程中一部分碳粒降落到器表，发生渗碳作用，从而形成陶器为棕红胎，器表局部呈褐色的特征。当然，在居住区的地层中也见到不少灰色的殷墟二期陶鬲，这应该是氧化焰下渗碳作用发生得比较完全造成的，即氧化焰下也能得到灰色陶器。

（四）战国时期陶窑

战国陶窑发现较多，与殷商陶窑相比，圆形的仍然不少，且火膛与窑室分离。本文以新郑铁岭墓地清理的一座长方形陶窑Y2为例。窑位于战国时的一条东西向浅沟北侧，火膛、窑室挖在生土上，工作面在沟内。

窑由工作面、窑门、火膛、窑室、烟囱组成，方向190°。

工作面 从残迹看，面积不是很大，北部大致圆形，宽1米左右。

窑门 位于工作面与火膛之间，南窄北宽，倒梯形。南宽0.45、北宽0.62、南北长0.1米，深1米，高度不明。

火膛 位于工作面与窑室之间，倒梯形，平底，南、北两壁较直，东、西两壁略外扩，上留有较多的工具痕。上口南宽0.62、北宽2.15米，底南宽0.56 、北宽1.9米，南北长1.06、深1.2米，火膛底低于窑室0.7米。

窑室 近方形，直壁，平底，北壁底部设有三个烟道。东西宽2.4、南北长2.3、深0.5米。窑室南缘在使用过程中崩塌，用残砖修补，仅留一层。

烟囱 位于窑室后，竖井状，大致呈方形，下部通过烟道与窑室相连。西烟囱，东西宽0.28、南北长0.26、残深0.5米。中烟囱，边长0.28、残深0.5米。东烟囱，边长0.22、残深0.4米（图八）。

Y2火膛、窑室填土中出土有较多的马蹄形陶拍、板瓦、陶鼎等，时代为战国早期，在窑室西北角底部还见到泥胎板瓦和陶盆，说明这个窑既烧大件器物，也烧小件器物。

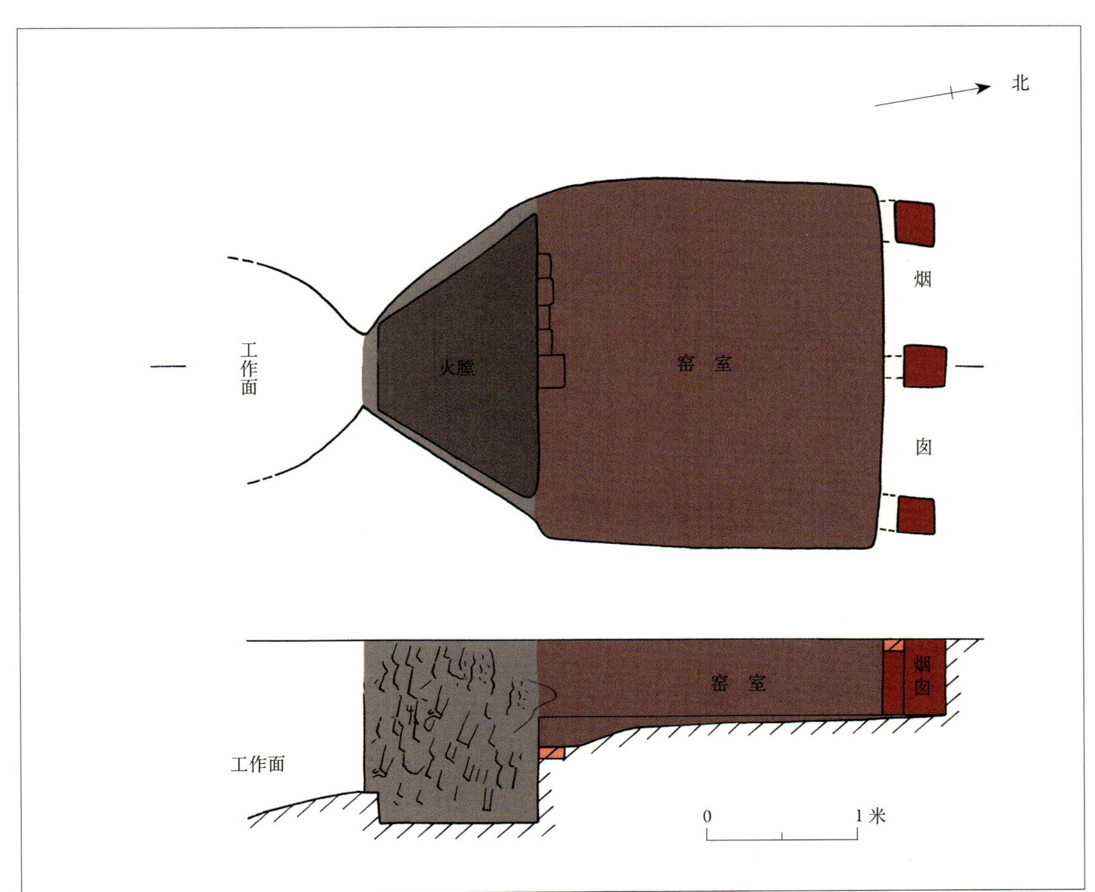

图八 | 新郑铁岭墓地战国早期Y2平、剖面图

由于窑室保留较浅，上部情况未知，但填土中发现有较多的厚烧土块，说明窑室挖在生土上，上部可能用泥封成圆顶，烟囱推测三囱归一。

四　与汉代陶窑对比

能与古荥冶铁遗址陶窑进行对比的有巩义铁生沟遗址陶窑、南阳瓦房庄冶铁遗址陶窑[4]、温县安乐寨烘范窑[5]、西安郭家村烘范窑[6]等，铁生沟的陶窑因过于残破或没有线图而难以引用，我们仅以后三者为例。

（一）南阳瓦房庄烘范窑

南阳瓦房庄发现的陶窑均位于熔炉的附近，距离不过10余米，均由操作坑、窑门、火膛、窑室、烟囱组成，以Y2为例。

操作坑　大致呈方形。东西长2、南北宽2.2、深0.47米。

窑门　拱顶残，两侧用耐火砖砌成墙。宽0.78～0.82、长0.52、残高0.89米。

火膛　倒梯形，口大底小。底长0.6、底宽0.8～1.15米。

窑室　长方形，四壁较直，上涂草拌泥。长1.74、宽1.82～1.95米。窑床上有白色柴灰。

烟囱　位于后壁生土中，中囱直，侧囱弯曲向上，三囱合一。长0.2、宽0.28、高0.82米（图九）。

（二）温县安乐寨烘范窑

安乐寨冶铁遗址面积1万平方米，烘范窑位于遗址的北部，由操作坑、窑门、火膛、窑室、烟囱组成。

操作坑　近方形，平地挖坑而成。长2.7、宽2.34、深0.7米。

窑门　于操作坑东壁上掏挖而成，拱顶。宽0.84、长0.54、高1.44米。窑门残留0.36米高的土坯。

火膛　倒梯形，平底，有砖砌的风道，南壁砌有壁砖。长0.95、西宽0.86、东宽2.3米。

窑室　近方形，底面铺砖，四壁砌土坯。长2.86、宽2.72、残高1.4米。

烟囱　于后壁上掏挖而成，中囱直，侧囱弯，顶部合三为一。残留的三个烟囱上口都呈梯形，宽0.28、长0.44～0.53米（图一〇）。

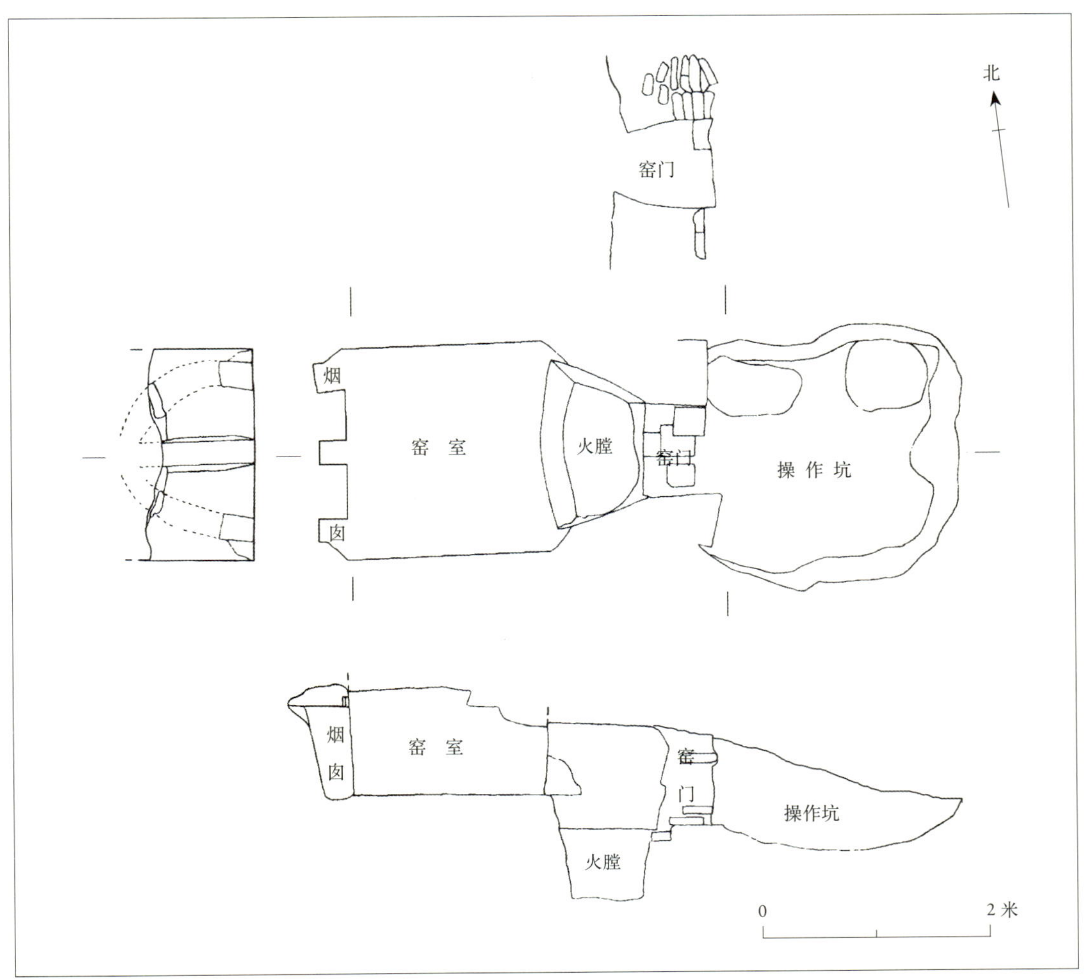

图九 | 南阳瓦房庄汉代烘范窑Y2平、剖面图

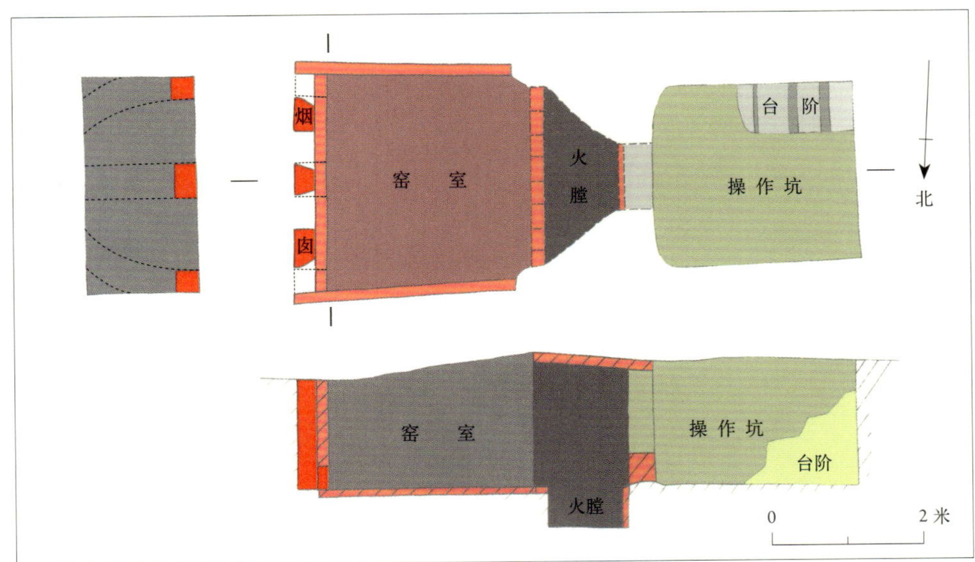

图一〇 | 河南温县安乐寨汉代烘范窑平、剖面图

（三）西安北郊郭家村烘范窑

窑由操作坑、窑门、火膛、窑室、烟囱组成。

操作坑 长方形，斜坡状。残长1.85、宽0.88、深0.9米。

窑门 长方形。东西宽0.53、南北长0.66、高0.86米。

火膛 倒梯形。南宽0.53、北宽1.56、南北长1.03米。

窑室 长方形。南北长1.97、东西宽1.63、残高0.9米。窑室底南端有宽1.7米的火道，与东、西两壁底部掏挖的通火道相连，中部通火道与后壁上的烟囱相连。窑室后部设有隔火墙，隔火墙与后壁间距0.2米，不排除这个空隙就是长方形烟囱（图一一）。

三座汉代陶窑结构大体相同，均由操作坑、窑门、火膛、窑室、烟囱组成，其中瓦房庄陶窑底部有白色灰烬、温县安乐寨窑内放置车马器陶范、西安郭家庄陶窑放置钱范与车马器范，由此肯定这三窑均为烘范窑。三窑中温县窑面积最大，达7.8平方米，相当于其他两窑的二倍强，火膛面积也最大，这与它的窑装量是相匹配的。温县窑火膛底部还用砖砌有炉箅，以助燃燃料。

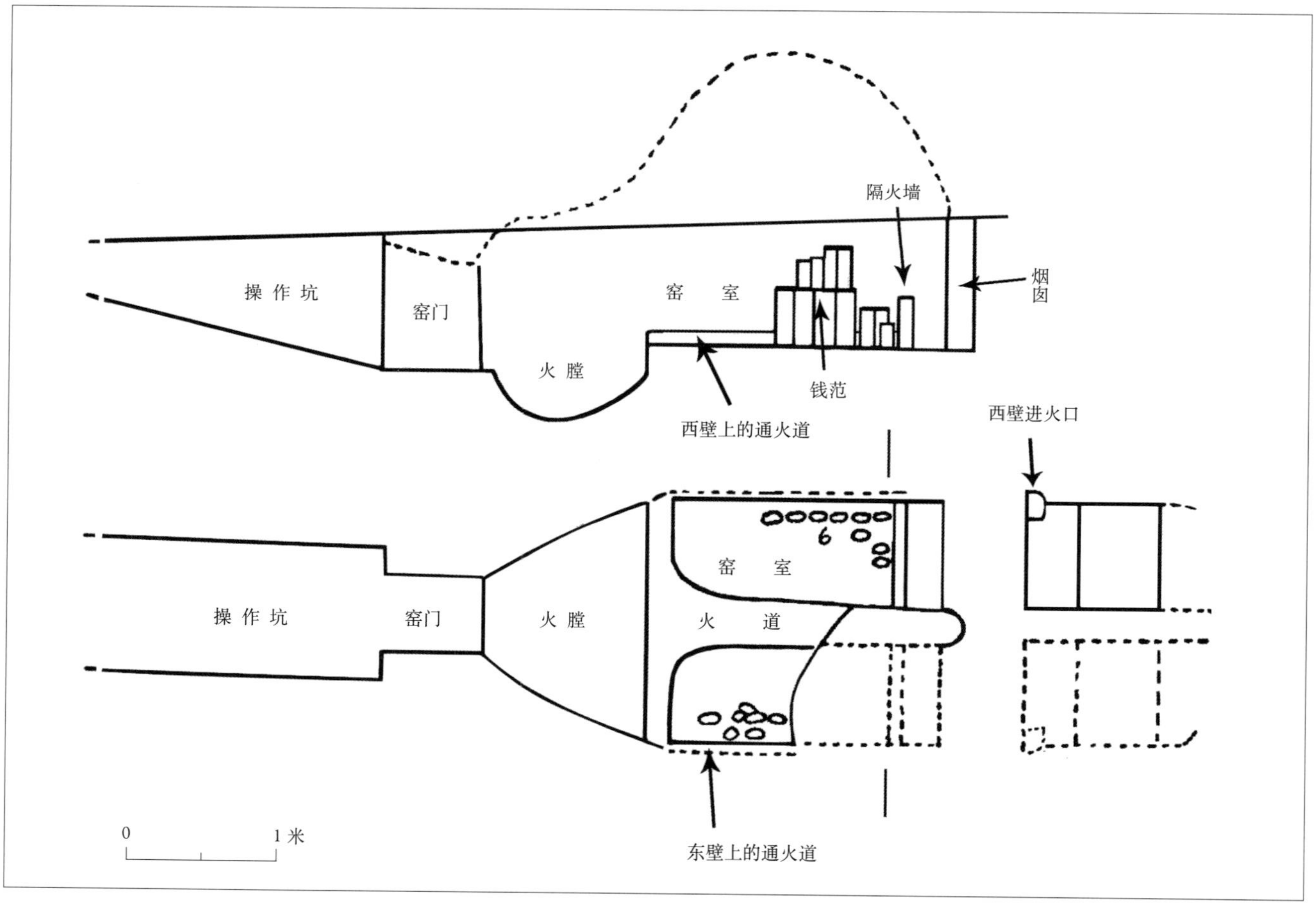

图一一 | 西安北郊郭家村汉代烘范窑平、剖面图

五　古荥陶窑的功能

如前所述，古荥冶铁遗址陶窑同战国陶窑相比，功能性结构大体相同，同汉代瓦房庄、安乐寨、郭家村三窑相比，结构更趋接近，即窑室有铺地砖，窑壁增设土坯墙或砖墙，这样的窑室比起战国的生土壁窑室无疑更结实，不易坍塌，同时在保温性能或构建窑室顶部时更稳妥可靠。由此我们可以说，古荥的陶窑可以具有前述三窑的功能，即烘范的功能。那么，它们是否真的具备这样的功能呢？还要做具体分析。

是否具备烘范功能，关键要看窑是否在冶铸厂附近，如果旷野里发现一座做工精致的陶窑，未必就是烘范窑，而在冶铸厂附近发现一座即使不那么精致的陶窑，它也有可能是为烘范而建。我们知道，古荥的13座陶窑均在炼炉东部、南部，正是出铁水的方向，且距离不远。由于发掘面积有限，冶铁遗址两次发掘，未见到冶铸的遗迹，可能已遭破坏。遗址灰土与炉渣中发现许多陶模、陶范，这些东西正说明炼炉附近有铸造作坊，而炼炉东部、南部发现的13座陶窑应该就是为冶炼、冶铸服务的。因为建造炼炉需要大量的耐火砖、鼓风管，没有陶窑，它们从何而来？建厂时工人住宿的建筑构件如砖、瓦、瓦当，生活中需要的盆、罐、瓮、甑等，也都需要陶窑来烧造。所以，建成规模较大、质量较高的陶窑群是一处官营冶铸作坊的必备，至于它烧造一些生活用器再正常不过。整体来说，古荥冶铁遗址的13座陶窑应该是为冶铁、冶铸而修建的，而烘范可能是它最常用的功能，这可从简报揭露的一座陶窑火膛内砖设风道看出端倪。

这座标号〈65〉Y5的火膛底用砖架设六条风道，煤饼放在砖上，靠近窑门的煤饼已燃烧成渣，靠近窑室的仅燃烧表面（图一二）。当然，砖砌风道不仅仅能给煤饼提供助燃的氧气，同样能给柴薪提供旺火的保证，如前述温县烘范窑砖砌风道下遗留的就是柴薪白灰和未燃尽的木炭。为什么要增设砖砌风道呢？我们认为增设风道就是为了加快燃烧的速度，让窑室快速升温，从而为冶铸提供充足的经过预热的范，以免冶铸时出现断炊现象，毕竟热铸的产品质量更高。

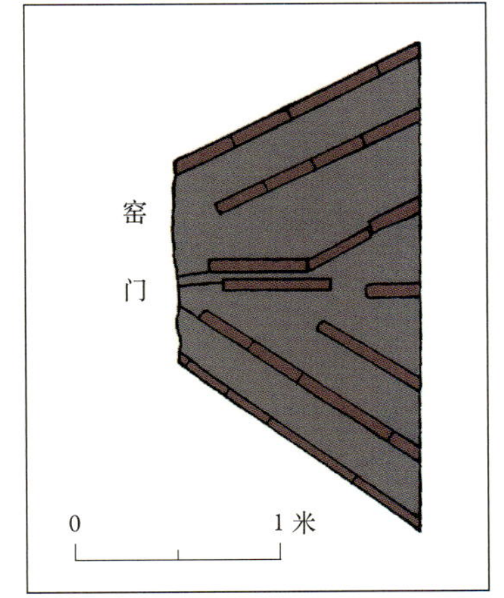

图一二 | 古荥冶铁遗址〈65〉Y5

古荥陶窑不只能够为铸造铁器预热陶范、铁范，同样能将泥范烧成陶范。古荥冶铁遗址是河南郡设立的“河一”冶铁场所，废范会源源不断产生，新范需不断烧造，故烧造新的陶范也是一项重要任务。另外，从巩义铁生沟发现的形制独特退火脱碳窑[7]告诉我们，古荥这13座陶窑中的个别窑也有可能用来铸件退火。

参考文献

[1] 河南省文物考古研究所：《河南新安县槐林遗址仰韶文化陶窑的清理》，《考古》2002年第5期。

[2] 河南省文物研究所：《郑州市商代制陶遗址发掘简报》，《华夏考古》1991年第4期。

[3] 河南省文物考古研究所：《河南荥阳市关帝庙遗址商代晚期遗存发掘简报》，《考古》2008年第7期。

[4] 河南省文物研究所：《南阳北关瓦房庄汉代冶铁遗址发掘报告》，《华夏考古》1991年第1期。

[5] 河南省博物馆、新乡地区博物馆、温县文化馆：《河南省温县汉代烘范窑发掘简报》，《文物》1976年第9期。

[6] 陕西省博物馆：《西安北郊新莽钱范窑址清理简报》，《文物》1959年第11期。

[7] 赵青云、李京华、韩汝玢等：《巩县铁生沟汉代冶铸遗址再探讨》，《考古学报》1985年第2期。

隋唐时期漕运与太原仓

汪旭　张松涛

太原仓是隋唐时期黄河沿岸最大的国家官署粮仓之一，对于当时都城长安的粮食供给，以及灾荒赈济等一系列历史事件起到了重要作用。长期以来，由于时代变迁、战争破坏、水文变化、自然侵蚀等原因，它的具体位置和范围、形制等一直都不甚明了。太原仓为解决这一历史遗留问题，丰富和深化黄河文化的历史内涵，了解隋唐时期的漕运变革、城市政治与经济环境变化、仓储建设与修造经验，都具有不可替代的研究价值。本文以太原仓为例，探讨我国隋唐时期的漕运系统与太原仓之间的关系。

一　隋代漕运体系的形成与太原仓的设立

结束了魏晋南北朝以来长期分裂割据、动荡不安、政权更迭的混乱时期，隋王朝重新建立起一个幅员辽阔、富饶而又短暂的大帝国，定都于长安的大兴城，又以洛阳为东都，共同作为帝国统治的行政中心。

太原仓，隋代时称常平仓，唐代初期改称太原仓。隋文帝时，关中地区的物产已经不能满足和支持作为都城长安的日常所需。在开皇三年（583年），为加强京师供给："诏于蒲、陕、虢、熊、伊、洛、郑、怀、邵、卫、汴、许、汝等水次十三州，置募运米丁。又于卫州置黎阳仓，洛州置河阳仓，陕州置常平仓，华州置广通仓，转相灌注。漕关东及汾、晋之粟，以给京师"[1]。来作为转递、相送的中转站。但由于地形复杂，水文变幻不定，常常造成覆船溺粮等事件，给运输造成了额外的损失和巨大的负担。在这种情况下，开皇四年（584年），命"引渭水自大兴城东至潼关三百余里，名曰广通渠，转运通利，关内赖之"[2]。广通渠主要是为解决在漕运过程中渭河水系的不稳定和复杂性而修建的，起到了阶段性的弥补作用。

由此可知，作为隋代漕运的节点常平仓（即太原仓），从隋帝国成立初年就已设立。由于三门峡黄河段特殊的地理环境，给漕运带来了极大的不便，严重制约了黄河漕运的畅通。为了维护都城长安的粮食供应，保障漕运的正常运行。隋唐时期都将三门天险作为整个漕运的关键之所在，或开凿河道，或凿山架桥，或变革漕运，甚至采用迂回的办法，避开三门天险等方式，来保证漕运通道的运营。

隋文帝时又特遣仓部侍郎韦赞在蒲州、陕州以东"募人能于洛阳运米四十石，经底柱之险，达于常平者，免其征戍"[3]。虽然条件优厚，但应者寥寥，都城长安的粮食供应问题仍然没有解决。在募人搬运之法不能解决三门漕运之后，开皇四年（584年），隋文帝下诏，避开三门天险，将从洛阳到陕州之间的运输改为陆运，不经三门，这种措施虽然避开了底柱之险，但洛阳到陕州之间的道路崎岖、狭窄，运输异常艰辛，且运输成本大大增加，其取得的效果并不理想。

开皇十四年（594年），关中大旱，都城长安的粮食严重供应不足，隋文帝率领文武大臣等“幸洛阳，因令百姓就食”。鉴于通过陆运的方式也不能很好的解决漕运通过三门而造成的困境，隋文帝不得不重新采取水运的方法，这样就又面临三门天险。开皇十五年（595年），《隋书·高祖纪》载：“六月戊子，诏凿底柱”。但依然没有能够解决漕运经过三门的难题。

到隋炀帝时期，由于江淮地区经济的飞速发展和出于对帝国疆域的有效管理等原因，政治中心逐渐向东偏重于洛阳。大业元年（605年）：“发河南郡男女百万余，开通济渠，自西苑引谷、洛达于河，自板渚引河通于淮”[4]。大业四年（608年）：“诏发河北诸郡男女百余万，开永济渠，引沁水南达于河，北通涿郡”[5]。至此，因为隋炀帝的雄才大略，以都城长安为起点、大致呈“人”字形的运河横亘在辽阔的疆域上。这极大地加强了政府对国家政权的统治，促进了各地区交通、文化以及商品物质的交流、融合，随后取而代之的空前强大、繁荣的李唐帝国就直接沿用了隋炀帝时所修建的运河漕运体系，并一直影响到北宋时期。

二　唐代时期的漕运与太原仓

李唐王朝的建立，结束了混乱不堪、四方割据的局面，一个统一、强盛的封建帝国又重新出现在古老而辽阔的地平线上。在帝国初始，唐高祖和太宗时期，天下乍定，尚未形成靡费之势，用物有节，水陆漕运岁不过二十万石便足。在着力解决外患等问题后，庞大的李唐帝国开始焕发出勃勃生机，内部安定、政治清明、对外开放、民族和谐，展现出旺盛的活力。随着各级官僚机构的扩张等原因，长安人数剧增。到盛唐时期，与短暂而又辉煌的隋代相同，都城长安的漕运也出现了转运艰难、米价腾贵的局面。历史有时就是一个轮回，困扰隋代的三门漕运问题又显现出来，如梦魇一般，隋代所采用的陆运、凿山等方式在唐代几乎又重新演绎了一遍。

唐高宗显庆元年十月（656年），“苑西监褚郎，请开底柱三门，凿山架险，以通陆运，于是发卒六千人，一月而功毕，后水涨引舟，竟不能进”[6]。其后，将作大匠杨务廉又凿为栈，以挽漕舟。挽夫系二瓜于胸，而绳多绝，挽夫辄坠死，则以逃亡报，因系其父母妻子，人以为苦。在付出诸多努力之后，劳民伤财，依然没有很好的解决漕运顺利通过三门的问题。咸亨三年（672年），关中饥。682年，关中地区饥荒，唐高宗率领诸人前往洛阳，未到即有随从饿死者。武周时期出于诸多因素考虑，更是常年居住在洛阳，漕运到长安的困难和不便即是其原因之一。

"岁漕经底柱，覆者几半。河中有山号'米堆'，运舟入三门，雇平陆人为门匠，执标指麾，一舟百日乃能上。谚曰：'古无门匠墓'。谓皆溺死也。"[7]

"漕运旧制。凡陆行之马程，日七十里，步及驴五十里，车三十里。水行之程，舟之重者，溯河日三十里，江四十里，余水四十五里。空舟溯河四十里，江五十里，余水六十里。沿流之舟，即轻重同制，河日一百五十里，江一百里，余水七十里。其余底柱之类，不拘此限。"[8]在对全国性漕运的行程做了各种详细的规定时，又特别将通过三门底柱分别开来，不受此类时间上的限制。以上种种，都在叙说着漕运通过三门险境时的困难、挫折。

盛唐时期，空前繁荣、强盛的帝国巍然屹立于世界的东方，成为中华民族千百年来最值得骄傲和自豪的时代之一。在这个当时世界最强的帝国，仍然被漕运经三门底柱的天险所困扰。开元初，河南尹李杰改水运为陆运，以避开三门之险。《通典》卷十《食货志・漕运》载："开元初，河南尹李杰始为陆运史，从含嘉仓至太原仓置八递场，相去每长四十里。每岁冬初起运八十万石，后至一百万石……其后渐加，至天宝七年运二百五十万石。"李杰的陆运置递法完全避开了三门底柱的天险，使从洛阳含嘉仓到陕州太原仓的漕运全程改为陆运，将损失降到了最低。但此法也有一定的不足，从洛阳到陕州的地段自古以来就山势起伏、崎岖难行，道路狭窄，转运尤其不便，虽然粮食安全得以保障，但付出的成本过于巨大，占用了大量的耕牛。从上面漕运旧制的种种规定看，耕牛并不在运输漕粮的条例之列，说明在全国范围内，使用牛作为运输漕粮的现象并不普遍。在古代，生产力水平低下，耕牛历来作为重要的农业生产资料，历朝历代对其保护有加。如此高昂的运输成本即使是号称"开元盛世"也感觉力不从心。唐玄宗就有四次到洛阳"就食"的记载。

太原仓在承担着从东南诸地运向长安的中转运输外，因其仓储所积之粮，在附近州郡遭受灾害时，又起到赈灾的作用。如玄宗十二年八月，诏曰"蒲、同等州，自春偏旱，虑来岁贫下少粮，宜令太原仓出十五万石米付蒲州，永丰仓出十五万石付同州，减时价十钱粜与百姓"。

开元二十二年（734年），玄宗也因漕事询问京兆尹裴耀卿，其对曰："乃于河阴置河阴仓，河清置柏崖仓，三门东置集津仓，西置盐仓，凿山十八里以陆运。自江淮漕者，皆输河阴仓，自河阴西至太原仓，谓之北运，自太原仓浮渭以实关中。"[9]裴耀卿遂提出对唐帝国漕运的整体改革，第一次对漕运的运输方法全程进行了改良，这就是"转搬法"。对隋唐以来沿用的水系未做调整，改良的重点是原有的运输体系和方法，其中涉及的内容很多。其中的一个重点就是在漕运向西经过三门底柱天险时所做的改进。

具体的方法就是在三门底柱的东面新设立集津仓，在三门底柱的西面新设立盐仓（即三门仓）。从洛阳含嘉仓向西及河阴仓运往都城长安的漕粮，在经过三门底柱时，如果条件较好，水势平稳，则将漕粮运过。若水势较大，则将漕粮卸于集津仓，再转从黄河北岸绕过三门底柱，卸于盐仓（即三门仓），再向西运往太原仓，最后到达长安。经过裴耀卿一系列的改革，效果显著："凡三岁，漕七百万石，省陆运佣钱三十万缗"[10]。不但提高了运向都城长安的漕粮数量，同时付出的成本也大大降低。取得了很好的效果，达到了唐代漕运事业的一个高峰。

其后不久，裴耀卿因事去职，其所主持的漕运事业也遭到非议，形势一片大好的漕运也受到了影响。至开元二十九年（741年），陕郡太守李齐物为提高漕运效率，在三门左岸挖掘了一条人工运河，这就是"开元新河"。即从洛阳方向运往都城长安的漕粮，在经过三门底柱时，避开险地，从新河绕过，从而避免损失。这次工程开始于开元二十九年（741年）十一月，至天宝元年（742年）正月二十五日竣工，历时不到三个月。在新河运行之初，确实收到了便于漕运的功效，然而由于新河的河床较浅，加上黄河水含沙量较大，在新河内不断沉积，以至于到后来出现了"河泥旋填淤塞，不可漕而止"的局面。三门漕运又回到裴耀卿所设立的制度上来。

据杜佑《通典》所载，唐天宝八年（749年），入含嘉仓的粮食为5833400石，入于太原仓者为28140石，入于永丰仓者为83720石，入于龙门仓者为23250石，四仓合计储量5968510石，几乎占当年仓库储量的一半。从以上数据可以看出，洛阳含嘉仓的储量占此四仓约98%，而入于太原仓的粮食占四仓的0.4%，从另一方面说明从洛阳含嘉仓运经三门到达太原仓的困难。

"渔阳鼙鼓动地来，惊破霓裳羽衣曲"，犹如晴天一声霹雳，"安史之乱"结束了唐代的盛世欢歌和豪门夜宴，昔日一片歌舞升平、繁荣昌盛的帝国疆域内干戈四起、遍地狼烟。作为都城长安东面门户的陕州成为争夺的重点之一。

为早日平定叛乱，唐王朝借助回纥兵来攻伐叛军，宝应初（762年），回纥兵助唐讨伐史朝义，其所用军粮就是取自太原仓。

唐贞元三年（787年）正月，德宗命陕虢观察使李泌发兵阻叛军东渡黄河，而叛军已入灵宝趋陕州。李泌遣兵400伏于太原仓隘道，淮西兵佛晓前入隘道，遭伏击大乱，死千余人。

兵戈之后，昔日的歌舞场化作一片瓦砾堆。都城长安百废待兴，地方割据业已形

成，战争彻底改变了唐代的原有格局。中央对地方政府的掌控大不如前，但在表面上仍维持着大一统的局面，一切都有待于恢复。如果说和平时期唐帝国凭借着充裕的国力和绝对的控制力，还能够维持着漕运路线的正常运转来保证都城的日常供应，那么，经历了破坏性极强的战争后，原本就脆弱的运输系统更是雪上加霜，时断时续，不能正常运转了，都城长安一度陷入绝粮的境地。唐贞元二年（786年）四月，关中地区因运河长久阻塞不通，长安城中仓廪枯竭，时韩滉运米30000斛至陕州，唐德宗闻知，对太子说："米已至陕，吾父子得生矣"[11]。由此可见都城长安对江淮地区漕粮的依赖程度，同时也说明陕州太原仓在漕粮运输过程中的重要地位。

此后，由于战争时期一度中断、转换的帝国漕运，随着局势的进一步明朗，又重新被提到了议事日程。国家回到相对平稳的态势，遂有陕虢观察使李泌整治漕路上三门底柱之举："凿集津仓山西迳为运道，属于三门仓……输东渭桥太仓米至凡百三十万"[12]。李泌此举系针对三门底柱的漕粮运输困难所做的措施，效果显著。贞元八年（792年），陆贽《请减京东水运收脚价于边州镇储蓄军粮事宜状》云："顷者每年从江西、湖南、浙东、浙西、淮南等道都运米一百一十万石，送至河阴。其中减四十万石留贮河阴仓，余七十万石送至陕州。又减三十万石留贮太原仓，惟余四十万石送赴渭桥输纳"。"臣近勘河阴太原等仓，见米犹有三百二十余万石"。大唐帝国经过一系列的整顿后，又迎来了如回光返照般的"元和中兴"，此时运向都城长安的漕粮，与前期相比，差距明显加大："旧制每岁运江淮米五十万斛至河阴，留十万，四十万送渭仓。（刘）晏殁，久不登其数"。

到唐代后期，朝政腐败，之前已经形成的地方割据形态，逐渐坐大，中央政府的不当措施又加剧了各方诸侯与其离心离德，各地纷纷把持地方政权，劫运漕粮，道路断绝，整个国家已呈衰败之势。咸通初："国家兵役屡兴，漕挽已绝，故自淮汴至河潼之交，百厫皆垮，人无所仰""王业于是荡然"[13]。经济混乱，税赋横生，民不堪苦，朝政终于不可收拾，维系都城长安的粮食供应的漕运体系瓦解，沿着大运河修建的太原仓、永丰仓、河阴仓等也随着一个时代的没落而走向衰亡。

三　太原仓的位置及相关论述

关于太原仓的位置，应距陕州城附近，距黄河也不远。《旧唐书·姜师度传》云"（陕）州西太原仓控两京水陆二运，常自仓车载米至河际，然后登舟"。开元初，姜师度为提高从太原仓至黄河码头之间的运行效率，做出一些改良："立注楼，从仓建槽，直至于河，长数千丈，而令放米。其不快处，具大把推之”。由此段文字可知，太原仓的位置应在高于黄河水面的台地上，且距河道不远。这样才具备在太原仓上“立注楼”，由上至下，将漕米下流到码头上船。“长数千丈”为从注楼至黄河边的距离，也就是所建槽的长度。另据《元和郡县志》记载：“太原仓，在（陕）县西南四里，隋开皇二年置，以其北临焦水，西俯大河，地势高平，故谓之太原。今仓实中，周回六里”。这两段在古代仓储史料中不多见的记载，为找寻太原仓的所在地提供了宝贵的资料，值得研究和重视。

隋唐时期的漕运仓储与明清时期有明显不同：在选址时，明清时期漕仓皆位于京杭运河沿线；隋唐时期则在自然河流的河道沿岸附近，如黄河、渭河、洛河等。其次，隋唐时期漕仓多建于高埠之处，在原地表以下掏挖，再加工而成，外围有仓城；明清时期系砖、木、瓦、石结构，为地上垒砌。

参考对黎阳仓[14]、回洛仓[15]和含嘉仓[16]的发掘情况，在太原仓的周边应该有仓城一类的城址存在，其仓储的建造推测应是排列有序，成组分布，仓体平面呈圆形，口径10米左右，口大底小，系从地表下掏挖而成，并采取一定的防潮和防腐措施。同时，三门峡所处的黄土塬地，自古以来就有众多受水浸蚀的沟谷，太原仓在修建时也会因地制宜，也可能有其特殊性。

四　结语

综上所述，太原仓（即隋代常平仓）作为隋唐时期修建的大型官方仓储设施，其规模巨大，对于当时都城的日常消耗，百官俸禄，军饷支付，赈灾济民等起到了社会安定，平抑物价的重要作用。太原仓诞生于长期战乱后统一的隋王朝，历经隋、唐变革之际，后又于盛唐时达到顶峰。其地位的变化始终与国家、社会、时代的历史息息相关，是时代变迁的参与者和见证者。对太原仓的调查、研究和探讨，对于我们了解隋唐时期漕运制度、城市经济、环境变化、仓储建设等等都具有重要的意义和价值。所以，通过对隋唐大运河太原仓的研究，对于进一步深入发掘黄河文化，构建“大运河”遗产长廊，促进文物古迹的科学保护与利用，都具有重要的意义和价值。

参考文献

[1] （唐）魏徵：《隋书·卷二四食货志》，中华书局，1973年。

[2] （唐）魏徵：《隋书·卷二四食货志》，中华书局，1973年。

[3] （唐）魏徵：《隋书·卷二四食货志》，中华书局，1973年。

[4] （唐）魏徵：《隋书·卷三炀帝本纪》，中华书局，1973年。

[5] （唐）魏徵：《隋书·卷三炀帝本纪》，中华书局，1973年。

[6] （宋）欧阳修、宋祁：《新唐书·卷五三食货三》，中华书局，1975年。

[7] （宋）欧阳修、宋祁：《新唐书·卷五九食货三》，中华书局，1975年。

[8] （宋）王溥：《唐会要·卷八七漕运》，中华书局，1955年。

[9] （宋）欧阳修、宋祁：《新唐书·卷四三食货志》，中华书局，1975年。

[10] （后晋）刘昫：《旧唐书·食货下》，中华书局，1975年。

[11] （宋）司马光：《资治通鉴·卷二百三十二》唐纪四十八·贞元二年。

[12] （宋）欧阳修、宋祁：《新唐书·卷五九食货三》，中华书局，1975年。

[13] 马绪传：《全唐文篇名及作者索引》，中华书局，1985年。

[14] 马晓建、蓝万里：《河南浚县黎阳仓遗址清理出一处完整仓窖》，《中国文物报》2014年6月6日。

[15] 洛阳市文物考古研究院：《洛阳隋代回洛仓遗址2012～2013年考古勘探发掘简报》，《洛阳考古》2014年第2期。

[16] 河南省博物馆、洛阳市博物馆：《洛阳隋唐含嘉仓的发掘》，《文物》1972年第3期；洛阳市文物工作队：《洛阳含嘉仓1988年发掘简报》，《文物》1992年第3期。

『花桑羯鼓玉方响』

——唐代陶瓷腰鼓及源流析

信应君

2014年4～7月，郑州市文物考古研究院对郑州市经济技术开发区瑞祥小区安置区项目工程进行考古发掘，在一座唐代灰坑（H77）内出土陶腰鼓1件（图一）。腰鼓泥质红陶，鼓身两头略大，中腰略细，通身装饰有七道凸弦纹，腹部一端刻划有陶文“思和”二字。通长54、口径19.5、腰径9.65厘米（图二）。是近年河南地区发现的有确切堆积单位的唐代陶腰鼓，其形制类于唐代盛行的羯鼓。

羯鼓，盛行于唐开元、天宝年间，是盛唐时由西域羯族小月氏人传入中原的打击乐器，之后创出陶瓷制品，圆柱细腰，两端蒙革，以杖击之。羯鼓在唐代位居“八音之领袖”，广为盛行，是宫廷官署最主要的歌舞乐器。此腰鼓的出土，对研究唐代腰鼓的产地、烧制工艺、乐器的发展演变提供了重要的实物依据。

一　目前所见唐代腰鼓材料

从以往发表资料所见，唐代腰鼓在河南、陕西、湖南、江西等地一些唐代墓葬中均有出土，在一些石窟壁画、乐舞画像砖和陶俑上也多有呈现。唐代腰鼓为宫廷众乐之首，属宫廷乐器。据考古资料考证唐代的河南鲁山窑和禹县窑，湖南长沙窑、山西交城窑、陕西耀州窑，江西余干黄金埠窑、景德镇南窑等地皆烧造过陶和瓷质腰鼓，都出土有腰鼓标本。

图一 | 出土腰鼓灰坑 H77（西—东）

图二 | H77出土红陶鼓

1.陶文　2.正面　3.立面

1.河南沁阳唐墓出土红陶腰鼓[1]

1987年3月，河南省沁阳县山王庄镇张庄村砖瓦窑取土时发现一座唐代墓葬，出土红陶细腰鼓1件，现藏河南博物院。鼓呈束腰圆筒状，中空，两端粗大，口沿微向外凸，各饰弦纹一周，中部束腰处饰凸棱弦纹五道。通长25.7、口径10.4～10.5、腰径5.4厘米（图三）。

2.邵中田收藏的红陶腰鼓

2004年11月，中央电视台鉴宝栏目曾播出邵中田从美国买回的1件红褐色的陶质细腰鼓，为唐代陶腰鼓，推断产地可能为河南。鼓身两头粗大，中腰略细，通身饰凸弦纹七道。通长61、口径23厘米（图四）。

上述两件红陶鼓无论形制陶质、陶色等方面，均与郑州市经济技术开发区瑞祥小区安置区项目唐代灰坑（H77）内出土红陶鼓相似，其生产、烧造地很有可能同源。

图三 | 河南沁阳唐墓出土红陶腰鼓

图四 | 邵中田收藏的红陶腰鼓

3.陕西蒲城唐李宪墓出土彩绘陶腰鼓[2]

2000年陕西蒲城唐代李宪墓出土1件彩绘陶腰鼓（K1：2）。泥质红陶，中空，合模分制粘接而成。腰鼓两头原蒙有皮革鼓面，出土时已朽坏，仅余铁箍圈及铁环钩等配件。鼓呈两端粗、中腰细的筒状，鼓身两端各有一周弦纹，中部束腰处饰五道弦纹。鼓

图五 | 陕西蒲城唐李宪墓出土彩绘陶腰鼓（K1：2）

身施白衣，以红彩勾描团花图案轮廓，其间填以黑、绿、白彩。通长40、口径16.7厘米（图五）。

4.新疆阿斯塔那336号唐墓出土陶明器腰鼓[3]

1960年 4～10月，新疆博物馆文物队在1959年发掘的基础上，对吐鲁番阿斯塔那古墓群进行了第二次考古发掘，其中336号唐墓出土陶腰鼓2件。泥质红陶，胎色土黄，器表施黑色陶衣，鼓呈两端粗、中腰细的筒状，实心，鼓身饰五道凸弦纹。一件长4.4、口径2.2、腰径1.2厘米，另一件长5.5、口径2.2、腰径1.2厘米（图六）。

5.长沙窑出土酱釉鼓[4]

李效伟、吴跃坚的《南青北白长沙彩》一书第386页收录湖南长沙窑酱釉瓷腰鼓1件。酱釉鼓，两端口部粗大，一端口微敛，一端呈喇叭状，中部束腰较甚，通身饰凸弦纹十一道，施酱釉。通长60、口径26、底径30厘米（图七）。

图六 | 新疆阿斯塔那336号唐墓出土陶明器腰鼓

图七 | 长沙窑出土酱釉鼓

6.江西乐平南窑遗址出土酱褐釉腰鼓[5]

江西省乐平市南窑遗址出土了1件酱褐釉腰鼓(2011J.N.T1④:164)。腰鼓短弧腰，两端为相同半球喇叭状，口部各有一道凸棱，腰身饰五道凸弦纹，内壁见轮旋痕。胎色深灰，外壁施酱釉。通长52厘米(图八)。

图八 | 江西乐平南窑遗址出土酱褐釉腰鼓
（2011J.N.T1④：164）

图九 | 上海青浦区青龙镇遗址出土酱釉瓷腰鼓（T2662⑧：14）

7.上海青浦区青龙镇遗址出土酱釉瓷腰鼓[6]

上海青浦区青龙镇遗址考古发掘出土了2件唐代的瓷腰鼓残片，其中T2662⑧：14可修复复原。从其形制特征推断，属长沙窑 。鼓身两端粗圆，中空，细腰。两端口部各饰一道凸棱，腰身外壁饰凸弦纹五道。表面施褐黄釉，内壁施褐色釉。通长58、口径18厘米（图九）。

图一〇 | 兰州市博物馆藏唐代黑釉彩斑瓷腰鼓

8.兰州市博物馆藏唐代黑釉彩斑瓷腰鼓[7]

1988年12月兰州市博物馆收藏了1件唐代黑釉彩斑腰鼓。鼓身圆筒形，两端敞口，前后通透，束腰。鼓身有七道相对等距离的凸弦纹。通体施黑釉，表面泼洒乳白色彩斑，兼有蓝、褐、灰、紫等色彩。通长35.6、口径17.8、鼓腔壁厚0.6厘米（图一〇）。

9.故宫博物院藏黑釉蓝白斑瓷腰鼓[8]

1955年故宫博物院收购1件黑釉蓝白斑瓷腰鼓，是唐代瓷器的传世精品，推测产地在河南省鲁山窑。鼓呈长圆筒形，广口，纤腰，鼓身凸起棱形弦纹七道，通体釉为黑地点缀乳白、蓝色斑块，斑块规则排列分布于全器。腰鼓长58.9、鼓面直径22.2厘米（图一一）。

10.河南鲁山段店窑出土瓷腰鼓残片[9]

1986年、1990年，河南省文物研究所对位于河南鲁山县城北15千米梁洼镇段店村的段店窑址两次进行考古发掘，发现了许多瓷腰鼓残片。平顶山博物馆藏的1件标本经过修复，大体可以看出腰鼓的形状。鼓身的形状为两头较大，中间变细，腹部有竹节状凸弦纹，鼓身施有黑色彩釉，并以月白色的旋转罗圈纹为装饰（图一二，1、2）。最大者通长约70、腰径11、腰中竹节间距10厘米，最小者通长约35～40、腰外径9.5、腰中竹节间距3.5、鼓腔外径20厘米。

图一一 | 故宫博物院藏黑釉蓝白斑瓷腰鼓

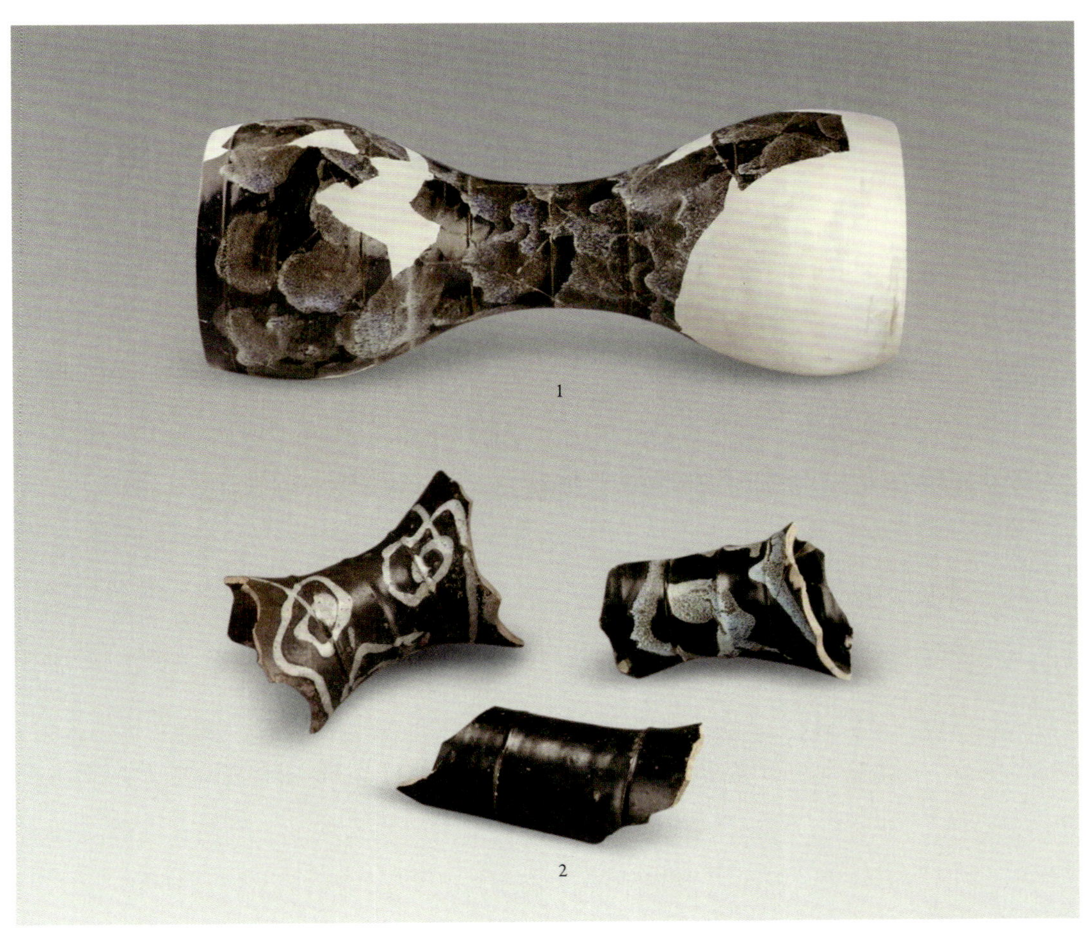

图一二 | 河南鲁山段店窑出土瓷腰鼓

1.修复标本　2.残片

图一三 | 陕西耀州窑“大明宫瓷腰鼓”

11.陕西耀州窑“大明宫瓷腰鼓”[10]

1982年陕西西安市北郊大明宫遗址出土1件耀州窑瓷腰鼓。细腰，两端鼓腔对称，中空。黑褐色釉，上饰灰白色花斑。通长56、口径21.5、腰径8.1厘米（图一三）。

12.西安东郊纺织城出土耀州窑花瓷腰鼓[11]

上海人民美术出版社2000年出版的《中国陶瓷全集·卷五·隋唐》第192页收录陕西西安东郊纺织城出土耀州窑瓷腰鼓1件。两端喇叭口，中间呈圆柱形，器身饰五道凸弦纹。通体施黑褐色釉，釉面有灰白色花斑。通长65.8、口径22厘米（图一四）。

13.江西余干黄金埠窑出土酱褐釉瓷腰鼓[12]

2006年江西余干县黄金埠窑出土1件酱褐釉瓷腰鼓。鼓呈“哑铃”状，两端一端喇叭口，一端敛口呈瓜棱状。残长约40、鼓面最大直径约20厘米（图一五）。

14.甘肃天水市博物馆藏花瓷腰鼓[13]

甘肃天水市博物馆收藏有1件花瓷腰鼓。腰鼓筒形，束腰，两端大，细腰，中空，鼓身饰七道凸弦纹。器表施黑釉，釉层莹润凝厚。通体点缀41个造型各异的鸡、鸵鸟、鸭、狗、猴、象、骆驼等抽象动物形月白色釉彩斑。长57.8、鼓面直径22.6厘米（图一六）。

在一些唐代墓葬和石窟造像中也发现有唐代拍腰鼓伎乐俑的造型。

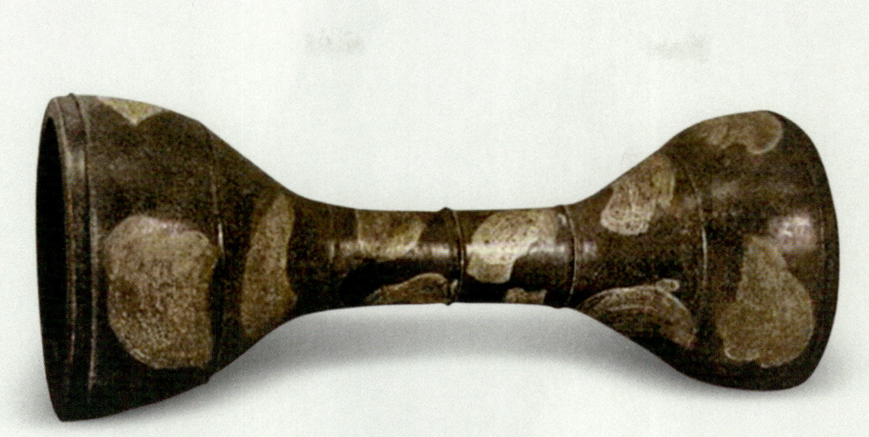

图一四 | 西安东郊纺织城出土耀州窑花瓷腰鼓

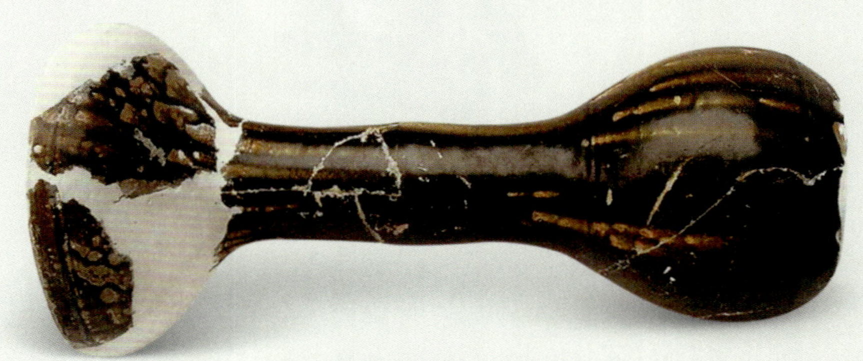

图一五 | 江西余干黄金埠窑出土酱褐釉瓷腰鼓

图一六 | 甘肃天水市博物馆藏花瓷腰鼓

图一七｜ 西安金乡县主墓出土骑马拍腰鼓女俑

15.西安唐开元十二年（724年）金乡县主墓出土骑马拍腰鼓女俑[14]

1991年8月，西安市文物管理委员会对西安市东郊灞桥区新筑乡于家砖厂发现的一座墓葬进行抢救性发掘，确认是金乡县主与其夫于隐的合葬墓（724年）。出土有骑马伎乐女俑5件，其中1件为拍腰鼓女俑。现藏于陕西历史博物馆。拍鼓俑头戴孔雀形高冠，孔雀首翘于头顶，两翼覆于头际，作开屏状的尾部下垂于肩背，孔雀作绿色，颈下作乳白色，尾部绘有天蓝色羽丛，其间饰以金色圆形花斑。女俑粉面丰润，秀目朱唇，身着粉白色圆领窄袖长袍，在前胸后背、双肩及双腿部各饰以黑线勾勒，内填以粉红色的大团花。袍内着半臂，腰束革带。足蹬黑色长腰尖头皮靴。鞍前置一红色腰鼓，双手作拍击状。女俑骑于直立的白色马上。俑高37.5厘米，马长32厘米（图一七）。

16.武昌东郊何家垅188号唐墓出土拍鼓伎乐俑[15]

1956年2月，湖北省文物管理委员会在武昌东郊何家垅基建工地清理了一座唐墓，出土伎乐俑4件，其中1件为拍腰鼓形象。拍鼓伎乐俑头梳双髻，着低胸紧身衣，绳系腰鼓，斜置腹前，左高右低，双手作拍击状（图一八）。

图一八 | 武昌东郊何家垅188号唐墓出土拍鼓伎乐俑

图一九 | 长沙西郊咸家湖小学1号墓出土伎乐俑

图二〇 | 江苏扬州夫人吴氏墓出土捏塑瓷拍鼓俑

17.长沙西郊咸家湖小学1号墓出土伎乐俑[16]

1976年长沙市西郊咸家湖小学1号墓出土1组伎乐俑，现藏于湖南省博物馆。其中一件击鼓俑。应为湖南岳州窑产品。俑灰白胎，青釉，头梳高髻，脸部较清秀。上着低圆领窄袖紧身衣，下穿长袖束胸无腰百褶长裙，跽坐在方板上，右肩挎绳，绳系腰鼓，鼓斜置腹前，右高左低，双手拍击。俑高16.2～18厘米，肩宽4.7～5厘米（图一九）。

18.江苏扬州唐大和四年（830年）夫人吴氏墓出土捏塑瓷拍鼓俑[17]

1985年扬州市月明轩工地唐大和四年（830年）夫人吴氏墓中出土1件捏塑瓷拍鼓俑，属湖南长沙窑捏塑瓷器玩具。俑面部丰满，盘腿坐于圆垫上，胸前置鼓，双手呈拍击状。施青釉，釉色青中泛黄。高8.1厘米（图二〇）。

19.江苏扬州女跽坐拍腰鼓俑[18]

1980年3月，扬州邗江县杨庙大队荷花生产队社员清沟墒理时，挖出一座唐墓，发现20余件陶俑。其中8件为女跽坐伎乐俑，其中有1件为拍腰鼓俑。俑面目清秀，头

图二一 | 江苏扬州女跽坐拍腰鼓俑

图二二 | 长沙窑青釉褐绿彩拍鼓俑

略低，面向左，作跽坐状。胸前置“和鼓”，两手臂张开，作双手击鼓状。俑高18厘米（图二一）。

20.长沙窑青釉褐绿彩拍鼓俑[19]

徐仁雨、周长源发表的《唐代拍鼓玩具与花釉腰鼓》中收录1件扬州出土的青釉褐绿彩胡人儿童形象拍鼓俑。俑头戴瓜形颤帽。身前横置一腰鼓，双手作拍鼓状，双腿盘坐。鼓饰菱形纹，中腰饰数道弦纹。通体满施青釉，之上再加褐、绿点彩，突出异国情调。俑高6厘米（图二二）。

21.西安南郊唐墓三彩骑驼奏乐俑[20]

2002年4～7月，为配合西安市南郊陕西师范大学后勤集团郭杜校区的建设，西安市文物保护考古研究所在此进行了考古钻探和发掘，共清理出汉、唐、明代墓葬75座，其中M31唐墓出土了大量精美、完整的三彩俑。其中1件为骑驼奏乐俑（M31：16）。骆驼形体高大，双目圆睁，昂首嘶鸣，尾上卷，四腿立在方形托板上。背上垫有一椭圆形毡，毡四周有打褶花边。骆驼双峰间侧坐一胡人，左腿搭在右腿之上。胡人深目高鼻，络腮胡，目视前方，头戴幞头，身着窄袖翻领长袍，腰间系带，右手抬起。左手握拳作持物状，胸前挂一腰鼓。通高50.1、长40.5厘米（图二三）。

图二三 | 西安南郊唐墓三彩骑驼奏乐俑

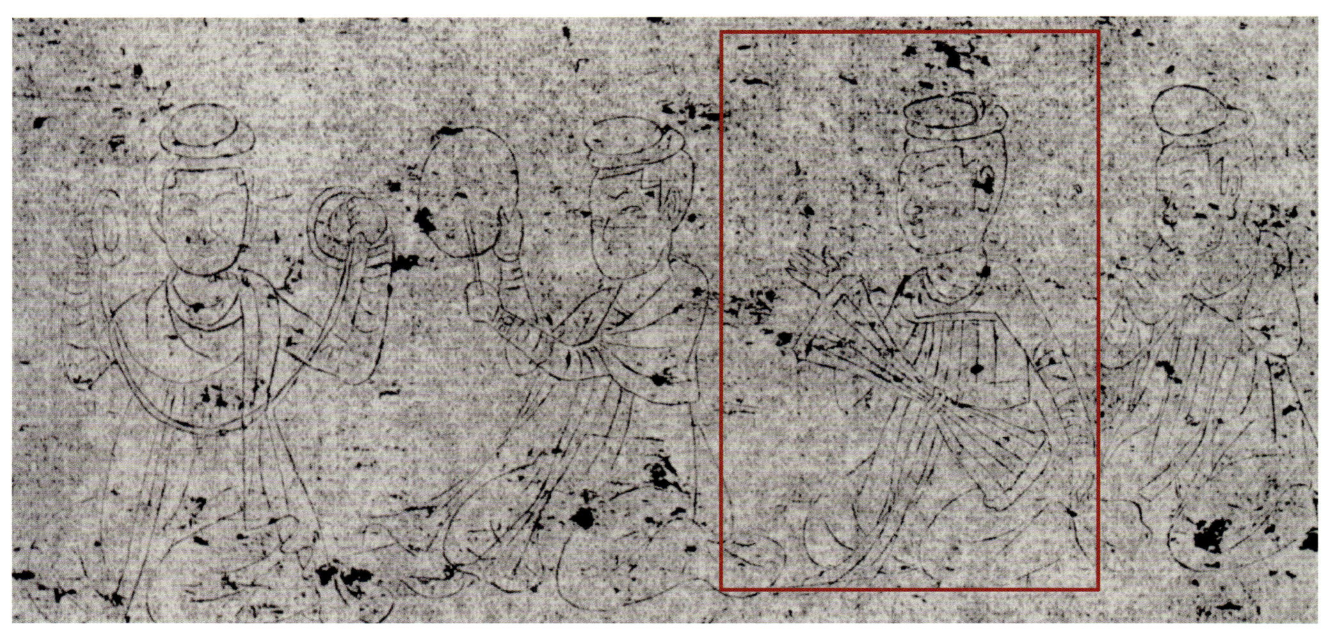

图二四 | 唐李寿墓石椁坐部伎奏乐图

图二五 | 重庆万州唐墓女伎乐击鼓俑

22.唐李寿墓石椁坐部伎奏乐图[21]

1973年3～8月，陕西省博物馆、陕西省文管会对三原县陵前公社焦村生产队唐李寿墓进行了发掘，出土了一批内容丰富多彩的壁画。其中北壁壁画为由12女伎组成的坐部乐伎图，图上的第一排右第二人，眉清目秀，面略右转，身着对襟长裙，胸前悬挂细腰鼓。右高左低，两手分开，呈拍击状（图二四）。

23.重庆万州唐墓女伎乐击鼓俑[22]

1978年8月，万县（今重庆万州区）驹马公社骑马大队在改土造田中发现一座唐墓，四川省博物馆对该墓进行了发掘，出土四女伎乐俑2件。形制与服饰均同。头梳圆髻，发尾露出向后绕圈。身穿窄袖衫，袒胸，腰系长裙。其中一俑涂口红，双手曲举，作击腰鼓状。跪坐于底座上，高18厘米（图二五）。

二　唐代腰鼓的源流

鼓是我国最古老的一种打击乐器，在我国礼乐器史上占有极其重要的地位。在远古时期，鼓被尊奉为通天的神器，主要是作为祭祀的器具。《易·系辞》中记载“鼓之以雷霆，润之以风雨。”表明鼓用以祈祷风调雨顺、欢庆丰收。

从目前考古材料来看，早在距今7000～5000年的新石器时代就已经有了陶鼓的制造。有学者经考证认为新石器时代仰韶文化出土的亚腰形尖底缸即是陶鼓的最早起源。由此推断在仰韶文化中晚期就已经出现陶鼓[23]。

陶鼓即《周礼·春官》中所说的“土鼓”。是用陶土烧制成鼓框，再蒙上动物的皮革做成的。郑玄《周礼注》引杜子春曰：“土鼓，以瓦为匡，以革为两面，可击之。”《玉篇》释鼓也说：“瓦为腔，革为面，可以击也。”按《礼记·明堂位》的记载，在很早的传说中，“伊耆氏”之时就已有陶土做成的鼓，揭示了先民们在乐舞活动中已使用陶制的土鼓。

腰鼓，也称细腰鼓、杖鼓、魏鼓，是古代一种重要乐器。腰鼓以陶瓷烧制鼓腔，由西域传入中原，历经两晋、南北朝、隋唐，文献中常有记载。《文献通考·乐考·魏鼓》记载：细腰鼓，亦名腰鼓。汉魏时用之，大者用瓦制小者用木制，皆首大而腰细。《通典·乐典》（卷一百四十四）载：“腰鼓，大者瓦，小者木，皆广首而纤腹，本胡鼓也”。明确其本为胡乐。腰鼓多以鼓框两头蒙皮，用皮条对穿拉紧，叩击出声。腰鼓有不同的表现方式，可以在伎乐队中席地而坐，双手拍击鼓面为乐舞伴奏，也可以将腰鼓挂于胸前，在宴饮乐舞中边击边舞，以它的轻重缓急调动着舞者和观赏者心中的律动感。

唐代陶腰鼓从目前见到的考古资料及传世陶鼓材料可知，其形制是广首纤腹的细腰形，击鼓方式是手拍与杖击结合。其质地可以分为陶腰鼓、彩绘陶腰鼓，黑釉瓷鼓、花釉腰鼓、酱釉瓷腰鼓等。

隋唐以来，随着腰鼓类乐器由西域的传入，逐渐形成了我国鼓乐发展的一个繁荣时期。陶腰鼓在唐代成为主要打击乐器，随着烧造技术工艺的进步，瓷腰鼓成为广泛意义上的乐器。唐代生产瓷器的主要窑口有南方越窑青瓷和北方邢窑白瓷。河南省的禹县窑、郏县窑、鲁山窑等在唐代均产花釉瓷，而以鲁山窑腰鼓最为有名。《羯鼓录》记载：“不是青州石末，即是鲁山花瓷”。青州石末是指砚，鲁山花瓷是指羯鼓。鲁山花瓷在釉面上创造性地采用彩斑装饰，创制的黑地乳白蓝斑一器三色的花釉瓷器，打破了唐代瓷器“南青北白”的单调格局，终结了中国瓷器单色釉的历史，有“唐钧”之称。同期其他地方的瓷窑也都仿效段店花瓷的装饰手法，形成了中国陶瓷史上独具特色的花瓷铸造艺术。《羯鼓录》的撰写时间是唐宣宗大中二年（848年）至大中四年（850年），结合近年一些地方出土的瓷腰鼓残片看，当时瓷质腰鼓已在民间流行，因而可以断定鲁山花瓷在唐中期，甚至唐初期就已生产。

唐代文化兼容并包，博大精深，各方面都取得很大成就。唐朝建立者本身具有突厥血统，性格上继承了西北地区游牧民族的豪迈特性。处于封建社会巅峰的唐朝国力强盛，有着非凡的自信和极大的世界影响力，对其他地区、民族的文化有着很强的吸纳性和包容性。唐代中外文化交流频繁，在音乐方面，吸取龟兹、高昌、高丽等少数民族的音乐而形成十部乐，这些音乐中占有主要地位的鼓自然也成为唐乐的主要乐器之一。

参考文献

[1] 李志军、郑卫：《河南沁阳唐代李洪钧墓发掘简报》，《洛阳考古》2015年第1期；河南博物院：《华夏遗韵——中原古代音乐文物》，中州古籍出版社，2010年，153页。

[2] 陕西省文物考古研究所：《唐李宪墓发掘报告》，科学出版社，2005年，图一二三，1；彩版八，1。

[3] 王子初、霍旭：《中国音乐文物大系》（新疆卷），大象出版社，1999年，23页，图1、3、7。

[4] 李效伟、吴跃坚：《南青北白长沙彩》，湖南美术出版社，2012年，386页；徐仁雨、周长源：《唐代拍鼓玩具与花釉腰鼓》，《收藏家》2015年第3期，图8。

[5] 张文江：《景德镇南窑遗址考古发掘的重要收获》，《东方博物》（第五十一辑），中国书店，2014年，83、84页；江西省文物考古研究所：《南窑："瓷都"景德镇瓷业探源》，《大众考古》2014年第5期，44页。

[6] 青龙镇考古队：《上海市青浦区青龙镇遗址2012年发掘简报》，《东南文化》2014年第4期，封三：5，59页；陈克伦：《上海青龙镇唐代遗址与江西乐平南窑》，《景德镇南窑考古发掘与研究——2014年南窑学术研讨会论文集》，科学出版社，2015年，235、236页。

[7] 郑汝中、董玉祥：《中国音乐文物大系》（甘肃卷），大象出版社，1996年，27页，图1.2.1。

[8] 中国艺术研究院音乐研究所：《中国音乐史图鉴》，人民音乐出版社，1988年，99页；王莉英：《故宫博物院藏唐黑釉蓝斑腰鼓和元蓝釉描金匜》，《文物》1978年第11期，94页，图版八，3。

[9] 河南省文物研究所、鲁山县人民文化馆：《河南鲁山段店窑的新发现》，《华夏考古》1988年第1期，46、47页（图二，1、2；图三，12～14）；李辉柄、李知宴：《河南鲁山段店窑》，《文物》1980年第5期，53页。

[10] 方建军：《中国音乐文物大系》（陕西卷），大象出版社，1999年，120页，图1.9.1。

[11] 中国陶瓷全集编辑委员会：《中国陶瓷全集》（第5卷·隋唐），上海人民美术出版社，2000年，192页，图206。

[12] 余江安：《唐风胡韵之载体——江西余干黄金埠唐代窑址考古新收获》，《景德镇南窑考古发掘与研究——2014年南窑学术研讨会论文集》，科学出版社，2015年，163～165页。

[13] 甘肃天水博物馆藏品。

[14] 陕西省考古研究所:《唐金乡县主墓清理简报》,《文物》1997年第1期,12页,彩插图二,2;韩保全:《唐金乡县主墓彩绘骑马技乐俑》,《收藏家》1997年第2期,7页。

[15] 湖北省文物管理委员会:《武昌东郊何家垅188号唐墓清理简报》,《文物参考资料》1957年第12期,51页,图二十二。

[16] 张柏:《中国出土瓷器全集》(第13卷·湖北 湖南),科学出版社,2008年,183页。

[17] 徐仁雨、周长源:《唐代拍鼓玩具与花釉腰鼓》,《收藏家》2015年第3期,57页,图1。

[18] 扬州市博物馆:《扬州邗江县杨庙唐墓》,《考古》1983年第9期,800页,图版四,7。

[19] 徐仁雨、周长源:《唐代拍鼓玩具与花釉腰鼓》,《收藏家》2015年第3期,57页,图3。

[20] 西安市文物保护考古所:《西安南郊唐墓(M31)发掘简报》,《文物》2004年第1期,39~42页,图一三。

[21] 陕西省博物馆、陕西省文管会:《唐李寿墓发掘简报》,《文物》1974年第9期,86页,图三二。

[22] 四川省博物馆:《四川万县唐墓》,《考古学报》1980年第4期,506页,图版四,8。

[23] 费玲伢:《新石器时代陶鼓的初步研究》,《考古学报》2009年第3期;赵世纲:《仰韶文化陶鼓辨析》,《华夏考古》1993年第1期;高天麟:《黄河流域新石器时代陶鼓辨析》,《考古学报》1991年第2期;尹德生:《甘肃新发现史前陶鼓研究》,《考古与文物》2001年第2期;陈星灿:《红山文化彩陶筒形器是陶鼓推考》,《北方文物》1990年第1期;刘桂芹、王建国:《山东广饶县五村遗址发现大汶口文化陶鼓》,《考古》1997年第12期。

郑州唐墓出土铜镜

张文霞

郑州市文物考古研究院自1986年以来，在负责郑州市区及六县市的文物保护过程中，发掘出土百余件唐代铜镜。从外形来看，有圆形镜、菱花形镜、葵花形镜、方形镜四种，本文讨论的对象主要是郑州市区唐墓出土者，同时对比巩义、荥阳唐墓出土铜镜。其中郑州唐墓中有些墓多伴出有瓷器、陶器，根据这些瓷器、陶器的特征，能将铜镜的使用年代断得更准确些，由于有些铜镜出土时间和伴出器物不详，故暂且根据沿黄河一线纪年唐墓断代，所判定年代应与其实际的使用年代误差不大。兹介绍如下。

一　圆形镜

圆形镜根据镜背纹饰可分为生肖镜、瑞兽铭文镜、葡萄镜、月宫镜、折枝花镜、宝相花镜等。

1.生肖镜　1件。

标本1：荥阳周古寺M7出土[1]。窄平缘，圆钮，无座。钮外三周细凸棱将镜背分成三区：内区铸有“光正随人，长命宜新”八字，字间有小乳丁；中区饰连绵不断的短枝与叶，枝、叶周围布满小乳丁，使枝叶充满质感；外区铸十二生肖，光字下为鼠，顺时针排列，每个动物周都有或多或少的星云纹；外区外尚有一周三角纹。直径15.6、缘厚0.5厘米（图一）。

2.瑞兽铭文镜　4件。

标本1：荥阳周古寺M2出土[2]。三角缘，圆钮，柿蒂座，座外饰双线界框。一周凸棱纹将镜背分为内外两区。内区四只瑞兽绕框行走，两只似虎，首向前，方向不同；一只似翼虎，回首；一只似狻猊，低首抬右腿，蹑手蹑脚。兽周围饰火云纹，兽间各有一“V”形纹，再外为两周三角纹。外区铭文一周：玉匣盼看镜，轻灰暂拭尘，光如一片水，影照两边人。铭文外还有一周三角纹。直径16.3、缘厚0.7厘米（图二）。

标本2：郑州郊区采集。三角缘，圆钮，花座，座外双线界框，框角有四个星纹。一周凸棱将镜背分为内外两区。内区四只瑞兽绕框行走，皆身形瘦削，两只首朝前，似狗，两只回首，肩部有翼，似狼。四兽周围均有星云纹，兽间饰“V”形纹，再外为两周三角纹。外区铭文一周：赏得秦王镜，判不惜千金，非关欲照胆，特是自明心。再外为两周三角形纹。直径16.1、缘厚0.4厘米（图三）。

标本3：荥阳峡窝村采集。三角缘，圆钮，联珠纹圆座。一周凸棱将镜背分为内外两区。内区四条双线弧形成“十”字纹带将内区分成四小区，纹带内饰星云纹、石榴花纹，小区内有两狻猊、两鸾鸟，狻猊扬尾奔走，鸾鸟因空间狭小呈横卧状，周围皆有火

图一 | 荥阳周古寺M7出土生肖镜

图二 | 荥阳周古寺M2出土瑞兽铭文镜

图三 | 郑州郊区采集瑞兽铭文镜

图四 | 荥阳峡窝村采集瑞兽铭文镜

云纹，再外为两周篦纹。外区为一周铭文，铭文同前，再外为一周篦纹，一周三角乳丁纹。直径13.1、缘厚1.1厘米（图四）。

标本4：巩义丁香花园M1出土。三角缘，圆钮，联珠纹圆座。镜背由一周凸棱分为内外两区。内区为四只狻猊绕钮奔走，或回首，或颔首，或昂首，皆尖嘴，小耳，球尾，其外两周锯齿纹。外区一周铭文：发花流采，波澄影正，月素齐明，鉴秦逾净。铭文外两周三角纹。直径11.9、缘厚1.2厘米（图五）。

3.葡萄镜 7件。

标本1：上街唐墓出土。三角缘，伏兽钮，无座。一周葡萄枝构成的凸棱将镜背分为内外两区。内区四只狻猊绕钮奔走，身皆向外盘曲，粗尾高扬，狻猊间有四只长尾雀，两大两小，狻猊周围密布葡萄枝叶实。外区十只长尾雀成组布于葡萄枝叶实间，每组两只，或飞或站，每组长尾雀间隔一只向内飞的蝴蝶（或蜜蜂/蜻蜓）共五只。最外一周朵云纹。直径11.8、缘厚1.2厘米（图六）。

标本2：巩义益家窝三联电器公司唐墓出土。三角缘，伏兽钮，无座。一周葡萄枝构成的凸棱将镜背分为内外两区。内区四只狻猊绕钮曲身腾跃，首向外，兽间葡萄枝叶

图五 | 巩义丁香花园M1出土瑞兽铭文镜

图六 | 上街唐墓出土葡萄镜

图七 | 巩义益家窝三联电器公司唐墓出土葡萄镜

图八 | 郑州水文站家属院唐墓出土葡萄镜

实。外区四只长尾雀飞翔于葡萄枝叶实之间，最外为一周朵云纹。直径10.2、缘厚1厘米(图七)。

标本3：郑州水文站家属院唐墓出土。同前镜极相似，雕模更细。直径9.9、缘厚1厘米(图八)。

标本4：巩义二纸厂M1出土[3]。三角缘，伏兽钮，无座。一周凸棱将镜背分为内外两区。内区六只狻猊绕钮奔跑，周围为葡萄枝叶实。外区十只长尾雀、两只短尾雀飞翔于葡萄枝叶实之间，最外一周卷云纹。直径13.5、缘厚1.1厘米(图九)。

标本5：巩义王沟村祈氏墓出土[4]。三角缘，伏兽钮，无座。一周顶饰联珠纹的凸棱将镜背分为内外两区。内区五只狻猊绕钮奔走，四只昂首，一只回首，其外一周葡萄枝叶实。外区八只长尾雀或停或飞于葡萄枝叶实之间，最外为一周小花。直径13、缘厚1.2厘米(图一〇)。

标本6：上街基督教堂唐墓出土。三角缘，圆钮，无座。一周凸棱将镜背分内外两区。内区四只狻猊绕钮腾跃，皆昂首曲身，尾大如球，周围为葡萄枝叶实。外区一周疏朗的葡萄枝叶实。直径10.2、缘厚1厘米(图一一)。

图九 | 巩义二纸厂M1出土葡萄镜

图一〇 | 巩义王沟村祈氏墓出土葡萄镜

图一一 | 上街基督教堂唐墓出土葡萄镜　　图一二 | 上街体育场唐墓出土葡萄镜

标本7：上街体育场唐墓出土。三角缘，圆钮，花座。一周凸棱将镜背分为内外两区。内区五串硕籽葡萄连以枝叶，凸棱内壁有一周联珠纹 。外区一周缠枝葡萄枝叶，其外有一周不太明显的朵云纹。直径9.3、缘厚0.5厘米（图一二）。

4.月宫镜　1件。

标本1：河南中信中原置业唐墓出土。三角缘，圆钮。镜中一株桂树拔地而起，树根微露，主干粗壮，穿钮而过，上部枝繁叶茂。树左嫦娥头梳双髻，身穿右衽阔袖襦，下着裤鞋，左手托盘，右腿屈伸作起舞状，腋间、右腿飘带如流云遮罩于身。树右吴刚头戴冠，身穿左衽阔袖襦，腰束带，下着裙、履，双手上举，亦作舞蹈状，身后裙带飘飘。树前蟾蜍手舞足蹈，玉兔躬身捣药。直径15、缘厚0.7厘米（图一三）。

5.折枝花镜　3件。

标本1：河南化工学校唐墓出土。窄斜缘，圆钮，花座，座外一周绹纹。镜背分布六朵花，花分两型，相间排列。一种直枝，周围簇拥椭圆形叶，中间花开三朵。另一种曲枝，花开三瓣，两朵花蕾下垂。直径18.7、缘厚0.4厘米（图一四）。

标本2：郑州卷烟厂唐墓出土。三角缘，圆钮，花座。镜背分布四朵花，花分两型，一种为菊花，一种为莲花，花萼下各伸出两枝，与临枝相连。直径13.9、缘厚0.6厘米（图一五）。

图一三 | 河南中信中原置业唐墓出土月宫镜

图一四 | 河南化工学校唐墓出土折枝花镜

图一五 | 郑州卷烟厂唐墓出土折枝花镜

图一六 | 郑州卷烟厂唐墓出土折枝花镜

标本3：郑州卷烟厂唐墓出土。三角缘，圆钮，无座。钮周四朵折枝菊花彼此相连，枝长，叶尖，花小。直径10.9、缘厚0.5厘米（图一六）。

6.宝相花镜　1件。

标本1：郑州大谢村唐墓出土。三角缘，圆钮，莲花座。座周六朵莲花样宝相花环绕，花分两种，相间而饰：一种为尖朝外的宽瓣莲花，另一种为尖朝内的宽瓣莲花。直径13.8、缘厚0.6厘米（图一七）。

二　菱花形镜

菱花形镜主要有宝相花镜、月宫镜两种。

1.宝相花镜　1件。

标本1：巩义恒丰钢缆M13出土[5]。窄平缘，圆钮，无座。镜背一矮凸棱将镜分为内外两区。内区五朵菱形宝相花，间以四朵小云，宝相花中心为花蕊，四圆花瓣，再外为菱形花瓣及叶。外区饰四蜜蜂、四折枝小花，蜜蜂凌空飞舞，折枝花含苞待放。直径11.8、缘厚0.4厘米（图一八）。

图一七 | 郑州大谢村唐墓出土宝相花镜

图一八 | 巩义恒丰钢缆M13出土宝相花镜

2.月宫镜　1件。

标本1：上街东方明珠小区唐墓出土。窄平缘，伏兽钮，无座。一周凸棱将镜背分为内外两区。内区一株曲干桂树顶天立地，上部穿过伏兽钮，枝分三杈，叶大而疏，树右嫦娥头梳双髻，身穿右衽阔袖襦，腰束带，下着裤、履，双腿微曲，右手捧桂花作舞蹈状，树左有玉兔躬身捣药、蟾蜍跳舞。外区八朵流云，云分两型。直径15.6、缘厚0.5厘米（图一九）。

三　葵花形镜

葵花形镜根据镜背纹饰主要有双鸾镜、鸿雁镜、真子飞霜镜、折枝花镜四种。

1.双鸾镜　3件。

标本1：河南中信置业唐墓出土。圆形，因边缘向内出八个葵口，归入葵花镜类。三角缘，圆钮，无座。一周凸棱将镜背分内外两区。内区钮侧各有一鸾呈降落姿态，昂首曲颈，口衔穗绶，翅尾扬起，一足凌空，一足抓以折枝莲花。钮上、钮下各一折枝莲

图一九 | 上街东方明珠小区唐墓出土月宫镜

图二〇 | 河南中信置业唐墓出土双鸾镜

花，均为三花无叶。外区饰八株小折枝花，花分两种，一种含苞待放，一种花蕾初绽。直径24.6、缘厚0.5厘米（图二〇）。

标本2：河南中信置业唐墓出土。窄平缘，圆钮，无座。一周凸棱将镜背分内外两区。内区钮侧各有一只鸾鸟，昂首挺胸，展翅扬尾，双足立于地，钮上一朵祥云飘浮，钮下一匹天马飞奔，马背飘过一朵浮云。外区流云、蜜蜂、小折枝花间饰。直径18.5、缘厚0.5厘米（图二一）。

标本3：河南中信置业唐墓出土。窄平缘，圆钮，无座。一周凸棱将镜背分内外两区。内区钮侧各有一只鸾鸟呈下降姿态，昂首，展翅，扬尾，双腿略曲，钮上仙山矗立，旁有朵云，钮下波涛汹涌，仙山岿然不动，山顶有长尾雀飞过。外区间饰小折枝花与流云。直径14.2、缘厚0.3厘米（图二二）。

2.鸿雁镜　1件。

标本4：河南电力工业学校唐墓出土。窄平缘，圆钮，无座。一周凸棱将镜背分为内外两区。内区钮侧各有一鸿雁，昂首，展翅，短尾，颈系穗绶，双足立于折枝莲花上，钮上一长尾雀衔叶飞过，钮下一长尾雀衔绶迎风而飞。外区蜜蜂与小折枝花间饰。

图二一 | 河南中信置业唐墓出土双鸾镜

图二二 | 河南中信置业唐墓出土双鸾镜

图二三 | 河南电力工业学校唐墓出土鸿雁镜

直径17、缘厚0.4厘米（图二三）。

3.真子飞霜镜 1件。

标本5：郑州第八人民医院唐墓出土。窄平缘，圆钮，无座。钮上一田字框，内铸真子飞霜四字，再上为群峰叠出，白云飞渡，一轮红日喷薄而出。钮下一池碧水，池旁与水中假山对出。钮左竹林前一老者头戴莲花冠，身穿右衽阔袖袍，下着裙，盘腿坐于藤席上，膝上置琴，左手正拨弄琴弦，右前方有一案几，上置笔架、辟雍砚、书卷。钮右一鸾闻琴而来，单足落于低矮岩石上，回首扬尾，似在呼唤同伴。直径18.5、缘厚0.6厘米（图二四）。

4.折枝花镜 1件。

标本1：郑州化工厂唐墓出土[6]。窄斜缘，圆钮，花苞座，座外一周绹纹。钮周六朵折枝花，花形相近，中心盛花一朵，花上三个花蕾，花下两个花苞，叶有五六片之分。直径18.4、缘厚0.4厘米（图二五）。

图二四 ｜ 郑州第八人民医院唐墓出土真子飞霜镜

图二五 ｜ 郑州化工厂唐墓出土折枝花镜

图二六 | 郑州纺织机械厂唐墓出土万字镜（标本1）

图二七 | 郑州纺织机械厂唐墓出土万字镜（标本2）

四　方形镜

均为方形委角镜，根据镜背纹饰分为万字镜、八卦镜两种。

1.万字镜　2件。

标本1：郑州纺织机械厂唐墓出土。窄斜缘，宽桥钮，无座。镜背以钮为中心，饰双线“卍”字纹。边长19.7、缘厚0.2厘米（图二六）。

标本2：郑州纺织机械厂唐墓出土。宽斜缘，圆钮，无座。以钮为中心，饰双线“卍”字纹，空档内填“太平万岁”四字。边长12.6、缘厚0.2厘米（图二七）。

2.八卦镜　1件。

标本1：河南省化工学校唐墓出土。窄斜缘，伏兽钮，无座。座外为方形八卦符号，再外铸“精金百炼，有鉴思极。子育长生，形神相识。”边长15.2、缘厚0.4厘米（图二八）。

图二八 ｜ 河南省化工学校唐墓出土八卦镜

五　结语

（一）铜镜年代

圆形铜镜在有唐一代自始至终都在使用。唐初圆形铜镜大部分是隋朝遗留下来的，不能因为革故鼎新，将前朝铸造的铜镜定成后朝铜镜。我们对唐初铜镜的年代只泛泛而论。

周古寺M7的生肖铜镜在608年西安李静训墓曾出土一件，完全相同，但M7根据其出土的镇墓兽、武士俑、文官俑等可知年代在675～680年之间。巩义丁香花园唐墓出土的瑞兽铭文镜根据墓中出土的武士俑、文官俑判断其年代大概在680年。两件采集的瑞兽铭文镜从镜背纹饰来看，可能在670～680年之间。故这类带铭文的铜镜自隋代始，延续使用到680年左右。

唐代葡萄镜的发展序列目前已经比较清楚。巩义二纸厂M1的葡萄镜外区鸟雀葡萄纹之外还有一周朵云纹，这种铜镜从纪年墓来看，一般在675～700年间，个别会延续使用到730年左右。唐代有一种外区没有朵云的葡萄镜，葡萄枝叶实疏朗，这种镜大概

从690年开始出现，在巩义芝田92M4有发现[7]，故上街基督教堂唐墓的年代大概也在其时。上街体育场的葡萄镜外区只有简体缠枝纹，不见雀鸟，718年偃师杏园宋珣墓曾出一件[8]，直径也相同。

月宫镜未见纪年墓葬资料，甘肃平凉曾出土一件851年的双犀镜，镜背上为竹丛，下为池水与花，钮两侧有犀牛，风格与月宫镜类似，故疑月宫镜的年代大概在800年之后。

河南省化工学校唐墓出土有折枝花镜与八卦镜，此墓另出有沿外出唇的玉璧底大瓷碗，这种碗有纪年资料证明已经到了五代，故这面镜的年代应为五代，其出现年代也可能早到晚唐。

菱花形镜本文仅举两例。大谢村出土的宝相花铜镜与840年偃师杏园崔防墓出土的宝相花镜[9]相同，但是这种仿自莲花的宝相花可能在800年就出现了。巩义恒丰钢缆M13出土的宝相花镜年代要早，根据墓中出土的镇墓兽、武士俑、男女侍俑，可以确定墓葬年代在724～730年之间。上街东方明珠小区唐墓出土的月宫镜内区纹饰与河南中信置业出土月宫镜分区不同，内容基本相同，大概年代也在800年之后。

葵花镜三件为双鸾镜，其中内出弧边的葵花镜伴出有玉璧地底，年代约为820年。另一件上方有仙山的葵花镜，伴出有小玉璧底碗与直领瓷罐，年代约为880年。还有一件为河南电力工业学校孙和墓出土的鸿雁镜，墓葬年代为796年。

郑州第八人民医院唐墓、郑州化工厂唐墓均有纪年，前者为823年，后者为797年，故真子飞霜镜、折枝花镜的使用年代可以确定。

郑州纺织机械厂出土的两件方形万字镜，一件无字，一件有字。偃师杏园李荣初墓出土的万字镜年代为794年[10]，三门峡市陕州区刘家渠M5出土一面写有“永寿之镜”的万字镜年代为838年[11]，故这类万字镜的年代大概在790～850年之间。

（二）铜镜变化规律

本文虽然仅介绍二十余件铜镜，但郑州地区唐代铜镜的发展脉络大体可寻。郑州唐代铜镜主要有四种外形，圆形使用时间最长，是唐代铜镜的主要形式。在唐初以瑞兽镜、瑞兽铭文镜为主，主要为隋朝遗留铜镜。盛唐时出现圆形葡萄镜，随着时间的推移，镜背纹饰略有变化，730年以后极少再见到葡萄镜。在葡萄镜消亡的同时，兴起了花鸟镜，诸如双鸾镜、鸿雁镜、燕雀镜等，但器形以葵花形、菱形为多，圆形镜装饰这些纹饰的反而少见。800年后出现较多的宝相花镜、折枝花镜、真子飞霜镜、月宫镜、万字镜等，主要器形为葵花形、圆形、方形，菱形镜几乎不见了。

参考文献

[1] 郑州市文物考古研究院、荥阳市文物保护管理中心：《荥阳市周古寺唐墓M7发掘简报》，《华夏文明》2017年第2期。

[2] 郑州市文物考古研究院、荥阳市文物保护管理中心：《荥阳市周古寺唐墓M2发掘简报》，《华夏文明》2016年第1期。

[3] 许昌市博物馆、巩义市博物馆：《河南巩义二纸厂唐墓发掘简报》，《中原文物》2019年第3期。

[4] 郑州市文物考古研究院、巩义市博物馆：《河南巩义站街镇王沟村唐墓》，《东方博物》（第六十一辑），中国书店，2016年。

[5] 郑州市文物考古研究院、巩义市博物馆：《巩义恒丰钢缆厂唐墓发掘简报》，《古都郑州》2017年第3期。

[6] 郑州市文物工作队：《郑州地区发现的几座唐墓》，《文物》1995年第5期。

[7] 郑州市文物考古研究所：《巩义芝田晋唐墓葬》，科学出版社，2003年。

[8] 中国社会科学院考古研究所：《偃师杏园唐墓》，科学出版社，2001年。

[9] 中国社会科学院考古研究所：《偃师杏园唐墓》，科学出版社，2001年。

[10] 中国社会科学院考古研究所：《偃师杏园唐墓》，科学出版社，2001年。

[11] 黄河水库考古工作队：《一九五六年河南陕县刘家渠汉唐墓葬发掘简报》，《考古通讯》1957年第4期。

宋代家族墓选址和布局研究

王鸿驰

根据考古发掘及调查资料，家族墓地可追溯至史前以血缘关系为纽带的“族葬”。商周时期的族葬增添了宗法等级关系等新内容，并且按嫡庶、长幼、亲疏等氏族宗法关系整齐有序地排定墓位。秦汉以后，随着封建制度的巩固和发展，族葬墓逐渐消失和改变，家族葬随之而起。之后，不同的历史时期有不同的家族墓地制度，对茔域的选址与构建、墓葬排列等问题都有着不同的规定。

本文拟通过梳理现有的宋代家族墓发掘材料，对其选址范围以及家族成员排列布局进行系统分析，旨在阐释这一时期家族墓葬选址特征和墓地结构布局规律，分析影响宋朝家族墓制度的因素，从而揭示宋朝的社会文化面貌。

960年，后周诸将发动陈桥兵变，拥立宋州归德军节度使赵匡胤为帝，建立宋朝。1125年，金国大举南侵，康王赵构于南京应天府即位，建立南宋，与金国以秦岭—淮河为界划线而治。1276年，元朝攻占临安，南宋灭亡。宋朝统治的三百余年内，虽二度倾覆，但皆缘外患，其政治、经济、文化、科技等依然繁荣发展。

“家族”也称“宗族”，即“同一个男性祖先的子孙，若干世代相聚在一起，按照一定的规范，以血缘关系为纽带结合而成的一种特殊的社会组织形式”[1]。这种组织形式以家族墓地的形式被保存下来，考古发现表明中国古代的家族墓起源于奴隶制瓦解、封建生产关系确立的东周时期，秦汉至魏晋时获得发展，并形成制度[2]。家族墓地制度对茔域的选址与构建、墓葬排列、归宗祭祖等问题都有着明确的规定，与不同历史时期的风俗礼仪相结合，成为国家礼仪制度——凶礼的一部分。

一　北宋家族墓

据不完全统计，目前见诸公开学术刊物的北宋家族墓地资料有《白沙宋墓》[3]《合肥东郊大兴集北宋包拯家族墓群发掘报告》[4]《陕西蓝田县五里头北宋吕氏家族墓地》[5]《西安长安区郭杜镇清理的三座宋代李唐王朝后裔家族墓》[6]《安阳韩琦家族墓地》[7]《富弼家族墓地》[8]《安徽青阳金龟原北宋滕子京家族墓地清理简报》[9]《河北井陉县柿庄宋墓发掘报告》[10]《北宋临城王氏家族墓志》[11]和《2008年山西汾阳东龙观宋金墓地发掘简报》[12]等。

（一）选址特征

按照宋代的丧葬习俗，在丧葬活动过程中有一项重要的环节为“卜宅兆”，即选择符合阴阳风水堪舆的“吉地”来营建墓地。通过对现有北宋家族墓地发掘资料的梳理，可以看到这些家族墓在选址营建时都遵循了一定原则，有明显的规律可循。

白沙宋墓位于河南省禹州市白沙镇北谷地东端偏北的谷地中，东、西、北三面环山，南面山势渐缓，逐渐开阔趋向平原地带。颍水自谷地西北蜿蜒而过，继而东行，又向南流出谷地。白沙宋墓正处在三面环山、南邻颍水的地理格局中，正是当时所谓的“上吉之地”（图一）。

韩琦家族墓地位于河南省安阳市殷都区北蒙办事处皇甫屯村西地，地处太行山西麓向华北平原的过渡地带，西北依凤凰岗，南面临洹水，东望平原，整体地势西北高、东南低。

富弼家族墓地位于河南洛阳邙山陵墓群内，北有邙山延绵起伏，南有洛水蜿蜒盘旋。

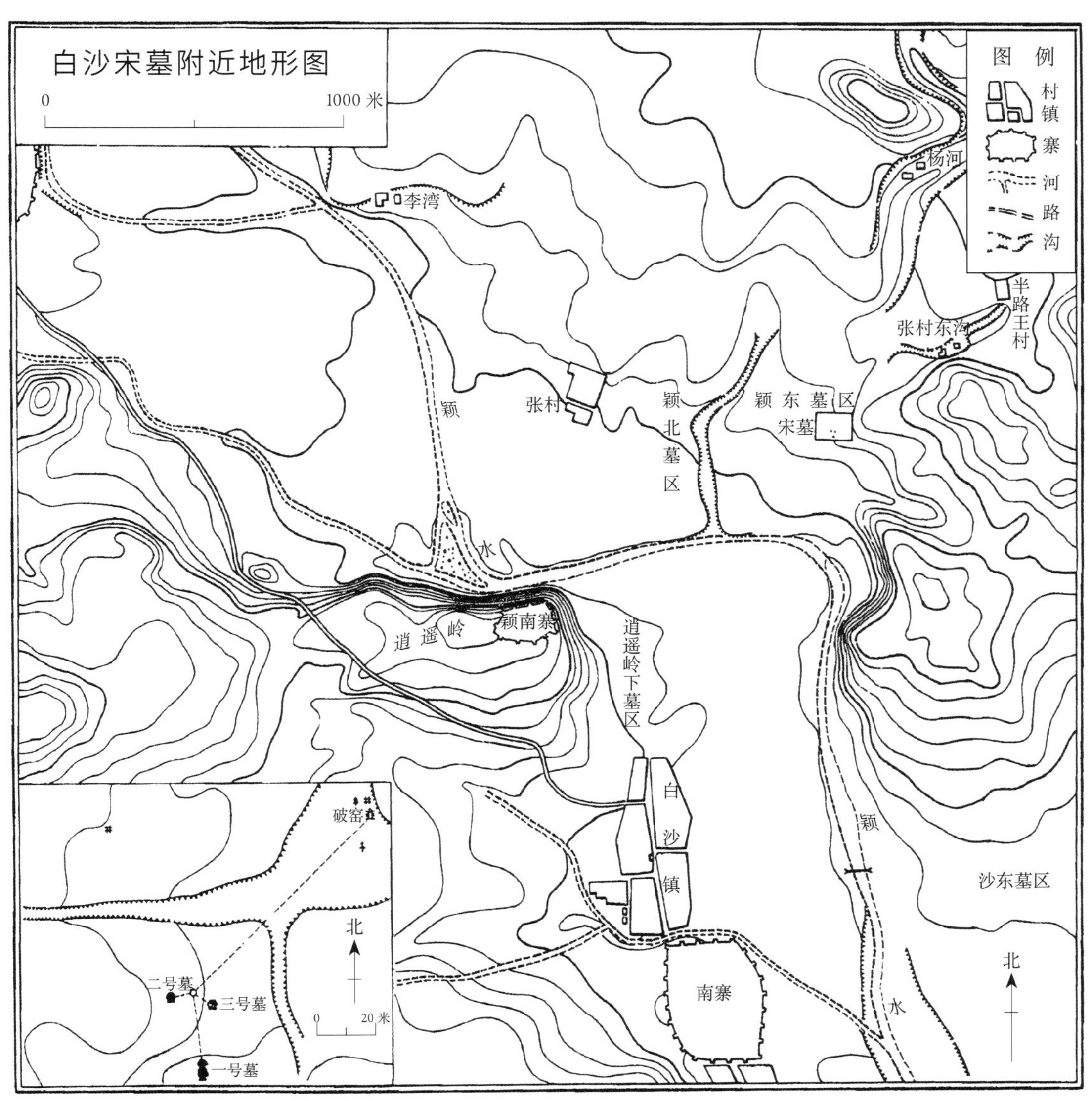

图一 | 白沙宋墓附近地形图

（引自《白沙宋墓》图版拾叁）

吕氏家族墓地位于今陕西省蓝田县内，北靠临潼山，东邻终南山，面灞河，望白鹿原，亦呈北高南低、依山面水之地理格局。

王氏家族墓地位于河北省临城、内丘两县接壤丘陵岗地的低洼地带，其北、东、西三面为地势逐次抬升的高岗，墓地就处在三面高岗“U”字形环绕的凹形腹地中心，南面有季节性河流流经。整体地势构成北高南低、背山面水的圈椅形风水地貌。

井陉柿庄宋金墓地位于河北省西南部的井陉县城西南约20千米处。背依太行山东麓，坐落在山前台地之上，甘陶河在其东边自南向北流过，具体地势呈西北仰高、东南低垂之势。

（二）选址原则

纵观上述家族墓地选址，大致有两条规律：一是地势上北高南低或者西北高东南低；二是墓地周边一定要山环水绕，且基本上均为北面依山、东西两面各有山峰呈合抱之势，南面临水、望平原之格局。

《地理新书》卷二“地形吉凶条”说：“凡地，西北高，东南下，水流出辰巳间，吉。”又说：“后有走马冈，前有饮马塘，冈阜形势，小顿大起，延绵百里不断者为上吉”[13]。也就是说，地势西北高、东南低，有水自西北或西边向东南流经为吉地；而山在北、水在南，山岗高低起伏有耸有平绵延不断之地，则为上吉地。加之风水学中认为墓地的选址对后代有庇护作用，据此，可以推测这些家族墓地在营建之前有意参照堪舆风水学说，并且以堪舆风水学说为主导。因而，从选址来说，宋代家族墓地很可能受当时阴阳堪舆风水术形法派的影响。

（三）内部排列布局

按照记载，宋代家族墓葬内部排列遵循昭穆葬法，所谓昭穆葬法，是规定家族成员墓葬排列顺序、位次，体现家族内部长幼尊卑秩序的埋葬制度。昭穆制本是周朝订立的宗法制度，以周代天子七庙为例，自始祖之后，父为昭，子为穆，昭居左，穆居右，以此来区别宗族内部长幼辈分和亲疏远近。《周礼·冢人》载有“先王之葬居中，以昭穆为左右”[14]。

韩琦家族墓地目前共发掘墓葬9座，编号为M1~M9，墓地布局整体呈南北向（图二）。

整体自北向南呈三排：第一排自西向东为M1、M4、M5，M1为韩琦及其夫人崔氏之墓，M4为其二夫人崔氏之墓，M5推测为其续夫人李氏之墓。第二排自西向东为M2、M3、M8，均为韩琦之子，M7也为韩琦之子，但其为庶出，故相比较M2、M3、

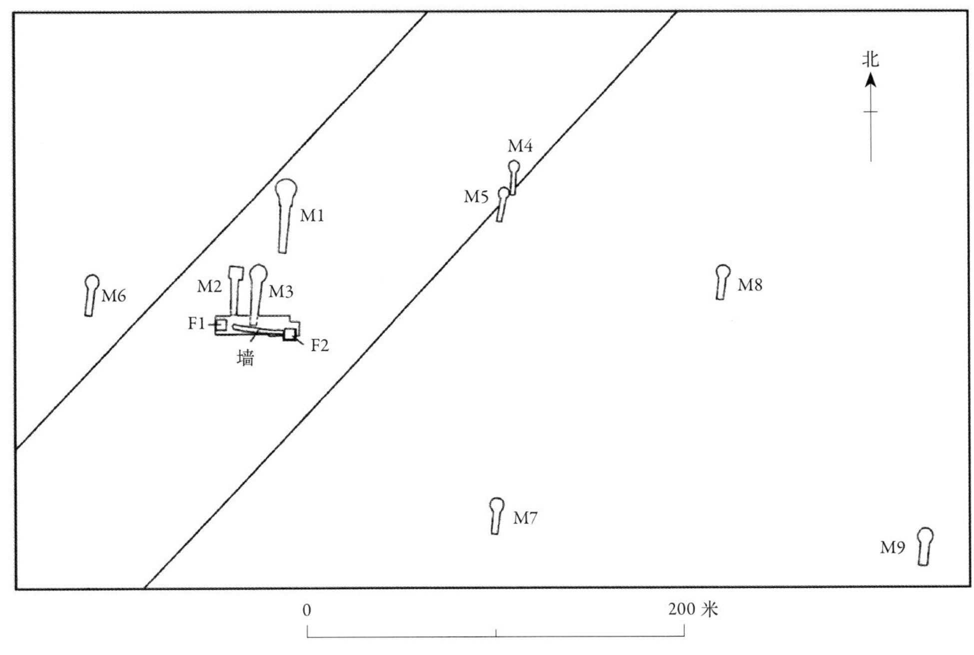

图二 | 安阳韩琦家族墓地平面布局图

（引自《安阳韩琦家族墓地》图二）

M8，其位置偏南。第三排为M9，韩琦之孙，M6也为韩琦之孙，但因其官职较高，故其相较M9偏北许多。

显而易见，在这批墓葬中，韩琦以官职最高、辈分最长处在墓地的核心位置，其子孙墓则按一定顺序向东南分布，形成长幼之间纵向排列、同辈分之间东西排列的明显秩序。同时，呈现出嫡庶有别、尊卑有律的特点，这种墓葬排列方式生动地反映了宋代长幼、尊卑有序的家族制度。

富弼家族墓地共发掘清理墓葬11座（图三）。整体布局以南北向为主，富弼夫妇墓位于最北端，其西南不远处为其弟富鼎夫妇墓。

在富弼、富鼎墓的南方排列着富弼及其兄弟的多个子嗣，即富家的“绍”字辈，富绍京夫妇、富绍宁夫妇、富绍修夫妇、富绍荣夫妇等。再往南即为富弼孙子“直”字辈，富直芳、富直英之墓。

富弼以其官职最高位于家族墓的最北端，弟弟富鼎之墓略向南以示对兄长的尊重，往南依次为其子辈和孙辈，也体现出家族中长幼、尊卑有序的制度。

蓝田吕氏家族墓是目前发现的保存最完整的北宋家族墓地，包括有规律排列的29座墓葬（图四）。墓葬在纵向与横向排列上都遵循一定规则。发掘资料显示，吕通墓位于墓地中轴线最南端，其身后为长子吕英墓，再其后为长孙吕大圭墓。由此可见，墓地中墓葬纵向分布规律为长子长孙系列；横向排列是按辈分自南向北依次布置的，南端是

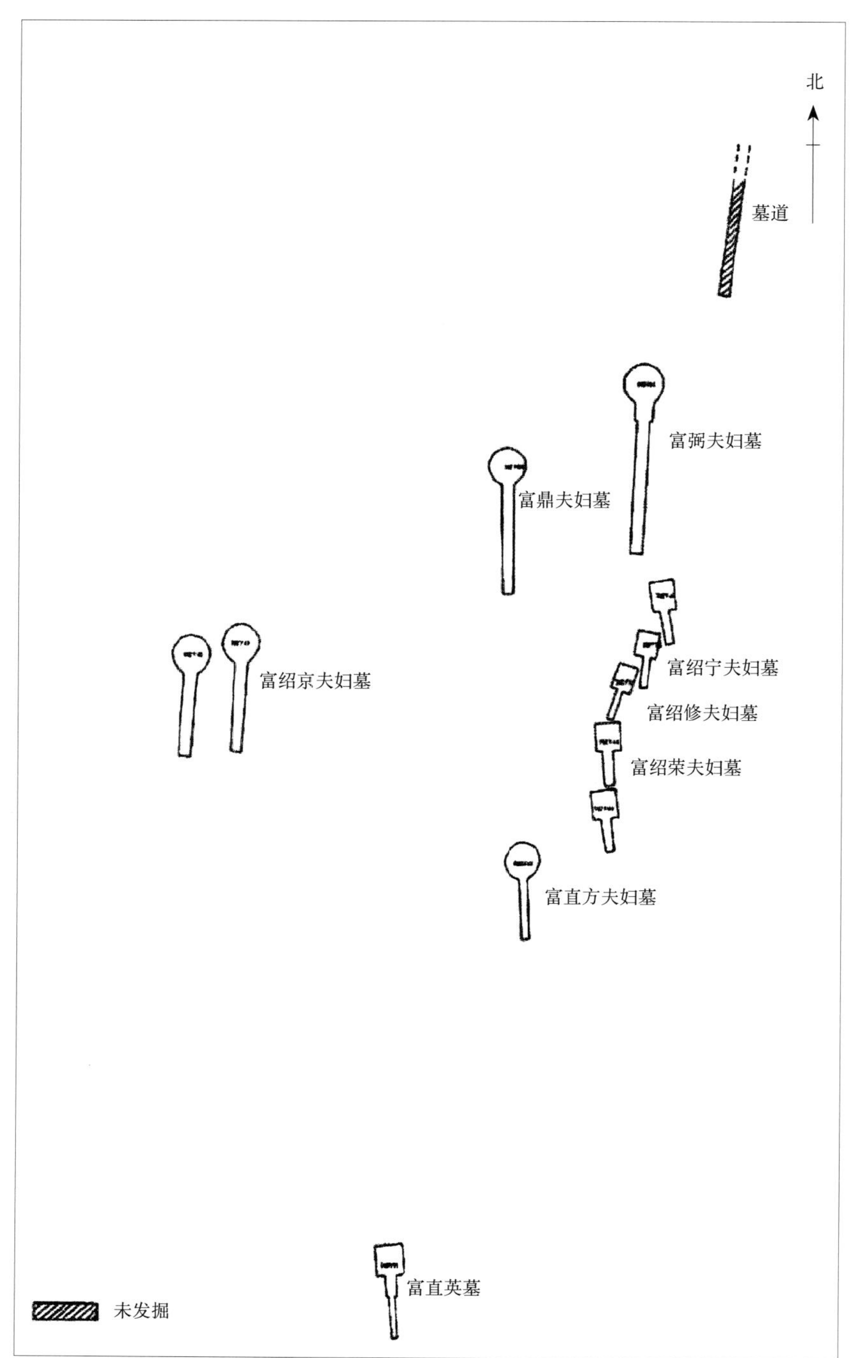

图三 | 富弼家族墓地墓葬分布图

（引自《富弼家族墓地》图一）

家族中最高辈分的吕通，其次是两个儿子吕英与吕蕡，第三排为“大”字辈孙辈成员，第四排即墓地中最北一排为“山”字辈重孙墓葬。也就是说，吕氏家族墓地以家族之长吕通的墓葬为核心，墓地的纵向分布反映了长子长孙系列及长幼之序，而在横向排列上，遵循的是同辈分之间并列排列的方式。

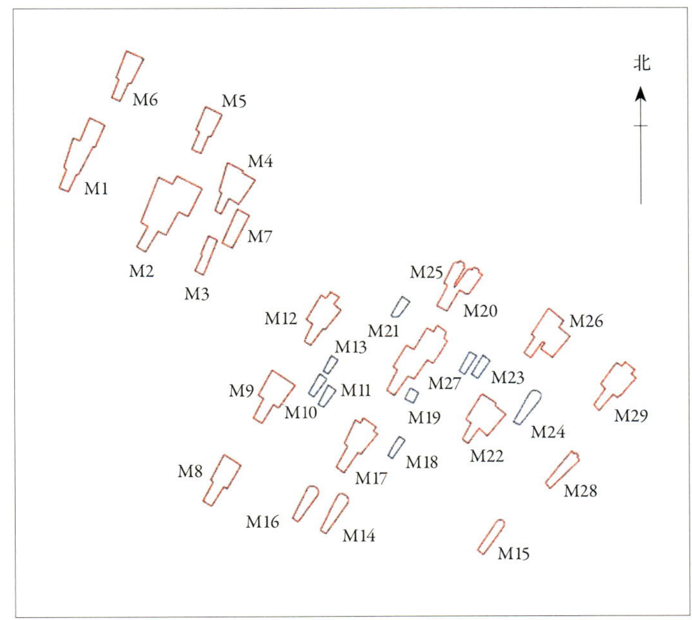

图四 ｜ 蓝田吕氏家族墓布局

（标红者为成人墓，标蓝者为婴幼儿墓）

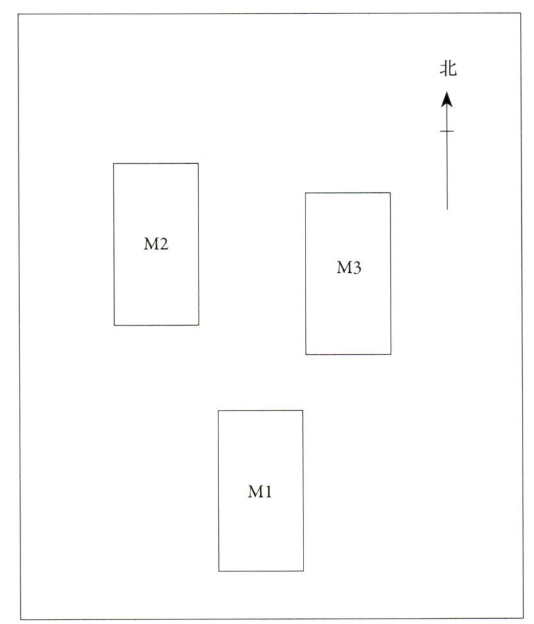

图五 ｜ 白沙宋墓示意图

白沙宋墓中，一号墓在最南边，二号墓在其西北20米，三号墓在其东北16米，二号墓与三号墓相距13米（图五）。宿白先生根据考古发掘所得三墓的材料，结合已发现的宋辽金时期的考古资料和历史文献记载，确定这三座墓是赵大翁的家族墓地；一号墓时代最早，二号墓晚于一号墓，而三号墓又晚于二号墓。

巽	巳	丙	午	丁	未	坤
辰		祖穴				申
乙						庚
卯			地心			酉
甲	穴					辛
寅				穴		戌
艮	丑	癸	子	壬	亥	乾

图六 ｜ 角姓取穴祔葬图

这三座墓的布局除遵循昭穆制度外，也受宋代社会崇尚五音姓利堪舆学说的影响，是昭穆葬制与五音姓利学说的结合。白沙宋墓之赵姓于五音中属角音，对应的墓穴之吉位应为“丙穴为尊，壬穴为次，甲穴为卑”[15]。也就是说，一座按昭穆葬制营茔的家族墓地，祖穴应布置在丙位，昭穴布置在壬位，穆穴布置在甲位（图六）。同时，宋时的昭穆穴位，方位与周礼中的规定完全相悖。因为角姓“以北为前，南为后，西为左，东为右”，最吉最尊的丙位占据南向，次吉壬位居北偏西向，再次甲位居东向，即祖穴（尊穴）在南、昭穆之穴在北，这与坐北朝南、北尊南卑的墓园布局形式颇异。

通过对以上家族墓选址和排列情况的梳理，大致可以得出以下几点特征：

（1）这一时期家族墓地的选址受风水堪舆之说影响，从目前的发掘资料来看，家族墓葬选址都在风水学中的“吉地”。

（2）家族墓园内的排列布局长幼尊卑有序，家族尊长者墓穴位居中心且位置突出。从现有资料看，无论家族墓园的布局呈南北向还是东西向，该家族中辈分最高者的墓穴（祖穴），均位于墓园中轴线上的突出位置。祖穴位置确定后，家族成员的墓穴再严格按照长幼辈分、尊卑之序选址修建。

（3）家族墓葬排列遵循昭穆制度，墓穴位置的选择受五音姓利学说的影响，墓地穴位的布置十分讲究。

究其原因，大致有以下几个方面：

思想上，以“仁义忠孝”为核心的传统儒家思想是这一时期的正统思想，家庭内部宗法观念深入人心，并且这种家庭宗法观尤为重视父权家长制，强调长幼尊卑秩序，这种思想观念影响了家族墓制度和内部排列布局。

政治上，宋代为了防止唐末藩镇割据的局面，大力加强中央集权，政治上有照顾高级官吏子弟的荫补制度，这种制度也更加剧了世家大族内部的宗法观念。

制度上，北宋朝廷利用五音姓利学说和阴阳堪舆之术这些思想制度标榜“复礼”，从而达到维护社会思想统治的政治目的，使这些思想得以影响社会生活的方方面面，从而也影响家族墓的选址和布局。

经济上，北宋经济进一步发展，使得社会更加开放，上下阶层流通更为普遍，统治阶级的“礼”也随之得到推广并逐渐下移，与民间长期以来形成的风俗习惯协调互融，为百姓所接受并实践。这些家族在营建墓地及规划、下葬、祭祀等丧葬问题上参考学习“仕庶之礼”，以使得自家的丧葬之事合乎礼制便是合情合理了。

总而言之，儒家孝悌思想是最根本的思想渊源，以此为基础才会衍生出家族宗法观念和一系列表达孝道的丧葬礼仪。不论是利用风水堪舆术卜选墓地，还是按照宗法观念排列墓葬，其目的只有一个，就是表达对先祖的崇敬和对家族中长辈的尊重、孝义，寄托对逝去的家族成员的哀思，寄希望于先人能够保护庇佑家族长盛不衰。

二　南宋家族墓

（一）南宋家族墓分布

目前，关于南宋家族墓地的资料，多见于新闻报道或一些学术文章中，经过考证，墓主明晰的较少。已知的有四川华蓥安丙家族墓[16]、成都龙泉驿区高克明家族墓[17]、重庆合川区南宋家族墓[18]、浙江吕祖谦家族墓[19]、金华郑继道家族墓[20]、何澹家族墓[21]等。

南宋与金国以秦岭—淮河为界划线而治，因而南宋族墓受政治影响，其分布与北宋截然不同，均分布在秦岭—淮河以南。

（二）内部排列布局

经过调查或发掘且在刊物上公开发表布局资料的南宋家族墓有何澹家族墓、金华郑继道家族墓、吕祖谦家族墓等。

何澹家族墓经过发掘的有6处（图七）。何澹及其近亲的几处墓葬，多数在丽水市通济堰大坝周边。大坝上游以西轿马郑村，有何澹父何偁及妻石氏墓；大坝东北凤凰山上，有何澹及妻朱氏墓、澹子处仁及妻陈氏墓；大坝东南堰山南麓的坪地村，有何澹亲翁王信及妻郭氏墓。通济堰大坝东南玉溪村乌龟山曾出土何澹四子何处信及妻留氏圹志，距大坝上游五里许的堰后圩村，还发现了何澹从孙何宗朴及妻刘氏墓。

据光绪版清源郡《何氏宗谱》记载，何澹生四子。长子处仁及夫人陈氏合葬松阳县惠洽乡高峰之原；次子处礼及夫人郭氏合葬松阳惠洽乡堰山；三子处智及妻季氏合葬丽

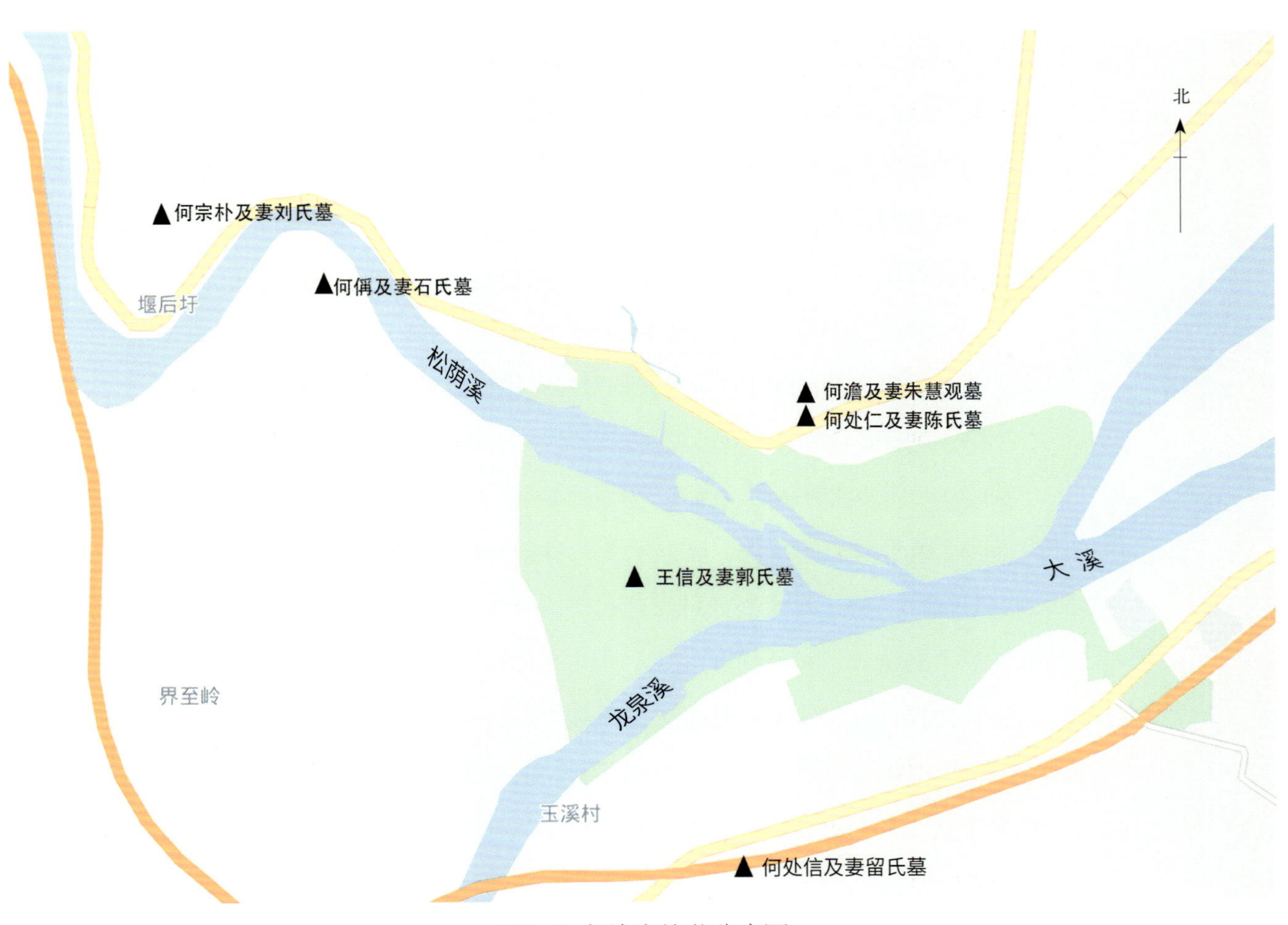

图七 ｜ 何澹家族墓分布图

水均溪（大坝南面玉溪、北埠一带上游约五里）；四子处信及妻留氏合葬丽水张村吴山[22]。由此推断，何澹家族墓地分布并不仅限于通济堰周边，而是更广。

就目前所发现的几处墓地而言，没有明确的规律可循，推测应是按照堪舆风水之说进行的选址。

郑继道家族墓共有4座（图八）。根据出土的墓志推断，M1为郑继道之墓，M2为郑继道母徐氏之墓，M3为郑继道妻陈氏墓，M4从墓穴的痕迹看，无棺木等入葬，也无扰乱，应为郑继道继室钱氏的，但未下葬于此。

从其布局上看，M2为郑继道之母，故其墓室向后即向北推移了20厘米，从而显示其在这4座墓中的不同地位。M1（即郑继道之墓）的墓室宽于M3、M4，从而显示了夫为妻纲的封建伦理。

吕祖谦家族墓位于武义县明招山（图九），吕氏家族至少有四代人，聚族合葬于明招山相对集中的区域。

吕祖谦家族墓仅进行过调查，未进行发掘，因而各墓位次尚待考订，所以其布局是否遵循一定规律尚难以确定。毫无疑问的是，聚族而葬是吕氏家族践行儒家丧葬伦理的结果。

综合以上南宋家族墓材料，可以初步得出以下几点认识：

（1）南宋家族墓内部排列布局方式存在地区差异。如郑继道家族墓位于较平坦的地区，虽仅有两代人，但布局严谨；而何澹家族墓和吕祖谦家族墓位于山区，未有明确的布局特征可循。

（2）南宋仍有族葬观念，有条件的依然会聚族而葬。

依据历史文献记载以及考古发掘材料，推测造成这种现象的原因有：

（1）政治中心南迁，世家大族随政治中心的南迁而南移。

（2）地理环境的制约，南方“卑湿之地”，不同于中原地区的地形地貌。

（3）风水观念的制约，在现实中，世俗功利的“风水观念”通常压倒儒家伦理的“族葬观念”，为了寻求能庇护子孙后代的风水宝地，南宋规格稍高的墓葬通常独立存在，极少出现“扎堆”分布的情形，很难形成如中原地区那般世代延续的家族墓地。

整体来说，与北宋家族墓地比较起来，南宋家族墓的布局没有非常严谨。但两宋家族墓的选址都受堪舆风水思想的影响，认为葬入吉地能庇护子孙后代，这种思想影响至今。

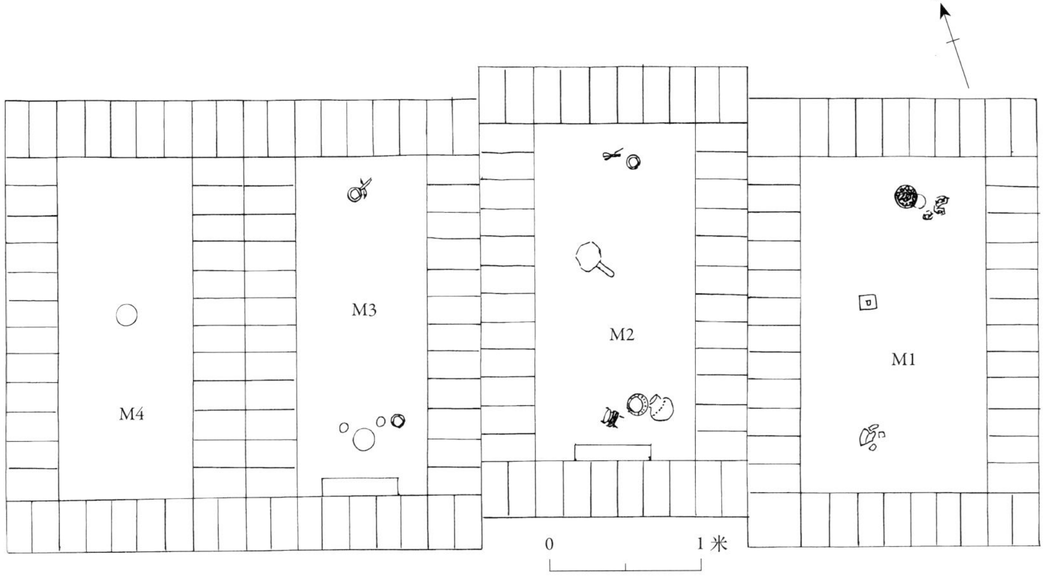

图八 | 郑继道家族墓分布图

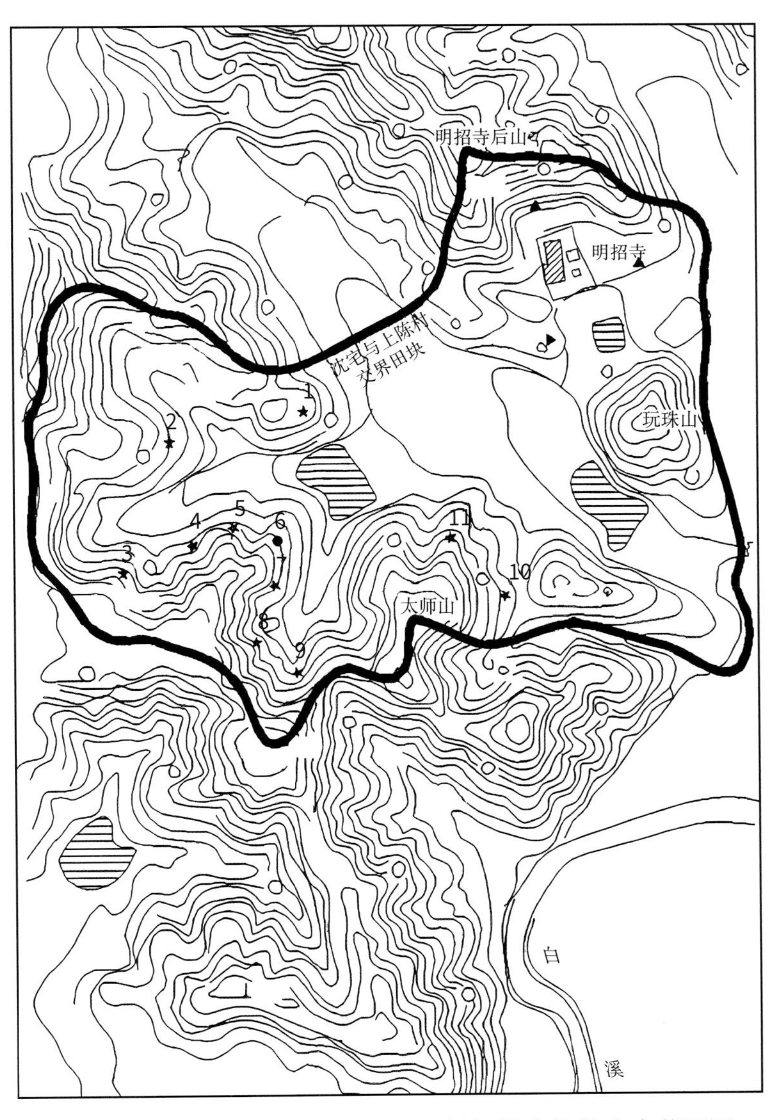

图例

1. 吕祖俭墓
2. 吕好问墓
3. 吕大麟夫妇合葬墓
4. 吕祖说墓
5. 吕大器墓
6. 吕祖谦墓
7. 曾夫人墓
8. 韩氏墓
9. 苒氏墓
10. 吕祖忞墓
11. 吕忱中墓

图九 | 吕祖谦家族墓分布范围图

三 结语

横向来看，宋代家族墓的布局受儒家思想和宗法观念影响，遵循昭穆制度，又融合了“五音姓利”学说和堪舆风水之说。纵向来看，宋代家族墓的排列方式有继承，有发展，也有延续。

关于家族墓的具体排列方式，徐苹芳先生曾经对中国秦汉魏晋南北朝时期的家族墓做过总结：一是父子兄弟一行顺排；二是前后左右按长幼辈分排列，长幼嫡庶，极为严格，基本上是沿用传统的昭穆葬法；三是坟院式的茔域，主要在中国西北地区，很有可能是按照姓氏的五音来决定坟院的方向和祖穴的方位[23]。

北宋家族墓继承了前朝长幼尊卑有序排列的昭穆制度，又受“五音姓利”学说和堪舆风水之说影响，南宋因为地形及风水原因，世代延续、昭穆合穴的家族墓较少，但族墓观念仍存。

参考文献

[1] 徐扬杰：《宋明家族制度史论》，中华书局，1995年。

[2] 韩国河：《论秦汉魏晋时期的家族墓地制度》，《考古与文物》1999年第2期。

[3] 宿白：《白沙宋墓》，文物出版社，2002年。

[4] 安徽省博物馆：《合肥东郊大兴集北宋包拯家族墓群发掘报告》，《文物资料丛刊》(3)，文物出版社，1980年。

[5] 陕西省考古研究院：《陕西蓝田县五里头北宋吕氏家族墓地》，《考古》2010年第8期。

[6] 西安市文物保护考古所：《西安长安区郭杜镇清理的三座宋代李唐王朝后裔家族墓》，《文物》2008年第6期。

[7] 河南省文物局：《安阳韩琦家族墓地》，科学出版社，2012年。

[8] 洛阳市第二文物工作队：《富弼家族墓地》，中州古籍出版社，2009年。

[9] 青阳县文物管理所：《安徽青阳金龟原北宋滕子京家族墓地清理简报》，《中原文物》2013年第3期。

[10] 河北省文化局文物工作队：《河北井陉县柿庄宋墓发掘报告》，《考古学报》1962年第2期。

[11] 谢飞、张志忠、杨超：《北宋临城王氏家族墓志》，文物出版社，2009年。

[12] 山西省考古研究所、汾阳市文物旅游局：《2008年山西汾阳东龙观宋金墓地发掘简报》，《文物》2010年第2期。

[13] 金身佳整理：《地理新书校理》(卷二)“地形吉凶条”，湘潭大学出版社，2012年。

[14] 彭林整理：《周礼注疏》，上海古籍出版社，2010年。

[15] 金身佳整理：《地理新书整理》(卷十四)“坐穴次序条”，湘潭大学出版社，2012年。

[16] 唐云梅:《安丙及其家族成员考略》,《中国历史文物》2002年第6期。

[17] 龚扬民:《四川成都龙泉驿区宋代高克明家族墓群》,《大众考古》2018年第1期。

[18] 重庆文化遗产研究院、重庆文化遗产保护中心:《重庆市合川区观山墓群宋代石室墓发掘简报》,《四川文物》2014年第2期。

[19] 郑嘉励:《从南宋徐谓礼墓到吕祖谦家族墓地——读徐谓礼墓札记》,《东方博物》(第四十六辑),浙江大学出版社,2013年。

[20] 赵一新、赵婧、蒋金治:《金华南宋郑继道家族墓清理简报》,《东方博物》(第二十八辑),浙江大学出版社,2008年。

[21] 吴志标:《南宋参知政事何澹家族圹志考释——兼论从何澹家族墓分布看何澹主修丽水通济堰之功利关系》,《东方博物》(第五十二辑),中国书店,2014年。

[22] 光绪版清源郡《何氏宗谱》。

[23] 徐苹芳:《中国秦汉魏晋南北朝时代的陵园和茔域》,《考古》1981年第6期。

登封观星台高台建筑问题考析

申珺

我国是一个有着五千年悠久历史的文明古国，悠久的历史创造了灿烂的古代文化，而古建筑便是其重要组成部分。我国古代涌现出许多建筑大师，营造了许多传世的宫殿、陵墓、庙宇、园林、民宅等建筑杰作。但是长期以来，在一些建筑界人士中，对于我国早已存在的高建筑（如楼阁、古塔、高台等）不太注意，由于认识不足而产生歧义，他们认为“中国建筑主要是在平面上延伸，而不大着意向高空发展”[1]。然而在我国古代建筑发展的历程中，高台建筑是一种较为特殊的建筑形态，其出现较早且延续时间较长。高台建筑按性质大致可分为古典园林类、天文科学类、防御类、宗教类、纪念类等。我国的高台建筑实物多已毁于战乱，完整的建筑难以存世，多为故址而已。登封观星台不仅是我国现存最古老的高台建筑，并且也是世界上最著名的天文科学建筑物之一。它反映了我国古代科学家在天文学上的卓越成就，也是中国古代高台建筑的代表作之一。1961年3月4日，观星台被中华人民共和国国务院公布为第一批全国重点文物保护单位。2010年8月1日，包含观星台在内的登封“天地之中”历史建筑群被列为世界文化遗产。

一　建筑结构与形制

观星台位于河南省登封市告成镇。时代为唐至元初，包括唐开元十一年（723年）立周公测景台石表和元初郭守敬建砖石结构观星台。

观星台是一座青砖石结构的高台建筑，是我国十三世纪进行天文历法改革的重要实物见证。从建筑学上看，它完全体现了我国传统的古台营造传统，保持着宋元时期高台建筑的风格。观星台由台身和量天尺两部分组成。台身呈覆斗状，由盘旋踏道环绕台体一周，不仅起着古台拥壁的作用，而且给人以稳重优美之感。在台体收分比例上，与宋《营造法式》规定的做法相符。台北壁中部砌一凹槽，凹槽南面作直壁，是一个完整的测景体系，用以代替四丈铜表，用作高表测影。台高9.46米，连台顶小室通高12.62米。台顶各边长8米余，基边各长16米余。台下北壁设有对称的两个踏道口，人们可以由此登临台顶。在环形踏道及台顶边沿筑有1.05米高的阶栏与女儿墙，皆以砖砌壁，以石封顶。为了导泄台顶和踏道上的雨水，在踏道四隅各设排水孔，出水口雕作石龙头。台顶小室是明嘉靖七年（1528年）修观星台时增建。自台北面凹槽直壁以北36厘米处起，自南向北砌石圭一座。石圭俗称“量天尺”。它的表面用36方青石板接连平铺而成，下部为砖砌基座。石圭长31.196、宽0.53米，南端高0.56、北端高0.62米。石圭居子午方向。圭面刻有双股水道。水道南端有注水池，呈方形；北端有泄水池，呈长

图一 | 登封观星台

条形，泄水池东、西两头凿有泄水孔。池、渠底面，南高北低，注水后可自灌全渠，不用时水可排出。泄水池下部，有受水石座一方，为东西向长方形，其上亦刻有水槽一周（图一~图四）。

中国著名的天文学家郭守敬，在元初对古代的圭表进行了改革，新创比传统“八尺之表”高出五倍的高表。它的结构和测影的方法、原理在《元史·天文志》中已有较详细的记述。当时建筑在元大都的高表，据记载为铜制，圭为石制。表高50尺，宽2尺4寸，厚1尺2寸，植于石圭南端的石座中，入地及座中14尺，石圭以上表身高36尺，

图二 | 观星台近景

图三 | 观星台北立面图

（引自《嵩山历史建筑群》P237）

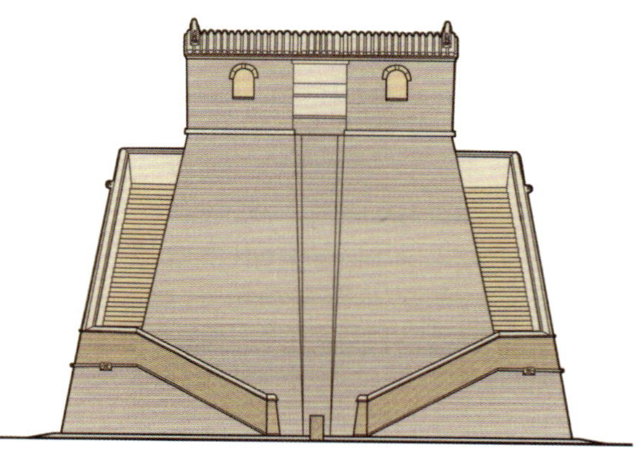

图四 | 观星台南立面图

（引自《嵩山历史建筑群》P236）

表上端铸二龙，龙身半附表侧，半身凌空擎起一根6尺长、3寸粗的“横梁”。自梁心至表上端为4尺，自石圭上面至梁心40尺。石圭长度为128尺，宽4尺5寸，厚1尺4寸，座高2尺6寸。圭面中心和两旁均刻有尺度，用以测量影长。为了克服表高影虚的缺陷，测影时，石圭上还加置一个根据针孔成像原理制成的景符，用以接收日影和梁影。景符下为方框，一端设有可旋机轴，轴上嵌入一个宽2寸、长4寸、中穿孔窍的铜叶，其势南低北高，依太阳高下调整角度。正午时，太阳光穿过景符北侧上的小孔，在圭面上形成一很小的太阳倒像。南北移动景符，寻找从表端横梁投下的梁影。这条经过景符小孔形成的梁影清晰实在、细若发丝。当梁影平分日像时，即可度量日影长度。这样的测影精确度会大为提高，误差极小。

观星台南20米处，有唐开元十一年（723年）天文官南宫说刻立的“周公测景台”石表一座。由石表与石座两部分组成，上为石表，高196.5厘米，合唐八尺，上刻“周公测景台”五字，表端有小项，雕作歇山式殿顶状。下有石座，高与表同。座上面北沿至石表身约37厘米，合唐一尺五寸。依此形式与尺度说明此表一是纪念周公测景事迹，同时也有以此表现“八尺之表”之故制。

二　观星台的科技价值

观星台建于元至元十三年（1276年），距今已有700多年的历史，元世祖忽必烈统一中国后，为了恢复农牧业生产，任用著名科学家郭守敬和王恂等进行历法改革。首先，郭守敬创制了13种新的天文仪器，主要有“高表”和“简仪”两种。登封观星台就是当时的中心观测台站。然后又组织了规模空前的天文大地测量，在全国27个地方建立了天文台和观测站，进行全国范围的天文实测工作，《元史·天文志》称作“四海测绘”。郭守敬主持了南北一线的天文观测。并到登封，建造了以四丈“高表”观测日景为主体的观星台。目前，这座元代天文台已成为27所台站中唯一一座幸存者。

天文台建筑为了观测天象的方便，避开市区或树木的干扰，一般都要选择在空旷的高地或山头上，如在较平的地域，则要建筑高台，以求达到避开障碍物的作用。登封观星台就是选在告城镇以北高于镇区地势较高的地方，并筑以砖台进行观测的。

观星台内现存的两座古台，具有重要的历史与科学价值。周公测景台，除了纪念周公（姬旦）这位大政治家之外，它还反映了周王朝建国之初，为了政治统治的需要，在洛阳建立东都，加强对东方地区的控制而做的“求地中”活动。据《周礼·地官·司徒》载：“以土圭之法，测土深，正日景（古“影”字），以求地中……日至之景，尺有五寸，谓之地中。”东汉郑玄在注释中引用郑众的话说：“土圭之长，尺有五寸。以夏至之日，立八尺之表，其景适与土圭等，谓之地中。今颍川阳城地为然。”今观星台南的周公测景台，正是按照“土圭之法”用唐代尺子制成的“八尺之表”和“一尺五寸”土圭的象征性测影装置。这种仪表，在我国一直沿用了2000多年，是古人观测农历季节的仪器，唐代时仍然使用八尺表测影，直到元代郭守敬时，才作了重大的改革。自西周至元代，八尺圭表已应用了2000多年，所以“周公测景台”具有重要的科学史价值。元初郭守敬绘制了四丈高表和“横梁”“景符”等先进的仪器。创建了以高表为主体的观星台，进行了大胆的科技改革，大大提高了日景观测的精确度。为制定新的《授时历》提供了更精确的观测资料，具有重大的科学史价值。这座古台，至今还可以利用仿制的仪器（横梁、景符）进行高表测影的实际观测。更确切地说，登封观星台的直壁和石圭正是郭守敬所创高表测景的仅有的实物例证。所不同的是，观星台是以砖砌凹槽直壁代替了铜表。经过实地勘测推算。直壁高度和石圭长度等结构与《元史》所载多相符合。石圭以上至直壁上沿高36尺，从表槽上沿再向上4尺，即为置横梁处，恰在小室窗口下沿，很适合人们在台顶操作。由此至圭面为40尺。通过仿制横梁、景符进行实测，证明观星台的测量误差相当于太阳天顶距误差1/3角分。因为把四丈铜表改成凹槽直壁，其表身的稳定性更好，更可保证观测的准确性。同时观星台保持了早期筑台的大比例收分特征，观星台南壁高度及其上下收分之比以刘敦桢先生在1936年调查时为准（此时台体尚未遭日军炮击，未经整修，更为准确），南壁高10.49米，上部比基部内收2.61米，“约为壁高的百分之二四・八八”[2]，这与宋李诫《营造法式》所定筑城收分的25%基本是一致的[3]。观星台的功能除了测量日影之外，当年的观星台上可能还有观测星象等设施。在元初进行“四海测验”时，在此地观测北极星的记录，已载入《元史・天文志》中：“河南府阳城，北极出地三十四度太弱。”（“太弱”为古代一度的十二分之八）又据明万历十年（1582年）孙承基撰《重修元圣周公祠记》碑载：“砖崇台以观星。台上故有滴漏壶，滴下注水，流以尺天。”由此可知观星台当是一座具有测影、观星和记时等多种功能的天文台[4]。至今，这座古台的科学性仍保存完好，经北京天文台测量，现石圭方位仍与子午线相一致。

三　保护与利用

由于观星台在天文史上的重要地位，元初天文改革的重大成就和郭守敬的杰出贡献，已为国际天文学会所公认，并给予表彰，1970年，国际天文学会将月球上的一座环形山命名为“郭守敬”山。1978年，国际科学组织又将我国发现的2012号小行星命名为“郭守敬”星。观星台一直受到国家的重视，1961年被第一批公布为全国重点文物保护单位；2010年又成为世界文化遗产“登封天地之中”历史建筑群的一处。

林衡道教授有句名言“看古迹如看花，慢了看不到……”这就是当今文物古迹生存状况的真实写照。我们生活中也有一条普遍认同的观点：拥有时不觉得珍贵，失去后才倍感惋惜。古建筑生命的脆弱如同其他文物一样，一旦损毁则永远无存。目前，各地古建筑有不同程度的损坏，我们已经对不少古建筑的猝然消失感到后悔莫及、捶胸顿足，所以为了不使悲剧重演，将古建筑的损毁降到最低程度，我们必须对古建筑进行更多强有力的保护。登封观星台于1975年已进行了全面整修，现属于全国重点文物保护单位并已列入世界文化遗产。其保护工作要求更高，应当依照世界文化遗产管理规定进行保护，必要时可以申请国际遗产机构的技术或资金的援助与支持。这项保护工作应是持久的工作，必须引起全社会的关注，并且一定要严格按照国家相关的规定，由相关专业技术单位进行规划设计之后再进行施工保护工程。同时还要做好宣传教育工作，动员全社会开展对建筑文化遗产实行有效的保护工作。

文物古迹是不可再生的，损毁一处就少一处，所以必须贯彻“保护为主、抢救第一、合理利用、加强管理”的方针制度。因为古建筑的价值主要体现在所负载的原真性和完整的历史信息上，就是要保存现状和恢复原状，保证历史信息的原真性和完整性。正如建筑大师梁思成所言：“保护古建筑是要使它延年益寿，而不是返老还童”。联合国教科文组织出台的“古建筑保护道德守则”，目的也是敦促人们保留古建筑的原始风貌。具体地说，在首先保护好古建筑本体的原状的同时，也要保护其所在的背景环境不被改变。

在古建筑的保护工作中，往往侧重于古建筑本体的保护，而忽视了背景环境与氛围的必要风貌协调区保护，这在一定程度上削弱了古建筑的原初风貌。保护古建筑环境与氛围是对保护对象的延伸，有利于加强保护的深度与广度。当代对古建筑保护理论最高概括的《威尼斯宪章》明确规定：“保护一座文物建筑，意味着要适当保护一个环境。任何地方凡传统的环境还存在就必须保护”。我国古建筑经历了千百年的世事变迁，已与其生存环境高度融合在一起，密不可分。这种与自然的融揉，与其空间肌理的和谐，在一定程度上反映了我国传统的“天人合一”的哲学思想。只有对古建筑本身和与其协调的环境与氛围的共同保护，才会更好地保护古建筑的历史原貌。

古建筑保护不仅是文物部门的事，而应是全社会共同的责任，应利用媒体等各种可能的途径进行宣传和教育，主要包括三个方面内容：第一，宣传古建筑保护的意义和国

家保护古建筑的方针、政策和法令；第二，普及古建筑知识，尤其是古建筑的价值；第三，提高旅游从业人员特别是导游的古建筑保护知识，以期能在工作中将正确的保护理念灌输给旅游者。由此，提高公众的保护意识，树立自觉保护观念，形成专业部门保护与公众参与保护相结合的社会环境氛围，达到保护的最佳境界。

古建筑是千百年来，在中原营造活动中，我们的先人不断创造、发展起来的一批珍贵的历史建筑文化遗产，从古文献记载中可以了解到它所包含的极其丰富多彩的文化内容与广泛的应用范围。但是，现在保存下来的高台建筑实物，已经不是很多，它们是一批十分珍贵的历史文化遗产，在河南省的文化、教育、科研、旅游、科技等方面，过去都发挥了重要的作用。出版了一些书籍，拍摄了一些科教电影，吸引了大量的国内外游客，取得了十分可喜的成绩。今后，随着祖国社会主义建设事业的迅速发展，整理研究加强保护此类建筑，对于丰富建筑史的内容、搞好历史文化名城、古典园林及相关历史建筑的保护修整与利用均有重要的现实意义，尤其在加强文化建设的今天，它将起到的作用更是显而易见的。

郑州地处中原，历史悠久，文物荟萃，保存在地上、地下的文化遗产极为丰富。本文通过对登封观星台这一古代高台建筑较为系统的研究，使观星台从不同角度展示了它的宝贵价值，让人们可以更加清楚地认识这一古代重要建筑。然而，为了使之更好地为现实服务，我们应当加强调查、保护与研究工作，也必须开展好宣传工作，严格遵守国家的文物保护法，依靠政府主管部门和广大人民群众的支持，对其进行科学的保护与利用。同时，我们还要把古代高台建筑的科学合理的做法，加以借鉴和发展，用于我们今天新的建设中去，同时让我国优秀的高台建筑文化代代相传，发扬光大。

参考文献

[1] 李允鉌：《华夏意匠》，广角镜出版社，1984年，69页。

[2] 刘敦桢：《告成周公庙调查记》，《中央研究院专刊》1939年5月，86页。

[3]（宋）李诫：《营造法式·卷三·城》。

[4] 张家泰：《登封观星台和元初天文观测的成就》，《考古》1976年第2期。

浅析郑州地区明代平民墓葬的特点

魏青利

明朝时期因我国疆域辽阔，各地在历史传承、地理环境、文化差异等因素的影响下，呈现了多种多样的墓葬形式。明初，明太祖分封诸子镇守各地，明成祖胞弟朱橚初封吴王，后封周王，就藩开封，自此郑州地区的荥阳成为周藩亲、郡王及其他王府成员等明朝宗室墓区之一[1]，其中周懿王墓[2]和原周武温王墓[3]经科学发掘。明代距今时间较短，郑州地区保存下来的墓葬数量应较多，发掘明墓也较多，除有为数不多已刊布的墓葬也多为平民墓，品官墓尚未发现。目前学界开展的郑州地区明代墓葬研究多涉及周藩王墓[4]，对于平民墓葬的研究尚没有开展深入研究，可能还处于资料积累的阶段。

目前刊布的郑州地区明代平民墓多出土买地券、墓志或行状等，均有明确纪年，明代早期墓葬未见，墓葬时代多集中在明代中晚期，如登封卢店明代壁画墓[5]为嘉靖十年以内（1522～1531年），郑州东郊牛道充夫妇[6]合葬时间为嘉靖二十四年（1545年），郑州五中石棺墓内孺人金氏[7]为嘉靖三十六年（1557年）入葬，郑州黄岗寺荆文德夫妇[8]合葬时间为万历三年（1575年），郑州市卫生疾病控制预防中心张氏墓[9]为万历二十四年（1596年），张守业夫妇[10]合葬于天启六年（1626年）等。另有一些墓葬如金桥宾馆明墓[11]、金博大明墓[12]、航空港区明墓[13]等均无纪年。我们根据现有的明代纪年平民墓葬资料，简单分析郑州地区平民明墓的特点。

一 墓葬形制

目前刊布的明代中晚期墓葬中有竖穴土坑墓、带墓道土洞墓、竖穴砖室墓、斜坡墓道砖室墓等多种形制，虽表现出一定的自身特点，但都呈现了趋同的现象，即单室墓为主流，不带装饰的单室砖室墓更是民间富庶家庭修建墓葬的主流形制。郑州地区的明代单室砖室前多有仿门楼式的构件，墓室多为券顶长方形，宋、金、元时期的圆形、多边形墓室以及攒尖顶、穹隆顶几乎不见。这种仿门楼式墓葬显然是继承了宋、金、元时期这一地区较为流行的仿木结构砖室墓。仿木门楼上装饰的仿木构屋檐、屋脊、门簪、瓦当、滴水等都能在已刊发明代墓葬中见到，高度多近3米。部分墓葬仿木门楼前建有影墙，更加真实地反映现实生活中的民宅。墓室多有壁龛，东西两壁对称分布，北壁正中也设置有一壁龛。

如郑州市卫生疾病控制预防中心M11[14]，门楼由门墙和檐脊组成，通高2.94米。门墙下部平砖砌出左、右槛墙，底部嵌入石门枕。门墙上部为砖砌拱顶及拱顶之外的门框，顶框饰有四朵花形门簪，框外饰仔边。仔边以上为檐脊部分，以二层砖挑出檐，上为盖板砖，仰、覆板瓦多失，瓦后为正脊，覆以板瓦。影墙共两道，分置门楼的东西两

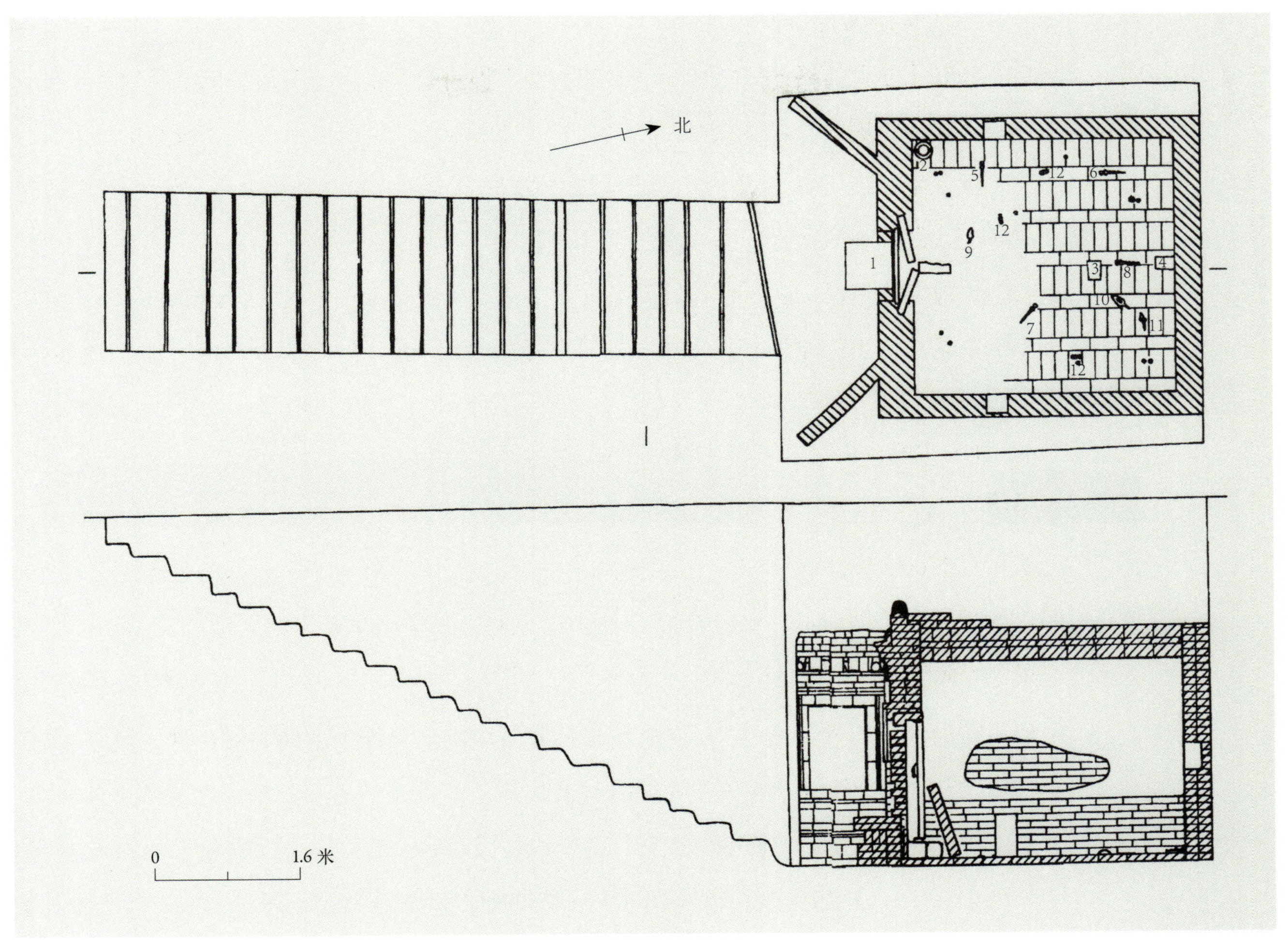

图一 | 郑州市卫生疾病控制预防中心M11平、剖面图

1.墓志　2.陶罐　3、4.镇墓瓦　5~8.铁钉　9~11.铁叶　12.铜钱

侧，与门墙的夹角分别为134°、130°，通高2.62米。由下部的须弥座、中部的仿门影心，上部的檐脊三部分组成。外为框、仔边，门心草拌泥地仗，外涂白灰。墓室东、西两壁偏南部各设一壁龛，宽0.24、高0.48、进深0.2米。北壁正中距底0.94米处有一壁龛，宽0.25、高0.3、进深0.2米（图一）。

二　墓内装饰

郑州地区平民明墓中的装饰较宋墓的装饰普遍衰落，但相对而言，墓室内部装饰被简化许多，壁画、仿斗拱、仿门窗雕刻、仿木家具等相对较少。从少量的壁画装饰来看，很少具有宋墓壁画或砖雕所表现的出行、孝行、宴饮、伎乐、妇人掩门等带有某种含义的题材，仅有表现花卉、云鹤等装饰图案和吉祥图案。

图二 | 登封卢店明代壁画墓南壁和西壁展开图

登封卢店明代壁画墓[15]墓室四壁及墓门两侧均涂抹极薄的一层白灰，砖缝可见。壁画绘在白灰之上，内容布局采用中国传统四合院的形式，墓门两壁摆放两盆迎宾花。墓室内北壁绘堂屋，东西壁绘厢房，南壁在墓门两侧绘两个侍女，顶部东绘太阳，西绘月亮（图二）。卢店壁画墓可体现对宋元时期壁画墓题材的部分内容继承，但已经是壁画墓的衰落期了。

三　随葬器物

郑州地区明代出土器物多为供器的特征日趋明显，多置于墓内设置的供台之上。另有近似实用器物的明器，质地有瓷、陶、锡等。从现有的材料来看，墓葬随葬品似乎仅能反映出墓主的富有程度，很难看出随葬品差别所体现的制度规定。郑州黄岗寺荆文德夫妇墓[16]保存较好，墓内器物多出土于供台之上，摆放有序，组合完整。供台上摆放有瓷盘6件、瓷爵杯3件、瓷小壶1件、瓷香炉1件（图三、图四）。

四　丧葬习俗

郑州地区中晚期明墓中再次风行厚葬的习俗。郑州地区已刊布的明墓等均为平民家庭，但后人耗费巨资修建墓葬，墓葬形制较大，装饰用心。如明代沈周夫妇合葬墓[17]，

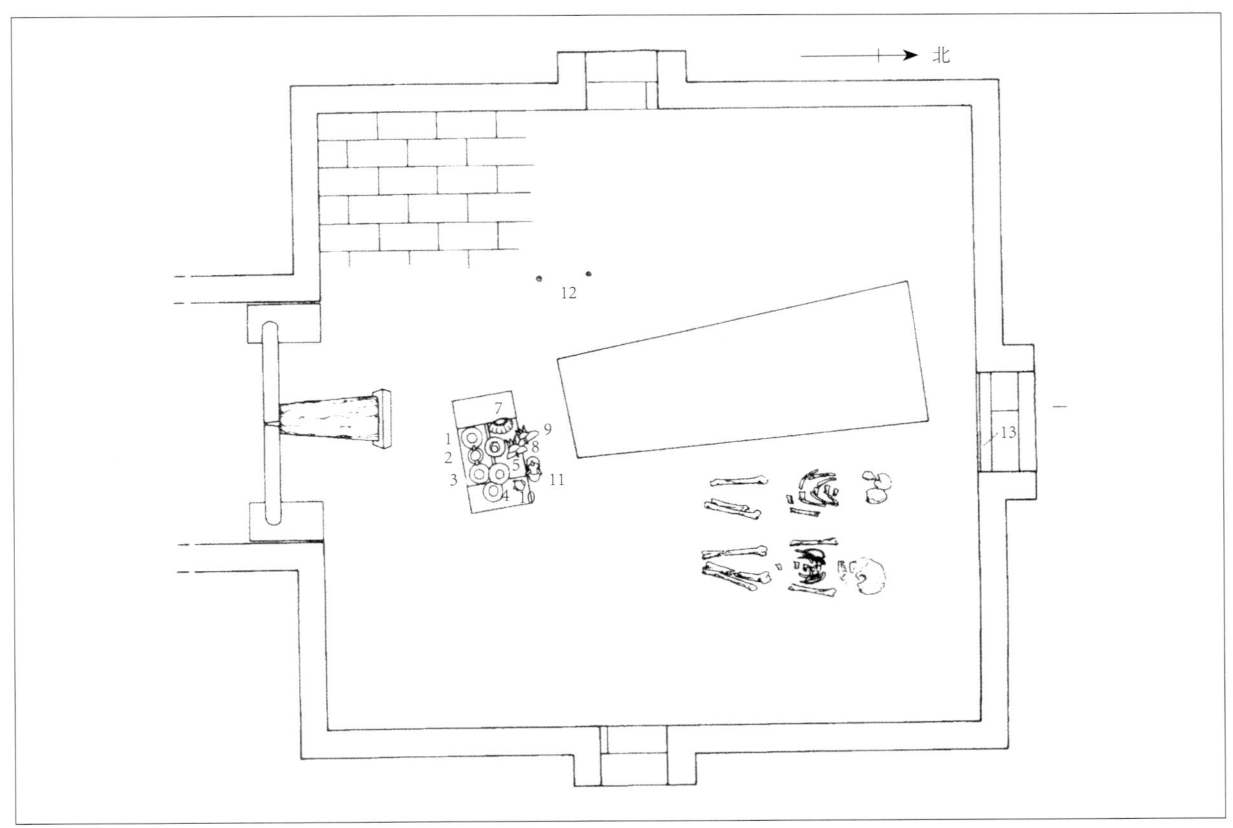

图三 | 郑州黄岗寺明墓平面图

1、3~7.瓷盘 2.瓷香炉 8、9、11.瓷爵杯 10.瓷小壶 12.铜钱 13.买地券

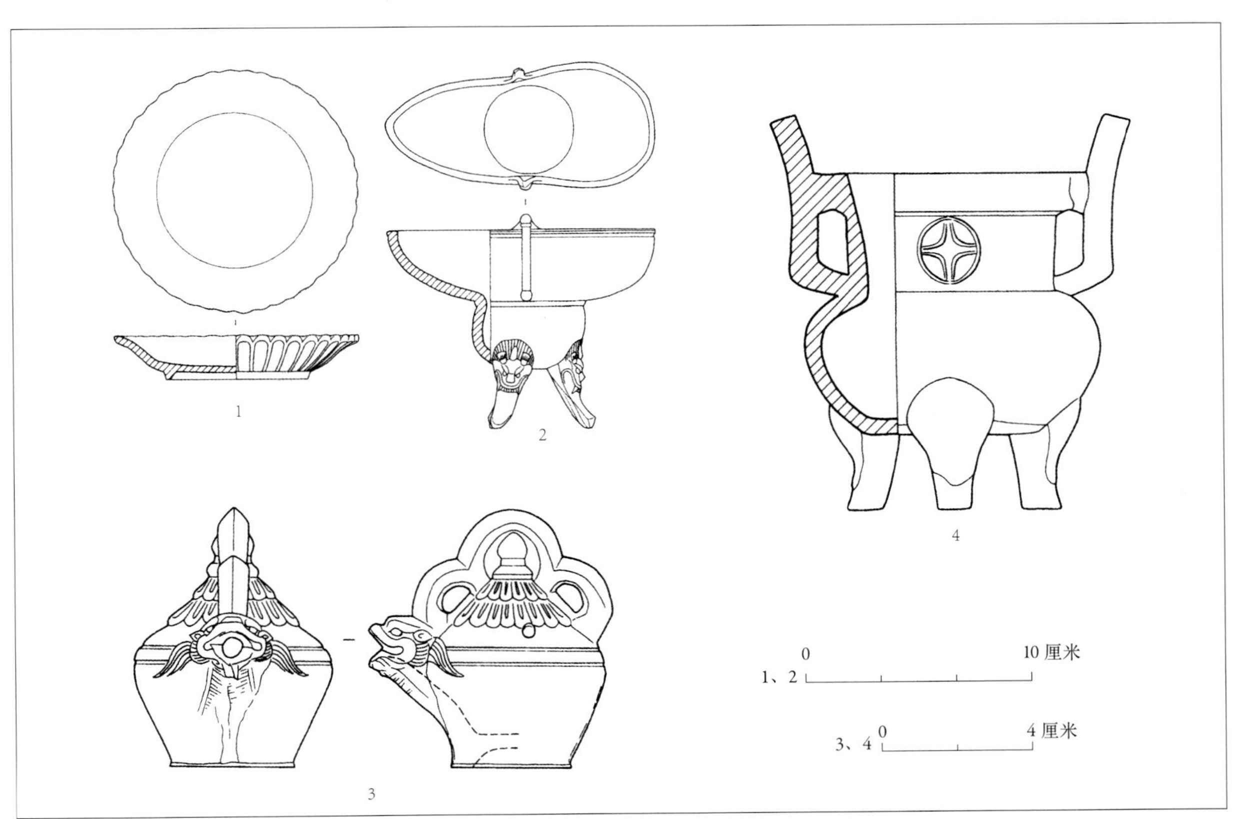

图四 | 郑州黄岗寺明墓供台出土器物

1.瓷盘 2.瓷爵杯 3.瓷小壶 4.瓷香炉

图五 | 张守业夫妇合葬墓出土的镇墓瓦

墓所用石棺形制大，并在石棺上刻有行状和墓志铭，其中行状长达2000多字。沈周夫妇经营之家不过是一般人家，但后代在其死后竟耗费财力筹备如此大型石棺，并停尸三年，卜吉而葬，从一定程度上反映了明代中晚期社会风俗日益颓化，进而可知明代官宦之家的奢靡之风和繁缛礼节，明代封建统治阶级走向衰败的现实。正如志书中所言："盖弘治以前，民风尚淳，俗崇俭约，今则竞为奢靡，专事纷华。信巫师、尚淫祀、游手之徒繁，力本之风微。……吁！其可伤也已。"

镇墓风水术盛行，墓室内多设有壁龛，但多未见随葬品。根据武昌楚昭王墓[18]内共发现石座砖制灵牌5件，放置于壁龛和墓室之中，牌面以朱色绘制符箓，推测壁龛是放置镇墓符牌之类的物品，可能由于符牌为木质，朽坏不存。如郑州张守业夫妇合葬墓[19]出土的2块镇墓瓦，均泥质灰陶。一件左侧墨书"内小清吉"，中部为红色符咒，右侧无书，长22、底宽16.4、厚1.4厘米。另一件左侧墨书"内外安吉"，右侧朱书"神符到此"，中为红色符咒，长22.6、底宽17.2、厚1.6厘米（图五）。已刊布的明代墓葬中多数都有不同材质的买地券。这些墓内的陈设均与镇墓的风水术有关。

此外，根据郑州市卫生疾病控制预防中心M12[20]内墓志出土于墓室内顶门石北，买地券出土于墓室北壁中部靠墙，郑州黄岗寺明墓[21]买地券是封堵于北壁正中的拱形壁龛之中，郑州市卫生疾病控制预防中心M11墓门前方石墓志下部垫砖并将其嵌入封门砖内等现象综合分析可知，郑州地区明代中晚期平民墓葬内墓志和买地券出土位置应固定，墓志放置于墓门后，买地券放置在墓室后壁正中。但镶嵌墓志于封门砖和封堵买地券于壁龛内的现象罕见。

参考文献

[1] 孙凯:《明代周藩王陵调查与研究》，中州古籍出版社，2014年。

[2] 河南省文物考古研究院、荥阳市文物保护管理中心:《河南荥阳明代周懿王墓发掘简报》,《华夏考古》2019年第2期。

[3] 郑州市博物馆:《荥阳二十里铺明代原武温穆王壁画墓》,《中原文物》1984年第4期。

[4] 孙凯:《明代周藩王陵调查与研究》，中州古籍出版社，2014年。

[5] 郑州市文物考古研究所、登封市文物局:《登封卢店明代壁画墓》,《中原文物》1999年第4期。

[6] 于宏伟、李杨:《郑州东郊明墓》,《郑州文物考古与研究》(一)，科学出版社，2002年。

[7] 郑州市文物考古研究所:《郑州五中发现明代石棺墓》,《中原文物》1998年第2期。

[8] 郑州市文物考古研究院:《郑州黄岗寺明墓发掘简报》,《东方博物》(第三十一辑)，浙江大学出版社，2009年。

[9] 郝红星、李根枝、汪旭:《河南郑州市卫生疾病控制预防中心明墓发掘简报》,《文物研究》(第19辑)，科学出版社，2012年。

[10] 郝红星、李根枝、汪旭:《河南郑州市卫生疾病控制预防中心明墓发掘简报》,《文物研究》(第19辑)，科学出版社，2012年。

[11] 郑州市文物考古研究院内部资料。

[12] 郑州市文物考古研究院内部资料。

[13] 郑州市文物考古研究院内部资料。

[14] 郝红星、李根枝、汪旭:《河南郑州市卫生疾病控制预防中心明墓发掘简报》,《文物研究》(第19辑)，科学出版社，2012年。

[15] 郑州市文物考古研究所、登封市文物局:《登封卢店明代壁画墓》,《中原文物》1999年第4期。

[16] 郑州市文物考古研究院:《郑州黄岗寺明墓发掘简报》,《东方博物》(第三十一辑)，浙江大学出版社，2009年。

[17] 郑州市文物考古研究所:《郑州五中发现明代石棺墓》,《中原文物》1998年第2期。

[18] 湖北省文物考古研究所:《武昌龙泉山明代楚昭王墓发掘简报》,《文物》2003年第2期。

[19] 郝红星、李根枝、汪旭:《河南郑州市卫生疾病控制预防中心明墓发掘简报》,《文物研究》(第19辑)，科学出版社，2012年。

[20] 郝红星、李根枝、汪旭:《河南郑州市卫生疾病控制预防中心明墓发掘简报》,《文物研究》(第19辑)，科学出版社，2012年。

[21] 郑州市文物考古研究院:《郑州黄岗寺明墓发掘简报》,《东方博物》(第三十一辑)，浙江大学出版社，2009年。

郑州祠堂雀替木雕遗存的文化底蕴

张永清

近些年来，在“嵩山文化”的大背景下，郑州木雕产业积极顺应人们逐渐提升的物质需求与精神追求等大的社会形势，不断得到发展，逐步开辟出一条自己的道路，初步形成了“嵩山木雕”这样一个文化概念，并做出了相当多的木雕文化成果，内容涉及建筑构件或装饰、家居用品、摆件、佛具等各个方面，成为具有一定规模的木雕工艺品生产、销售、传播基地，从一个独特的角度推动着嵩山文化和嵩山文明的研究、传承与发扬。在木雕行业如此发展形势下，挖掘木雕遗存的文化底蕴对木雕产业的历史传承和发展具有十分重要的意义。鉴于此，笔者特收集了郑州及六郊县祠堂建筑中雀替木雕遗存第一手资料，试图从雀替木雕这样一个小角度入手，来探究木雕遗存的文化底蕴。

一　郑州祠堂建筑中的雀替构件及其内涵

郑州祠堂作为古建筑的一种，最鲜明的特征之一就是普遍存在的木雕遗存，其精美的雕刻与所蕴含的文化内涵是一笔丰富而宝贵的文化遗产。郑州祠堂建筑上的雀替则是这些木雕遗存中数量较多、不可或缺的重要组成部分。其形制变化最多，题材最为丰富，雕刻精美，艺术感强，是木雕遗存中一个重要而典型的元素，可以说是古建筑中木雕遗存的佼佼者。

雀替是置于建筑的横材（梁、枋）与竖材（柱）相交处的一个构件，安置在梁与柱、柱与枋交点的角落。“替”则是“替木”的意思，早期建筑中称雀替为“替木”。雀是宋《营造法式》上绰幕枋的“绰”字，至清讹传为“雀”，宋代称“角替”，清代称“雀替”“托木”或“插角”。雀替一般以对称的形式出现，具有稳定和装饰的功能。古建筑中，雀替主要是作为力学的构件，作用是缩短梁枋的净跨度，增强梁枋的荷载力，减少梁柱与柱枋相接处的向下剪力，防止横竖构件间的角度倾斜。至明清时期，雀替功能发生了根本性转变，结构上的功能逐渐减退，装饰性愈加明显，装饰作用代替了实用功能，现如今已经完全作为建筑上一种独特的装饰构件了。

郑州祠堂建筑中，雀替遗存主要见于门楼、拜殿、正堂，或只存在于门楼，或只见于拜殿，或只存在于正堂，或并存于门楼与拜殿、门楼与正堂、拜殿与正堂、正堂与厢房，或并存于门楼、拜殿、正堂，等等，此外少部分亦并见于祠堂的厢房或戏楼。郑州祠堂建筑很多是明清时期保存下来的，有的甚至时间更早，祠堂建筑保存较少，祠堂建筑上的木雕雀替构件更是少之又少，成为最为珍贵的一批木雕遗存文化遗产。

二　郑州祠堂雀替遗存的保存与分布状况

2015年下半年，郑州市文物考古研究院针对郑州地区祠堂建筑进行了一次全面的专题调查，实地调查郑州祠堂建筑共233处，包括郑州市区15处、上街区9处、中牟县5处、巩义市48处、荥阳市51处、新密市59处、新郑市19处、登封市27处（表一）。根据调查资料统计，保存有雀替构件的祠堂共计103处，分布于郑州市区4处、上街1处、登封市3处、新郑11处、巩义市21处、荥阳24处、新密39处。数据显示，郑州祠堂雀替遗存的保存状况与郑州各市、县区祠堂保存状况情况基本成正比，亦即郑州祠堂保存数量基数大，雀替木雕保存下来的数量亦相对较多。调查数据亦显示，雀替的保存状况呈现区域性差异：新密、荥阳、巩义祠堂数量多，雀替的使用率亦较高，分别占比66%、47%、44%；新郑祠堂总数不算多，仅19处，但其中11处祠堂使用了雀替木雕构件，雀替使用率占比高达58%，仅次于数量最多的新密；登封祠堂数量亦不少，甚至比新郑还要多，有27处，但仅3处使用雀替木雕构件，比率仅占11%；郑州市区、上街等区域保存情况则较差，不仅祠堂数量相对较少，雀替木雕的使用更少；中牟祠堂存数最少，更不见木雕雀替的使用，5处祠堂中仅1处木额枋上有浅浮雕图案，一概不见雀替木雕构件。

表一｜郑州祠堂木雕雀替保存与分布状况统计表

区域 数量及比率	郑州市区	上街	新密	荥阳	巩义	登封	新郑	中牟	合计
郑州祠堂总数	15	9	59	51	48	27	19	5	233
保存雀替木雕遗存的祠堂数量	4	1	39	24	21	3	11	0	103
雀替占比（%）	27	11	66	47	44	11	58	0	44

三　郑州祠堂雀替木雕遗存的题材分类及其文化底蕴

郑州祠堂中保存下来的雀替木雕遗存的题材相对比较集中，主要分为卷草纹雀替、瑞兽禽鸟纹雀替、夔龙纹雀替、几何纹雀替、板状雀替五大类。详细介绍如下。

（一）卷草纹雀替

郑州祠堂建筑上的卷草纹雀替包含了蔓草纹和其他花卉纹雀替，以蔓草纹最多，另见牡丹、梅花、荷花、菊花等。蔓草纹雀替见于郑州27处祠堂中，其中郑州市区1处、登封1处、新郑4处、新密11处、荥阳5处、巩义5处，其形式多样，变化多端，或呈“S”形波状曲线饰以“C”状曲线形，或呈角隅式卷草纹，或呈板状浅浮雕蔓草纹，等等。从数据统计情况判断，蔓草纹雀替的使用年代以清朝为鼎盛期，尤以乾隆、道光年间最盛，民国仍沿袭使用，至现代逐步衰落。明代因年代相对久远，祠堂建筑难以保存至今，祠堂数量极少，蔓草纹雀替仅发现1处。蔓草纹雀替之外，以牡丹、梅花、荷花、菊花等为题材的卷草纹雀替见于郑州10座祠堂中，每座祠堂各1处，其中上街1处、新郑1处、巩义5处、新密3处，年代多为明末清初或清中晚期，另有明万历年间1处、时间不详者1处。卷草纹又称“穿枝纹”“蔓藤纹”“缠枝纹”“串枝纹”，早在原始社会的彩陶文化中就出现了卷草纹的基本结构雏形，是中国传统纹样中的典型代表（图一~图五）。

图一 | 新密市刘寨镇王沟村王氏宗祠：门楼“卷草纹”雀替

（清康熙）

图二 | 巩义市康店镇康北村康氏宗祠：拜殿明间及东西次间“卷草纹”雀替

（清乾隆）

图三 | 新郑市辛店镇前小庄村赵氏祠堂：正堂明间“卷草纹”雀替

（清乾隆）

图四 | 巩义市康店镇康北村康氏宗祠：门楼“卷草纹”雀替

（清道光）

图五 | 新郑市辛店镇贾岗村贾氏祠堂：正堂“卷草纹”雀替

（民国）

（二）瑞兽禽鸟纹雀替

瑞兽禽鸟纹雀替是郑州祠堂建筑中最为常见的一种雀替纹样，瑞兽主要有龙、凤、麒麟、鹿，禽鸟主要有仙鹤、喜鹊、鸮等。郑州市共有22处祠堂保存有39处此类雀替木雕构件，其中新郑2座3处、新密10座18处、荥阳2座2处、巩义8座16处，包括龙纹13处、凤鸟纹13处、麒麟纹7处、喜鹊纹2处、鸮纹2处以及仙鹤、鹿各1处。一般情况下，一座祠堂的雀替木雕会出现两种或以上瑞兽禽鸟共同使用的情况：或是龙凤共用，此种情况较常见，如新密来集村卢氏家祠；或是龙或凤与麒麟共用，如巩义康店焦湾村焦氏祠堂；或是龙、凤、仙鹤共用，如新密曲梁下牛村牛氏宗祠；或是龙与喜鹊共用，如新郑辛店靳沟村靳氏祠堂，此类情况仅见此一处。就单个雀替构件来讲，无论是瑞兽还是禽鸟，则多与一些植物花草类同时出现，如龙或麒麟多配以祥云或蔓草，凤鸟多配以牡丹，喜鹊则配以梅花，仙鹤配以莲花等。龙的形态多变，除较为常态的龙形之外，亦见龙首鱼身、龙首牛身的龙。麒麟似龙似兽，其形态介于龙与兽之间，一般是龙首虎身状，身姿矫健。凤鸟多为正堂形态，体型或大或小，或为成熟的凤鸟，或是雏凤。鹿、仙鹤、喜鹊等多为写实题材，形态生动真实。鸮纹数量较少，亦像鹰首，以线雕手法为主（图六~图一〇）。

图六 | 新密市曲梁镇下牛村牛氏宗祠：门楼“双龙戏珠”雀替

（清康熙前）

图七 | 巩义市站街镇小黄冶村刘氏宗祠：拜殿前廊明间“牡丹龙纹”雀替

（清康熙）

图八 | 巩义市芝田镇羽林村周氏祠堂：正堂明间“双龙捧寿”骑马雀替

（清光绪）

图九 | 新郑市辛店镇铁炉村王氏祠堂：拜殿、正堂“龙凤呈祥”雀替

（清同治）

图一〇 | 新密市岳村镇郑氏宗祠：门楼“凤噙灵芝”雀替

（明万历至清康熙、乾隆）

（三）夔龙纹雀替

夔龙纹雀替亦称为“花牙子”雀替。郑州祠堂此类雀替使用不多，仅有10座祠堂共计11处，主要有新密6座7处、登封2座2处、荥阳1座1处、新郑1座1处。使用年代以清中、晚期为主，共8处，分别是清乾隆2处、嘉庆1处、道光2处、咸丰1处、光绪3处，此外现代仿制1处，推测应为清代特征。清中晚期及现代仿制的10处，皆平面透雕，形状近乎相同，以首部为圆点卷曲两圈后展开出去，主题部位状似圆形，中间3个点状结构装饰似乎起到支撑作用，边缘处或蔓草边、齿边等，面部多素面，仅荥阳王村镇东柏朵村马氏宗祠1处在面部阴刻线纹。除新密大隗镇陈庄村洪山庙村王氏祠堂1处为原木雕而且残存半部之外，其他8处皆施以或红、或黄、或蓝色彩绘，其中1处新密

岳村镇洪泉沟村李氏祠堂的“夔龙纹”雀替以红色之外在首尾及边缘处点缀金色。另1处登封唐庄乡井湾村高氏祠堂正堂枋下的“夔龙纹”与其他9处祠堂的“夔龙纹”雀替明显不同：原木雕刻，未施彩绘，形状似龙眼，似乎眼球凸出，黑色眼珠借助透雕手法造成视觉效果，眼球周围多层次雕刻，形象立体生动，其年代属于清代，但具体时间不详（图一一~图一三）。

图一一 | 新密市来集镇北黄砦村黄氏家祠：正堂“夔龙纹”雀替

（清乾隆）

图一二 | 荥阳市王村镇东柏朵村马氏宗祠：门楼“夔龙纹”雀替

（清乾隆）

图一三 | 登封唐庄乡井湾村高氏祠堂：正堂“夔龙（眼）纹”雀替（清）

（四）几何纹雀替

郑州保存有几何纹雀替的祠堂共25座29处，其中郑州市二七区1座1处、新郑5座5处、新密14座16处、荥阳2座2处、巩义3座5处，多见于明末至清中晚期，清末及民国年间较少，现代偶有仿制。

几何纹雀替的形制总体以几何纹为基础，其间又多有变化，融合了龙纹、蔓草纹等多种元素，亦有纯粹的几何纹，具体还可以分为五种：1）几何龙纹，共6座祠堂保存，龙首，几何形龙身盘曲；2）几何“回”字纹，线条卷曲似“回”字纹，一般每个雀替由4组“回”字单元组成，个别为三个或两个“回”字单元，或施以红彩，或施以蓝彩，或施以黄彩，个别红彩黄色勾边，郑州15座祠堂保存共计17处；3）几何蔓草纹，由“几何纹”与“蔓草纹”相结合而成，或在“几何纹”框架基础上缠绕以蔓草，或一半“几何纹”一半简化变形如几何状的“蔓草纹”左右组合而成，此类雀替数量保存较少，郑州共4座祠堂保存4处；4）几何波浪纹，以波浪线为单元的几何纹，施以蓝彩，数量较少，仅1座祠堂保存1处；5）连“井”字几何纹，仅1座祠堂保存，三角形边框，框架内为连续的“井”字纹，施以白彩，制作线条比较程式化，应为现代制品。几何龙纹、几何“回”字纹形态和骨骼与龙纹的体态保持了高度一致性，实际上仍属于龙纹雀替，应该是龙纹的变体和简化（图一四~图二一）。

图一四 | 荥阳市乔楼镇楚堂村楚氏宗祠：正堂“几何龙纹”雀替

（清乾隆）

图一五 | 新密市白寨镇油坊庄三李宗祠正堂：明间、两次间“几何龙纹”雀替

（年代不详）

图一六 | 新密市岳村镇老庄阏村赵氏祠堂：正堂“几何龙纹”雀替

（现代）

图一七 | 新密市岳村镇郑氏宗祠：桓公大殿“几何‘回’字纹”雀替

（明万历至清康熙、乾隆）

图一八 | 新密市岳村镇赵寨赵氏祠堂：门楼、拜殿“几何‘回’字纹”雀替

（清乾隆）

图一九 | 巩义市小关镇杜沟村丁氏宗祠：门楼、正堂“几何‘回’字纹”雀替

（清嘉庆）

图二〇 | 新密市刘寨镇老寨村张氏祠堂：门楼“几何‘回’字纹”雀替

（明或清康熙）

图二一 | 巩义市康店镇康北村康氏宗祠：一进院东配殿两次间“几何蔓草纹”雀替

（清乾隆或民国）

（五）板状雀替

板状雀替保存数量较多，郑州36座祠堂保存共计43处，其中郑州市区2座2处、上街1座1处、新郑1座1处、新密市7座9处、荥阳市15座16处、巩义市10座14处。板状雀替年代主要流行于清朝年间，约34处，另明万历年间1处、民国3处、现代仿制3处，年代不详2处。其类型以板状为基础，除了一部分锯齿边或直边素面板状雀替，大部分板状雀替有彩绘，彩绘内容多是龙云纹或蔓草纹，另有一部分板状雀替虽为素面，但边缘处经过简单雕刻，形似蔓草纹。由此可见，板状雀替依然融合了蔓草纹、龙纹等纹饰题材，板状的形制似乎单一，但题材内容依然丰富而集中（图二二、图二三）。

图二二 | 新密市岳村镇红泉沟村李氏祠堂：正堂“蔓草纹”边板状木雕雀替（清嘉庆）

图二三 | 荥阳市豫龙镇罗垌村原址张氏家祠：正堂锯齿边板状木雕雀替（民国）

四　郑州祠堂雀替木雕遗存所体现出的文化意蕴

郑州祠堂雀替木雕遗存题材丰富，文化底蕴深厚，较典型的有龙凤文化、吉祥文化、宗教文化、卷草纹文化等，而且各文化间多是相互融合、相互交叉，融汇成中华民族独特的传统文化。

（一）龙凤文化

龙凤文化是以农业文化为特色的中华民族的典型象征，几乎与中华文明同时诞生，并经历了漫长的演进历程，期间不断融入了丰富的社会生活内容和文化内涵，成为中华文明的代表性文化，在中国传统文化中占据了毋庸置疑的主流地位。龙是众兽之君，是中华民族最崇高的图腾代表，给人以神秘威严、敬畏崇拜之感，龙纹象征着高贵，权势和尊荣，也是幸运和成功的标志。凤是百鸟之王，让人感到温馨、亲近、安全，凤纹象征着和美、安宁和幸福，乃至爱情。中国人一直都视龙凤为祥瑞之物，龙与凤神性的互补与对应使二者总是相伴而存，龙凤呈祥。郑州祠堂建筑中，龙纹雀替木雕数量较多，并常常伴以凤纹雀替木雕，都蕴含着吉祥的意蕴，令人沉醉其中、回味无穷。

（二）吉祥文化

吉祥文化是人们追求幸福、美好、平安的愿望时创造出来的。在中国，吉祥符号与图案无处不在，无人不用，应用范围极其广泛，从民族图腾延伸到人们的衣食住行等方面。郑州祠堂瑞兽禽鸟类雀替木雕集中体现了中国传统文化中的吉祥文化，除了典型的龙凤纹题材之外，麒麟、鹿、鹤、凤鸟、喜鹊等纹饰题材也占据了不少的数量，都以中国传统文化神话传说中代表着吉祥如意、幸福安康、富贵等级等的祥瑞神兽或禽鸟为载体，承载着人们追求美好的思想寄托和意愿。比如麒麟，与凤、龟、龙并称“四灵”，并居四灵之首位，被人们视为麒麟现身是大吉大利的事，很多祥瑞之事都与麒麟密切相连，如子孙昌盛称“麟趾”，稀罕可贵的人才或事物称为“麟角”，品格高尚的人称为“麟凤”，“麟阁”表示卓越的功勋和最高的荣誉，素来还有麒麟拜寿的祥瑞说法。比如鹿，在古代被视为神物，人们认为鹿能带来吉祥幸福和长寿，古代传说中很多长寿神就是骑着梅花鹿，鹿还代表着宴请嘉宾的高级礼遇，如宴请得中举子称“歌鹿鸣曲”“设鹿啤宴”。比如鹤，是一种美丽而优雅的大型涉禽，步行规矩，情笃而不淫，跟仙道和人的精神品格有密切的关系，在中国传统文化中有崇高的地位，古人常用翩翩然有君子之风的白鹤比喻具有高尚品德的贤能之士，把修身洁行而有时誉的人称为“鹤鸣之士”，尤其是鹤中极品的丹顶鹤，更因其性情高雅、形态美丽、看起来颇具仙风道骨而被称为“一品鸟”，地位仅次于凤凰，成为长寿、吉祥和高雅的象征，还常被与神仙联系起来，又称为“仙鹤”。比如喜鹊，中国传统纹饰图案中，喜鹊是常常出现的一种，常伴随梅花，俗称“喜鹊登梅”，寓意喜庆吉祥。等等诸如此类。郑州祠堂建筑中瑞兽禽鸟类雀替木雕以独有的形态，处处蕴含着吉祥如意的寓意，不仅是人们直观美好愿望的简单诉求，又延伸升华为预示好运、幸福、长寿、发财、加官晋爵、子孙满堂等等的文化，构成了中华民族传统文化中独树一帜的吉祥文化。

（三）宗教文化

郑州祠堂雀替木雕遗存处处渗透着宗教文化的因素。

一是佛教文化。卷草纹是隋唐时期佛教艺术重要的造型元素，为唐朝的艺术兴盛、文化繁荣做出过巨大的贡献，其前身是忍冬草纹，佛教装饰中应用广泛。《本草纲目》记载，忍冬草“久服轻身，长年益寿”，在民间被视为“金银花”，它有缠绕生长和越冬不死的特点，被人们寓意“延年益寿”的吉祥含义，在佛教文化中象征灵魂不灭、变化无常、轮回永生。随着时代的发展，卷草纹的忍冬草元素被逐步替换，开始大量使用蔓草卷草纹，亦有牡丹卷草纹和其他花卉形卷草纹等，但寓意不变，且更加丰富。郑州祠堂中的莲花纹雀替木雕，亦是以佛教文化为底蕴，莲花是佛教的教花，具有“四德”（香、净、柔软、可爱）和“四义”之美，不蔓不枝，出淤泥而不染，象征着“净土”，寓意吉祥和圣洁。

一是道教文化。瑞兽禽鸟类雀替木雕中，出现有鹤或鹿，二者都是道教文化中的元素，是长寿的象征，道教的先人大都是以仙鹤或者神鹿为坐骑，尤其是鹤，号称“仙鹤”，年长的人去世则有“驾鹤西游”“驾鹤升仙”“驾鹤西去”的说法，被借用于祠堂建筑文化中传达人们长寿的美好愿望。

一是儒佛道三教文化。郑州祠堂建筑中的龙纹雀替木雕，则综合体现了儒佛道三教文化，中国传统宗教的道教、外来的佛教以及由文化及思想进阶的儒教都印刻着清晰的龙痕。中国自古本有龙神崇拜，尤其隋唐之后佛教信仰传入中国，龙王信仰遍及中土，佛经中记载龙王名目繁多，《妙法莲华经·序品第一》载：“有八龙王：难陀龙王、跋难陀龙王、娑伽罗龙王、和修吉龙王、德叉迦龙王、阿那婆达多龙王、摩那斯龙王、优钵罗龙王等，各与若干百千眷属俱。”[1]儒家和道教学说继承并极力宣扬龙的信仰，且加以创新和发展，推动中国龙文化源远流长、生生不息。北宋道人、理学家邵雍作有《应龙吟》：“龙者阳类，与时相须。首出庶物，同游六虚。能潜能见，能吸能呼。能大能小，能有能无。”这体现出了道家对龙的宗教崇拜。在儒、佛、道三教文化的极力推崇下，龙最终成为中国的形象代表，而华夏民族也成了龙的传人。

（四）卷草纹文化

卷草纹文化之所以单列出来，不仅因其是郑州祠堂雀替木雕中数量最为庞大的主体，更主要的是因其应用太过广泛，自古至今几乎渗透到人们生活的方方面面，比如建筑部件、织物装饰、瓷器、铜镜、家具、生活杂器等。历史上卷草纹一直作为人们喜闻乐见的传统吉祥装饰纹样出现，形成了一种独有的文化现象，寓意枝叶蔓延、生生不息，子孙后代绵延不绝，是人们对吉祥如意的一种追求和表达。郑州祠堂卷草纹雀替的题材元素以蔓草最多，亦有牡丹、莲花、菊花等。蔓草纹是卷草纹的主角，形象很美，随时代发展富有众多变化，逐渐取代了早期的忍冬纹而广泛应用于各种装饰上，隋唐时期最为流行，形象更显丰美，成为一种富有特色的装饰纹样，因而亦被称为“唐草”，因其滋长延伸、蔓蔓不断而被寄予茂盛、长久的吉祥寓意。牡丹是我国的国花，千百年来被世人称作花中之王，雍容华贵，国色天香，在古代被视为太平盛世、繁荣昌盛的象征，也是统治者尊贵地位的体现；菊花卷草纹雀替亦出现1处，寓意长寿延年，等等。卷草纹文化包含着幸福吉祥的寓意，表达了人们与大自然和谐相处的美好愿望、对幸福生活的追求和对生命的尊重，给人以生活的信念与生存的希望，体现出中华民族执着坚定、自信乐观的生活态度和独特的审美观念，更是孕育出“生命”和“希望”的人文内涵。

五　木雕文化的传承与发展

木雕起源于史前时代，虽然早期木雕工艺品遗存不多，但在个别中国新石器时代遗址中仍出土了少量的木雕文物。1977年辽宁省沈阳市新乐遗址第二次发掘时，遗址内的房基F2中出土1件炭化的鸟形木雕和1件利用植物藤缠绕成螺旋形的木雕饰品[2]。该炭化鸟形木雕是用一根细木棒雕刻出一种鸟形动物，尖嘴而有翅爪，身上还刻有菱形纹饰，木雕刻工精细，经火烧炭化后被保存下来，经鉴定是一件鸟纹权杖，是迄今中国考古发现中年代最早的木雕工艺品[3]。木雕文化可以说起源于原始社会时期，当时人们普遍通过打猎或者是采摘瓜果获取食物生存，于是人们削木作为工具，这些削出来的木制品可以认为是木雕的前身。随着时代的进步和生产生活的实践发展，木雕艺术依靠人们的创意和技巧不断发展和提升，已经不再只是具备特定功能，开始追求赏心悦目的美感和艺术，甚至作为纯粹的装饰品或挂件摆件。

木雕蕴含着丰富的文化底蕴以及古典美学思想，是两千年以来中国传统美学的重要内容和本质精神。对于木雕工艺的保护、传承和发扬，郑州市政府、市非遗中心、登封嵩山木雕研究所等相关机构和部门已经做了长久的努力，比如建立代表性传承人制度，呼吁政府加大资金支持和政策扶持，呼吁培养传承人，组织嵩山木雕工艺展示展演活动，利用多媒体、录像、录音、光盘、数字化、软件化、互联网、书报、杂志、电子书等多种现代化手段加强宣传扩大影响力。那么，除此之外，还应该如何更好、更有效地保护传承和促进发展木雕工艺呢？浅谈以下两点看法：

一是建立相对完善的法律保护体系，增强木雕行业发展的经济支柱和社会认同感。建议在《中华人民共和国非物质文化遗产法》中明确规定传承人的财产利益权和分配原则，并由政府出面建立“非遗”保护基金，确保传承人的经济利益受到保护。利用专利法加强保护，为著名的木雕传承人或者具有重要意义和重大价值的木雕作品申请专利保护，增强社会认同感。

二是加强研究。让木雕文化传承下去，不仅要有一批热爱木雕工艺、致力于木雕技艺传承的匠家，更要加强木雕技艺的文化研究。当今社会形势下，木雕行业只靠单纯的技艺也许可以生存，但若很好的传承创新和发展壮大，还必须要解决一个最终的问题：木雕是什么？木雕从哪里来？要到哪里去？也就是说，木雕行业的发展不能只看眼前，还要研究过去，找到木雕工艺的祖先和它的发展渊源，告诉人们嵩山木雕的存在不是空穴来风，它是人类社会生产生活的产物，是有历史渊源的，历史底蕴是很深厚的，它的发展也是持续的，是长久不衰、不断壮大的，最后顺其自然告诉人们，嵩山木雕的未来是光明的，前景是远大的，需要不断发扬光大。这样就可以看到嵩山木雕的根基、枝干和叶脉。不要小看这个问题，这个问题搞清楚了，不只是丰富嵩山木雕技艺的精神内涵和文化底蕴，更重要的是可以增强嵩山木雕行业的归属感、荣誉感、成就感，为嵩山木雕工艺的发展提供精神动力和智力支持。而弄清楚这个问题，不会那么容易，需要加大研究，还要深入研究。这一方面可以充分发挥登封嵩山木雕研究所的排头兵作用，每年组织开展嵩山木雕文化研讨会，吸引全国广大木雕爱好者交流研讨，推进嵩山木雕文化研究，多写文章，多出专著，提升品牌知名度和影响力，让嵩山木雕的发展更加熠熠生辉，更好地将这门技艺传承下去，发扬光大，为嵩山木雕走向全国，甚至走向世界奠定深厚的文化基础，为嵩山文化增添魅力。

参考文献

[1]《妙法莲华经·序品第一》，选自《乾隆大藏经》大乘五大部外重译经，第0130部，姚秦三藏法师鸠摩罗什译《妙法莲华经》原藏影印本校正注音（简体注音版电子书），2019年2月，8页。

[2] 沈阳市文物管理办公室、沈阳故宫博物院：《沈阳新乐遗址第二次发掘报告》，《考古学报》1985年第2期。

[3] 郭平：《木雕鸟纹权杖：把沈阳历史上溯至7200年前》，《辽宁日报》2023年1月4日。

后记

郑州是我国最早开展文物考古工作的地区之一，从安特生助手来到郑州考古调查的时间算起，距今已有百年历史。得天独厚的地理条件和考古资源，吸引国内外的学者到这里调查发掘，众多学术名家在郑州留下了永存的历史辉煌。

自郑州市博物馆的考古组成立至今已有60年，一路走来，我们有过克难攻坚的艰辛，有过收获的自豪。按照中国的传统，这确是一个值得总结，值得纪念的特殊年份！

60年来，在一代代郑州考古人的努力下，在各级领导支持关怀下，我院的各项业务有了历史性提升，获得了一项项收获。多年来，我们积极参与"夏商周断代工程""中华文明探源工程""考古中国"重大项目，以及"夏文化研究""中原地区文明化进程研究"等专题项目，聚焦国家考古事业发展和学科建设中亟待解决的关键学术问题。同时剪除保守主义，开展多机构、跨区域合作，发挥不同学科、不同单位间多团队协作的作用，形成优势互补，展开联合攻关。革新组织架构和考古陈规，努力服务好基本经济建设，推动河南省和郑州市重大建设工程考古和文物保护工作有序开展，实现在保护中发展、在发展中保护。郑州市"先考古、后出让"制度设计和配套政策，为基本建设考古和文物保护工作顺利开展提供了有力的政策保障，从而为文物保护和城市建设发展保驾护航，实现城市建设与文物保护工作相得益彰。

非凡60年！脚踏这片古老的土地，寻真远去的历史，在值得回顾和总结的时刻，我们决定出版这部纪念文集，是为纪念。

顾万发

2022年8月

- 1960 -

- 2020 -